Camino de libertad

Joseph E. Stiglitz

Camino de libertad
La economía y la buena sociedad

Traducción de Marta Valdivieso

taurus

Papel certificado por el Forest Stewardship Council®

Título original: *The Road to Freedom*
Primera edición: enero de 2025

© 2024, W. W. Norton & Company, INC.
Todos los derechos reservados
© 2025, Penguin Random House Grupo Editorial, S.A.U.
Travessera de Gràcia, 47-49. 08021 Barcelona
© 2025, Marta Valdivieso, por la traducción

Penguin Random House Grupo Editorial apoya la protección de la propiedad intelectual. La propiedad intelectual estimula la creatividad, defiende la diversidad en el ámbito de las ideas y el conocimiento, promueve la libre expresión y favorece una cultura viva. Gracias por comprar una edición autorizada de este libro y por respetar las leyes de propiedad intelectual al no reproducir ni distribuir ninguna parte de esta obra por ningún medio sin permiso. Al hacerlo está respaldando a los autores y permitiendo que PRHGE continúe publicando libros para todos los lectores. De conformidad con lo dispuesto en el artículo 67.3 del Real Decreto Ley 24/2021, de 2 de noviembre, PRHGE se reserva expresamente los derechos de reproducción y de uso de esta obra y de todos sus elementos mediante medios de lectura mecánica y otros medios adecuados a tal fin. Diríjase a CEDRO (Centro Español de Derechos Reprográficos, http://www.cedro.org) si necesita reproducir algún fragmento de esta obra.

Printed in Spain – Impreso en España

ISBN: 978-84-306-2716-5
Depósito legal: B-19.240-2024

Compuesto en MT Color & Diseño, S. L.
Impreso en Rotoprint by Domingo, S. L.,
Castellar del Vallès (Barcelona)

TA 27165

ÍNDICE

Prefacio 9

1. Introducción. *La libertad en peligro* 23
2. Cómo reflexionan los economistas sobre la libertad 43

PRIMERA PARTE
La libertad y ser libre. Principios básicos

3. La libertad de una persona es la falta de libertad de otra 67
4. La libertad a través de la coerción: los bienes públicos y el problema del gorrón 91
5. Los contratos, el contrato social y la libertad 106
6. La libertad, una economía competitiva y la justicia social 123
7. La libertad de explotación 141

SEGUNDA PARTE
Libertad, creencias y preferencias, y la creación de la buena sociedad

8. Coerción social y cohesión social 166
9. La conformación coordinada de los individuos y sus creencias 184
10. Tolerancia, solidaridad social y libertad 209

TERCERA PARTE
¿Qué tipo de economía promueve una sociedad buena, justa y libre?

11. El capitalismo neoliberal: por qué ha fracasado 230
12. Libertad, soberanía y coerción entre Estados 248
13. El capitalismo progresista, la socialdemocracia
    y la sociedad del conocimiento 274
14. Democracia, libertad, justicia social y la buena
    sociedad 288

Agradecimientos 305
Notas 309
Índice alfabético 385

PREFACIO

La libertad es un valor humano fundamental. Pero muchos de sus defensores rara vez se preguntan el verdadero significado de esta idea. ¿Libertad para quién? ¿Qué ocurre cuando la libertad de una persona se consigue a costa de la de otra? El filósofo de Oxford Isaiah Berlin[1] lo expresó bien cuando dijo: «Con frecuencia, la libertad de los lobos ha significado la muerte de las ovejas».[2]

¿Cómo pueden equilibrarse las libertades políticas y económicas? ¿Qué significa el derecho a votar para alguien que pasa hambre? ¿Qué hay de la libertad de las personas para desarrollar su potencial, que solo es posible si gravamos con impuestos a los ricos y les privamos de la libertad de gastar como quieran?

En Estados Unidos, hace varias décadas la derecha[3] se apoderó de la retórica de la libertad, reivindicándola como propia, al igual que reivindicó como propios el patriotismo y la bandera del país. La libertad es un valor importante que apreciamos y debemos apreciar, pero es más complejo y tiene más matices que el concepto que invoca la derecha. La lectura actual que hacen los conservadores del significado de la libertad es superficial y errónea, y está motivada por la ideología. La derecha se proclama defensora de la libertad, pero demostraré que la manera en que define y reivindica la palabra ha dado lugar al resultado opuesto y ha reducido considerablemente las libertades de la mayoría de los ciudadanos.

Una cuestión, oportuna y esencial, para empezar a identificar estas deficiencias es la combinación del libre mercado con la libertad económica, y de la libertad económica con la libertad política. Algunas citas de líderes republicanos transmiten bien el espíritu de lo que tengo en mente.

En 2008, cuando, tras décadas de desregulación financiera, la economía estadounidense se encontraba al borde del colapso y el Gobierno iba a efectuar el mayor rescate del sector privado en la historia del planeta, George W. Bush, que era presidente cuando se produjo la crisis financiera, planteó este asunto de la siguiente manera:

> Si bien las reformas del sector financiero son esenciales, la solución a largo plazo de los problemas actuales es un crecimiento económico sostenido. Y el camino más seguro para lograr ese crecimiento lo constituyen el libre mercado y las personas libres.[4]

Antes que Bush, Ronald Reagan, cuya presidencia (1981-1989) suele considerarse un punto de inflexión hacia la derecha y la adopción plena del libre mercado, enumeró las libertades recogidas en la Carta de Derechos Económicos de Estados Unidos.[5] Como él mismo explicó:

> Inextricablemente ligada a estas libertades políticas está la protección de las libertades económicas [...]. Si bien la Constitución establece nuestras libertades políticas con mayor detalle, estas libertades económicas forman parte integral de ella [...]. Hay cuatro libertades económicas fundamentales. Son lo que vincula inseparablemente la vida con la capacidad de ser libre, lo que permite al individuo controlar su destino, lo que hace que el autogobierno y la independencia personal formen parte de la experiencia americana.[6]

Las cuatro libertades son: (1) la libertad para trabajar, (2) la libertad para disfrutar del fruto del trabajo realizado, (3) la libertad de poseer y controlar las propiedades personales y (4) *la libertad para participar en un mercado libre; para contratar libremente bienes y servicios, y para desarrollar plenamente el propio potencial sin que el Gobierno limite las oportunidades, la independencia económica y el crecimiento* (la cursiva es mía).

Los colonos que se rebelaron contra los británicos adoptaron el eslogan «los impuestos sin representación son una tiranía», pero sus descendientes del siglo XXI parecen haber llegado a la conclusión de que los impuestos *con* representación también son una tiranía. Ron Paul, un veterano republicano de Texas que en 1988 se presentó a las elecciones presidenciales como candidato del Partido Libertario, lo dijo sin rodeos: «Tenemos que entender que cuanto más gasta el Gobierno, más libertad se pierde».[7]

Rick Santorum, un senador republicano (1995-2007) que compitió por la candidatura republicana a la presidencia en 2012 y casi la consigue, lo expresó al revés: «Cuanto menos dinero nos llevemos, más libertad tendréis».[8]

Y Ted Cruz, senador conservador por Texas y aspirante a candidato presidencial en 2016, nombró las partes del Gobierno que, según él, coartaban más la libertad: «He identificado los *cinco para la libertad*: durante mi primer año de presidencia, lucharé para abolir el Servicio de Impuestos Internos, el Departamento de Educación, el Departamento de Energía, el Departamento de Comercio y el Departamento de Vivienda y Desarrollo Urbano».[9]

Estas concepciones de la libertad contrastan notablemente con los ideales articulados por el presidente Franklin Delano Roosevelt, quien en su discurso sobre el estado de la Unión pronunciado ante el Congreso el 6 de enero de 1941 expuso una visión de la libertad que iba más allá de las libertades civiles tradicionales. Esas libertades las condensó en las dos primeras de su discurso sobre las «cuatro libertades»: La primera es la libertad de expresión, en cualquier lugar del mundo. La segunda es la libertad de cualquier persona para adorar a Dios a su manera, en cualquier lugar del mundo. Reconocía que estas no eran suficientes, y añadió dos más. La gente necesitaba

> la libertad de vivir sin necesidades —lo que, traducido a escala mundial, significa unos acuerdos económicos que garanticen a todas las naciones una vida saludable en tiempos de paz para sus habitantes— en cualquier lugar del mundo.

> y

> la libertad de vivir sin miedo —lo que, traducido a escala mundial, significa una reducción del armamento en el planeta, hasta tal punto y de una manera tan completa que ninguna nación esté en condiciones de cometer un acto de agresión física contra un vecino— en cualquier lugar del mundo.

Una persona que se enfrenta a situaciones extremas de necesidad y miedo no es libre. Tampoco lo es alguien cuya capacidad para tener una vida plena, que aspira a desarrollar su potencial, se ve limitada por el hecho de haber nacido pobre. Yo crecí en Gary, Indiana, que antaño fue una próspera ciudad siderúrgica en la orilla sur del lago Michigan, así que fui testigo directo de esta falta de libertad económica en el caso de los afroamericanos, que durante la Gran Migración habían huido de la opresión en el sur, y en el caso de los hijos de muchos inmigrantes que habían llegado de Europa para trabajar en las fábricas. Varios de mis compañeros de clase me hablaron de sus experiencias vitales en nuestra quincuagésima quinta reunión del instituto, en 2015. Tras graduarse en el instituto, su plan era conseguir trabajo en una fábrica, como habían hecho sus padres. Pero en medio de otra crisis económica, *no tuvieron opción* —libertad— y acabaron alistándose en el ejército. Y cuando terminó su servicio en la guerra de Vietnam, volvieron a tener pocas opciones, al menos esa fue su percepción. La desindustrialización estaba acabando con el empleo manufacturero y las oportunidades que les quedaban eran las que aprovechaban su formación militar, por ejemplo, en la policía.

Como responsable político en Washington, y como asesor y comentarista de asuntos económicos, he visto la libertad desde una perspectiva diferente a la de Bush, Reagan y otros miembros de la derecha. Desde Reagan hasta Clinton, las diferentes administraciones presidenciales ampliaron la libertad de los bancos. La desregulación y la *liberalización* financieras supusieron la liberación de los bancos para que actuaran como quisieran, o al menos les permitió hacerlo en mayor grado.[10] La misma palabra «liberalización» connotaba «liberación». Los banqueros utilizaron esa nueva libertad de una manera que aumentó sus beneficios, pero conllevó enormes riesgos para la sociedad. Cuando en 2008 estalló la crisis financiera, nos dimos cuenta del coste. La posibilidad de que millones de trabajadores y jubilados perdieran sus empleos y sus hogares se volvió muy real, y muchos estadounidenses perdieron la libertad de vivir sin miedo y sin necesidades. Todos, como sociedad, perdimos nuestra libertad. No *tuvimos más opción* que gastar el dinero de los contribuyentes en rescatar a los bancos. Si no lo hubiéramos hecho, todo el sistema financiero —y la economía— se habría hundido.

Durante los años en que trabajé como asesor del presidente Bill Clinton (los dos últimos, entre 1995 y 1997, como presidente del Consejo de Asesores Económicos), me opuse con firmeza a la desregulación de las finanzas, en parte porque entendía que a la larga «liberar» al sector financiero acabaría haciéndonos a todos menos libres. Después de mi salida en 1997, el Congreso aprobó dos proyectos de ley, uno que desregulaba los bancos y otro por el que el Gobierno se comprometía a no regular los derivados, algo que iba más allá de las medidas adoptadas por Reagan. La desregulación y la liberalización prepararon el terreno para la debacle financiera de 2008. Reagan y Clinton habían dado libertad a los lobos (los banqueros) a costa de las ovejas (los trabajadores, los inversores ordinarios y los propietarios de viviendas).

La libertad en el contexto histórico de Estados Unidos

Para los estadounidenses, a quienes se les ha inculcado la idea de que la fundación de su país se basó en los principios de la libertad, este término resulta muy evocador. Por eso es importante reflexionar cuidadosamente sobre lo que significaba la palabra *entonces* y, dos siglos después, sobre lo que significa *ahora*. En el momento de la fundación, hubo ambigüedades e incoherencias, y los problemas conceptuales subyacentes han resultado cada vez más evidentes. *Entonces*, la libertad no significaba libertad para todo el mundo. No significaba libertad para los esclavos. Las mujeres y quienes no tenían propiedades no tenían garantizada la igualdad de derechos y no la obtuvieron. Las mujeres soportaban los impuestos sin representación; el país tardaría ciento cuarenta años en admitir esa incoherencia. Puerto Rico fue conquistado y arrebatado por la fuerza a los españoles, y sus ciudadanos siguen sufriendo los impuestos sin representación.

Desde hace tiempo está claro que existe una conexión entre las libertades económicas y las políticas. El debate sobre qué libertad debía primar fue decisivo durante la Guerra Fría. Occidente sostenía que las libertades políticas (que en el mundo comunista escaseaban visiblemente) eran más importantes; los comunistas sostenían que sin algunos derechos económicos básicos, los derechos políticos no significaban demasiado. Pero ¿podía una nación tener un conjunto de derechos sin el otro? Economistas como John Stuart Mill, Milton Friedman y Friedrich Hayek han intervenido en este debate[11] y abordado la cuestión de qué clase de sistema económico y político satisface mejor estas libertades gemelas y aumenta el bienestar individual y de la sociedad. Este libro considera las mismas cuestiones desde la perspectiva del siglo XXI, y llega a respuestas muy diferentes de las que propusieron Friedman y Hayek a mediados del siglo pasado.

El concepto de *trade-off* es un elemento esencial de la economía, y esta idea es otra razón por la que los economistas tienen mucho que aportar a los debates sobre la libertad. Como quedará claro, creo que en este campo hay pocas afirmaciones categóricas, si es que hay alguna. La economía facilita herramientas para reflexionar sobre la naturaleza de los *trade-offs* que deberían protagonizar los debates sobre la libertad y sobre cómo abordarlos.

Además, una vez que se profundiza en la aparente lealtad de la derecha a la libertad, surge una serie de cuestiones complejas, entre ellas una noción decisiva: que la coerción moderada —obligar a alguien a hacer algo que él o su voluntad no harían— puede, en algunos casos, aumentar la libertad de todo el mundo, incluso la de los coaccionados. Como demostraré, la economía puede explicar muchos ejemplos importantes en los que la acción colectiva —hacer conjuntamente lo que los individuos no podrían hacer por sí solos— es deseable. Pero con frecuencia la acción colectiva no es posible sin un mínimo de coerción, debido a la existencia de lo que se llama el problema del gorrón, que veremos más adelante.

La libertad desde la perspectiva del siglo XXI

Al final, demostraré que los verdaderos defensores de una libertad profunda y significativa están alineados con el movimiento progresista, tanto en Estados Unidos como en el extranjero. Ellos y los partidos de centro izquierda que los representan tienen que recuperar la libertad como parte de su programa político. En concreto, en el caso de los estadounidenses eso implica la reconsideración de la historia del país y los mitos fundacionales.

El primer objetivo de este libro es explicar la libertad de manera coherente y directa desde la perspectiva de la economía del siglo XXI, el equivalente de lo que hizo John Stuart Mill a mediados del siglo XIX en su libro clásico *Sobre la libertad* (1859). En el más de siglo y medio transcurrido desde entonces, el mundo ha cambiado, al igual que lo ha hecho nuestra manera de entender la economía y la sociedad. Lo que se debate hoy en los pasillos del poder es diferente de lo que estaba en la agenda política entonces. En aquella época, el recuerdo de la opresión estatal de la religión (en concreto, la del Gobierno británico, cuya opresión motivó en parte la emigración a Estados Unidos) seguía vivo y este legado, entre otras cosas, fue lo que conformó las ideas de la gente. Hoy nos enfrentamos al cambio climático, las armas, la contaminación, el derecho al aborto y la libertad para expresar la identidad de género. Debatimos, en general, sobre el papel de la coerción social y las reacciones coercitivas contra ella. Los retos actuales exigen repensar algunos conceptos básicos, entre ellos la libertad. De hecho, el propio Mill dijo que las libertades deben reconsiderarse cuando la economía y la sociedad cambian.

Aunque creo que los economistas tienen mucho que aportar a la comprensión del significado de la libertad y su relación con el sistema económico y social, el prisma, peculiar y específico, a través del cual suelen ver el mundo también es limitante. La singular perspectiva de los economistas no capta bien muchos aspectos de esta cuestión, y en varios momentos del libro llamo la atención sobre estas limitaciones.[12]

Los sistemas económicos y la libertad

Entender el *significado* de la libertad es el preludio de mi objetivo último: describir un sistema económico y político que no solo sea eficiente, equitativo y sostenible, sino que ofrezca valores morales. En este debate, el más importante de esos valores morales es la libertad, pero una libertad que tiene vínculos inherentes con las nociones de equidad, justicia y bienestar. Esta noción ampliada de libertad es la que han ignorado ciertas corrientes del pensamiento económico.

Los defensores más relevantes del capitalismo desatado de mediados del siglo xx fueron Hayek y Friedman. Pero «mercados desatados» —mercados sin reglas ni regulaciones— es un oxímoron, porque sin la existencia de reglas y regulaciones impuestas por un Gobierno, el comercio que podría haber, y que habría, sería exiguo. Las trampas se generalizarían, la confianza sería escasa. Un mundo sin ninguna restricción sería una selva en la que solo importaría el poder, que determinaría quién obtiene qué y quién hace qué. No sería en absoluto un mercado. Los contratos en los que se acuerda recibir un bien ahora a cambio de un pago posterior no podrían existir, porque no habría ningún mecanismo de ejecución. Pero hay una gran diferencia entre afirmar que una sociedad que funciona bien necesita que exista algún mecanismo para que se cumplan los contratos y decir que hay que hacer respetar *cualquier* contrato.

Hayek y Friedman sostenían que el capitalismo, tal como ellos lo interpretaban, era el mejor sistema en términos de eficiencia, y que sin el libre mercado y la libre empresa no se podía tener, ni se tendría, libertad individual. Creían que de alguna manera los mercados, por sí solos, seguirían siendo competitivos. Sorprendentemente, habían olvidado —o ignorado— los casos de monopolización y concentración de poder económico que dieron lugar a las leyes de competencia (en Estados Unidos, la ley Sherman de antimonopolio en 1890 y la ley Clayton de antimonopolio un cuarto de siglo después, en 1914). Cuando la intervención gubernamental empezó a aumentar en respuesta a la Gran Depresión, que en gran parte del mundo dejó al menos a uno de cada cuatro trabajadores sin empleo y en la pobreza, a Hayek lo que le preocupaba era que nos encontráramos en un camino de servidumbre, como dijo en el libro de 1944 del mismo título;[13] es decir, en el camino hacia una sociedad en la que los individuos estuvieran al servicio del Estado.

Yo llego a una conclusión radicalmente distinta. Los Gobiernos democráticos, como el de Estados Unidos, respondieron a la Gran Depresión mediante una *acción colectiva* debido a exigencias democráticas. En Alemania, la incapacidad del Gobierno para responder de forma adecuada al altísimo desempleo llevó a Hitler al poder. En la actualidad, es el *neoliberalismo* —la fe en los mercados no regulados y desatados—[14] lo que ha provocado enormes desigualdades y facilitado un terreno fértil a los populistas. Entre los crímenes del neoliberalismo están la liberación de los mercados financieros que precipitó la mayor crisis financiera en tres cuartos de siglo; la liberación del comercio para acelerar la desindustrialización; y la liberación de las empresas para explotar por igual a los consumidores, los trabajadores y el medioambiente. Al contrario de lo que sugería Friedman en el libro *Capitalismo y libertad*, publicado por primera vez en 1962,[15] esta forma de capitalismo *no* aumenta la libertad en la sociedad. Más bien ha provocado que unos pocos tengan libertad a costa de la libertad de la mayoría. Libertad para los lobos; muerte para las ovejas.

A escala internacional se plantean cuestiones similares, lo que revela interesantes e importantes relaciones entre la noción de regla y el ideal de libertad. No es que la globalización carezca de reglas, sino que estas conceden libertades e imponen restricciones de una manera que genera el mismo destino desigual para los lobos y las ovejas en todas partes; solo que los lobos y las ovejas se distribuyen por diferentes regiones y naciones del mundo. Las reglas que limitan la libertad de los países en desarrollo y los mercados emergentes, y de las personas que viven en ellos, al tiempo que amplían la libertad de las corporaciones multinacionales para explotar, se incorporan a los llamados tratados de libre comercio.

Este debate nos lleva más allá de una simple investigación sobre el significado de la libertad. Indagaremos en cuestiones que constituyen la base de una economía moderna: la legitimidad moral de los derechos de propiedad y la distribución de los ingresos y la riqueza generados por la economía. La derecha suele hablar de la «santidad de los contratos», pero yo sostendré que hay muchos contratos que son profundamente inmorales y que deberían prohibirse y no ejecutarse mediante los tribunales de justicia. Desde nuestra perspectiva actual, los fundadores de la República estadounidense tenían una visión equivocada del significado de conceptos fundamentales como la propiedad y la libertad. Reconocían los derechos de propiedad de los esclavistas —de hecho, en el sur gran parte de la «propiedad» eran personas esclavizadas—, pero no los derechos de los esclavizados a disfrutar el fruto de su trabajo. Aunque hablaran de la liberación del dominio británico, los esclavistas negaron la libertad a muchas de las personas que vivían en el sur. Sin duda, dentro de cien años, las ideas actuales también parecerán insuficientes.

Muy probablemente, el gran intelectual italiano Antonio Gramsci (1891-1937) estaba en lo cierto cuando describió nuestra ideología social como aquella que sirve de base tanto para el funcionamiento de la sociedad como para el mantenimiento del poder de las élites. La ideología contribuye a legitimar las instituciones y las reglas que conceden más libertad a unos y menos a otros, incluida la libertad para hacer las reglas. Los cambios que se han producido en el sistema de creencias estadounidense desde la redacción de la Constitución deberían hacernos ser muy conscientes de ello. Lo que entonces parecía legítimo, casi incuestionable, ahora parece horrendo. Por eso es crucial entender los procesos por los que se forman y transmiten las ideologías en la sociedad, y en este caso las ideas de Gramsci sobre la hegemonía de las élites también son relevantes. Por supuesto, la manera en que se ejerce esa influencia es diferente en el siglo XXI de como se ejercía en su época. La segunda parte de este libro aborda cómo se conforman las creencias comúnmente aceptadas sobre el significado de la libertad.

Las palabras son importantes

La economía conductual moderna ha explicado que el «marco» es importante, y eso significa que las palabras que utilizamos también lo son. Un bonus por hacer lo correcto y una penalización por hacer lo incorrecto se perciben como cosas distintas, aunque en la economía clásica ambas pueden ser equivalentes e inducir las mismas acciones.

El lenguaje de la libertad, tal como se utiliza ahora, ha limitado la capacidad de razonar adecuadamente sobre qué tipo de sistema económico, político y social aumenta más el bienestar de la sociedad; y qué tipo de sistema es más probable que proporcione bienestar y una libertad *significativa* al mayor número de personas. En el vocabulario político, el lenguaje de la coerción y la libertad ha adoptado un carácter emotivo. La libertad es buena, la coerción es mala. De hecho, prevalece un razonamiento simplista que considera la libertad y la coerción como meras antítesis la una de la otra. En un caso, un individuo tiene la libertad de llevar una mascarilla o no llevarla, de vacunarse o no vacunarse, de contribuir económicamente a la defensa del país o de no hacerlo, o de dar dinero a los pobres o no darlo. El Estado tiene el poder de eliminar estas libertades. Puede obligar a llevar una mascarilla, a vacunarse, a pagar impuestos para financiar las fuerzas armadas o ayudar a personas con ingresos más bajos, o a coaccionar para que se haga.

La misma dicotomía se produce en la relación de un Estado nación con otros Estados nación. Los Estados pueden sentirse obligados a hacer algo que no quieren, debido a una amenaza de intervención militar o de medidas económicas que afectarían tanto a su economía que creen que no tienen otra opción.

En muchos contextos, sin embargo, la palabra «coerción» no resulta útil. Todos los individuos (y todos los Estados) se enfrentan a limitaciones. Podría decirse que estoy obligado a vivir ajustándome a mi presupuesto, pero también que no tengo derecho a vivir por encima de mi presupuesto, o que no se puede coaccionar a alguien para que me dé más recursos de los que mi presupuesto me permite disfrutar. Poca gente utilizaría el vocabulario de la coerción para describir la limitación que supone vivir con los propios medios. Se puede pensar en una mayor restricción presupuestaria como una de las muchas maneras *no coercitivas* de reducir la libertad de acción de una persona. Pero la limitación presupuestaria de un individuo está, en cierto sentido, determinada por la sociedad. En una economía de mercado, es el resultado de fuerzas económicas conformadas por reglas establecidas socialmente, como explicaré con más detalle a continuación.

Así, la utilización simplista de la palabra «libertad» por parte de la derecha ha afectado de manera negativa a una libertad fundamental para la sociedad: la libertad de elegir un sistema económico que podría, de hecho, aumentar la libertad de la mayoría de los ciudadanos. En ese sentido, espero que la reflexión que se plantea en este libro genere espacio para un debate más amplio que resulte *liberador*.

Mi viaje intelectual

Los lectores de mis trabajos anteriores se darán cuenta de que este libro se basa en ideas que me preocupan desde hace tiempo. Mi carrera académica comenzó con la demostración teórica de que la vieja presunción de que los mercados competitivos son eficientes era errónea, sobre todo cuando la información es imperfecta, que siempre lo es. Sin embargo, el tiempo que pasé en la Administración Clinton y en el Banco Mundial me convenció de que las deficiencias de nuestra economía (y de los enfoques económicos actuales) eran más profundas. En mis primeros trabajos describí lo que la globalización, la financiarización y la monopolización estaban haciendo a nuestra economía, y su papel en el aumento de la desigualdad, la ralentización del crecimiento y la disminución de las oportunidades.

También me convencí de que los problemas de la economía y la sociedad no eran inevitables; no eran el resultado de alguna ley de la naturaleza o la economía. Eran, en cierto sentido, una elección, el resultado de las reglas y las regulaciones que habían regido la economía. Era el neoliberalismo el que las había conformado durante las últimas décadas, y él era el culpable.

Pero hay un segundo aspecto de mi trabajo que es relevante para este libro. Es fruto de mi preocupación por los recursos naturales y el medioambiente, algo que ya plasmé en artículos escritos hace muchos años. Era obvio que había importantes fallos del mercado en la protección del medioambiente y la gestión de los recursos naturales, y ya por entonces intenté comprender mejor tanto la naturaleza de esos fallos como lo que podía hacerse al respecto. Fui uno de los principales autores del *Informe Intergubernamental sobre el Cambio Climático* de 1995, el primer documento de este tipo que tuvo en cuenta análisis económicos.[16]

En ese momento, también encabezaba una iniciativa del Consejo de Asesores Económicos para revisar el sistema de contabilidad nacional de Estados Unidos, con el fin de que reflejara lo que estaba ocurriendo con los recursos naturales y el medioambiente, para crear un «PIB verde». Contamos con la entusiasta cooperación del Departamento de Comercio, que elabora esta contabilidad. Supimos que estábamos haciendo algo importante cuando varios miembros del Congreso amenazaron con recortar nuestro presupuesto si seguíamos adelante con aquello. Mi trabajo se vio obstaculizado temporalmente, pero algunos años después el presidente francés Nicolas Sarkozy me pidió que copresidiera una Comisión Internacional sobre la Medición del Rendimiento Económico y el Progreso Social, junto con los economistas Amartya Sen, que es premio Nobel de Economía, y Jean-Paul Fitoussi. El informe subsiguiente, titulado *Mismeasuring Our Lives: Why GDP Doesn't Add Up* (Medimos mal nuestra vida: por qué el PIB no tiene sentido), influyó en la creación de un movimiento conocido como Más allá del PIB y una alianza de países llamada Asociación de Gobiernos para una Economía del Bienestar (WEGo, por sus siglas en inglés), que está comprometida con poner el bienestar, en un sentido amplio, en el centro de sus agendas.[17] El principio en el que se basan el movimiento y la alianza es que no solo son importantes los bienes materiales y los servicios, tal como los mide el PIB, sino el bienestar general de los individuos y la sociedad, que incluye muchas cosas que el PIB tradicional deja fuera, entre ellas posiblemente una evaluación del estado de la libertad.

Este libro se enmarca en ese espíritu. Más importantes aún que las ineficiencias e inestabilidades que provoca el neoliberalismo son las corrosivas desigualdades que genera, la manera en que engendra egoísmo y falta de honestidad, y el consiguiente e inevitable estrechamiento de miras y de valores. Como individuos y como sociedad valoramos la libertad, y cualquier análisis sobre qué constituye una buena sociedad debe incorporar la forma en que una sociedad promueve la libertad, incluida la sensibilidad de las personas respecto a cómo sus acciones pueden limitar la libertad de los demás. Uno de los fracasos cruciales del neoliberalismo es, como explicaré más adelante, que recorta la libertad de muchos mientras amplía la libertad de unos pocos.

Este libro reúne, desarrolla y amplía mi trabajo anterior. No basta con reconocer el origen y la naturaleza de los fracasos del neoliberalismo y entender que debemos ir más allá del PIB. Es necesario comprender que existen sistemas económicos alternativos que son mejores y considerar cómo podrían ser. También debemos preguntarnos qué es una buena sociedad y averiguar cómo conseguirla. En las páginas siguientes, más que dar respuestas claras, hago preguntas y planteo un marco para reflexionar sobre estas cuestiones, entre ellas cómo ponderar las distintas libertades.

En todos mis años de vida, los desafíos a los que se han enfrentado la democracia y la libertad —y los ataques que sufren— nunca han sido tan importantes. Espero que este libro contribuya a entender con mayor profundidad el significado de la libertad y refuerce el debate democrático sobre qué tipo de sistema económico, político y social contribuirá a aumentar la libertad de la mayoría de los ciudadanos. Somos una nación surgida de la convicción de que las personas deben ser libres. No podemos permitir que un bando se apropie de la definición de libertad en términos económicos y políticos y la ponga a su servicio.

No ganaremos esta lucha existencial por la libertad y la democracia —y será imposible hacerlo— a menos que tengamos una idea más clara de lo que queremos. ¿Por qué estamos luchando? ¿Cómo es posible que durante tanto tiempo la derecha haya enmarañado las reflexiones sobre estos conceptos? Esa confusión le resulta muy útil, porque la implica en una serie de batallas políticas que, en caso de ganar, darán lugar a la antítesis de una libertad significativa.

1
INTRODUCCIÓN
LA LIBERTAD EN PELIGRO

La libertad está en peligro. Según la mayoría de los datos, el número de personas en el mundo que viven en sociedades libres y democráticas ha disminuido. Freedom House, una organización estadounidense sin ánimo de lucro que elabora una evaluación anual sobre los niveles de libertad, señaló en su informe de 2022 que se había producido una reducción de las libertades durante dieciséis años consecutivos. Hoy, el 80 por ciento de la población mundial vive en países que Freedom House califica de autoritarios o parcialmente libres; es decir, que carecen de un ingrediente fundamental para ser una sociedad libre, por ejemplo, una prensa independiente. Ni siquiera la Unión Europea se salva, comprometida como está con la democracia y los derechos humanos. Desde el 29 de mayo de 2010, Hungría está gobernada por Viktor Orbán, que se ha declarado partidario de la «democracia iliberal» y ha tomado medidas drásticas contra la prensa libre y la independencia en la educación. Al otro lado del Atlántico, Donald Trump, que tiene claras tendencias autoritarias, obstaculizó el traspaso de poderes pacífico tras perder clamorosamente las elecciones de 2020. Aun así, y a pesar de múltiples acusaciones y demandas civiles que van desde el fraude hasta la violación, sigue siendo un firme candidato a la presidencia en el momento en que este libro entra en imprenta y es probable que el Partido Republicano lo proponga como tal.

Estamos librando una guerra global, intelectual y política para proteger y conservar la libertad. ¿Las democracias y las sociedades libres proporcionan a los ciudadanos aquello que les importa y quieren y lo hacen mejor que los regímenes autoritarios? Se trata de una batalla por los corazones y las mentes de personas de todo el mundo. Creo firmemente que las democracias y las sociedades libres pueden servir a sus ciudadanos de manera mucho más eficaz que los sistemas autoritarios. Sin embargo, nuestras sociedades libres están fracasando en varios ámbitos cruciales, sobre todo en la economía. Pero —y esto es importante— estos fracasos no son inevitables y se deben, en parte, a que la errónea concepción de la libertad que tiene la derecha nos ha llevado por el camino equivocado. Hay otros caminos que proporcionan en mayor medida los bienes y servicios que quieren las personas, con la seguridad que desean, y que además dan más libertad a más de ellas.[1]

Este libro aborda las cuestiones sobre la libertad desde la perspectiva —y con el lenguaje— de los economistas, por lo que se centra, al menos al principio, en lo que podría llamarse la libertad económica, en oposición a lo que suelen denominarse libertades políticas (aunque más adelante sostendré que, en realidad, son inseparables).

La libertad en un mundo de interdependencia

Para reconsiderar el significado de la libertad, debemos empezar por admitir nuestra interdependencia. Como dijo el poeta John Donne en 1624: «Ningún hombre es una isla en sí mismo». Lo cual es especialmente cierto en la sociedad moderna, urbana e interconectada, muy diferente de la sociedad agraria de la era preindustrial, en la que muchas personas vivían en casas unifamiliares, a veces separadas por grandes distancias. En las comunidades urbanas y densas, lo que hace una persona afecta a las demás, desde tocar el claxon hasta limpiar la acera después de que una mascota haga sus necesidades. Y en el mundo industrial, con coches, fábricas y agricultura industrial, la contaminación que genera cada persona o empresa contribuye de manera paulatina a una sobrecarga de gases de efecto invernadero en la atmósfera, lo que provoca un calentamiento global que nos afecta a todos.

A lo largo del libro, se repite varias veces que *con frecuencia la libertad de una persona equivale a la falta de libertad de otra*; o, dicho de otra manera, que *el aumento de la libertad de una persona se pro-*

duce a menudo a costa de la de otra. Como dijo Cicerón hace unos dos mil años: «Somos esclavos de la ley para poder ser libres».[2] Solo mediante la acción colectiva, mediante el Gobierno, podremos lograr un equilibrio de las libertades. Unas medidas gubernamentales bien diseñadas, entre ellas regulaciones que restrinjan la conducta en ciertos aspectos, pueden resultar muy liberadoras, al menos para una gran parte de la población. En una sociedad sana y moderna, el Gobierno y la libertad no tienen por qué divergir.

Por supuesto, los límites a la libertad siempre se han cuestionado y son inevitablemente ambiguos. ¿Deberían *eliminarse* los límites a la libertad de expresión, incluso para la pornografía infantil? La propiedad privada constituye una restricción: una persona tiene derecho a usar y disponer de un bien, pero otras no. Sin embargo, los derechos de propiedad deben definirse, sobre todo cuando se trata de formas novedosas, como la propiedad intelectual. La Constitución estadounidense reconoce el derecho de expropiación, el derecho del Gobierno a requisar una propiedad a cambio de una compensación justa. Y las circunstancias en las que esto puede hacerse están evolucionando, como consecuencia de una serie de juicios.

Este debate se refiere, en buena medida, al equilibrio entre la libertad de no estar sometido a la coerción del Estado y la libertad de que los demás no te perjudiquen. Sin embargo, la libertad tiene un importante sentido positivo que ya he señalado: la libertad para desarrollar el propio potencial. Las personas que viven al límite carecen, en cierto sentido, de libertad. Hacen lo que deben para sobrevivir. Pero darles los recursos que necesitan para llevar una vida decente, por no hablar de poder desarrollar su potencial, implica gravar con impuestos a toda la comunidad.[3] En la derecha, muchos de sus miembros afirmarían que esos impuestos —incluso con representación— son una tiranía porque ellos han perdido el derecho a gastar ese dinero como les plazca. En la misma línea, consideran que las leyes que obligan a los empresarios a pagar un salario mínimo —o uno digno— quitan a los empleadores la libertad de pagar lo que les parezca oportuno. Esta libertad hasta tiene un nombre elegante: libertad de contratación.

En este libro, mi objetivo último es entender qué tipo de sistema económico, político y social tiene más probabilidades de aumentar las libertades de la mayoría de los ciudadanos, mediante el debido establecimiento de unos límites justos a las libertades, la elaboración de reglas y regulaciones adecuadas y la aceptación de los *trade-offs* correctos, entre otras medidas. Mi respuesta contradice más de un siglo de escritos conservadores. No se trata del Estado minimalista que defienden los libertarios,[4] ni siquiera del Estado muy restringido concebido por el neoliberalismo. La respuesta es, más bien, algo parecido a una socialdemocracia europea revitalizada o un nuevo capitalismo progresista estadounidense, una versión de la socialdemocracia o el estado de bienestar escandinavo para el siglo XXI.

Por supuesto, detrás de estos distintos sistemas económicos —el capitalismo neoliberal, por un lado, y el capitalismo progresista, por el otro— hay diferentes teorías sobre el comportamiento individual y el funcionamiento de las sociedades, y teóricos que explican por qué el sistema que defienden funciona mejor que los otros. El próximo capítulo aborda esas teorías y a esos teóricos.

LAS COMPLEJIDADES DE LA LIBERTAD EJEMPLIFICADAS POR ESTADOS UNIDOS

Los debates sobre la libertad en Estados Unidos ilustran bien las complejidades de la noción de libertad.

Los estadounidenses crecen creyendo en el elixir de la libertad. La fundación del país fue un acto de libertad, que arrebató el control político a los señores británicos que se encontraban a miles de kilómetros. Todos los niños aprenden en el colegio el clamor del virginiano Patrick Henry, «¡Dadme la libertad o dadme la muerte!», y en innumerables ocasiones los estadounidenses cantan en público su himno nacional y las palabras «la tierra de los libres y el hogar de los valientes». Las diez primeras enmiendas de la Constitución, la Carta de Derechos, garantizan que el Estado no coartará las libertades fundamentales de los individuos.

Pero los últimos años no han sido benevolentes con este relato de la historia estadounidense. Hubo libertad para algunos, pero la antítesis de la libertad para los pueblos esclavizados. Para otros, los pueblos indígenas del continente, lo que hubo fue un absoluto genocidio. Es evidente que la libertad que defendían los patriotas del país no era la libertad para todos, o cierto sentido de libertad generalizado, sino más bien la libertad *para sí mismos*. En concreto, se trataba de la libertad política frente al dominio del rey británico y los impuestos al té que había impuesto el monarca.

Resulta difícil, al menos desde la perspectiva actual, entender cómo una sociedad aparentemente tan comprometida con la libertad permitió que la esclavitud continuara. A veces, los apologistas sugieren que debemos mirar el mundo teniendo en cuenta las costumbres de la época; pero incluso entonces, se entendía que la esclavitud era una atrocidad moral.[5]

Desde este punto de vista, la Guerra de Independencia de Estados Unidos no tuvo tanto que ver con la libertad como con quién ejercía el poder político, y con si iba a haber un gobierno autónomo dirigido por las élites locales o un gobierno distante en un parlamento con sede en Londres, muchos de cuyos miembros eran cada vez más escépticos con la esclavitud. Reino Unido acabó aboliendo la esclavitud en 1833, un tercio de siglo antes que Estados Unidos. (El papel clave de la esclavitud fue aún más evidente en Texas, que se «rebeló» contra México y luego se unió a Estados Unidos como estado esclavista el mismo año en que México prohibió la esclavitud).

Y mientras Ronald Reagan se pronunciaba sobre la condición esencial de la libertad, apoyaba iniciativas destinadas a debilitar las libertades democráticas en otros lugares. Durante su presidencia, la CIA estuvo implicada en golpes militares en varios países, por ejemplo Grecia y Chile; en este último, eso conllevó la pérdida de la libertad más fundamental para decenas de miles de personas: la libertad de vivir.

Recientemente, la insurrección del 6 de enero de 2021 fue un ataque dirigido a acabar con el aspecto más importante de una democracia: la transición pacífica del poder. Cuando gran parte del Partido Republicano se convirtió en lo que parecía una secta y afirmó sin ninguna prueba que las elecciones habían sido un fraude, quedó claro que la democracia del país estaba en peligro y que, con ella, lo estaban las libertades que los estadounidenses aprecian desde hace tanto tiempo. Sin embargo, muchos de los participantes en la insurrección afirmaron que estaban *defendiendo* la libertad.

Si hay alguna esperanza de que esta nación dividida se una, necesitamos entender mejor estos conceptos.

TEMAS Y CUESTIONES CENTRALES

Ya he explicado que el mensaje central de este libro es que el concepto de «libertad» es más complejo de lo que sugiere el uso simplista del término que hace la derecha. Ahora, me gustaría hacer un inciso para aclarar en qué sentido utilizo la expresión «la derecha». La empleo para referirme de manera general a los múltiples grupos —algunos se autodenominan conservadores; otros, libertarios; otros se identifican políticamente como de «centro derecha»— que tienen muchos puntos de vista diferentes pero comparten la creencia de que el papel del Gobierno federal y el de la acción colectiva deben estar limitados. A diferencia de algunos anarquistas, estos grupos sí creen en el Estado. Piensan que se deben hacer respetar los derechos de propiedad. La mayoría defiende (a menudo con fervor) el gasto en defensa. Y algunos apoyarían otras pocas medidas federales, por ejemplo, la ayuda pública en caso de una crisis como un terremoto o un huracán devastadores. Este libro explica por qué es necesario que el Estado desempeñe un papel más amplio y analiza este papel a través del prisma de la libertad.

Reflexionar sobre el significado de la libertad nos hará pensar más a fondo en muchos aspectos clave de la sociedad que solemos dar por sentados, como, por ejemplo, los tipos de contratos que deberían cumplirse. Nos hará meditar sobre el significado de la tolerancia y sus límites. ¿Hasta qué punto se debe ser tolerante con quienes son intolerantes? No seré capaz de responder a todas las preguntas difíciles que surjan, pero al menos espero aclarar qué estamos debatiendo y contribuir a plantear una manera de abordarlas.

Como algunos de los asuntos son muy complejos, me preocupa detenerme en los árboles y perder de vista el bosque. Por eso, en las próximas páginas quiero esbozar el panorama, describir algunas de las ideas y cuestiones fundamentales que resultan cruciales para una comprensión más profunda de la libertad. He organizado la exposición en torno a las tres partes en que se divide el libro.

La primera aborda la libertad y la coerción desde el punto de vista de un economista tradicional, en el que las creencias y los deseos de los individuos se consideran fijos, inmutables en el tiempo e indiferentes a los demás. La segunda parte incorpora ideas de la economía conductual moderna, que reconoce que las creencias y los comportamientos *pueden* conformarse, una visión muy relevante en la actualidad, dada la utilización de la desinformación y la información errónea para crear y promover opiniones que no suelen basarse en hechos ni en razonamientos.[6] También aborda las consecuencias restrictivas de la coerción social. La tercera parte retoma las ideas desarrolladas en las dos primeras para entender en qué consiste una buena sociedad y qué tipos de arquitectura gubernamental e internacional es más probable que la posibiliten.

LOS PRINCIPIOS FUNDAMENTALES: OTRAS PERSPECTIVAS TRADICIONALES

Una libertad significativa: la libertad de acción

La noción de libertad económica que tiene un economista parte de una idea sencilla: la libertad de una persona consiste en lo que puede hacer y lo que puede elegir. Podría parecer que este punto de vista es similar al de Milton Friedman, reflejado en el título de su exitoso libro *Libertad para elegir* (publicado en 1980 y escrito con su esposa, Rose). Pero Friedman olvidó un hecho elemental. Alguien con ingresos muy limitados tiene poca libertad de elección. Lo que importa es el *conjunto de oportunidades* que tiene una persona, es decir, el conjunto de opciones que tiene a su disposición.[7] Desde la perspectiva de un economista, esto es lo único que importa. El conjunto de oportunidades determina, e incluso define, la *libertad de acción* de la persona.[8] Cualquier reducción del alcance de las acciones que puede emprender supone una pérdida de libertad.[9]

El lenguaje utilizado para describir la expansión o la contracción del conjunto de oportunidades es el mismo.[10] Da igual si se induce a alguien a comportarse de determinada manera *incentivándole* con recompensas o *castigándole* con multas, aunque se defienda lo primero como «no coercitivo» (y se alaben los sistemas económicos que diseñan astutos sistemas de incentivos que inducen el comportamiento deseado) y se repruebe lo segundo como «coercitivo».

El hecho de entender la libertad económica como libertad de acción replantea de inmediato muchas de las cuestiones centrales en torno a la libertad y las políticas económicas. Los libertarios y otros conservadores consideran que la capacidad de gastar los propios ingresos como uno quiera es una característica definitoria de la libertad económica.[11] Consideran que cualquier restricción a eso es una coerción y que los impuestos son la mayor restricción coercitiva. Pero esta perspectiva da primacía a los mercados y a los precios determinados por el mercado. Yo hago una crítica a esta postura. Si bien puede haber debates económicos sobre el nivel y el diseño de los impuestos, demuestro que los ingresos del mercado de las personas —los ingresos que obtienen en la economía de mercado, ya sea de salarios, dividendos, ganancias de capital u otras fuentes— tienen escasa o nula primacía moral y, por lo tanto, la razón moral para no gravar esos ingresos es escasa o nula.

La libertad para vivir sin necesidades ni miedo y la libertad para desarrollar el propio potencial

Las personas que apenas tienen para sobrevivir cuentan con una libertad muy limitada. Todo su tiempo y energía se dedican a ganar el dinero suficiente para pagar la comida, la vivienda y el transporte al trabajo. Al igual que los ingresos de las personas que ocupan la parte más alta de la escala económica no están moralmente justificados, tampoco lo están los de las que ocupan la parte más baja. Eso no significa que hayan hecho algo para merecer la pobreza que sufren. Una buena sociedad haría algo para solucionar las privaciones, o la reducción de libertad, de las personas con ingresos bajos.

No es sorprendente que la gente que vive en los países más pobres haga hincapié en los derechos económicos, el derecho a tener atención médica, a la vivienda, a la educación y a no pasar hambre. No solo les preocupa la pérdida de libertad derivada de un Gobierno opresor, sino la que resulta de unos sistemas económicos, sociales y políticos que han dejado desamparados a grandes sectores de la población. Estas pueden plantearse como libertades *negativas*: lo que se pierde cuando los individuos no pueden desarrollar su potencial. O como libertades *positivas*: lo que se gana con un buen sistema económico y social, que es la libertad de desarrollar el propio potencial, una libertad asociada a las oportunidades y el acceso a la educación, la atención sanitaria y alimentos suficientes.

La derecha afirma que los Gobiernos han restringido innecesariamente la libertad a través de los impuestos, que limitan el presupuesto de los ricos y, por lo tanto, (según nuestra formulación) reducen su libertad. Pero al afirmar esto solo tienen parte de razón, porque los beneficios sociales derivados de los gastos financiados con estos impuestos, por ejemplo, las inversiones en infraestructuras y tecnología, pueden ampliar su conjunto de oportunidades (su libertad) de manera más valiosa. Incluso aunque su evaluación del efecto sobre los ricos fuera correcta, ignoran el impacto social más amplio sobre las libertades. La fiscalidad progresiva, cuya recaudación se redistribuye entre los más desfavorecidos mediante programas sociales o la educación, amplía el conjunto de oportunidades de los pobres, su libertad, aunque pueda, al mismo tiempo, limitar el conjunto de oportunidades de los ricos. Como en todo, hay *trade-offs*.

La libertad de una persona es la falta de libertad de otra

Ya he presentado antes esta cuestión fundamental, y el capítulo 3 se dedica a explicar sus múltiples implicaciones. Por ejemplo, esta proposición innegable conduce directamente a un tema relacionado, el de la regulación. La regulación no es la antítesis de la libertad; en una sociedad libre las restricciones son necesarias. Eran necesarias incluso en las sociedades antiguas, más sencillas. La mayoría de los diez mandamientos pueden considerarse el conjunto mínimo de leyes (regulaciones) necesario para que una sociedad funcione.

Una de las principales implicaciones, que ya he expuesto, es que al hablar de libertad a menudo hay que hacer *trade-offs*. A veces, el equilibrio de derechos es obvio. En todas las sociedades está prohibido matar a alguien, excepto en circunstancias muy concretas. El «derecho a matar» se somete al «derecho a no ser matado». Hay muchos otros casos en los que el equilibrio de derechos debería ser obvio si fuéramos capaces de quitar las telarañas creadas por la falsa retórica de la libertad y la coerción. Por ejemplo, con la excepción de alguien para quien las vacunas supongan un riesgo para la salud, el peligro que supone una persona no vacunada que propaga una enfermedad peligrosa y tal vez mortal supera con creces el «inconveniente» o la «pérdida de libertad» de obligar a un individuo a vacunarse. También debería ser obvio que la magnitud del desequilibrio aumenta a medida que lo hacen la contagiosidad y la gravedad de la enfermedad.

Sin embargo, hay algunos casos en los que el equilibrio entre los *trade-offs* no es obvio; los siguientes capítulos facilitan un marco para reflexionar sobre cómo podemos abordar esas situaciones.

Los mercados libres y desatados tienen más que ver con el derecho a explotar que con el derecho a elegir

Un ejemplo concreto de *trade-off* en el que creo que la respuesta es sencilla se refiere a la explotación. Esta puede adoptar muchas formas: el poder de mercado, por ejemplo, inflar los precios en tiempos de guerra o las farmacéuticas que mantienen los precios altos durante una pandemia; las empresas de cigarrillos, alimentos y medicamentos que se aprovechan de las adicciones; los casinos y las páginas web de apuestas online que explotan la vulnerabilidad de ciertas personas. Los recientes avances en la economía digital han abierto nuevas posibilidades de explotación.

Los análisis de competencia que suelen realizarse en la economía académica asumen que nadie tiene poder alguno, que todo el mundo cuenta con una información perfecta y que todos somos perfectamente racionales. Asumen, por lo tanto, que no existen el poder de mercado ni otras formas de explotación. Pero en el mundo real, hay algunos individuos y corporaciones que tienen un poder considerable.[12] Parece como si la gente cuya postura es que el Gobierno no debe interferir en el funcionamiento de la economía utilizara una varita mágica para hacer desaparecer la búsqueda de rentas en la economía del siglo XXI. (Una definición rápida de búsqueda de rentas: las rentas son las ganancias que se obtienen de un servicio, un trabajo, un capital o una tierra y que superan lo que se necesitaría para conseguir su provisión. Puesto que la oferta de tierra es fija, todo el dinero que se obtenga de ella constituye una renta; del mismo modo, cualquier rendimiento adicional obtenido del poder de mercado constituye una renta. Cuando las empresas quieren aumentar su poder de mercado o explotarlo de otras maneras, lo llamamos búsqueda de rentas).[13]

La explotación enriquece al explotador a costa del explotado. Restringir esa explotación puede ampliar el conjunto de oportunidades (libertad) de la mayoría y limitar el conjunto de oportunidades de la persona que explota. Existe un *trade-off*, y la sociedad debe mediar entre los ganadores y los perdedores. En la mayoría de los casos, está claro lo que hay que hacer: constreñir al explotador. En este caso, la atención no se centra en los ingresos o la riqueza del explotador frente a los del explotado, sino en cómo el bienestar de uno mejora a expensas del otro.[14] Por ejemplo, las regulaciones que exigen la divulgación de ciertos datos cuentan con un apoyo generalizado; el azúcar en los cereales, los riesgos de fumar cigarrillos, el verdadero tipo de interés de una hipoteca o los riesgos ocultos de los productos de inversión. Esta difusión reduce las asimetrías de información y, de ese modo, el alcance de la explotación, y contribuye a que los mercados sean más eficientes. En muchas situaciones es posible demostrar que la «coerción» que restringe la explotación aumenta la eficiencia económica —incluso en el sentido estricto con el que los economistas suelen utilizar ese término—,[15] al ampliar casi todos, si no todos, los conjuntos de oportunidades.

Esto pone de relieve otra cuestión, quizá aún más desconcertante que «la libertad de una persona es la falta de libertad de otra»: la *coerción puede aumentar la libertad de todos*. Los semáforos son una regulación sencilla, fácil de imponer, que permite a los conductores turnarse para pasar en un cruce. Si no existieran, se producirían atascos y accidentes. Todo el mundo saldría perdiendo. Está claro que la pequeña coerción que supone el semáforo —limitar lo que podemos hacer— puede aumentar el bienestar y, en cierto sentido, la libertad de acción de todos.

Los derechos de propiedad pueden reprimir o liberar

Damos los derechos de propiedad tan por sentado que, en Occidente, la mayoría de las personas ni siquiera piensa en ellos como «regulaciones» o «restricciones». Nos limitamos a aceptar la legitimidad moral de la propiedad y de un sistema económico basado en los derechos de propiedad.

La defensa de este sistema se basa en la eficiencia económica. Si no hubiera derechos de propiedad, nadie tendría incentivos para trabajar o ahorrar. Que la protección de algún tipo de propiedad es esencial para que una sociedad funcione se refleja en el octavo de los diez mandamientos: «No robarás».

Los derechos de propiedad suponen una *restricción* para los demás (por ejemplo, se vulnera su libertad para invadir una propiedad); pero es una restricción que, en general, resulta «liberadora», es decir, amplía lo que la gente puede hacer y consumir. Existe un acuerdo general en que los derechos de propiedad deben imponerse desde las instituciones públicas. Su imposición colectiva significa que no tenemos que gastar enormes cantidades de recursos para defender nuestra propiedad.

Como escribió el ecologista Garrett Hardin, famoso por su explicación sobre cómo controlar el exceso de pastoreo en las tierras comunales (que se abordará más adelante): «No negamos ni lamentamos que, de ese modo, infrinjamos la libertad de los potenciales ladrones». Y añadió: «Cuando los hombres acordaron mutuamente aprobar leyes contra el robo, la humanidad se volvió más libre, no menos [...] cuando son conscientes de que la coerción mutua es necesaria, son libres para perseguir otros objetivos».[16]

Pero esta idea solo nos lleva hasta aquí. Los derechos de propiedad deben definirse y asignarse. Los acalorados debates sobre la definición de nuevas formas de propiedad —la propiedad intelectual— demuestran claramente que la propiedad es una construcción social que implica *trade-offs* ente las libertades. La libertad de los potenciales usuarios del conocimiento se ve limitada, mientras aumenta la libertad del supuesto inventor o descubridor del conocimiento. En el capítulo 6 se muestran los diferentes tipos de derechos de propiedad y cómo se definen en distintos países, así como los *trade-offs* que conllevan.

Contratos privados y contratos sociales, y las restricciones acordadas voluntariamente

Hasta ahora, la sencilla noción que subyace en el debate es que la imposición pública de ciertas restricciones puede ampliar el conjunto de oportunidades de muchas personas, de la mayoría o incluso de todas. Las personas, por supuesto, se imponen restricciones a sí mismas cuando tratan con los demás. En eso consiste un contrato. Alguien se compromete a hacer o no hacer algo (es decir, limita lo que hace) a cambio de que otro se comprometa a hacer o no hacer algo. Los contratos suscritos de manera voluntaria hacen que ambas partes salgan ganando. Cuando firmamos un contrato, creemos que restringir nuestra libertad de alguna manera amplía nuestro conjunto de oportunidades —nuestras libertades— de otras maneras que consideramos más importantes que las pérdidas impuestas por las restricciones. De hecho, una de las pocas funciones del Gobierno que acepta la derecha es la de hacer cumplir los contratos. Los contratos se consideran inviolables.

Como veremos, esta visión de los contratos carece de matices. Las políticas públicas dictan qué contratos deben ser ejecutables y respetarse, cuándo pueden romperse y qué compensación hay que pagar cuando eso ocurre. No es cierto que permitir cualquier contrato suscrito de manera voluntaria por dos partes que consienten libremente aumente siempre el bienestar de la sociedad. Limitar el conjunto de contratos «admisibles» puede aumentar el bienestar de la sociedad; puede, de hecho, aumentar el bienestar de *todos* los miembros de la sociedad.

Puede aplicarse, y se ha aplicado, un razonamiento similar para pensar en un contrato social que defina las relaciones de los ciudadanos entre sí y con el Gobierno. O con el soberano, como plantearon Thomas Hobbes (1588-1679) y John Locke (1632-1704), dos de los primeros filósofos que escribieron sobre contratos sociales. En realidad, los individuos no firman (ni han firmado jamás) un contrato que implique un conjunto de obligaciones, como pagar impuestos a cambio de una serie de beneficios que pueden incluir protección. Más bien, la idea del contrato social pretende ayudarnos a reflexionar sobre la legitimidad moral de la acción colectiva y las obligaciones y limitaciones que conlleva, un libre intercambio que pueden acordar voluntariamente los ciudadanos de una sociedad.

PRINCIPIOS FUNDAMENTALES: OTRAS PERSPECTIVAS MODERNAS

Mill, Friedman y Hayek escribieron sus obras antes de que se desarrollase la economía conductual moderna, que reconoce que los individuos difieren mucho de cómo los describe la teoría económica estándar. Son menos racionales, pero también menos egoístas.

La economía tradicional, sobre todo la neoliberal, ha ignorado el poder de conformar las creencias, e incluso las preferencias, al asumir que estas son fijas y están determinadas; en esencia, según su perspectiva, la gente nace sabiendo perfectamente lo que le gusta y lo que no, y cómo intercambiar más de un bien por menos de otro. En la teoría estándar, los individuos solo cambian sus creencias o acciones (si los ingresos y los precios se mantienen constantes) porque disponen de mejor información. Pero, en realidad, a menudo las preferencias y las creencias[17] pueden moldearse, algo que saben muy bien los padres, quienes trabajan en marketing o publicidad y cualquiera que haga campañas de desinformación o contra la desinformación y la información errónea. La conformación de las creencias y las preferencias implica algo más que proporcionar más y mejor información, supone cambiar la mentalidad, un tema de estudio tanto para psicólogos como para profesionales del marketing, pero que suele quedar fuera del alcance de los economistas aferrados a su modelo de racionalidad plena con preferencias innatas.[18] Resulta especialmente preocupante que sea nuestro sistema económico el que modele las preferencias y las creencias, y que esta conformación sea tan importante cuando se trata de emitir juicios sobre los méritos de un sistema frente a otro.

Cuando este tipo de conformación hace que las personas sean más «consideradas con los demás», tal vez todo sea por el bien de la sociedad, porque eso facilita una manera aparentemente no coercitiva de «interiorizar» las consecuencias de las acciones de una persona sobre el resto. Los individuos piensan en las repercusiones que sus actos tienen en los demás. Recientemente, los economistas del desarrollo han demostrado que, para inducir comportamientos que promuevan el desarrollo o el bienestar de la sociedad —por ejemplo, reducir la fertilidad, la discriminación de género o la violencia doméstica—, cambiar las creencias puede ser mucho más efectivo (y menos costoso) que los enfoques tradicionales basados en ofrecer incentivos o mejor información.[19]

Pero como debería dejar claro el ejemplo de los antivacunas, las creencias y las preferencias también pueden cultivarse de una manera que sea antisocial y tenga efectos nocivos para la sociedad. Además, la línea que separa el comportamiento prosocial (es decir, el que tiene en cuenta cómo afectan las acciones propias a los demás) inducido por la *cohesión social* y el inducido por la *coerción social*, más cuestionable, es, en el mejor de los casos, difusa. Dado que la conducta y las decisiones, incluidas las políticas, se ven tan influidas por las creencias, el poder de conformarlas es crucial. Y, por desgracia, en el siglo XXI, en la mayoría de los países ese poder se concentra en manos de unos pocos que controlan los medios de comunicación.

Cuando los países que no nos gustan tratan de conformar las creencias, calificamos eso peyorativamente de «lavado de cerebro» o «propaganda». Pero no reconocemos que lo mismo ocurre en las economías de mercado, a veces «solo» con una motivación económica, pero otras con la intención de influir en la política. Por mucho que nos preocupen los intentos de convencer a la gente para que compre bienes y servicios que no necesita, los efectos de la desinformación en la política, por ejemplo, son aún más preocupantes. Los ciudadanos utilizan el poder de su voto para escribir las reglas del juego, lo que aumenta las posibilidades de inducir o coaccionar a otros para que se comporten de determinada manera.

Así pues, el poder de mercado en los medios de comunicación es importante, y debemos adoptar una visión sistémica para reflexionar sobre la libertad y ese poder. Por ejemplo, se puede inducir a los ciudadanos a creer —a pesar de que la teoría y las pruebas demuestran lo contrario— que los mercados siempre son eficientes y el Gobierno siempre es corrupto, lo que lleva a resultados electorales que afianzan el poder y la riqueza de las élites. Esto, a su vez, aumenta la libertad de las élites a costa del resto de la sociedad.

La educación puede ser liberadora

Tradicionalmente, los economistas han considerado que la educación se limitaba a mejorar las competencias, es decir, a crear capital humano. Pero la educación hace más que eso: conforma a los individuos.

La educación es un arma de doble —o quizá debería decir triple— filo. Por un lado, puede utilizarse como mecanismo de coerción social, si adoctrina a los individuos en la conformidad social. Por otro, puede enseñar a los estudiantes a ser considerados con los demás y no imponer costes innecesarios a la sociedad. Pero más importante aún, una educación liberal es liberadora. Permite que la gente tenga una visión más amplia de las cosas, más allá de la perspectiva que haya recibido de sus padres o su comunidad. Mejora la agencia personal y la autonomía, razón por la que los enemigos de la libertad y de una sociedad abierta se esfuerzan tanto para limitar lo que se enseña y son tan escépticos con las instituciones de enseñanza superior.

El ataque a la tolerancia y los valores de la Ilustración:
la libertad de pensamiento

En la actualidad, la intolerancia hacia los ciudadanos que piensan o actúan de manera diferente impregna ciertos movimientos de derechas y también es cada vez más evidente en la izquierda. Sin embargo, la tolerancia es la noción central de la Ilustración, el movimiento intelectual que dominó la Europa de los siglos XVII y XVIII y dio origen a la ciencia moderna. Esta, a su vez, provocó una enorme mejora de las condiciones de vida durante los dos siglos y medio posteriores.[20] Por supuesto, las acciones de una persona pueden afectar a otras, pero no hay consecuencias de ese tipo asociadas a los pensamientos. Por eso, la libertad de pensar como uno quiera y la de actuar como uno quiera —siempre que las acciones no afecten a los demás— son esenciales en el concepto de libertad. Estas ideas también constituyen la esencia de la tolerancia.

APLICACIONES: LA BUENA SOCIEDAD Y CÓMO CONSEGUIRLA

En la última parte del libro me pregunto qué tipo de economía y qué tipo de arquitectura global tienen más probabilidades de lograr lo que creo —y espero que muchos otros también crean— que es la buena sociedad.

Comprender los fracasos del neoliberalismo, entre ellos por qué no ha funcionado, proporciona una base para entender lo que hay que hacer para crear una economía y una sociedad más sanas. Se necesita, por ejemplo, un equilibrio más adecuado entre el mercado, el Estado y la sociedad civil y un ecosistema de instituciones más rico, que incluya a las cooperativas y las organizaciones sin ánimo de lucro.

De la libertad individual a la soberanía del Estado

Los fracasos del sistema económico neoliberal dentro de los países se han reproducido en el orden internacional. Existe un paralelismo entre la soberanía de los países y la libertad de los individuos. El sistema neoliberal de reglas e instituciones internacionales —los tratados comerciales, los acuerdos de inversión, los derechos de propiedad intelectual y el sistema financiero mundial— ha ampliado las oportunidades económicas de los países ricos a expensas, sobre todo, de los países pobres.

Existe una alternativa: un capitalismo progresista
o una socialdemocracia revitalizada

Una de las características distintivas del neoliberalismo y las políticas neoliberales es la afirmación de que no hay alternativa. Esta fue la consigna que recitaron, entre otros, los responsables políticos cuando, influidos por Wolfgang Schäuble, el ministro de Finanzas de Alemania durante la crisis del euro de 2010, Europa impuso una austeridad punitiva —recortes generalizados de gasto— a Grecia y a los demás países denominados PIGS.[21] En aquel momento, había alternativas para responder a la crisis del euro, y las hay ahora para crear una economía y una sociedad mejores. Existen otras maneras de organizar la sociedad y de ampliar las oportunidades de los individuos. Creo que el sistema que tiene más probabilidades de conseguirlo es lo que llamo *capitalismo progresista*. (En Europa, lo describo como una socialdemocracia revitalizada).

Utilizo el término «capitalismo» únicamente para señalar que gran parte de la economía estará en manos de empresas con ánimo de lucro; pero lo que he denominado capitalismo progresista requiere, además de una serie de instituciones, un importante papel de la acción colectiva. No se basa en el bulo de que los mercados son la solución y el Gobierno el problema (como afirmó el presidente Reagan), sino en un equilibrio más adecuado entre el mercado y el Estado, que establezca regulaciones para garantizar la competencia e impedir la explotación mutua y la del medioambiente. Una función crucial de la acción colectiva es ampliar las libertades de todos (mediante una regulación bien diseñada e inversiones públicas, financiadas a través de impuestos), pero otro elemento clave es equilibrar la ampliación de las libertades de algunas personas con la reducción de las libertades de otras.

Esto solo se logra si existe un sólido sistema de controles y equilibrios, dentro del Gobierno y de la sociedad en general. Y, en la práctica, estos controles y equilibrios solo pueden funcionar si no hay concentraciones de poder. Pero estas son inevitables si hay concentraciones de riqueza, y estas siempre se producirán en el capitalismo desatado a menos que el Estado asuma un papel activo en el fomento de la competencia y elabore «reglas justas» para guiar la economía y la redistribución.

Libertad política y libertad económica: el capitalismo progresista promueve ambas

Por último, abordaremos la relación entre la libertad económica y la libertad política. Algunos economistas y otros miembros de la derecha, como Friedman y Hayek, afirman que los mercados libres y desatados son imprescindibles para que exista libertad política. Dicen que es casi inevitable que una serie cualquiera de restricciones económicas genere más restricciones económicas y que, para mantenerlas, luego se impondrán restricciones políticas, situándonos en un camino hacia la servidumbre. Los burócratas y los políticos, que son egoístas y se dan demasiada importancia, se asegurarán de que suceda así. Si se les da más poder para aplicar una serie de regulaciones, lo utilizarán para ampliar aún más su poder.

Estas predicciones son incorrectas, en parte porque se basan en una visión equivocada de la naturaleza humana y, en parte, porque se basan en una visión equivocada de los sistemas políticos democráticos. Los gobernantes fascistas y autoritarios suelen aparecer como consecuencia de la incapacidad de un Gobierno para hacer lo suficiente, no porque el Gobierno haya hecho demasiado. En los últimos años, hemos visto surgir Gobiernos populistas y extremistas antidemocráticos en Brasil, Estados Unidos, Rusia y Hungría, países que han hecho poco por mitigar sus desigualdades. No lo he visto, al menos en la misma medida, en Suecia, Noruega o Islandia, países con un Estado grande que protege a sus ciudadanos.[22] Y, de nuevo, a diferencia de lo que afirmaban Hayek y Friedman, las restricciones impuestas en este último grupo de países generan un nivel de vida *más alto*; un aumento de las libertades significativas para la gran mayoría de sus ciudadanos.

Friedman y Hayek, al igual que muchos otros conservadores, tenían una visión indefectiblemente sombría de la naturaleza humana. Tal vez llegaron a estas ideas extremas sobre el egoísmo individual a través de una profunda introspección, que luego generalizaron a todo el mundo. No fueron capaces de reconocer que muchísimas personas se incorporan a la función pública porque desean hacer el bien, no porque quieran darse importancia. Desde un punto de vista económico, los funcionarios habrían estado mucho mejor si se hubieran ido al sector privado, sobre todo en la época del neoliberalismo. Por supuesto, algunas personas son absolutamente egoístas y ansían el poder, y cualquier sistema político debe tenerlo en cuenta. La democracia, con sus sistemas de controles y equilibrios, está diseñada para limitar las consecuencias que pueda tener eso.

El neoliberalismo no es autosostenible. Se contradice a sí mismo. Ha deformado nuestra sociedad y a las personas que la componen. Ha cultivado un egoísmo materialista y extremo que ha socavado la democracia, la cohesión social y la confianza, lo cual ha acabado debilitando el funcionamiento de la economía. Ninguna economía puede funcionar bien sin cierta dosis de confianza; un mundo en el que todo está sujeto a litigios es un mundo disfuncional. Para que los mercados funcionen bien y sirvan a la sociedad es necesaria la competencia. Pero si no existen leyes de competencia, las empresas se encargarán de obstaculizarla de una manera u otra y el poder se concentrará cada vez más. Sin una regulación fuerte, el neoliberalismo destruirá el planeta. Ya ha generado una extrema desigualdad económica que ha dado lugar a desigualdades políticas, y nuestra democracia ha pasado de la idea de «una persona, un voto» a una cínica realidad que cabría expresar fielmente como «un dólar, un voto», una desigualdad política que desvirtúa la noción misma de democracia. A escala internacional, tal vez el efecto del neoliberalismo haya sido incluso peor, ya que ha impuesto políticas que han restringido el espacio democrático de los países y han condenado a la mayoría de los países pobres —y a sus habitantes— a seguir siendo pobres.

Estos resultados son justo lo contrario de lo que afirmaban Hayek y Friedman, es decir, que el capitalismo desatado era *necesario* para preservar la libertad política. El capitalismo desatado —el tipo de capitalismo defendido por la derecha y sus líderes intelectuales Friedman y Hayek— reduce las libertades económicas y políticas significativas y nos pone en el camino hacia el fascismo del siglo XXI. El capitalismo progresista nos sitúa en el camino hacia la libertad.

2
CÓMO REFLEXIONAN LOS ECONOMISTAS SOBRE LA LIBERTAD

Los economistas debaten desde hace mucho tiempo sobre la idea de libertad y la relación entre esta y el sistema económico de una sociedad. Friedrich Hayek y Milton Friedman fueron los líderes de un grupo de economistas conservadores que, con su lenguaje, han tratado de impedir que se produjeran debates valiosos. Hablaron de «libre mercado», como si la imposición de reglas y regulaciones diera lugar a «mercados no libres». Calificaron las empresas privadas —las que son propiedad de individuos particulares— de «empresas libres», como si denominarlas así las hiciera merecedoras de cierta reverencia y sugiriera que no deben ser tocadas, que su libertad no debe restringirse aunque exploten a las personas y al planeta.

Para Hayek y Friedman, el capitalismo desatado no solo era deseable por su eficiencia, sino porque fomentaba la libertad. Sin embargo, para reconsiderar si genera mayor o menor libertad, es necesario reexaminar cómo funciona realmente la economía de mercado.

BREVE HISTORIA DEL PENSAMIENTO ECONÓMICO DESDE ADAM SMITH HASTA MEDIADOS DEL SIGLO XX

Adam Smith, el fundador de la economía moderna, criticó el exagerado enfoque estatista (mercantilista) de la economía. Smith creía en los mercados. En *La riqueza de las naciones*, que publicó en 1776, había conjeturado que una economía competitiva sería eficiente. En aras del propio interés, los empresarios serían guiados *como por una mano invisible* hacia el bienestar de la sociedad:

Y al orientar esa actividad de manera que produzca un valor máximo, él busca solo su propio beneficio, pero en este caso como en otros una mano invisible lo conduce a promover un objetivo que no entraba en sus propósitos.[1]

Smith era, aun así, mucho menos optimista acerca de los mercados desatados que sus seguidores actuales. Estoy seguro de que le habría horrorizado hasta qué punto se le ha sacado de contexto y cómo se han ignorado varias de sus sabias observaciones porque no eran coherentes con el modelo mental de la libre empresa, la manera en que la derecha ha entendido la economía de mercado. Veamos los siguientes ejemplos. En el primero, Smith insiste en la propensión de los empresarios a adoptar conductas anticompetitivas:

> Es raro que se reúnan personas del mismo negocio, aunque sea para divertirse y distraerse, y que la conversación no termine en una conspiración contra el público o en alguna estratagema para subir los precios.[2]

Si existe poder de mercado (colusión), los mercados se distorsionan y no suelen ser eficientes. Y como recalcó Smith, las empresas pueden explotar tanto a los consumidores como a los trabajadores, lo que en la práctica restringe el conjunto de opciones (la libertad) de ambos, al tiempo que amplía la libertad de los propietarios de las empresas.

Smith no fue el primero en preguntarse cómo sería una economía insuficientemente regulada. Incluso antes de la Revolución Industrial, los filósofos ya se planteaban cómo sería una sociedad sin un gobierno adecuado. Thomas Hobbes, en *Leviatán* (1651), describió la vida en un mundo así como «solitaria, pobre, desagradable, brutal y corta».[3]

Las visiones menos optimistas de Smith sobre el capitalismo se materializaron en las primeras décadas de la Revolución Industrial. En Inglaterra, las leyes de pobreza de 1834 convirtieron a los trabajadores en carne de cañón barata para las obras públicas y las fábricas locales. Había crecimiento económico, pero era evidente que no se repartía de manera equitativa. Friedrich Engels documentó la miseria en la que vivían las clases trabajadoras inglesas en su famoso tratado de 1845 *La situación de la clase obrera en Inglaterra*, que también describieron elocuentemente las novelas de la época.[4]

Durante la Revolución Industrial surgieron dos escuelas económicas. Resulta sorprendente que pudieran desarrollarse dos visiones del mundo tan diferentes, ya que ambas observaban la misma situación. Una se centró en lo que sus defensores consideraban la armonía del sistema económico y su capacidad para producir bienes. Esta escuela estuvo liderada por economistas clásicos que sacaron de contexto la cita de Adam Smith y desarrollaron teorías del *laissez-faire* que decían, en esencia, que había que dejar solo al mercado para que obrara milagros.[5] Esta teoría, a la que solía denominarse *liberalismo*, hacía hincapié en el libre mercado, sobre todo en la eliminación de las barreras a la importación de productos agrícolas baratos a Reino Unido, lo que permitiría bajar los salarios. La otra escuela, que se asocia a Karl Marx, hacía hincapié en el papel de la explotación de los trabajadores y en la necesidad de combatirla.

En las décadas siguientes, hubo crecimiento y explotación a ambos lados del Atlántico. El crecimiento se vio favorecido no solo por la acumulación de capital y la innovación, sino por la explotación de los esclavos, las colonias y los trabajadores ordinarios. Analizar la importancia relativa de la función de cada uno es casi imposible. Hoy, en el panteón de los grandes donantes que fundaron o hicieron donaciones a las principales instituciones educativas de los siglos XVIII y XIX, es difícil encontrar hombres cuya reputación no esté manchada por la trata de esclavos o el tráfico de opio, o ambas cosas.

La Gran Depresión y la economía mixta

Sin embargo, ni siquiera los defensores del mercado pudieron ignorar la Gran Depresión, durante la cual, en Estados Unidos, uno de cada cuatro trabajadores se quedó sin trabajo. El crac financiero de 1929, en el que millones de personas perdieron sus ahorros, fue el peor revés financiero que había experimentado la economía.

Apenas veintidós años antes se había producido el pánico de 1907, que dio lugar a la creación de la Reserva Federal, pero ni siquiera esta pudo salvar el sistema bancario y la economía; se necesitaba una ayuda gubernamental más amplia, que el presidente Franklin D. Roosevelt proporcionó a través del New Deal.[6]

El economista John Maynard Keynes explicó lo que había ido mal en la Gran Depresión y propuso una receta para saber qué hacer al respecto. Su recomendación asignaba una función importante al Gobierno; no el papel abarcador que defendían los socialistas y los comunistas, sino uno más restringido, que se limitaba a la gestión de la macroeconomía. Pero aquello era un anatema para los capitalistas.

La economía mixta que se desarrolló en los años posteriores a la Segunda Guerra Mundial era claramente antisocialista. Aunque predominaban las empresas privadas, el Gobierno desempeñó un papel vital a la hora de garantizar la competencia, impedir la explotación y estabilizar la macroeconomía. En el régimen socialista los medios de producción estaban en manos del Estado. Por el contrario, en el sistema dominante en Europa Occidental y Estados Unidos, los mercados y la producción privada de bienes y servicios seguían siendo esenciales, si bien el Gobierno también contribuía a través de la educación, la investigación, las infraestructuras, la ayuda a los pobres, los seguros de jubilación y la regulación de los mercados financieros y de otro tipo.

Este modelo económico tuvo un éxito enorme. En Estados Unidos, el crecimiento nunca había sido tan alto,[7] y los frutos de ese crecimiento nunca se habían repartido mejor. Estados Unidos y el mundo experimentaron el periodo de estabilidad más largo de la historia, sin crisis financieras ni recesiones profundas. El modelo contó con el apoyo de los dos principales partidos políticos, y los tipos impositivos alcanzaron nuevos máximos durante el mandato del presidente republicano Dwight Eisenhower, quien introdujo simultáneamente importantes programas de educación, infraestructuras e investigación en todo el país.

En Asia Oriental, una variante de este sistema, en el que el Gobierno asumía un papel algo más activo en el fomento del desarrollo, resultó ser el modelo de desarrollo más exitoso de la historia. Un crecimiento sin precedentes redujo la brecha entre estos países y los países avanzados. Siguiendo este modelo, Japón se convirtió en la cuarta economía del mundo y China en la segunda, al tipo de cambio oficial. Pero si se estima con una medida más adecuada, la paridad de poder adquisitivo (que ajusta las diferencias del coste de la vida en los distintos países), en 2023 China era la *mayor* economía del mundo, superando a Estados Unidos casi en una cuarta parte.[8]

Paradójicamente, no se había desarrollado una «teoría» de por qué todo iba a funcionar tan bien durante esa época. Planteaba a los economistas el mismo problema que una jirafa a los biólogos. Las jirafas existen, aunque no se sepa muy bien cómo puede sobrevivir una criatura con el cuello tan largo. Hasta la segunda mitad del siglo XX no se entendieron a fondo los límites de los mercados y cómo una intervención gubernamental bien diseñada podía mejorar el funcionamiento del sistema económico.

UNA NUEVA ERA ECONÓMICA

En la década de 1970, durante la crisis del precio del petróleo, los acuerdos económicos de posguerra se tambalearon y la inflación se disparó; no el tipo de hiperinflación que había imperado en Alemania en la década de 1920, pero sí una inflación que Estados Unidos y gran parte del resto del mundo no habían experimentado antes. Era preocupante y perturbador.

La derecha, a la que se unieron los demócratas, cuya fe en el sistema parecía haberse debilitado, aprovechó el momento y abogó por un nuevo sistema económico.

No tardaron en eliminarse a discreción regulaciones y restricciones. Se le llamó *liberalización*, la liberación de la economía. Se suponía que así se liberaría el espíritu de la iniciativa humana, se fomentaría la innovación y mejoraría el bienestar de todos. Aunque se produjera un (enorme) aumento de la desigualdad, se pensaba que al final la situación de todo el mundo mejoraría gracias a un efecto derrame que haría que las ganancias de los más ricos llegaran al resto. Al mismo tiempo, se produjo una oleada de privatizaciones que convirtió a las empresas públicas en empresas privadas con ánimo de lucro. En Europa había muchas empresas de este tipo, desde las del acero y el carbón hasta las de electricidad y transporte. En Estados Unidos, donde la propiedad pública era más reducida, la privatización fue consecuentemente menor e incluyó desde las empresas de recogida de basuras y de abastecimiento de agua en algunas ciudades hasta la empresa que fabricaba uranio enriquecido, el ingrediente fundamental de las bombas atómicas y las centrales nucleares.[9]

A ambos lados del Atlántico y en todo el espectro político se apoyaba el mantra de la liberalización del comercio (la eliminación de las barreras comerciales), la desregulación y la privatización.[10] El presidente Bill Clinton intentó darle un rostro más humano, pero aun así la promovió, sobre todo con la aprobación del Tratado de Libre Comercio de América del Norte en 1994 y el acuerdo internacional que dio lugar a la creación de la Organización Mundial del Comercio (OMC) en 1995. Entre los «logros» emblemáticos de su Administración estuvo la desregulación del sector financiero, que una década más tarde causaría la crisis financiera mundial. Estas políticas financieras y comerciales también provocaron la aceleración de la desindustrialización.

Clinton no fue el único que fomentó la liberalización. El primer ministro Tony Blair en Reino Unido y el canciller Gerhard Schröder en Alemania desarrollaron agendas similares.

En el mundo en desarrollo, estas ideas supusieron la base de lo que acabaría llamándose la agenda política del Consenso de Washington, una serie de normas que se impuso a los países que acudían al Banco Mundial y el Fondo Monetario Internacional (FMI) en busca de ayuda.[11]

Las batallas intelectuales

Ronald Reagan y Margaret Thatcher encabezaron la batalla política que reconfiguró las políticas económicas y las economías occidentales durante el último tercio del siglo XX. Pero mucho antes, Friedman y Hayek ya habían sentado las bases intelectuales. Ambos formaban parte de un círculo de líderes intelectuales y empresariales llamado Sociedad Mont Pelerin, que se dedicaba a proponer y perfeccionar argumentos a favor de que el Gobierno tuviera un papel muy limitado, y a impulsarlos políticamente. En su «Declaración de objetivos» de 1947, el año de su fundación, la Sociedad Mont Pelerin ofrecía una perspectiva nefasta de los asuntos mundiales:

> En grandes extensiones de la superficie del planeta ya han desaparecido las condiciones necesarias para la dignidad y la libertad humanas. En otras, estas se encuentran bajo una amenaza constante debido al desarrollo de las tendencias políticas actuales. La posición del individuo y del grupo voluntario se ve progresivamente debilitada por la ampliación del poder arbitrario.[12]

La Sociedad Mont Pelerin intentaba promover una visión antiestatal, una mucho más radical que la del Partido Republicano de la época.[13] Sus miembros consideraban que el libre mercado y la propiedad privada estaban íntimamente ligados; sin ellos, sugerían, era «difícil imaginar una sociedad en la que la libertad pueda protegerse de verdad», como decían en su «Declaración de objetivos».[14]

Por supuesto, cabe preguntarse hasta qué punto el compromiso de los miembros de la Sociedad Mont Pelerin con una agenda para la libertad política era real. Milton Friedman estuvo más que dispuesto a ser un asesor clave del famoso dictador militar chileno Augusto Pinochet, y con frecuencia muchos otros conservadores parecían fijarse más en el orden que en la libertad. Cuando prometió restaurar un régimen antiguo, Pinochet, al igual que otros dictadores, planteaba acabar con el desorden y la incertidumbre que los conservadores asocian al tipo de cambio que quieren los «izquierdistas» que buscan la libertad. La preferencia del orden a la libertad se refleja en otro término que suele utilizarse en relación con los mercados: «disciplina de mercado». Los mercados «fuerzan» el comportamiento en ciertas direcciones. Si los países no siguen las reglas establecidas por Wall Street, pueden ser castigados. Wall Street retirará su dinero y la economía se hundirá. En cierto sentido, a la gente se le quita la libertad para actuar de una manera que no sea la que dicta el mercado. Por supuesto, pensar que es posible evitar el cambio es un espejismo, es decir, que las viejas estructuras de poder puedan permanecer inmutables mientras cambian el mundo, la estructura de la economía y las ideas.

La détente *posterior a la Guerra Fría*

Los debates políticos no suelen reflejar la sofisticación y la complejidad de los debates intelectuales que subyacen en ellos y, en parte, los motivan. Con la caída del Telón de Acero en 1991 y la declaración de China de que pretendía convertirse en una economía de mercado, aunque «con rasgos chinos» (signifique eso lo que signifique), hubo un amplio consenso en que los extremos —el socialismo y el comunismo, por un lado, en los que la propiedad (e implícitamente, el control) de todo era gubernamental y, por el otro, un mercado totalmente libre (como el que defendía la Sociedad Mont Pelerin)— eran cosa del pasado. El politólogo y economista Francis Fukuyama[15] llegó a celebrar esto como «el fin de la historia», porque nuestra visión de los sistemas económico y político había convergido en la «solución correcta»: la economía de mercado y la democracia liberal. Se buscaba la mejor «tercera vía» entre la extrema izquierda y la extrema derecha, puesto que quedaba mucho espacio entre la Sociedad Mont Pelerin y el comunismo. La situación cambiaba mucho dependiendo de dónde se situaba uno entre estos dos extremos. Políticamente, esto se tradujo en batallas tanto dentro del centro izquierda y el centro derecha como entre ellos. El debate político se perfiló con mayor claridad durante la presidencia de Bill Clinton; por ejemplo, entre quienes, dentro de la Administración Clinton, se centraban en el medioambiente, la desigualdad y mejorar la competitividad de la economía, y quienes se centraban en la deuda, los tipos de interés, la desregulación, la liberalización y el crecimiento. Por lo general, se impuso este último grupo.[16]

El sistema que se desarrolló durante el último cuarto del siglo XX a ambos lados del Atlántico se llamó *neoliberalismo*.[17] En este contexto, «liberal» se refiere a ser «libre», libre de las intervenciones del Gobierno, incluidas las regulaciones. El prefijo «neo» quería sugerir que tenía algo de nuevo; en realidad, no se diferenciaba demasiado del liberalismo y las doctrinas del *laissez-faire* del siglo XIX, que aconsejaban «dejar que se ocupe el mercado».[18] De hecho, incluso durante el siglo XX esas ideas tuvieron tanta influencia que, décadas antes, los economistas de la corriente dominante habían abogado por «no hacer nada» en respuesta a la Gran Depresión.

Creían que el mercado se restablecería con relativa rapidez siempre que el Gobierno no se entrometiera y estropeara las cosas.

Lo que sí era novedoso era el truco de afirmar que el neoliberalismo eliminaba reglas, cuando gran parte de lo que hacía era imponer unas nuevas que favorecían a los bancos y los ricos. Por ejemplo, la llamada desregulación de los bancos quitó *temporalmente* de en medio al Gobierno, lo que permitió a los banqueros obtener recompensas para sí. Pero luego, en la crisis financiera de 2008, el Gobierno volvió a tener un papel protagonista cuando pagó el mayor rescate de la historia, cortesía de los contribuyentes. Los banqueros se beneficiaron a expensas del resto de la sociedad. El coste en dólares para el resto de nosotros superó las ganancias de los bancos. *En la práctica*, el neoliberalismo fue lo que cabe describir como un «sucedáneo de capitalismo», en el que las pérdidas se socializan y las ganancias se privatizan.

Los economistas neoliberales elaboraron una teoría para apoyar sus ideas a la que llamaron, previsiblemente, economía neoclásica. El nombre evocaba la economía clásica del siglo XIX y el prefijo «neo» subrayaba que sus fundamentos eran muy sólidos, lo que en la práctica significó traducirla a garabatos matemáticos. Algunos economistas neoclásicos, algo esquizofrénicos, reconocían que los mercados no solían generar pleno empleo por sí solos, de modo que a veces eran necesarias políticas keynesianas; pero una vez que la economía recuperaba el pleno empleo, prevalecía la economía clásica. Esta idea, promovida por Paul Samuelson, que fue mi profesor, se denominó síntesis neoclásica. Fue una afirmación muy influyente, sin ninguna base teórica ni empírica.[19]

A mediados del siglo pasado, el llamamiento a volver al liberalismo, con el nuevo nombre de neoliberalismo, suponía ir en contra de todo lo sucedido durante la Gran Depresión. Fue algo parecido a la «gran mentira» de Hitler. Tras la experiencia de la Gran Depresión, el argumento económico de que los mercados eran eficientes y estables por sí solos parecía absurdo. (Era también una gran mentira en otro sentido: la realidad era que el Gobierno *estaba* asumiendo un papel importante, con independencia de cómo se midiera, bien como porcentaje del PIB o del empleo. Con el tiempo, los sistemas políticos democráticos habían identificado ámbitos en los que los mercados no estaban proporcionando lo que las sociedades querían y necesitaban, por ejemplo prestaciones de jubilación, y los países habían encontrado la manera de hacerlo desde el Gobierno).

Pero la memoria es corta y un cuarto de siglo después de aquel dramático acontecimiento, en medio del trauma de la Segunda Guerra Mundial y el comienzo de la Guerra Fría, la derecha estaba dispuesta a pasar página y a volver a proclamar la supuesta eficiencia del libre mercado. Cuando se les confrontaba con la teoría y las pruebas que demostraban lo contrario, cerraban los ojos y reafirmaban su fe, como pude comprobar personalmente en mis repetidas interacciones con Milton Friedman y sus colegas, tanto en la Universidad de Chicago como en su fortaleza de la costa oeste, la Institución Hoover, en el campus de la Universidad de Stanford. La creencia en el mercado (y en el materialismo asociado a él —cuanto mayor sea el PIB, mejor—) se convirtió, para muchas personas en todo el mundo, en *la* religión de finales del siglo XX, algo a lo que aferrarse sin importar cuáles fueran la teoría o las pruebas en contra.

Cuando se produjo la crisis financiera de 2008, parecía imposible que estos conservadores se aferraran a su fe fundamentalista en el mercado, es decir, a que los mercados, por sí solos, eran eficientes y estables. Pero lo hicieron, lo cual confirmó que aquello era, en cierto sentido, una creencia integrista, cuya verdad no puede ser alterada por la razón o, como en este caso, por los acontecimientos.[20]

Y siguieron creyendo en él cuando los fracasos del neoliberalismo descritos a continuación fueron cada vez más evidentes.

No solo cerraron los ojos ante los grandes fracasos, sino también ante los pequeños, que hacen muy difícil la vida de tantas personas: las líneas aéreas con un sinfín de retrasos y pérdidas de equipaje, unos servicios de telefonía móvil e internet que son caros y poco fiables y, en Estados Unidos, un sistema sanitario que, a pesar de ser el más caro del mundo con diferencia, es imposible de manejar y da como resultado la esperanza de vida más baja de los países avanzados. Según esta nueva fe, los mercados siempre son eficientes y el Gobierno siempre es ineficiente y opresivo. Sencillamente, no sabemos apreciar los beneficios de la eficiencia de estar dos horas al teléfono con nuestra compañía de internet o del seguro médico.

Esta «religión económica» se parece a las religiones más convencionales en otro aspecto: el proselitismo. La fe de los conservadores se difundió diligentemente por los medios de comunicación y, en buena medida, a través de la educación superior, expulsando del *zeitgeist* público y político cualquier vestigio de una visión económica alternativa y más humana, surgida por primera vez en la década de 1930 y que luego había resurgido durante un periodo más turbulento, entre finales de la década de 1960 y principios de la de 1970.

Hay otro aspecto que hacía que el neoliberalismo pareciera una creencia integrista: existía una respuesta estándar para todo lo que fuera contrario a sus principios. Si los mercados eran inestables (como evidenció la crisis financiera de 2008), el problema era el Gobierno: los bancos centrales habían puesto en circulación demasiado dinero. Si un país que se liberalizaba no crecía como la religión decía que debía hacerlo, la respuesta era que no se había liberalizado lo suficiente.

LOS FRACASOS DEL NEOLIBERALISMO

Como hemos visto, en los últimos años del siglo XX, Gobiernos de todo el mundo, cuyos dirigentes pertenecían a una generación posterior a la Gran Depresión, adoptaron una u otra versión del neoliberalismo. Eso satisfizo a los capitalistas, y el argumento simplista de que el libre mercado aseguraría tanto el éxito económico como la libertad sedujo a muchas personas. He destacado el papel que desempeñó la derecha en el impulso de la agenda neoliberal; pero también conformó la mentalidad de la época con enorme éxito. He descrito cómo Clinton, Schröder y Blair asumieron el neoliberalismo.

Las particularidades del neoliberalismo del centro izquierda y el centro derecha que dominaron los debates políticos y económicos y, sobre todo, la retórica, fueron, insisto, muy diferentes. Los primeros intentaron que las reformas tuvieran un rostro humano y pidieron ayudas para quienes perdían su empleo como consecuencia de la liberalización del comercio. Los segundos se centraron en los incentivos, porque les preocupaba que cualquier ayuda para la adaptación laboral hiciera que la gente no pusiera tanto de su parte. La derecha hablaba de la economía del efecto derrame: si se conseguía que el pastel económico fuera mayor, *con el tiempo* mejoraría la situación de todos. Los demócratas y los socialdemócratas europeos no estaban tan seguros de que el derrame funcionara, o lo hiciera lo bastante rápido. Pero al final, a pesar de estas diferencias y mucha retórica, tanto el centro derecha como el centro izquierda se casaron con el neoliberalismo.

Este experimento neoliberal, que comenzó con Reagan y Thatcher, dura ya cuarenta años.[21] Su optimista promesa de un crecimiento más rápido y un mayor nivel de vida generalizado no se ha cumplido. El crecimiento se ha ralentizado, las oportunidades han disminuido y la mayor parte de los frutos del crecimiento que ha tenido lugar se los han quedado los más ricos. Tal vez los resultados hayan sido peores en Estados Unidos, debido a su mayor dependencia de los mercados y a que la liberalización financiera se llevó al extremo. El país experimentó la mayor recesión económica en tres cuartos de siglo tras el colapso financiero de 2008, una crisis que exportó al resto del mundo. En los primeros años de este siglo, Estados Unidos se había convertido en el país avanzado con el mayor nivel de desigualdad y uno de los niveles de oportunidades más bajos. El valor de los salarios de quienes ganan menos, ajustado a la inflación, era el mismo que hacía más de medio siglo. El sueño americano se había convertido en un mito, y las perspectivas de vida de un joven estadounidense dependían más de los ingresos y la educación de sus padres que en otros países avanzados. Solo alrededor de la mitad de los estadounidenses nacidos después de 1980 podían esperar tener unos ingresos superiores a los de sus padres (frente al 90 por ciento de la cohorte nacida en 1940).[22] Esta pérdida de esperanza también tuvo consecuencias políticas, como lo evidenció la elección de Donald Trump como presidente.[23]

Las estadísticas no cuentan toda la historia. Que los mercados desatados, o incluso los mercados regulados de manera inadecuada, dan lugar a resultados socialmente indeseables debería ser obvio para cualquiera que haya vivido el final del siglo xx o el principio del xxi. Pensemos en la crisis de los opioides, creada en buena medida por las empresas farmacéuticas y las farmacias que explotan a las personas que sufren dolor; pensemos en las tabacaleras que fabrican productos adictivos y letales; pensemos en las múltiples estafas que se aprovechan, entre otros, de los ancianos; pensemos en las empresas de alimentos y bebidas que promocionan sus productos poco saludables de forma tan agresiva y durante tanto tiempo que el país se enfrenta a una epidemia de diabetes infantil; y pensemos, también, en las empresas petroleras y del carbón que ganan miles de millones de dólares mientras ponen en peligro al planeta. Es difícil pensar en algún rincón de nuestro sistema capitalista en el que *no* se esté produciendo alguna forma de estafa o explotación.

No se trata solo de los costes impuestos a quienes sufren de manera directa el lado oscuro del capitalismo; todos estamos siempre en guardia para que no se aprovechen de nosotros. Los costes económicos son elevados; los costes psíquicos, mucho mayores. Reflejan fallos sistémicos con importantes consecuencias, como por ejemplo las condiciones sanitarias relativamente malas (en comparación con otros países avanzados) señaladas antes.

En otras partes del mundo, las implicaciones del proyecto neoliberal no son mejores. En África, las políticas del Consenso de Washington causaron un proceso de desindustrialización y un crecimiento casi nulo de la renta per cápita durante un cuarto de siglo.[24] En la década de 1980, América Latina experimentó lo que suele llamarse la «década perdida». En muchos países, la rápida entrada y posterior salida de capital en el marco de las políticas de liberalización del mercado financiero y del mercado de capitales generó una crisis tras otra; más de cien en todo el mundo. Las desigualdades que afectaban a Estados Unidos eran una sombra de lo que estaba ocurriendo en otros lugares. En los países de la antigua Unión Soviética, la imposición de las políticas del Consenso de Washington llevó a la desindustrialización. La otrora poderosa Rusia quedó reducida a una economía de recursos naturales del tamaño de la economía española, controlada por un pequeño grupo de oligarcas resentidos por la forma en que Occidente había guiado al país para alejarlo del comunismo.[25] Eso preparó el terreno para el ascenso de Putin y todo lo que sucedió después.

Teoría y práctica económicas

Pero ¿qué pasa con la teoría de que los mercados conducen a resultados eficientes? Los economistas conservadores retomaron la «mano invisible» de Adam Smith, pero dejaron a un lado las reservas de Smith sobre esa idea. Cuando los teóricos de la economía intentaron demostrar que los mercados competitivos eran eficientes, llegaron a un callejón sin salida. Esa conclusión *solo* era cierta en condiciones muy restringidas, tan restringidas que eran irrelevantes para cualquier economía. De hecho, estos intentos de demostrar que el mercado era eficiente *pusieron de manifiesto* sus limitaciones, que acabarían llamándose fallos del mercado. Entre estos fallos están la competencia limitada (cuando la mayoría de las empresas tienen cierto poder para fijar sus precios),[26] los mercados ausentes (por ejemplo, no se pueden contratar seguros para la mayoría de los principales riesgos a los que nos enfrentamos) y la información imperfecta (los consumidores desconocen la calidad y el precio de todos los bienes del mercado, las empresas desconocen las características de todos sus empleados potenciales, los prestamistas desconocen la probabilidad de que un prestatario potencial pague su deuda, etc.). Tan entregados estaban los economistas conservadores como Friedman a su ideología que se resistían a aceptar estos resultados teóricos básicos. Recuerdo una conversación con Friedman en un seminario que impartí a finales de la década de 1960 en la Universidad de Chicago, en la que mostraba la incapacidad de los mercados para gestionar el riesgo de manera eficiente;[27] un resultado que demostré en una serie de artículos que no han sido refutados en el medio siglo transcurrido desde que los escribí. Nuestra conversación comenzó con él afirmando que yo estaba equivocado y que los mercados eran eficientes. Le pedí que me enseñara cuáles eran los errores de mis pruebas. Volvió a su afirmación y su fe en el mercado. Nuestra conversación no llegó a ninguna parte.

Aunque escribió antes que Friedman, el razonamiento de Hayek era, en muchos aspectos, más sutil. Aparentemente, Hayek estuvo más influido por el pensamiento evolucionista: de alguna manera, la lucha por la supervivencia hacía que las empresas «más aptas» (las que son más eficientes y satisfacen mejor las necesidades de los consumidores) duraran más que sus competidoras. Su análisis era menos completo y se basaba simplemente en la *esperanza* (o la creencia) de que los procesos evolutivos producirían resultados deseables. El propio Darwin se había dado cuenta de que no siempre ocurría así, que los experimentos en las aisladas islas Galápagos habían dado resultados evolutivos muy diferentes, en ocasiones bastante extraños.[28] Hoy sabemos que en los procesos evolutivos no hay teleología. Dicho en términos económicos, no se puede presumir que estos den lugar a una eficiencia dinámica general de la economía a largo plazo.[29] Más bien al contrario. Existen deficiencias bien conocidas; los importantes fallos descritos en párrafos anteriores son solo las más evidentes. La selección natural no elimina por fuerza a los menos eficientes. Durante una recesión económica, las empresas que desaparecen suelen ser tan eficientes como las que sobreviven; simplemente tenían más deuda.[30]

Friedman y Hayek fueron retóricos influyentes cuyos argumentos resultaban convincentes. El punto fuerte de la economía matemática moderna es que obliga a una mayor precisión tanto en los supuestos como en los análisis, lo cual es también su debilidad, porque esa precisión requiere simplificaciones que pueden obviar complejidades esenciales. Los teóricos de la economía, que trabajan tanto en la tradición del equilibrio (a la que pertenecía Friedman) como en la evolucionista (a la que pertenecía Hayek), han demostrado que sus análisis eran incompletos y/o incorrectos, como acabo de explicar. La teoría económica predijo que los mercados desatados serían ineficientes, inestables y explotadores y que, sin una intervención gubernamental adecuada, estarían dominados por empresas con un poder de mercado que daría lugar a grandes desigualdades. Serían cortoplacistas y no gestionarían bien los riesgos. Dañarían el medioambiente. Y la maximización del valor para el accionista no supondría, como afirmaba Friedman, la maximización del bienestar de la sociedad. Estas predicciones de los críticos de los mercados desatados se han confirmado. Al repasar ahora su teoría económica desde la perspectiva de tres cuartos de siglo de investigación, Hayek y Friedman lo hicieron mal y, por desgracia, ni siquiera establecieron un programa de investigación adecuado. Fueron grandes polemistas cuyas ideas tuvieron, y siguen teniendo, una enorme influencia.

¿Cómo es posible que unas mentes tan brillantes se equivocaran tanto? La respuesta es sencilla. Friedman y Hayek examinaron la economía desde una perspectiva ideológica que no era imparcial. Intentaron *defender* los mercados desatados y las relaciones de poder existentes, incluidas las que se reflejaban en la distribución de los ingresos y la riqueza. En realidad, no intentaban entender cómo funcionaba el capitalismo. Supusieron que los mercados siempre eran muy competitivos por naturaleza, que ninguna empresa tenía poder para fijar los precios, cuando era obvio que los mercados cruciales no eran competitivos. En gran parte de su trabajo, asumieron que la información era perfecta, o al menos que los mercados eran eficientes desde un punto de vista informativo: transmitían instantáneamente y sin coste toda la información relevante de los informados a los no informados y agregaban cualquier información relevante para que se reflejara de manera perfecta en los precios.[31] Eran supuestos convenientes, que contribuyeron a obtener los resultados deseados sobre la eficiencia de la economía de mercado. Y eran convenientes en otro sentido: ellos no disponían de las herramientas matemáticas necesarias para analizar los mercados con información imperfecta. Pero cuando se les mostraban análisis basados en herramientas más avanzadas, que demostraban que los mercados no eran, ni podían ser, eficientes por lo que respecta a la información, ellos y otros de su facción miraban hacia otro lado. No querían implicarse en análisis que pudieran llevar a una conclusión que difiriera de su inquebrantable lealtad al mercado.

Friedman y Hayek fueron los siervos intelectuales de los capitalistas. Querían que el Gobierno tuviera un papel más reducido y que la acción colectiva fuera menor. Culparon al Gobierno de la Gran Depresión (por una política monetaria mal gestionada) y de cualquier otro aparente fracaso de la economía. Y afirmaron —ignorando la realidad histórica de las condiciones económicas que habían llevado al fascismo y al comunismo— que la intervención gubernamental en el libre mercado era, en sí misma, el camino hacia el totalitarismo. Lo que ha dado lugar al populismo, y ha puesto repetidamente a la sociedad en el camino hacia el autoritarismo, ha sido el Gobierno pequeño —que no hace lo suficiente para resolver los problemas cruciales en determinado momento— y no un Gobierno excesivo.

MÁS ALLÁ DE LA EFICIENCIA: LOS ARGUMENTOS MORALES DEL NEOLIBERALISMO

Hayek y Friedman quisieron ir más allá del argumento sobre la eficiencia del capitalismo. Sostenían que todo el mundo participaría de su éxito, del misterioso derrame que se supone que genera el capitalismo. Pero, sobre todo, querían un argumento moral para justificar el capitalismo, uno que pudiera defender las desigualdades de ingresos, pequeñas para los estándares actuales, pero lo bastante grandes como para que mucha gente las considerara moralmente indignantes.

La «legitimidad moral» de las desigualdades

En la economía neoclásica, los individuos son recompensados en función de su contribución a la sociedad; la teoría del merecimiento. Esta «justificación moral» de los ingresos que reciben los individuos también proporciona una base moral contra la redistribución: la persona ha ganado *justamente* sus ingresos.[32] Aunque muchos economistas conservadores pensaban que existía una justificación ética fundamental para las graves desigualdades que podían generar los mercados desatados, incluso ellos reconocían que los niveles de desigualdad producidos por el mercado podían no ser aceptables socialmente. Por ejemplo, era inadmisible dejar que la gente se muriera de hambre. Los niños suponían un problema particular, porque sus privaciones no eran el resultado de nada que hubieran hecho; habían perdido en la lotería de la concepción. Habían «elegido» a los padres equivocados.

Los economistas de derechas también sostenían que si fuera deseable corregir estas desigualdades, podría y debería hacerse dentro de un marco de mercado, mediante la imposición de lo que se conoce como impuestos de suma fija. Estos impuestos se pagarían con independencia de lo que hace una persona y de sus ingresos, de modo que el comportamiento de los individuos no se vería «distorsionado» al intentar evitarlos.[33] Esta afirmación tenía, en su origen, un objetivo más pernicioso: sostener que se podía, y debía, separar las cuestiones de eficiencia de las de distribución. Se sostenía que los economistas debían centrarse en la eficiencia y garantizar que el tamaño del pastel económico fuera lo mayor posible, y dejar la cuestión de una distribución equitativa a los filósofos y los políticos. Algunos, como Robert Lucas, economista de la Universidad de Chicago galardonado con el Premio Nobel, fueron más allá. En 2004, cuando la marea de desigualdad estaba subiendo, Lucas afirmó: «De las tendencias perjudiciales para una economía sólida, la más seductora, y en mi opinión la más venenosa, es centrarse en cuestiones de distribución».[34]

Esa afirmaciones están moralmente mal. Casi diría que son venenosas. Pero las investigaciones del último medio siglo han demostrado que, además, son analíticamente erróneas. La eficiencia y la distribución no pueden separarse. Incluso el FMI y la OCDE (Organización para la Cooperación y el Desarrollo Económicos) —que no son instituciones de tendencia izquierdista— han insistido en que las economías con menor desigualdad funcionan mejor.[35]

La libertad como virtud esencial de una economía de mercado

Todo esto lo he dicho para desmentir las afirmaciones de Hayek y Friedman (y de los conservadores afines) acerca de que tenían una explicación y un método para garantizar la igualdad dentro de una ideología de mercado. Pero volviendo al tema de la libertad, tanto Friedman como Hayek concedieron una enorme importancia a la relación entre el libre mercado y la libertad. A Hayek y, sobre todo, a Friedman les preocupaba que las regulaciones y otras intervenciones gubernamentales, con independencia de su intención, redujeran la libertad individual:

> Ante cualquier intervención gubernamental propuesta, su efecto [...] al amenazar la libertad y dar a este efecto un mayor peso, siempre querremos entrar en el lado de la responsabilidad.[36]

No solo sostenían que el capitalismo proporcionaba más libertad que cualquier sistema alternativo, sino que la libertad solo podía mantenerse con una versión más depurada del capitalismo. La economía de mercado de mediados del siglo XX tenía, según Friedman, demasiada acción colectiva y demasiado Gobierno.

Para aquellos comprometidos con el libre mercado, es probable que estos argumentos, centrados como están en los derechos morales y la libertad, hayan tenido tanta o más fuerza persuasiva que los argumentos técnicos sobre la eficiencia de los mercados presentados por los economistas.

Cuestionar la legitimidad moral de los mercados y los ingresos del mercado

La manera en que Friedman y Hayek entendían la naturaleza de la economía y la relación entre la economía y la sociedad estaba muy equivocada, como lo estaba su conclusión (a menudo implícita) acerca de la legitimidad moral de los ingresos determinados por el mercado. Si, por ejemplo, la eficiencia económica del mercado era un principio importante para su legitimidad y la de la distribución de los ingresos que generaba, entonces el hecho de que el libre mercado *no* fuera eficiente desvirtuaba la pretensión de legitimidad.

Sin embargo, incluso dentro de su propio marco, Friedman y Hayek habrían cuestionado la legitimidad moral de las desigualdades derivadas del poder de mercado y otras formas de explotación. Menospreciaban la importancia de estas desviaciones del paradigma competitivo porque creían que la economía era competitiva *por naturaleza* y que la explotación no podía existir. Sostenían que había fuerzas poderosas que garantizaban que los mercados fueran competitivos y no hubiera explotación. El hecho de que todos los días seamos testigos de la existencia del poder de mercado y la explotación debería servir para refutar estas teorías. Pero el trabajo teórico del último medio siglo ha demostrado la fragilidad de la estructura intelectual en la que se apoyaban. Incluso pequeñas imperfecciones de la información, pequeños costes de búsqueda o pequeños costes hundidos (costes que no pueden recuperarse si se abandona un negocio) cambian por completo los resultados estándar, lo que posibilita un alto grado de poder de mercado y de explotación.

En consecuencia, cualquier teoría sobre la libertad, como la de Hayek o Friedman, que se base en la afirmación de que los mercados, por sí solos, son eficientes y no generan explotación, se apoya en fundamentos débiles. En capítulos posteriores explicaré por qué la legitimidad moral de los mercados y la distribución de los ingresos y la riqueza que generan es aún menor de lo que sugiere este debate. Y en el último capítulo pondré patas arriba la afirmación de Hayek y Friedman de que la libertad económica, definida de algún modo —normalmente asociado a un Estado minimalista— es necesaria para la libertad política. Es el neoliberalismo el que ha provocado la ola de autoritarismo que el mundo experimenta en la actualidad.

MÁS ALLÁ DEL NEOLIBERALISMO

Es posible que la crisis financiera de 2008 marcase la cima del neoliberalismo. Demostró que la liberalización financiera fracasaba incluso en la fortaleza del capitalismo. Fue necesario que el Gobierno rescatara la economía. Luego llegó Trump, e incluso el conservador Partido Republicano pareció abandonar la liberalización del comercio. Demasiada gente se había quedado atrás. Las estadísticas seguían llegando: la esperanza de vida disminuía en Estados Unidos, la desigualdad aumentaba en gran parte del mundo.[37]

El neoliberalismo había ignorado las externalidades, pero con el cambio climático y la pandemia de la COVID-19, se evidenció que estas eran muy importantes. El Gobierno es tan necesario para ayudar a la sociedad a conservar el medioambiente y la salud pública como lo es para mantener la estabilidad macroeconómica.

Como subrayo más adelante, cuando un sistema se rompe y no cumple sus promesas, se producen cambios. Esa es la naturaleza de la evolución. Pero no hay garantías sobre la dirección de ese cambio. El fin de la *détente* neoliberal posterior a la Guerra Fría ha dado energías renovadas a la extrema derecha. Es como si pensaran que el neoliberalismo llegó a demasiados acuerdos, y que lo que se necesita es el capitalismo desatado de la Sociedad Mont Pelerin, el de Friedman y Hayek. Las creencias de la derecha, que he descrito como «religiosas», tienen el poder de captar la imaginación y el entusiasmo de la gente. Su apelación a la individualidad es extraordinariamente sugerente. Si todo el mundo trabajara duro, fuera creativo y persiguiera sus *propios* intereses, todo iría bien. Pero esa afirmación es, por desgracia, falsa. Aferrarse ahora a esa creencia implica ignorar los avances intelectuales y los cambios globales del último medio siglo. Estas ideas no tenían sentido a mediados del siglo XX, cuando cristalizaron, y lo tienen aún menos en el primer cuarto del siglo XXI, cuando las externalidades globales —el cambio climático y las pandemias— han pasado a primer plano. A medida que surge una serie de figuras potencialmente autoritarias en uno u otro país, estos dirigentes sueltan sus palabras e ideas como si hablar del libre mercado aumentara *su* libertad para quitarle la libertad a los demás.

John Maynard Keynes y Franklin D. Roosevelt contemplaron un camino alternativo a la economía clásica. Su visión, actualizada por los notables cambios que se han producido en la economía y por nuestra percepción de los últimos tres cuartos de siglo, sigue siendo una alternativa válida a la economía neoclásica, a la neoliberal que le siguió y a la nueva derecha que está surgiendo. El enfoque de Keynes y Roosevelt consistía en un capitalismo moderado en el que el Gobierno desempeñaba un papel clave, aunque limitado, que garantizaba la estabilidad, la eficiencia y la equidad, o al menos lo hacía en mayor medida que el capitalismo desatado. Ambos sentaron las bases de un capitalismo progresista para el siglo XXI que favorezca una libertad humana significativa.

PRIMERA PARTE

La libertad y ser libre
Principios básicos

3

LA LIBERTAD DE UNA PERSONA ES LA FALTA DE LIBERTAD DE OTRA

Todos los días llegan noticias de un nuevo asesinato colectivo en Estados Unidos; casi dos al día desde principios de 2020.[1] Estos tiroteos masivos, por terribles que sean, representan apenas el 1 por ciento de la muertes anuales por arma de fuego.[2] En algunos lugares del país, los niños tienen que pasar por detectores de metales para entrar en el colegio, y la formación para saber qué hacer en caso de un tiroteo en el colegio empieza en el jardín de infancia. Incluso los feligreses y los miembros de las sinagogas se preocupan por la posibilidad de que alguien les dispare. Estados Unidos no está en guerra con un enemigo extranjero; la batalla se libra dentro de la nación.

Hay una razón por la que en Estados Unidos se producen más muertes por arma de fuego que en otros países avanzados: hay más armas. El número de armas per cápita es unas treinta veces superior al de Reino Unido, y el de muertes por arma de fuego, unas cincuenta veces.[3] Es mucho más fácil comprar un fusil AR-15 y otras armas automáticas en Estados Unidos que en otros lugares. La razón de que sea así es que el Tribunal Supremo interpreta mal la segunda enmienda, lo cual hace que la posesión de casi cualquier arma corta sea un derecho protegido por la Constitución.[4] Algunos estados, como Texas, fueron más allá y permitieron las armas de asalto. Según la interpretación del Tribunal Supremo —y más en Texas—, el derecho a llevar un arma prevalece sobre la vida de miles de personas que, como consecuencia, podrían ser asesinadas. Los derechos de un grupo, los propietarios de armas, se imponen a lo que la mayoría de los demás consideraría un derecho más fundamental, el derecho a vivir. Reformulando la cita de Isaiah

Berlin mencionada en el prefacio: «Con frecuencia, la libertad de los propietarios de armas ha significado la muerte de los niños y los adultos asesinados en tiroteos masivos».

Este es un ejemplo de externalidad, una acción realizada por algunas personas que afecta negativamente a otras. Cuando existen estas externalidades negativas, aumentar la capacidad de llevar a cabo esas acciones —hasta el punto de consagrarla como un derecho— le quita por fuerza libertad a otras personas. Las externalidades son omnipresentes en nuestra economía y nuestra sociedad. Hoy son mucho más importantes de lo que eran cuando John Stuart Mill escribió *Sobre la libertad* y mucho más importantes de lo que Friedman y Hayek sugirieron. Como hemos visto, los mercados por sí solos no «resolverán» adecuadamente las distorsiones económicas generadas por las externalidades. Dados los inevitables *trade-offs* entre libertades, las sociedades deben encontrar principios y prácticas que reflejen qué libertades son más importantes.

LA UBICUIDAD DE LAS EXTERNALIDADES

Las externalidades están por todas partes. Aunque siempre han estado presentes y han sido importantes, los cambios que se están produciendo en la estructura de nuestra economía y del mundo las han puesto en primer plano. Algunas cuestiones clave de las políticas económicas implican la gestión de externalidades, es decir, desincentivar las actividades con externalidades perjudiciales (negativas) y fomentar las actividades con externalidades positivas.

Vivimos en un planeta cada vez más abarrotado, cuya población se ha triplicado entre 1950 y 2020. En ese breve lapso de la historia de la humanidad, el PIB mundial se ha multiplicado por quince, lo que nos ha llevado a forzar los límites del planeta. La manifestación más importante de esto es el cambio climático, una amenaza existencial. Pero no es la única externalidad medioambiental. Todos nos vemos afectados por la contaminación del aire y del agua y por los vertederos de residuos tóxicos.

Es increíble que haya gente que todavía discute si se está produciendo un cambio climático o si los gases de efecto invernadero presentes en la atmósfera contribuyen a empeorarlo de forma significativa. En 1896, el científico sueco Svante Arrhenius predijo que el aumento de los gases de efecto invernadero en la atmósfera provocaría el calentamiento del planeta. Fue una gran intuición científica, aunque no se confirmó hasta décadas más tarde. Y ahora vemos los efectos del cambio climático a nuestro alrededor, y casi con seguridad el mundo sentirá su impacto con más fuerza aún en los próximos años. El cambio climático es algo más que el calentamiento del planeta unos pocos grados; es el aumento de los fenómenos meteorológicos extremos. Más sequías, más inundaciones, más huracanes, más calor extremo y más olas de frío extremo, la subida del nivel del mar y el aumento de la acidez de los océanos, y todas las terribles consecuencias que se derivarán de ello, desde la muerte de los mares a los incendios forestales, pasando por la pérdida de vidas y bienes.

Resulta sorprendente que, dados los evidentes costes y riesgos asociados al cambio climático, algunos economistas sostengan que no deberíamos hacer nada, o muy poco, al respecto.[5] En última instancia, se trata de un *trade-off* entre las libertades (los conjuntos de oportunidades) de diferentes generaciones, tanto entre ellas como dentro de ellas. Se impide que esta generación contamine (reduciendo así los beneficios de las empresas del carbón, es decir, su libertad), pero a cambio ampliamos la libertad de las generaciones posteriores para vivir en un planeta habitable sin tener que dedicar una enorme cantidad de dinero a adaptarse a cambios generalizados en el clima y el nivel del mar.

Basta con una breve reflexión para darse cuenta de que la manera en que consideramos el riesgo y la vida en diferentes contextos es muy incoherente. Estados Unidos entró en guerra como respuesta a los atentados del World Trade Center y el Pentágono que tuvieron lugar el 11 de septiembre de 2001. Algo menos de tres mil personas murieron en ese ataque. En la guerra posterior murieron unos siete mil estadounidenses, más de cien mil combatientes aliados[6] y millones de afganos e iraquíes;[7] costó billones de dólares.[8]

Durante las dos primeras décadas de este siglo, se calcula que el cambio climático y la contaminación atmosférica han causado cinco millones de muertes adicionales cada año, y existe el riesgo de que en las próximas aumente la mortalidad y se produzcan enormes pérdidas materiales.[9] Aun así, no somos capaces de ponernos de acuerdo para hacer las inversiones relativamente pequeñas y necesarias para moderar estas enormes pérdidas humanas y materiales, así como la pérdida implícita de libertades de la multitud afectada.

Del mismo modo, nos horrorizamos ante un accidente aéreo y nos negamos a volar en un Boeing 737 MAX por su historial de seguridad. Pero los riesgos de un problema con ese avión palidecen en comparación con el riesgo climático.

La pandemia de la COVID-19 hizo que fuéramos conscientes de las enormes externalidades de la salud pública y los debates sobre las mascarillas, el distanciamiento social, los test y la vacunación demostraron una falta generalizada de comprensión de estas externalidades. La decisión de algunas personas de no llevar mascarilla ni vacunarse aumentó la probabilidad de que otras contrajeran la enfermedad, fueran hospitalizadas e incluso murieran.[10] Y, como siguen señalando los científicos, la de la COVID-19 no será la última epidemia a la que nos enfrentaremos.

Nos hemos convertido en un mundo más urbanizado. Hace ciento cincuenta años, en Estados Unidos casi tres cuartas partes de la población vivía en zonas rurales.[11] Se estima que en 2050 el 89 por ciento vivirá en ciudades.[12] Las externalidades son un elemento esencial de las ciudades y adoptan múltiples formas, como la congestión, el ruido y la contaminación ambiental. Por eso casi todas las ciudades cuentan con algún tipo de zonificación, planificación urbana y regulaciones sanitarias. Las pocas que no las tienen son un caos. Houston es un ejemplo. Como lo describió un periódico local:

> [Hay] casas de una planta al lado de rascacielos. Aparcamientos al lado de parques infantiles. E incluso escuelas de primaria al lado de *sex shops* [...]. Observen una de las pesadillas más famosas de la falta de zonificación de Houston. La Zone d'Erotica, una tienda fetichista para «adultos», está situada en el aparcamiento del centro comercial The Galleria, que alberga una escuela de preescolar privada, así como muchas otras instalaciones un poco más saludables. Y no solo eso: muchos residentes de Houston se han quejado de que al otro lado de la carretera hay una zona residencial muy poblada y llena de niños.[13]

Las externalidades pueden ser tanto positivas como negativas, y una sociedad que funciona bien debe fomentar las actividades con externalidades positivas al mismo tiempo que desincentiva las actividades con externalidades negativas. A medida que pasábamos a una economía del conocimiento, las externalidades de la información y el conocimiento fueron adquiriendo una importancia de primer orden. Cuando una empresa desarrolla conocimiento, este beneficia a esa empresa, pero también pueden beneficiar a muchas otras. Los consumidores pueden beneficiarse de precios más bajos y una innovación puede inspirar otra.

En cualquier nivel de la economía que se considere, las externalidades son ubicuas y tienen consecuencias. Antes, cuando viajabas en avión o comías en un restaurante, existía el riesgo de que alguien cerca de ti estuviera fumando. Si tú no eras fumador, podía resultar molesto. Tal vez se te irritaban los ojos, tosías o no podías disfrutar de la comida. Ahora sabemos que el humo de segunda mano puede causar graves problemas de salud.

Puede que si miras por la ventana de casa y ves flores eso te levante el ánimo, o quizá te deprimas si ves un mar de basura. Puede que los vecinos ruidosos no te dejen dormir o que los ruidosos camiones de la basura te despierten temprano por la mañana.

Es posible que las externalidades estén ahí, aunque quizá no seas consciente de ellas. Ahora los efectos negativos que sufren las mujeres embarazadas que viven cerca de los peajes debido a las emisiones contaminantes de los coches y los camiones están bien documentados. La contaminación adicional impone su propio peaje, entiendas o no de ciencia medioambiental.[14]

La financiarización de la economía se ha intensificado, y con ello la posibilidad de que se produzcan enormes externalidades negativas. La crisis económica de 2008 ilustra el papel central de las externalidades macroeconómicas y cómo el aumento de la financiarización ha incrementado, a su vez, la magnitud de estas externalidades. El colapso del sistema bancario estadounidense fue el resultado de una asunción de riesgos excesiva, una mala gestión del riesgo y una regulación insuficiente. Sus secuelas pusieron hasta tal punto en peligro la economía mundial que el Gobierno de Estados Unidos rescató el sistema bancario con unos setecientos mil millones de dólares (además de otras ayudas ocultas proporcionadas a través de la Reserva Federal). Los derivados y la multitud de complejos instrumentos asociados a ellos aumentaron el riesgo sistémico, la probabilidad de que los problemas financieros en una parte del sistema financiero desencadenaran la quiebra de todo el sistema o de una parte significativa del mismo. El colapso de Lehman Brothers tuvo efectos catastróficos.[15] Nadie que comprara o vendiera estos instrumentos financieros tenía la menor idea de sus consecuencias sistémicas, es decir, de cómo afectaban a quienes no estaban directamente involucrados en la transacción. Solo pensaban en los beneficios económicos que obtenían. No sabían que cuando ellos y otros compraban instrumentos similares, el sistema financiero se volvía tan frágil que tanto ellos como el resto de la sociedad corrían más riesgos, o al menos los habrían corrido si el Gobierno no hubiera acudido al rescate.

Hubo otra externalidad. Las acciones del sistema bancario no solo afectaron a la economía estadounidense, sino al mundo entero. Hay muchos otros ejemplos de externalidades transfronterizas, que se han intensificado a medida que avanzaba la globalización y han hecho que personas de todo el mundo estén aún más interrelacionadas.

Hablamos de «contagio», la propagación de una enfermedad de una persona a otra, lo cual es una externalidad clara. Los economistas hablan también de contagio económico, cuando la recesión en un país se extiende a otro, lo que justifica los enormes rescates mundiales.

También nos preocupa el contagio de los conflictos regionales. Estos no solo se propagan, sino que pueden tener enormes repercusiones mucho más allá de las fronteras donde tienen lugar, como nos ha recordado la invasión rusa de Ucrania. El precio de los alimentos y de la energía aumentaron mucho en todo el mundo, lo que provocó efectos colaterales: inflación e inestabilidad económica. El conflicto también generó inseguridad en amplias franjas de Europa y Asia. La migración provocada por la guerra ha tenido consecuencias importantes, sobre todo en Europa.

Si bien estas externalidades son evidentes y tienen consecuencias espectaculares, también existen externalidades más crónicas y más generalizadas que son algo menos obvias. Bruce Greenwald, mi colega en la Universidad de Columbia, y yo demostramos que, siempre que la información sea incompleta y asimétrica (aquellas situaciones en las que algunos individuos saben cosas que otros desconocen) y los mercados de riesgo sean imperfectos (una situación constante en la que no puedo comprar un seguro contra los riesgos a los que me enfrento), hay externalidades[16] que afectan a la eficiencia de los mercados. En esencia, los mercados nunca son eficientes. Como he dicho a menudo, la razón por la que la mano invisible de Adam Smith es invisible (la búsqueda del interés propio nos guía *como una mano invisible* hacia el bienestar de la sociedad) es que no existe. Por poner un ejemplo: si la gente fuma más, aumenta el riesgo de hospitalización y de muerte, y eso significa que suben las primas de los seguros médicos y de vida.[17] Las aseguradoras no pueden saber quién fuma y cuánto, por lo que incluso quienes no fuman se ven perjudicados por el aumento de las primas de los seguros. Los fumadores imponen una externalidad a los no fumadores, y los fumadores empedernidos imponen una externalidad a quienes fuman menos.

Las múltiples dimensiones de las externalidades

Hay una lista estándar de externalidades, tanto positivas como sobre todo negativas, a la que me he referido en repetidas ocasiones. Pero en varios momentos de este libro hablaremos de otras. Por ejemplo, se puede considerar que la desinformación y la información errónea contaminan nuestro ecosistema informativo, porque ambas dificultan el cribado de la basura informativa. Esto impone grandes costes a aquellos que quieren saber la verdad, y cuando los individuos actúan basándose en informaciones incorrectas y desinformación puede haber externalidades adicionales.

Además, la confianza desempeña un papel relevante en muchas dimensiones de nuestra sociedad. La economía funcionaría mucho mejor si todo el mundo pudiera confiar en los demás. No necesitaríamos abogados caros para que redactaran contratos que intentan cubrir todas las contingencias, cualquier forma de mala conducta. Pero las personas poco fiables contaminan la sociedad, obligándonos a evaluar la confiabilidad de todo aquel que conocemos. Las empresas poco fiables y deshonestas obligan a los clientes a dedicar más tiempo y energía a evaluar los productos que compran y a los inversores, a dedicar más tiempo y recursos a evaluar los productos financieros que adquieren.

LA GESTIÓN DE LAS EXTERNALIDADES ES LA BASE DE LA CIVILIZACIÓN

Cuando las acciones de una persona afectan a otras, debemos encontrar la manera de determinar esas interacciones. Intentamos enseñar a nuestros hijos a ser considerados. Les decimos: «Trata a los demás como quieres que te traten a ti» y «No hagas a los demás lo que no quieras que te hagan a ti». Las religiones y las filosofías han ido más allá de estos amplios preceptos y han promulgado mandamientos bien definidos contra el asesinato, el robo, etc. Para evidenciar por qué esto es tan importante, la economía moderna ha postulado que las personas son muy egoístas, que *solo* persiguen su propio y limitado interés. Un mundo poblado por gente tan egoísta que careciera de estas reglas sería una verdadera distopía.

Una breve digresión sobre el desarrollo de la economía:
el egoísmo y la naturaleza humana

Si bien algunos avances recientes de la economía y varios trabajos de larga duración en otras ciencias sociales han rechazado la hipótesis del egoísmo extremo, esta sigue muy presente en la profesión económica. Durante mucho tiempo, la economía aspiró a ser una ciencia que, como la física, no se viera afectada por juicios normativos sobre lo que es bueno o malo, correcto o incorrecto. Los economistas se inspiraron en la mano invisible de Adam Smith. Pero el propio Smith fue explícito (sobre todo en *La teoría de los sentimientos morales*, publicado en 1759, veintisiete años antes que el más conocido *La riqueza de las naciones*) respecto a que los individuos no son *perfectamente* egoístas. Empieza ese libro con las siguientes líneas:

> Por más egoísta que se pueda suponer al hombre, existen evidentemente en su naturaleza algunos principios que le hacen interesarse por la suerte de otros, y hacen que la felicidad de estos le resulte necesaria, aunque no derive de ella nada más que el placer de contemplarla.[18]

De hecho, los historiadores del pensamiento económico que estudian los escritos completos de Adam Smith, entre ellos *La teoría de los sentimientos morales*, sugieren que cuando decía que la búsqueda individual del interés propio da lugar al bienestar de la sociedad, no hablaba de una búsqueda totalmente egoísta, como piensan los economistas modernos. Más bien, se refería al bienestar de las personas en un *sentido amplio*, que incluía un instinto relacionado con el bienestar de los demás.

En algunos casos, el comportamiento «considerado con el prójimo» puede ser, en realidad, un reflejo del interés propio. Una persona puede darse cuenta de que, *en un sentido estricto de su propio interés*, podría estar peor si ella (y los demás) no hubiera actuado de una manera aparentemente considerada con el prójimo. La propagación de la COVID-19 puede, al final, aumentar su probabilidad de morir, de modo que le conviene, en su propio interés, prestar atención a las consecuencias sociales de sus actos. O su sensación de seguridad aumentará si nadie lleva armas, lo que supera con mucho el placer que podría sentir al portar un arma siempre consigo. Puede que se dé cuenta de que el cambio climático tendrá un efecto devastador en su vida, y por eso esté dispuesta a aceptar las limitaciones de la conducta que frenan el cambio climático.

Pero el comportamiento considerado con el prójimo también surge de una verdadera empatía por los demás, que incluye a las generaciones futuras.[19] Creo que podría sostenerse que en una buena sociedad los individuos sienten este tipo de empatía, al menos hasta cierto punto. La economía ha limitado nuestra visión de qué tipo de economía y de sociedad son deseables, al negar la relevancia de la empatía y no reconocer que su alcance puede verse afectado por el sistema económico.

Las dos perspectivas —perseguir la justicia social porque está muy vinculada al interés propio y, en general, porque es algo profundamente arraigado en nuestra identidad— suelen estar, por supuesto, entremezcladas y no pueden separarse con facilidad.

Sin embargo, la economía sí tiene razón en que a veces —y, en algunos casos, con frecuencia— los individuos no tienen lo bastante en cuenta a los demás, aun después de haber recibido la mejor educación y la formación religiosa o filosófica más profunda, y de haber escuchado los sermones más ejemplificantes. Por eso las sociedades tienen leyes, reglas y regulaciones que disminuyen la magnitud de estas externalidades y sus consecuencias negativas, y establecen castigos para quienes no las obedecen. Esto es coerción. Reducimos la libertad de algunos porque es necesario si queremos que una sociedad civilizada funcione bien, que los demás tengan algunas de las libertades que desean y que cualquier sociedad se considere libre.

EVALUAR LOS *TRADE-OFFS* Y LO ABSURDO DE LAS POSTURAS CATEGÓRICAS

Una vez que se reconoce la interdependencia de las libertades, hay que empezar a evaluar los *trade-offs*. Una postura categórica que promulgue que «cualquier violación de mi libertad es inaceptable» conduciría al caos. Todos aceptamos *algunas* restricciones, como las prohibiciones de robar y de matar.

La postura absoluta es absurda e indefendible, e incluso incoherente. En nuestra sociedad, compleja e interdependiente, en la que la libertad de una persona suele chocar con la de otra, no todas las libertades pueden ser «absolutas». La libertad de alguien tendrá que ser vulnerada. Y si sucede así, entonces debemos decidir: ¿quién debe ver restringida su libertad para que aumente la de otro? Hay marcos filosóficos que pueden guiarnos como individuos y como sociedad para responder a esa pregunta. Más adelante hablaré de uno de ellos con detalle.

Casos sencillos y casos difíciles

A veces es fácil llegar a un juicio razonado sobre el equilibrio de los costes para las distintas partes. Exigir a alguien que se haga un test de un virus mortal o que se ponga una mascarilla es un inconveniente (una pérdida de libertad). ¿Es esa pérdida más o menos importante que el riesgo de perder la vida o el inconveniente de quedarse en casa si se quiere evitar el riesgo de contraer la enfermedad? Todas las personas razonables, o casi todas, estarán de acuerdo en que llevar una mascarilla es poca cosa si se compara con pedir a la gente que se quede en casa o arriesgue su vida.

Sin embargo, muchas cuestiones políticamente conflictivas surgen cuando varios grupos de la sociedad tienen diferentes opiniones sobre cómo equilibrar los *trade-offs*. En el fondo, los desacuerdos suelen basarse en juicios *empíricos* sobre la naturaleza del mundo que, en el siglo XXI, la ciencia debería poder resolver.

Consideremos el ejemplo anterior de la pérdida de libertad derivada de tener que llevar una mascarilla frente a la pérdida de libertad derivada de morir por una enfermedad virulenta. Es evidente que las creencias afectan a la valoración de los *trade-offs*; en este caso, las creencias sobre la efectividad de las mascarillas. Si alguien está equivocado y piensa que las mascarillas no hacen nada, el hecho de no llevarla no perjudicaría a nadie. Así pues, intervienen tanto valores como elementos cognitivos. Estos últimos deberían poder resolverse, pero en este punto muchos antimascarillas renuncian a la ciencia. Recurren a historias acerca de un lugar al que le ha ido bien sin las mascarillas. Obviamente, la propagación de una enfermedad es un proceso complicado en el que influyen multitud de variables, y lo que intenta el método científico es mantener constante el resto de los factores. Así es como se evalúa si las mascarillas funcionan o no. Y los científicos descubrieron que, si todo lo demás se mantenía constante, las mascarillas y el distanciamiento social suponían una diferencia.[20] Así que el origen de la disputa sobre las mascarillas debe girar en torno a los valores. ¿Existen personas responsables que de verdad creen que el derecho a no ser incomodado por llevar una mascarilla es más importante que el derecho a vivir?

Yo iría más lejos. Aunque no exista un trabajo científico claro, sólido e inequívoco que respalde la eficacia del uso de la mascarilla, mientras exista una *probabilidad* significativa de que ponérsela es relevante, casi sin duda es preferible cubrirse la cara, porque puede proteger a los demás. Sobre todo si se tiene en cuenta el bajo coste que supone llevar una mascarilla y el coste potencialmente enorme de la enfermedad.

Los principios sencillos pueden ser menos sencillos de lo que parecen

Incluso en el caso aparentemente más sencillo de externalidad, el asesinato, la sociedad ha desarrollado un enfoque matizado. Graduamos la proscripción. Aceptamos la legítima defensa. Pero luego debatimos si, en una situación concreta, la alegación de legítima defensa es lícita.[21]

En respuesta a muchas externalidades, hemos adoptado el principio de que la persona que perjudica a los demás paga por ese perjuicio. En el caso de los daños medioambientales, nos referimos al principio de «quien contamina paga». Esto tiene sentido porque incentiva que el contaminador potencial no contamine.

Pero las externalidades no se producen en el vacío. Las acciones de una persona no perjudicarían a otra si esta otra no existiera. Una empresa química que contamina un lago no perjudicaría a nadie si nadie se bañara en el lago o bebiera de sus aguas, aunque seguiría dañando al medioambiente y *restringiría* que la gente se bañara o bebiera el agua. Un conductor imprudente podría argumentar que si el otro vehículo no hubiera estado allí, no lo habría golpeado.

En la mayoría de estos casos, se produce una respuesta automática (y creo que correcta). Es obvio que debo tener derecho a bañarme en un lago público y a conducir con seguridad por la carretera. Eso se debe a que, por lo general, nuestra sociedad ha elegido cuáles de estas libertades son más importantes, pero a veces llegar a ese consenso razonado no ha sido fácil. En Alemania, los conductores siguen teniendo derecho a circular sin límite de velocidad en algunos tramos de las autopistas, aunque esas velocidades extremas aumentan la probabilidad de que alguien se mate y son perjudiciales para el medioambiente.

Mi objetivo aquí no es responder a la pregunta de cómo debe resolverse cada uno de estos controvertidos *trade-offs* entre libertades. Cada ámbito tiene sus propias complejidades y sutilezas. Las ideas de la sociedad sobre estas cuestiones pueden cambiar y han cambiado, a veces con rapidez, y difieren de un país a otro. Mi *primer* objetivo es observar la libertad a través del prisma de los *trade-offs* de un economista, lo que requiere un discurso público razonado sobre cómo deben equilibrarse las libertades.

Este libro tiene otros dos objetivos adicionales, a los que pasaré después de exponer unos conocimientos básicos para entender el *trade-off* de la libertad: uno es proporcionar un *marco* que ayude a abordar las cuestiones difíciles, en las que tal vez no resulta tan obvio a qué libertad de un conjunto de libertades contradictorias se debe dar más peso (véase el capítulo 5). Y la otra es preguntarse qué tipo de sistema económico, político y social tiene más probabilidades de proporcionar resultados justos y bienestar a la sociedad y los individuos (lo cual se aborda en la tercera parte).

LAS EXTERNALIDADES Y LA PERSPECTIVA CONSERVADORA

En el capítulo 2 he dedicado un tiempo considerable a exponer los planteamientos económicos del libre mercado. Considero que la incapacidad de la derecha para entender que la libertad de una persona es la falta de libertad de otra es el error filosófico básico de las posturas conservadora y libertaria. La libertad rara vez es independiente. En una sociedad integrada, no podemos pensar en la libertad de un individuo sin tener en cuenta las consecuencias de esa libertad para los demás.

Sin duda, Hayek y Friedman eran conscientes de las externalidades, tanto las negativas como las positivas. Llegaron a escribir sobre la necesidad de que el Gobierno interviniese cuando hubiera externalidades. Por ejemplo, en *Camino de servidumbre* (1944), Hayek escribió:

> Ni tampoco ciertos efectos perjudiciales de la desforestación, o de algunos métodos de cultivo, o del humo y los ruidos de las fábricas pueden confinarse al poseedor de los bienes en cuestión o a quienes estén dispuestos a someterse al daño a cambio de una compensación concertada. En estos casos es preciso encontrar algo que sustituya a la regulación por el mecanismo de los precios.

Aunque sean conscientes de la *posibilidad* de que haya externalidades, los miembros de la derecha cometen cuatro errores: (a) marginan las externalidades como si fueran excepciones; (b) no reconocen las externalidades realmente importantes; (c) creen que, en la mayoría de los raros casos en los que se producen externalidades, es suficiente con acciones voluntarias y la intervención del Gobierno es innecesaria; y (d) creen que si el Gobierno tiene que actuar, debería hacerlo utilizando un único instrumento: la aplicación de un impuesto a la actividad que genera la externalidad.

En los siguientes apartados explico estos errores básicos.

Las externalidades son la norma, no la excepción

Ya he explicado cómo, en el mundo del siglo XXI, las externalidades son ubicuas y generalizadas. Pero en el de Hayek, Friedman y otros miembros de la derecha, las externalidades son la excepción, algo que se aborda en un curso de economía al final del semestre, si hay tiempo. Su formación como economistas les impedía ignorar *por completo* las externalidades, pero sin duda estas no eran primordiales.

Si las externalidades fueran tan poco relevantes como afirmaba Friedman, y con él la derecha de hoy, entonces quizá la mayoría de las veces podríamos limitarnos a confiar en el libre mercado. Pero como he explicado, las externalidades son ubicuas y generalizadas, y tienen importancia. En ese sentido, Friedman supuso un gran paso atrás en la comprensión de la economía respecto al análisis más matizado que Adam Smith había hecho hacía más de ciento setenta y cinco años. Irónicamente, el neoliberalismo aumentó las externalidades entre las empresas, sobre todo las relacionadas con el sector financiero. Los excesos de la desregulación dieron lugar a instituciones financieras muy interconectadas, de modo que la quiebra de una, o de unas pocas, podía hundir todo el sector financiero y la economía.

Centrarse en las externalidades equivocadas:
las cargas para nuestros hijos

En la política moderna, la derecha (sobre todo el Caucus de la Libertad del Partido Republicano) afirma que son ellos quienes están pensando en una externalidad *crucial*, la del exceso de gasto, y en las cargas que esta impone a las generaciones futuras. (Por supuesto, omiten este razonamiento cuando se trata de las deudas derivadas de los recortes fiscales a los ricos y las corporaciones poderosas. Por alguna razón, esas deudas son diferentes).

Desde una perspectiva económica, en su razonamiento hay errores básicos. En primer lugar, no se puede considerar la deuda de manera aislada; hay que ver qué se obtiene con ella. Si el dinero se gasta en infraestructuras, educación o tecnología, entonces la economía será más productiva; hay activos que compensan el pasivo de la deuda. La mayoría de las empresas se endeudan para crecer. En el sector privado, nadie se fijaría solo en el pasivo del balance. Cuando una empresa invierte bien, el valor de los activos aumenta más que el pasivo, y su patrimonio neto aumenta. Lo mismo sucede con los países.

Dicho de otra manera, *no* hacer inversiones públicas esenciales supone empobrecer el país. Existe un amplio consenso en que eso es lo que ha estado ocurriendo en Estados Unidos y otros países avanzados. La tasa de rentabilidad de las diferentes categorías de inversión pública es muy elevada, muy superior al coste del endeudamiento, pero el miedo de la derecha al déficit y la deuda ha impedido que la sociedad realizara estos gastos esenciales. La mera presencia de deuda no significa que exista automáticamente un *trade-off* injusto, en el que la generación actual se beneficia a costa de las generaciones futuras. Endeudarse para realizar inversiones públicas con un elevado rendimiento beneficia a los países, y tanto la generación actual como las futuras saldrán ganando.

En segundo lugar, la deuda es un pasivo financiero, no un pasivo real. En cambio, la degradación medioambiental es un lastre real para las generaciones futuras; impone una carga real, con consecuencias *reales* como el cambio climático, que deteriorará la salud, la vida y las infraestructuras físicas. Las consecuencias solo podrán limitarse si se *obliga* a las generaciones futuras a gastar dinero para revertir la degradación. Al permitir la degradación medioambiental, concedemos más libertad a los contaminadores actuales y menos libertad a las generaciones futuras. Este es el verdadero *trade-off* intergeneracional.[22]

Para ilustrar la diferencia entre este *trade-off* real y la carga financiera de la deuda en la que se centra la derecha, veamos el ejemplo de un país que financia su deuda pidiendo prestado a sus ciudadanos, que es en buena medida el caso de Japón. El conjunto del país debe dinero a ciudadanos particulares. Si Japón aprobara una ley que dijera que la deuda se va a reestructurar, de modo que alguien con un bono de cien dólares pasara a tener un nuevo bono de solo cincuenta dólares, obviamente los tenedores de bonos saldrían perjudicados; los contribuyentes del país, que de otro modo habrían tenido que pagar el servicio de una deuda mayor, saldrían beneficiados. Pero la deuda se habría reducido a la mitad y las variables *reales* importantes (como el capital social) no habrían cambiado. La deuda financiera de un país puede reducirse de un plumazo, pero no puede hacerse lo mismo con su deuda con el medioambiente.

La situación es algo diferente en el caso de una pequeña economía abierta que pide prestado en el extranjero. El aumento de la deuda implicará que, para pagarla, habrá que enviar al extranjero una cantidad mayor de lo que se produce en el país. Las obligaciones reducen lo que podrán consumir las generaciones futuras, pero de nuevo, si el endeudamiento es para realizar inversiones productivas, la situación de las generaciones futuras será mejor que si no se hubiera contraído la deuda. Obsérvese además que la deuda privada reduce o aumenta las oportunidades de consumo de las generaciones futuras del mismo modo que la deuda pública (dependiendo de cómo se gaste el dinero asociado a la deuda). De hecho, los mercados desatados pueden provocar un endeudamiento privado sistemáticamente excesivo, porque los prestatarios privados individuales no tienen en cuenta los efectos de su endeudamiento en el tipo de cambio y, a través de este, en el resto de la economía.[23]

Hay otra serie de situaciones en las que surgen importantes externalidades intergeneracionales, en las que la ampliación de la libertad de la generación actual se produce, al menos en parte, a expensas de la libertad de las generaciones futuras. Pero estas son muy diferentes de las que imagina la derecha. La liberalización financiera, por ejemplo, exacerbó el problema de endeudamiento del sector privado que he mencionado en el párrafo anterior. Aumentar la libertad de los banqueros actuales ha provocado crisis financieras más frecuentes, que han impuesto enormes costes a los muchos países que las han sufrido, reduciendo así la libertad de los futuros ciudadanos. Y también se ha asociado a las burbujas inmobiliarias, que dificultan que las generaciones más jóvenes puedan alquilar o comprar una vivienda y desvían los escasos ahorros de sectores como la industria, donde serían socialmente más productivos.

Dejar que se ocupe el mercado

Incluso Friedman y Hayek pensaban que no se podía dejar la gestión de las externalidades, cuando las hay, al mercado. Sin embargo, algunos de los colegas de Friedman en la Escuela de Chicago (el nombre que se suele dar a la escuela de pensamiento conservadora que este representaba),[24] sobre todo el premio Nobel Ronald Coase,[25] pensaban que los mercados, por sí solos, podían «resolver» el problema de las externalidades con, como mucho, una acción limitada del Gobierno. Es obvio que estaban equivocados, al menos en algunos casos realmente importantes.

La intuición que subyace tras su razonamiento puede verse en un sencillo ejemplo que se utiliza para ilustrar las externalidades. Los apicultores se benefician de que haya más manzanos, y los manzanos se benefician de que haya más abejas. Las abejas son fundamentales para la polinización, que mejora la cosecha de manzanas. El problema puede resolverse fácilmente si en el huerto se crían también abejas, al menos cuando el huerto de manzanos está aislado. En ese caso, decimos que la externalidad se ha interiorizado. Si en una comunidad hay relativamente pocos manzanos y apicultores, podrían asociarse y encontrar una solución eficiente.[26]

Coase sostenía que muchas veces el problema de las externalidades podía «resolverse» si el Gobierno se limitaba a asignar y aplicar los derechos de propiedad. Las diferentes asignaciones harían que un grupo ampliara su libertad a expensas de otro.

Veamos el problema del sobrepastoreo o la sobrepesca cuando los ciudadanos de una comunidad comparten un pastizal (como sucede en algunas partes de Escocia e Inglaterra), un lago u otro recurso. El problema es que todos los ciudadanos, o al menos algunos, no tienen en cuenta las externalidades.[27] Si una persona pesca muchos peces en el lago, puede que haya menos para los demás, que tendrán que esforzarse más para capturar el mismo número de peces que antes. Peor aún, puede que todos saquen tantos peces que la población total disminuya. Entonces todo el mundo sale perjudicado. Es lo que se conoce como *la tragedia de los bienes comunales*.[28]

Según Coase, un bien comunal privatizado, en el que la propiedad del bien comunal recae en una única persona, se gestionaría de forma eficiente. Esta, como propietaria, calcularía el número óptimo de ovejas que pueden pastar o el de peces que se pueden pescar para maximizar los beneficios que se obtienen de la tierra o el lago. Las ganancias serían tan grandes que los propietarios que se hicieran cargo, por ejemplo, de la tierra comunal (normalmente el señor local) podrían pagar a los aldeanos unos ingresos iguales a los que obtenían antes, cuando sus animales pastaban en la tierra, y el señor se quedaría con el excedente. De hecho, aunque solo compartiera una pequeña parte del excedente con los demás, todos saldrían beneficiados.

En la práctica, en muchos lugares de Reino Unido, los grandes terratenientes privatizaron las tierras de pastoreo comunales, un proceso llamado «los cercamientos» que empezó en el siglo xv en Inglaterra[29] y que también se llevó a cabo en Escocia de manera parecida.[30] Los terratenientes no compartieron ninguna ganancia con quienes antes tenían acceso a las tierras comunales, así que la situación de muchas personas empeoró claramente.[31]

Además, es imposible que la «solución» de Coase para la privatización funcione en muchos de los casos más relevantes. Es como mínimo fantasioso pensar que se podría «privatizar» la atmósfera para impedir el cambio climático; es decir, conceder a una persona o una empresa el derecho exclusivo a contaminar la atmósfera, y que esta vendiera luego ese derecho a los demás e impusiera tasas por contaminar.[32] Existe una gran variedad de externalidades importantes que solo pueden abordarse mediante la intervención del Gobierno.

Pero la solución de Coase ni siquiera funciona en situaciones mucho más sencillas. Pensemos en la externalidad que surge en una habitación en la que hay fumadores y no fumadores. Coase resolvería el problema otorgando los derechos de propiedad a unos u otros; por ejemplo, a los fumadores. Los no fumadores pagarían entonces a los fumadores para que no fumaran. Si para los no fumadores el valor del aire limpio es mayor que para los fumadores el valor de fumar, los primeros comprarían a los segundos para que no fumasen y la habitación estaría sin humo; si no, se llenaría de humo. Pero en cualquier caso, la solución es eficiente, aunque los no fumadores la consideren injusta, porque tienen que pagar a los fumadores para que no fumen o bien aguantar el humo. Pero hay otro problema. Cada no fumador podría pensar: si un número suficiente de no fumadores expresa su opinión y se ofrece a pagar a los fumadores para que no fumen, se dejará de fumar y no tendré que pagar. Algunos no fumadores se aprovechan de las contribuciones de los demás para que se deje de fumar. Pero, por supuesto, si todo el mundo hace lo mismo, los no fumadores no reunirían el dinero suficiente para comprar a los fumadores y que no fumen, y el «mal» equilibrio con el humo del tabaco se mantendría.[33] A esto se le llama *el problema del gorrón* y es endémico en todas las situaciones en las que hay externalidades positivas o negativas que afectan a un gran número de personas.[34]

Por estas y otras muchas razones,[35] la solución de Coase, o de la privatización, no suele resolver la tragedia de los bienes comunales o problemas de externalidades más generales. Normalmente, no existe una solución voluntaria.

La dependencia de los impuestos medioambientales no suele ser la respuesta óptima a las externalidades medioambientales

Como Friedman y Hayek trataban de minimizar el papel del Estado y quitaban importancia a las externalidades, no dedicaron demasiada energía a pensar cómo gestionar mejor estas últimas, cuando existen. Friedman recurrió a la instintiva dependencia de los precios que tienen los economistas. Creía que los precios eran fundamentales para orientar a las empresas a decidir qué y cómo producir y a los hogares a decidir qué consumir. Pero fue más allá. Sostuvo que *solo* debían utilizarse los precios, de modo que si la sociedad pensaba que debía haber menos contaminación de la que generaba el libre mercado, entonces el Gobierno debía gravar la contaminación, aumentando el «precio» de esta hasta un nivel que generara la cantidad óptima de contaminación.[36] Esto equilibraría el coste (marginal) de la contaminación con el coste (marginal) de la disminución de la contaminación. La «solución» a que los coches contaminen, dijo Friedman, es «aplicar un impuesto a la cantidad de contaminantes emitidos por un coche». Esto «haría que a los fabricantes de automóviles y los consumidores les interesara disminuir la contaminación».[37]

Aunque Friedman tenía razón en que los precios suponen un incentivo, desde la perspectiva de la teoría económica, su afirmación de que lo mejor es limitarse a intervenir los precios está equivocada. Cuando existen *múltiples fallos del mercado* —imperfecciones en la competencia, además de imperfecciones en la información, unos mercados de capitales que funcionan de manera imperfecta y desigualdades que un impuesto a los contaminantes podría exacerbar—[38] es necesario combinar un impuesto sobre la cantidad de contaminantes con otras medidas gubernamentales, por ejemplo una regulación que limite la cantidad de contaminación e inversiones públicas en transporte público.[39]

El cambio climático es un ejemplo elocuente. El efecto de las regulaciones puede ser más seguro que el de las intervenciones de precios. Quizá no sepamos con demasiada precisión cómo responderán las empresas y los hogares a la fijación de un precio del carbono (una tasa aplicada a las emisiones de carbono).[40] No podemos saber con certeza si un determinado precio del carbono convencerá a una compañía eléctrica para pasarse a las energías renovables o a un hogar para que compre un coche eléctrico, por lo que las regulaciones pueden ser preferibles. Esto es cierto, sobre todo, en situaciones como la del cambio climático, en las que nos preocupa de verdad el nivel de concentración de los gases de efecto invernadero en la atmósfera, que está directamente relacionado con el nivel de emisiones, y en las que sabemos que el peligro de superar ciertos umbrales establecidos por la ciencia es real. En este capítulo desarrollaré más adelante las razones por las que las «intervenciones óptimas» en respuesta a una externalidad como el cambio climático implican un paquete de medidas políticas que incluye impuestos al carbono, regulaciones e inversiones públicas.

LA SOLUCIÓN REGULADORA

La politóloga y economista Elinor Ostrom, ganadora del Premio Nobel, señaló que existe otra manera de abordar los bienes comunales que es más justa y potencialmente tan eficaz como la solución de la privatización propuesta por Coase: la regulación. Restringir el número de reses, ovejas o cabras que cada persona puede pastorear (o limitar el número de peces que puede pescar) resuelve el problema.[41] En Reino Unido, la investigación histórica muestra que, de hecho, gran parte de las tierras comunales estaban bien reguladas, porque las propias comunidades adoptaban restricciones para impedir el sobrepastoreo. No existía ninguna razón relacionada con la eficiencia para llevar a cabo los cercamientos de las tierras, y la privatización no era necesaria, tal como Ostrom ha demostrado que ocurre en la actualidad en muchos países en desarrollo.[42]

Tanto la privatización como la regulación son coercitivas. La privatización impidió al escocés o el inglés corriente, que había pastoreado animales en los bienes comunales, hacer lo que antes podía hacer libremente. La privatización de los bienes comunales supuso, en esencia, eliminar los derechos de propiedad de quienes habían pastoreado allí sus animales. En ausencia de una compensación, los comuneros que habían tenido derechos de pastoreo sin duda estaban peor que antes de los cercamientos.

El neoliberalismo nos enseñó a considerar esta cuestión desde la posición de los terratenientes, que obviamente estaban menos constreñidos. Pero si la viéramos desde la de la gente común, una regulación habría resultado mucho menos coercitiva. Limitar el número de ovejas que podía pastar un granjero habría sido mucho mejor que no concederle ningún derecho a pastar. Todos los ciudadanos corrientes habrían tenido más libertad, un conjunto de oportunidades mayor.

Cómo regular mejor

Hemos visto que, intelectualmente, es indefendible afirmar que no debe producirse una intervención pública cuando existen externalidades importantes. Las regulaciones pueden ser más eficientes y justas que otras formas de intervención, y algunas regulaciones son más eficientes y justas que otras. Privatizar los pastizales comunales fue mucho menos equitativo y no más eficaz que la implementación de una regulación bien diseñada.

Las externalidades medioambientales son otro ejemplo. La derecha critica de manera generalizada el uso de regulaciones para controlar externalidades como la contaminación. Prefieren (si es que fuera necesario desincentivar la contaminación) que los productores reciban ayudas que les induzcan a no contaminar, en lugar de que se les cobren impuestos como castigo por contaminar o que operen según regulaciones que les impidan contaminar, con enormes multas en caso de que las incumplan. Estas ayudas (que, en el momento en que este libro entra en imprenta, se estima que superan el billón de dólares) son el núcleo de la Ley de Reducción de la Inflación de 2022.[43]

Las ayudas, los impuestos y las regulaciones pueden conseguir que las centrales eléctricas contaminen menos si dejan de utilizar carbón. En todos los casos, al hacer la transición los beneficios pueden ser mayores, aun si se tienen en cuenta los costes relacionados. Las centrales eléctricas prefieren las ayudas a las regulaciones o los impuestos. La razón es obvia. Escogen recibir dinero del Gobierno a pagar ellas los costes. Pero la «expansión» de su conjunto de oportunidades gracias a las ayudas es equivalente a la contracción del conjunto de oportunidades de los demás. La «libertad» de las compañías eléctricas (y la de sus propietarios) aumenta a costa del individuo corriente, que debe soportar mayores impuestos para pagar la ayuda. Además, desde la perspectiva de la pura eficiencia, la ayuda distorsiona la economía, porque la compañía eléctrica no afronta todos los costes de lo que hace, aunque consiga reducir las emisiones. De hecho, el precio de la electricidad puede acabar siendo más bajo de lo que debería y el consumo de electricidad más alto, lo que empeorará el calentamiento global, aunque se hayan reducido las emisiones por unidad de electricidad.

Los economistas convencionales son proclives a utilizar los precios porque transmiten señales a todos los miembros de la sociedad, que pueden, individualmente, encontrar la mejor manera de reducir las emisiones de carbono. Los precios son, pues, un instrumento fundamental en una economía descentralizada. Pero hemos visto que algunos economistas, como Friedman, sostienen que debemos confiar *solo* en las señales de los precios, por ejemplo, las que enviaría un impuesto al carbono. Este, defienden algunos, es más sencillo de diseñar e implementar que las regulaciones, que son inevitablemente complejas y cuya aplicación resulta cara. Pero en la práctica no suele ocurrir así. Es mucho más fácil saber si una central eléctrica utiliza carbón que medir sus emisiones de carbono, o saber si un coche tiene un motor de combustión interna que medir los contaminantes que emite.[44] Resulta que, en el ámbito vital del cambio climático, con relativamente pocas regulaciones se puede conseguir una gran parte de lo que hay que hacer.

Las regulaciones tienen otra ventaja que ya he señalado: sus efectos pueden ser más seguros. Y hay otra ventaja más. A veces, el diseño de las regulaciones puede adaptarse para limitar las consecuencias distributivas adversas. ¿Recuerdas que la solución neoliberal al sobrepastoreo —la privatización— no era equitativa? Del mismo modo, basarse solo en el sistema de precios puede resultar injusto para ciertos grupos de una forma que es difícil de compensar a través del sistema político.

Por eso, para abordar las externalidades, suele ser mejor utilizar un paquete de medidas políticas que incluya regulaciones, precios e inversiones públicas, sobre todo en un caso del alcance y la complejidad del cambio climático. Los paquetes pueden diseñarse para que sean más eficientes y justos que si se confía únicamente en los precios o las regulaciones.[45]

Lo que ocurrió en Francia en noviembre de 2018 ilustra bien esto. El bienintencionado presidente francés, Emmanuel Macron, anunció un impuesto a la gasolina y el gasóleo dirigido a desincentivar las emisiones de carbono. En algunas de las regiones más pobres del país se produjo una revuelta encabezada por las clases trabajadoras; protestas que se acabarían conociendo como el movimiento de los chalecos amarillos (llamado así por los chalecos de seguridad que llevaban muchos de los manifestantes). Años antes, en un acto de frugalidad gubernamental, se habían eliminado los servicios de transporte público, lo cual obligaba a la gente a depender del coche para ir al trabajo, la iglesia y las tiendas de alimentación. En resumen, para vivir su vida. La prosperidad que se refleja en las estadísticas del PIB francés tampoco había llegado a estos trabajadores. Junto con la reducción de algunos impuestos a los ricos, este impuesto a la gasolina fue la gota que colmó el vaso. Una petición contra el impuesto reunió un millón de firmas. En todo el país estallaron protestas masivas, algunas de las cuales se volvieron violentas. En total, unos tres millones de personas participaron en las protestas de los chalecos amarillos. Dos meses después, el Gobierno anuló el impuesto y Francia siguió contribuyendo al calentamiento global como antes. En cambio, un paquete de medidas bien diseñado que incluyera transporte público y tal vez ayudas para los grupos más afectados, en especial aquellos menos capaces de pagar el impuesto, como los pensionistas, podría haber obtenido el apoyo suficiente para evitar este tipo de reacción.[46]

Un paquete completo que incluya regulaciones, precios e inversión pública ampliará el conjunto de oportunidades de la mayoría de las personas en algunos aspectos (podrán disfrutar de una vida con menor riesgo de cambio climático) y lo reducirá en otros (tal vez tengan que pagar un precio mayor por algunos bienes). En la práctica, aunque esto beneficie a la mayoría, perjudicará a algunas personas. Hay *trade-offs*. Pero es un error afirmar que el sistema regulatorio es más coercitivo que el sistema de precios o de ayudas. Debemos evaluar todas las consecuencias, tanto para los ganadores como para los perdedores. Creo que no es probable que una sociedad que haga esto confíe solo en los precios o solo en las regulaciones. Lo mejor, casi sin duda, es una combinación de ambas.

El mensaje clave de que cierta coerción aparente, en este caso a través del sistema regulatorio, puede resultar liberadora y ampliar el conjunto de oportunidades de la mayoría de los individuos es aún más relevante para amplios sectores de la inversión pública que tal vez requieran un aumento de impuestos, como veremos en el próximo capítulo.

4
LA LIBERTAD A TRAVÉS DE LA COERCIÓN: LOS BIENES PÚBLICOS Y EL PROBLEMA DEL GORRÓN

Pensemos en qué ocurriría si no existieran reglas que definieran por qué lado de la carretera se puede conducir. Unos conducirían por la izquierda, otros por la derecha. Eso generaría caos y atascos, al igual que puede suceder en un país en desarrollo donde el crecimiento económico ha ido por delante de la elaboración de los necesarios marcos regulatorios. El caos puede solucionarse con una única intervención: una ley que obligue a todo el mundo a conducir por la derecha. Así se resuelve eficientemente el problema de coordinación y, tras su imposición inicial, no resulta coercitiva. Si todos conducen por la derecha, yo también querré hacerlo.

En las zonas congestionadas, la ausencia de semáforos también puede provocar caos y atascos. La utilización de semáforos supone una regulación sencilla que especifica cuándo pueden pasar los coches en un cruce. Esta ley implica una mínima coerción y un coste relativamente bajo tanto para el Gobierno como para los conductores, pero tiene la enorme ventaja de evitar, o al menos reducir, los atascos y los accidentes. En realidad, los semáforos son coercitivos. Y, sin embargo, todo el mundo sale ganando.

Estos ejemplos contrastan con las situaciones analizadas en el capítulo anterior, casos en los que una acción del Gobierno aparentemente coercitiva se dirige a limitar los daños que una persona impone a otra. En ese caso, la acción colectiva del grupo decide un conjunto de reglas que mejora el bienestar del *conjunto* de la sociedad, aunque determinados individuos o grupos de individuos salgan perjudicados. En este capítulo considero otro caso importante en el que la coerción es deseable, en el que la *acción colectiva* es beneficiosa porque proporciona un bien público o facilita la coordinación (como los semáforos). La coerción, en muchos casos, adopta la forma de impuestos que hacen posible la provisión del bien público. La derecha suele ser muy combativa con estos impuestos, excepto cuando el dinero se destina a la defensa nacional. Pero entonces hasta ellos reconocen que el beneficio del bien público proporcionado gracias a los ingresos fiscales merece la pena. Todas las personas, incluidas las que pagan los impuestos más altos, pueden mejorar su situación como resultado de esta leve forma de coerción. Bill Gates y Jeff Bezos no podrían disfrutar de su fortuna bajo un régimen liderado por Vladímir Putin o en un mundo dominado por China. Sin duda, puede haber desacuerdos acerca de qué bienes públicos concretos justifican la coerción de los impuestos. En general, a la izquierda no le convence demasiado el valor del gasto militar y a la derecha los beneficios del gasto público en sanidad. En 2023, ambos partidos coincidieron al reconocer los beneficios del gasto en infraestructuras y tecnología, sobre todo en microchips avanzados.

Todo el mundo debería estar de acuerdo con este principio. Hay algunos tipos de gasto gubernamental en los que una leve coerción genera mayor bienestar en la sociedad y aumenta nuestra libertad en el sentido más amplio y positivo, el que he venido defendiendo. La coerción es necesaria, pero lo que consigue es «aflojar» la restricción presupuestaria de los ciudadanos, incluidos aquellos a los que hay que coaccionar para que paguen impuestos. En ese sentido, la libertad económica de las personas (el conjunto de cosas que pueden hacer) sin duda se enriquece.

Los frutos de estos gastos son evidentes en cada faceta de nuestra vida, y enriquecen todos los aspectos de nuestro bienestar.

INVERSIONES PÚBLICAS QUE ENRIQUECEN NUESTRA VIDA

En la economía del siglo XXI, todos nos hemos beneficiado de las inversiones públicas en investigación básica que se traducen en avances científicos y tecnológicos.

Consulto constantemente datos y cifras en internet y estoy en contacto con amigos y familiares mediante el correo electrónico. Pero internet no surgió de la nada. Fue el resultado de un programa de investigación deliberado del Gobierno de Estados Unidos a través del Departamento de Defensa (de la DARPA, la Agencia de Proyectos de Investigación Avanzada de Defensa). Hasta el navegador de internet fue un invento financiado con fondos públicos. Aunque se desarrolló gracias al gasto público, se entregó al sector privado, que ha obtenido enormes beneficios con él.[1]

La salud

Un indicador importante para medir la mejora de las condiciones de vida es el aumento de la longevidad. En 2021, la esperanza de vida al nacer era de 76,4 años en Estados Unidos, 80,3 años de media en los países de la OCDE y llegaba a los 84,5 años en Japón.[2] En buena medida, ese aumento de la longevidad se basa en los avances de la ciencia médica, que dependen de investigación básica financiada con fondos públicos.

La respuesta a la COVID-19 ilustra también el valor de la acción pública. En un tiempo récord, el mundo identificó al patógeno responsable de la terrible enfermedad; en un tiempo récord, se desarrolló, probó y produjo una vacuna. Nada de esto habría sido posible sin una larga historia de investigación financiada con fondos públicos. El sector privado acabó participando, pero solo hacia el final, e incluso entonces lo hizo con un enorme apoyo gubernamental. A décadas de investigación sobre el ADN le siguió la investigación sobre el ARN mensajero; y a esta el desarrollo de la plataforma vacunal de ARNm, tan fructífera en la producción de una vacuna de ARNm contra la COVID-19 que resultó muy eficaz.

A pesar de la errónea impresión general de que la vacuna de ARNm era el resultado de la capacidad y el esfuerzo de empresas privadas, el éxito se debió a una asociación que funcionó. En realidad, la vacuna de Pfizer fue desarrollada conjuntamente con BioNTech SE, una empresa de biotecnología alemana que había recibido ayudas del Gobierno. Y el temprano éxito de todas las empresas fue posible gracias a investigaciones previas sobre plataformas de ARNm financiadas por el Gobierno y las universidades.[3]

Al principio, no estaba claro cómo se propagaba el virus, pero, una vez más, la investigación financiada sobre todo con fondos públicos acudió al rescate. Entender cómo se transmitía permitió desarrollar protocolos sociales que redujeron la propagación. Las campañas públicas que difundieron estas prácticas y fomentaron y pagaron la vacunación contribuyeron mucho a controlar la enfermedad.

Los bienes públicos y el problema del gorrón

Apenas he mencionado algunos bienes y servicios del amplio conjunto de prestaciones públicas. Hay muchos más: la policía, la educación, las infraestructuras, la protección contra incendios, los parques nacionales, etc.; la lista es interminable. Sin duda, ha habido cierta controversia sobre si tal o cual servicio se prestaría mejor de forma privada que pública.[4] Pero, en general, la discusión es sobre *cómo* deben producirse los bienes públicos. Lo cual es distinto de la cuestión que nos ocupa, que es la necesidad de utilizar la coerción —contribuciones obligatorias mediante impuestos— para financiar estos bienes públicos.

Sin embargo, a pesar de los enormes beneficios que genera el gasto en bienes públicos, existe el problema del gorrón. Los bienes públicos mejoran la situación de todos,[5] con independencia de si una persona contribuye o no a su provisión. En una economía grande, alguien puede pensar que es irrelevante si contribuye o no, porque eso no afectará a la prestación.

Cabe pensar que contribuir de manera voluntaria al mantenimiento de un bien público crea una externalidad *positiva*. La persona que contribuye se beneficia, y también lo hacen todas las demás. En el capítulo anterior he señalado que, al igual que las economías de mercado producen demasiado de aquellas cosas que conllevan una externalidad negativa (demasiado acero, por ejemplo, cuya producción genera contaminación), producen demasiado poco de aquellas que tienen externalidades positivas. Y esto es muy cierto en el caso de los bienes públicos. Cualquier persona tiene un fuerte incentivo para aprovecharse de las contribuciones de los demás. Pero, obviamente, si todo el mundo intenta ser un gorrón, entonces no habrá ningún bien público. Incluso si los gorrones son pocos, se producirá una infraprovisión, en detrimento de todos.

En este ámbito clave de los bienes públicos, tan esencial para nuestro bienestar, el resultado es aparentemente contradictorio: obligar a los ciudadanos a pagar impuestos para proporcionar bienes públicos amplía las opciones y la libertad individual de todos ellos, aunque pueda parecer que las restringe.

En el capítulo anterior sostuve que no admitir que la libertad de una persona es la falta de libertad de otra era un grave error intelectual de la derecha. Otro es no reconocer el enorme valor que tiene el gasto público, que solo puede financiarse mediante impuestos. Y el tercero es no asumir el valor de la coordinación coercitiva. Estos errores, juntos, ayudan a explicar por qué el discurso de la derecha sobre la libertad está tan equivocado y tiene una visión tan limitada.

LOS BENEFICIOS DE LA COERCIÓN EN LA COORDINACIÓN

Hay muchos otros ámbitos, además de la provisión de bienes públicos, en los que acciones del Gobierno que parecen coercitivas en realidad aumentan el conjunto de opciones para todas o la mayoría de las personas. Esto caracteriza, por ejemplo, a una amplia clase de situaciones que los economistas han identificado como «problemas de coordinación», en los que, de una forma u otra, los individuos interactúan y los resultados son mejores si se coordinan de alguna manera. He empezado el capítulo con un ejemplo obvio: tenemos que coordinar por qué lado de la carretera conducir. No importa si es por la izquierda o por la derecha, simplemente tiene que ser por uno o por otro.

Gran parte de lo que hacemos con otras personas implica coordinación, y la incapacidad de coordinarse bien tiene un coste elevado. No podemos ver a un amigo porque no conseguimos hacer coincidir nuestros viajes. Si los fabricantes de leche de fórmula para bebés no producen la suficiente, los costes pueden ser enormes. Esto ocurrió tras la pandemia de la COVID-19. Este tipo de escasez formaba parte de la vida cotidiana en la Unión Soviética, una señal del fracaso de la planificación central a la hora de coordinar.

El tema de este apartado es que una buena coordinación puede reportar enormes beneficios. Los individuos y los mercados, por sí solos, se coordinan de manera imperfecta, pero el Gobierno puede mejorar la situación. Quizá esto implique, en parte, un elemento de coerción —de hecho, cierta coerción puede resultar esencial—, pero imponerlo resulta «liberador», porque se amplía la libertad de acción de los individuos, su conjunto de oportunidades.

Coordinar las vacaciones

Veamos el sencillo problema de unas vacaciones familiares. Cuando ambos cónyuges trabajan, es necesario que se coordinen con sus dos empleadores y el colegio de los hijos. Dado que un cónyuge tiene vacaciones en un momento concreto, sus hijos y el otro cónyuge quieren tener las suyas al mismo tiempo. En Francia este problema de coordinación se resuelve de manera sencilla: todo el mundo tiene el mes de agosto libre. Este equilibrio coordinado funciona mejor que el descoordinado equilibrio estadounidense, en el que el valor de los días de vacaciones disminuye porque es más difícil que los cónyuges las tengan a la vez. En consecuencia, ambos cogen menos días de vacaciones. No solo ellos salen perjudicados, sino que la productividad y, por lo tanto, los beneficios pueden ser menores.[6]

El dilema del prisionero

Tal vez el problema de coordinación más famoso sea el llamado dilema del prisionero. Se produce cuando la gente saldría beneficiada si su única opción fuera cooperar, pero cada individuo tiene incentivos para desviarse del acuerdo de cooperación que maximizaría el bienestar.[7]

Todo el mundo quiere tomarse el domingo libre y disfrutar de un día de descanso, como establece el mandamiento bíblico. Pero si las demás tiendas están cerradas, al dueño de una tienda le compensa abrir la suya porque tendrá a todos los clientes que quieren comprar el domingo, algunos de los cuales puede que sigan yendo también el resto de la semana. Sin embargo, si abre la tienda el domingo, sus competidores se verán obligados a hacer lo mismo; si no lo hacen, temen perder ventas y beneficios. Se llega a un equilibrio en el que todas las tiendas abren ese día y todos sus propietarios se sienten deprimidos. En conjunto, puede que no vendan más que si todas estuvieran cerradas los domingos. Las intervenciones gubernamentales que obligan a las tiendas a cerrar el domingo mejoran la situación de sus propietarios. Por supuesto, los clientes que de verdad querían comprar ese día salen perjudicados.[8]

La regulación resuelve el dilema del prisionero y hace que todos los actores salgan ganando. Ellos, individualmente, se sienten coaccionados y les gustaría desviarse. Pero la coerción mejora el conjunto de oportunidades de todos; es «liberadora».

La especulación que reduce el bienestar

Hay muchos otros casos en los que la cooperación, aunque genere un resultado mejor, no puede mantenerse porque cada individuo tiene incentivos personales para desviarse del comportamiento cooperativo. Un ejemplo es la predicción meteorológica. Todo el mundo se beneficia de saber qué tiempo hará mañana. Que lo sepa una persona más, no va en detrimento de mi conocimiento (a diferencia de un bien físico ordinario, que en general no se puede disfrutar simultáneamente). Se trata de un bien público prototípico. Si los beneficios de conocer el tiempo con antelación superan los costes, su prestación debería ser pública.

Consideremos ahora un caso en el que los beneficios no justifican los costes. Los especuladores pueden estar muy interesados en conocer el tiempo que hará mañana un poco antes que el resto. Esto permite al especulador comprar paraguas y venderlos a un precio elevado al día siguiente, de modo que puede obtener grandes beneficios. Pero entonces la mayoría de la gente se verá persuadida a gastar dinero para averiguar si lloverá, con el fin de que el especulador no le estafe. Se produce así una sucesión de gastos inútiles en información, inducidos por el especulador que trata de aprovecharse de la gente y el gasto compensatorio del resto de la sociedad.

Una regla coercitiva sencilla —la imposibilidad de inflar los precios cuando llueve— resuelve el problema. El especulador no tiene entonces ningún incentivo para reunir información. Y esto permite que el resto no realice un gasto para contrarrestarlo. Todos, excepto el especulador, salen beneficiados.[9]

O bien, si la información sobre el tiempo tiene *colectivamente* suficiente valor porque permite que los individuos planifiquen mejor su vida, la provisión de información por parte del Gobierno mejoraría el bienestar, aunque eso requiera un impuesto coercitivo para financiar el bien de prestación pública. La provisión de información por parte del Gobierno impide la especulación.[10] Elimina la posibilidad de inflar los precios.

La coordinación sistémica

Con todo, lo que más me preocupa en este caso es el papel que desempeñan la intervención y la coerción gubernamentales en la coordinación del sistema económico. Algunas empresas fabrican coches, otras acero. Algunas empresas (llamadas concesionarios de automóviles) tienen un inventario de coches para vender, y algunos hogares están pensando en comprar un coche. ¿Cómo se hace para encajar todo esto? ¿Cómo es posible que, en general, la cantidad de acero producida sea más o menos la que se necesita cada año? ¿Y que el número de coches fabricados sea justo el que necesitan los compradores?

En el siglo XIX, varios economistas, sobre todo Léon Walras (1834-1910), desarrollaron una versión matemática de lo que pensaban que Adam Smith tenía en mente cuando hablaba de la mano invisible: la búsqueda del interés propio que, en una economía competitiva, conduce al bienestar de todos, porque de algún modo se produce lo que los individuos quieren en la cantidad que quieren. A mediados del siglo XX, este modelo se analizó a fondo para demostrar que si existe una información perfecta sobre las características de todos los bienes en cualquier fecha y momento, y una competencia perfecta en los mercados para todos los bienes y servicios en cualquier fecha y eventualidad (de modo que hay, de hecho, mercados de riesgo perfectos) *y* no se produce un cambio tecnológico, entonces toda la coordinación necesaria se da en el contexto de las interacciones económicas que, guiadas por los precios, tienen lugar en los mercados. Y el equilibrio, en el que cada persona maximiza su bienestar dados los precios (que reflejan las acciones de todos los demás), es un resultado eficiente. Los precios son el mecanismo de coordinación, que se ajustan al alza o a la baja en función de si hay un exceso de demanda o de oferta. Dejando a un lado la inverosimilitud de estos supuestos, la belleza de la demostración del resultado y sus transcendentales implicaciones son impresionantes. Las dos personas que consiguieron demostrarlo, Kenneth Arrow y Gérard Debreu, recibieron merecidamente el Premio Nobel de Economía por su trabajo.[11]

Hubo distintos grupos de economistas que interpretaron el resultado de tres maneras diferentes. Un pequeño grupo, encabezado por Debreu, entendió el resultado como lo que era: un teorema matemático que había que analizar y generalizar, pero nada más. Correspondía a los demás decidir sobre la relevancia del teorema en el mundo real.

Los conservadores, por su parte, lo consideraron una reivindicación de lo que creían desde hacía mucho tiempo. Aquello reforzó su certeza en el «fundamentalismo de mercado».[12] Ignoraron las limitaciones de los supuestos, al igual que habían hecho con las numerosas advertencias de Smith sobre los límites de los mercados desatados. Se aferraron a esa visión aun cuando, en las décadas posteriores al trabajo de Arrow y Debreu, fue cada vez más evidente que los supuestos para demostrar la eficiencia del mercado no podían cuestionarse; Arrow y Debreu habían encontrado el único conjunto de supuestos en el que los resultados eran válidos.[13]

El tercer grupo —al que pertenecía Arrow— sostuvo que lo que se había demostrado era que el mercado no era eficiente. El hecho de que los supuestos en los que la economía era eficiente tuvieran tan poco que ver con el mundo real significaba que Arrow y Debreu (además de economistas posteriores que investigaron cada supuesto con más detalle) habían demostrado que, de hecho, los mercados no eran eficientes; es decir, cuando no se cumplen esas condiciones poco realistas, en general la economía es *ineficiente*. En realidad, había cuestiones que Debreu había ignorado por completo en su análisis y que resultaron ser cruciales. Los resultados sobre la eficiencia de la economía quedaban invalidados cuando se producía una mínima imperfección de la información, un pequeño coste de búsqueda. En resumen, en los mercados competitivos los precios se coordinan (por ejemplo, entre productores y consumidores, de modo que lo que se produce es justo lo que se consume), pero de una manera que, en general, no es eficiente.

Un corolario de este análisis es que hay intervenciones en el mercado —a veces coercitivas— que pueden mejorar la situación de todo el mundo.

Los fallos macroeconómicos

En la práctica, la situación es mejor y peor de lo que creían los fundamentalistas del mercado de la derecha.[14] Existen otros mecanismos de coordinación. Las empresas no solo se basan en los precios y tienen en cuenta su inventario y el de otras empresas. Si las existencias se acumulan, saben que deben reducir la producción. Consultan con otras personas —entre ellas economistas— para entender hacia dónde van la economía y su sector. A diferencia de lo que afirma la economía de mercado estándar, que los precios transmiten cualquier información relevante, recurren a muchas fuentes de información.

Pero la dinámica de este sistema más complejo no es, en general, eficiente ni estable. Las fluctuaciones macroeconómicas que han caracterizado al capitalismo durante los últimos dos siglos y medio —incluidas la Gran Depresión y la Gran Recesión— son las manifestaciones más claras de estos grandes fallos de coordinación que han impuesto enormes costes a la sociedad. Años después, el crecimiento sigue siendo menor; quizá la economía nunca llegue al punto en que habría estado si no se hubieran producido estas crisis. Pero los costes para las personas son aún mayores: vidas y fortunas arruinadas, estudios interrumpidos, mucho miedo e inseguridad.

Durante los últimos ochenta años, las intervenciones gubernamentales han ayudado mucho a reducir tanto la magnitud como la frecuencia de estas fluctuaciones y sus consecuencias. Esta mejora de los resultados macroeconómicos ha supuesto una importante contribución al bienestar individual y de la sociedad. Al mejorar la estabilidad y la eficiencia de la economía, la libertad se amplía no solo en relación con los grupos de oportunidades mencionados antes, sino en términos más generales de bienestar, que incluyen, ante todo, la libertad de no pasar hambre ni miedo.

Pero la mayoría de las intervenciones han supuesto cierto grado de coerción: contribuciones obligatorias a los fondos del seguro de desempleo, para que cuando los trabajadores se quedan en paro puedan atenuarse las consecuencias; impuestos para garantizar la existencia de redes de seguridad alimentaria y sanitaria, por débiles que sean; restricciones a los bancos para asegurar que no conceden préstamos excesivamente arriesgados que suman a la economía en recesiones o depresiones.

El éxito de estas intervenciones en la macroeconomía es una respuesta a otra de las objeciones que la derecha hace a la intervención gubernamental. A veces, admiten a regañadientes que los mercados no son eficientes y que, *en principio*, hay intervenciones del Gobierno que podrían mejorar la situación. Pero, afirman, estas intervenciones dependen de procesos políticos y estos *inevitablemente* lo ensucian todo. Incluso si en teoría existen intervenciones que mejoran el bienestar, sostienen, las del Gobierno tienden a hacer justo lo contrario.

Esto es sencillamente falso. Aunque los Gobiernos, como cualquier otra institución humana, son falibles, pueden mejorar los resultados económicos en este y en otros muchos ámbitos, como ya han hecho con éxito.

LA BÚSQUEDA DEL INTERÉS PROPIO EN UN SENTIDO AMPLIO

Los economistas, que tienden a *oponerse* a la acción gubernamental, sin duda se preguntan si hay alguna manera de que la gente pueda solucionar por sí misma estos problemas relacionados con la coordinación y los bienes públicos.

Existen muchas asociaciones voluntarias, organizaciones no gubernamentales y otras instituciones que abordan problemas concretos de coordinación y bienes públicos de manera parcial. En algunos ámbitos, la situación no es tan mala como los economistas —que consideran a la gente *absolutamente* egoísta— habrían esperado. Los seres humanos no son *tan* egoístas.[15] Dan miles de millones a organizaciones benéficas. Se preocupan por los demás.[16] En todo el mundo han surgido asociaciones de voluntarios y ONG que luchan por algún fin público —los derechos humanos, el medioambiente, la mejora de los servicios sanitarios—, con contribuyentes y voluntarios que donan dinero y tiempo y empleados que aceptan salarios muy inferiores a los que podrían obtener en otros sitios.

En una variada serie de ámbitos y situaciones, muchas personas, quizá la mayoría, actúan como si estuvieran maximizando su bienestar en un sentido más amplio que el de su *limitado* interés propio. Manifiestan un sentido superior del *interés propio ilustrado*, que tiene en cuenta la naturaleza de la sociedad que surgiría si todo el mundo actuara de manera similar. Evitan de manera explícita actuar como unos *absolutos* gorrones. Sucede así con la política. Muchos ciudadanos se preguntan cuando acuden a las urnas: «¿Qué tipo de sociedad quiero?». Muchos ricos votan a favor de impuestos elevados a los ricos, porque creen que si todo el mundo contribuye (todos están coaccionados), la inversión pública podría reducir ciertas desigualdades y aumentarían la productividad y el bienestar de la sociedad. Esa clase de coerción da lugar a una sociedad mejor. Luego, con el sistema fiscal existente, intentarán minimizar sus impuestos de acuerdo con su estricto interés propio; pero al votar sobre las reglas del juego, adoptan una visión más ilustrada.

La mayoría de la gente considera que formar parte de un jurado es su deber cívico; lo hacen de manera voluntaria, aunque saben bien que podrían presentar alguna excusa válida para no hacerlo. Los padres trabajan duro para mejorar la calidad de las escuelas locales. Si bien sus hijos se benefician, también lo hacen los demás.

En resumen, la perspectiva de la derecha —y de la economía estándar— sobre la naturaleza humana está equivocada. Por desgracia, algunas personas no son tan proclives a la generosidad. Se comportan justo como teorizan los economistas, y nuestra sociedad debe construirse teniendo en cuenta su existencia. Por eso no podemos confiar únicamente en las acciones voluntarias para resolver los problemas de coordinación y bienes públicos. Tiene que haber cierta coerción para resolver los problemas a gran escala que requieren la intervención pública (gubernamental).

Pero la derecha ha creado una trampa. Proclama el egoísmo casi como si se tratara de una virtud y afirma engañosamente que la búsqueda implacable de este mejora el bienestar de la sociedad. Eso significa, como han dicho sus miembros, que no se puede confiar en la intervención gubernamental, porque el egoísmo que ellos alaban también es aplicable a los empleados del sector público, y los funcionarios promoverán sus propios intereses a expensas del resto de la sociedad. Están muy equivocados. Como ya he señalado, la gente no es tan egoísta como afirma la derecha; muchos ciudadanos se incorporan a la función pública para promover el interés público. Más importante aún para mi objetivo aquí: es posible crear instituciones públicas con controles y equilibrios que impidan los abusos que tanto teme la derecha. Algunos países lo han conseguido. Y existe un círculo virtuoso. En los países donde han sabido crear Gobiernos fiables, la confianza en este es mayor y la función pública atrae a mejores personas. De hecho, algunos lo han hecho tan bien que los ciudadanos pagan impuestos *voluntariamente*, porque saben que «los impuestos son lo que pagamos por una sociedad civilizada», como dijo Oliver Wendell Holmes, juez del Tribunal Supremo. En Finlandia, por ejemplo, una encuesta encargada por la administración tributaria desveló que «el 95 por ciento de los finlandeses considera que pagar impuestos es un deber cívico importante [...]. Además, el 79 por ciento de los encuestados estaba dispuesto a pagar impuestos y consideraba que lo que obtenía por los impuestos que pagaba valía la pena».[17]

En la segunda parte analizaré cómo la sociedad puede generar más confianza, más confianza en el Gobierno y más individuos fiables, y señalo lo contrario: que en las sociedades sin confianza ni siquiera el sector privado puede funcionar bien. El capitalismo neoliberal ha generado personas poco fiables y ha erosionado (comprensiblemente) no solo la confianza en el Gobierno, sino la confianza en las instituciones privadas y en los demás. Ha creado un sistema que se devora a sí mismo. Sin embargo, nada de esto es inevitable.

BIENES PÚBLICOS GLOBALES Y COORDINACIÓN GLOBAL

Como hemos visto, existe un paralelismo entre lo que ocurre *dentro* de las naciones y lo que ocurre *entre* ellas. Lo que hace una persona puede afectar a otras personas; lo que hace un país puede afectar a otros países. Necesitamos reglas y regulaciones para impedir las externalidades negativas que un individuo ejerce sobre otro, y para impedir las externalidades que un país ejerce sobre otro. El problema, que abordo con más detalle en el capítulo 12, es que en el mundo actual la unidad política básica es el Estado nación, que solo puede regular lo que ocurre dentro de él. No existe un organismo *mundial* que regule lo que sucede más allá de las fronteras. Lo mismo pasa con la coordinación internacional y la provisión de bienes públicos globales.[18] Cierta coerción podría aumentar el bienestar de la sociedad a escala global. Las dificultades para adoptar acciones cooperativas transfronterizas que mejoren el bienestar significan que la coordinación es menor, hay más externalidades negativas y menos bienes públicos globales de los que habría de otro modo.

El ejemplo más importante de bien público global es proteger al mundo del cambio climático. Los países están adoptando algunas medidas de manera voluntaria, pero muchas menos de las necesarias si se quieren evitar los peligros extremos de que las temperaturas suban más de entre 1,5 y 2 ºC.[19]

He hecho hincapié en que debe haber reglas y regulaciones —coerción— para evitar las externalidades y generar coordinación y cooperación, pero también debo subrayar que hacer cumplir estas reglas y regulaciones es igualmente importante. Y en esto el sistema global flaquea. No existe un Gobierno mundial que imponga ni siquiera los acuerdos más leves. En algunos ámbitos, la comunidad internacional ha tenido éxito y la coerción (y las amenazas de coerción, entre ellas las sanciones comerciales a los países que violen un acuerdo) ha sido efectiva. Por ejemplo, antes del tratado internacional de 1987 llamado Protocolo de Montreal, relativo a las sustancias que agotan la capa de ozono, la utilización de sustancias químicas como los clorofluorocarburos (CFC) y los halones estaba creando enormes agujeros en la capa de ozono de la estratosfera, que nos protege del cáncer de piel. Las fuerzas restauradoras de la Tierra son asombrosamente fuertes y, una vez eliminadas estas sustancias, se espera que la capa de ozono se restaure a mediados de este siglo, lo que conlleva enormes ganancias. Es probable que los nacidos entre 1980 y 2100 se libren de unos cuatrocientos cuarenta y tres millones de casos de cáncer de piel, alrededor de 2,3 millones de muertes por cáncer de piel y más de sesenta y tres millones de casos de cataratas, y la Tierra habrá evitado un aumento de la temperatura de 2,5 ºC solo por este motivo.[20]

El protocolo puede verse como un contrato entre países en el que cada uno renunció a parte de su «libertad» (la de utilizar CFC) a cambio de que otros lo hicieran, con beneficios obvios. Pero el Protocolo de Montreal incluía un elemento de coacción. Los países que no lo cumplieran se enfrentarían a una sanción elevada. La coacción amplió la libertad; la libertad, por ejemplo, de no padecer cáncer de piel.

En el sector privado también hay contratos voluntarios que implican restricciones mutuamente acordadas que incluyen renunciar a libertades en cierto aspecto a cambio de una ampliación más valiosa de las libertades en otro, cuyos beneficios son superiores a los costes. En el capítulo siguiente abordo estas situaciones con mayor detalle.

5
LOS CONTRATOS, EL CONTRATO SOCIAL Y LA LIBERTAD

Cuando una persona firma un contrato, se compromete a hacer algo; ese contrato limita su libertad de acción en el futuro a cambio de algo por la otra parte. Los individuos aceptan de manera voluntaria esas restricciones porque el intercambio les beneficia, al igual que sucede con la «coerción» que el Estado impone para regular ciertas acciones o para obligar a la gente a pagar impuestos que financian inversiones públicas que mejoran la situación de todos.

En esencia, todos los contratos son restricciones que amplían las oportunidades de las partes que lo suscriben de una manera relevante. Sin contratos de crédito, por ejemplo, las personas no podrían acceder al dinero que necesitan para hacer inversiones muy rentables. A cambio, aceptan restricciones, entre otras ciertas limitaciones sobre cómo pueden utilizar ese dinero, y posiblemente sobre otros aspectos de lo que pueden hacer, como no pedir dinero a otro prestamista.

El hecho de que un contrato se firme de manera voluntaria no significa que excluya la explotación; sobre este tema volveré más adelante. Alguien puede firmar un contrato laboral explotador si es la única manera que tiene de sobrevivir. En esta situación, podría decirse que la persona está coaccionada; más aún si se le ha privado de alternativas, como en el caso de Sudáfrica, donde a los africanos negros se les privó del derecho a cultivar la tierra. En este sentido, hay una gran diferencia entre los contratos que suscriben partes con un poder más o menos igual y los contratos entre partes cuyo poder es desigual.

EL CONCEPTO DE CONTRATO SOCIAL

Desde hace mucho, los filósofos consideran que la relación entre los individuos y la sociedad[1] se rige por un *contrato social* parecido, que constriñe a los ciudadanos de una manera que aumenta en general su libertad y bienestar. Es importante señalar que se trata de una metáfora; no existe un contrato escrito o formalizado.

Un contrato social define la relación entre los individuos y las sociedades, como haría uno de verdad, y describe las obligaciones de las partes del contrato y las obligaciones mutuas.

Existe una gran diferencia entre el contrato social y los contratos ordinarios. Cuando se incumple un contrato real hay consecuencias que afectan tanto a la relación como, sobre todo, a la parte que lo infringe. La parte perjudicada puede tratar de imponer una sanción a la que incumple. Cuando una persona rompe un contrato, existen normas claras sobre los procesos que deben seguirse para juzgar si se han violado sus términos (las reglas y las regulaciones) y en qué medida se ha hecho, así como las penalizaciones que deben aplicarse. Pero cuando el Estado contraviene lo que se supone que debe hacer, no existe el correspondiente mecanismo para hacer cumplir el contrato social. Esta es la diferencia fundamental entre un contrato ordinario y un contrato social. En el caso del primero, hay un Gobierno que hace que se cumpla. El segundo se basa en la confianza. En un contrato social existe el riesgo de que, si los ciudadanos creen que su Gobierno lo ha incumplido, la ley y el orden se desmoronen.

Redactar el contrato social

La noción de contrato social invita a preguntarse qué tipo de reglas y principios, de los que forman la base de ese contrato, podrían contribuir al bienestar de la sociedad. Los capítulos 3 y 4 han dejado claro que existen importantes *trade-offs* sociales a la hora de redactar las reglas de la economía y la sociedad. ¿Nos centramos en el bienestar de los lobos o de las ovejas? ¿En los propietarios de armas o en las víctimas de la violencia con armas? ¿En los ricos, cuya libertad se ve reducida por la fiscalidad progresiva, o en los pobres, cuya libertad para vivir mejora mucho cuando el Gobierno ayuda a financiar una educación, una sanidad y una alimentación mejores?

Una vez que se es consciente de que las libertades implican *trade-offs*, es necesario idear un sistema para ponderar la ampliación de las libertades de algunas personas mediante la reducción de las libertades de otras sin que impere la ley de la selva, según la cual el más fuerte amplía su libertad a expensas de la de todos los demás. La *Teoría de la justicia* de John Rawls (1971) proporciona este tipo de marco. Podemos pensar en cómo los individuos querrían hacer estos *trade-offs* si los imaginamos detrás de lo que Rawls llama el «velo de la ignorancia», de modo que no saben cuál será su lugar en la sociedad cuando se levante el velo. ¿Serán ricos o pobres? Detrás del velo, no lo saben. De una manera pragmática, el marco de Rawls se parece al «espectador imparcial» de Smith:

> Las normas morales expresan, pues, los sentimientos de un espectador imparcial. Un sentimiento, ya sea de una persona motivada para emprender una acción o de una persona sobre la que otros han actuado, es digno de aprobación moral si y solo si un espectador imparcial simpatiza con ese sentimiento.[2]

Tanto Rawls como Smith se limitan a sugerir que una persona debería tomar distancia de su propio interés a la hora de evaluar qué constituye una sociedad buena o justa. De hecho, Rawls proporciona un método que nos *impide* elegir principios sesgados a nuestro favor cuando seleccionamos los principios y las políticas por los que regirnos. Es lo que él llama la *justicia como equidad*. El observador imparcial de Smith es, en cierto sentido, una personificación de ese método.

Rawls utiliza este marco para hacer una defensa convincente de la redistribución progresiva como parte deseable del contrato social.[3] Utilizaré ahora su marco para reflexionar sobre la amplia gama de acuerdos institucionales que gobiernan la sociedad.

Podemos considerar que las distintas disposiciones del contrato social especifican las reglas y las regulaciones de la sociedad. Los mercados no existen en el vacío. No hay un mercado libre en abstracto. Los mercados están estructurados por reglas y regulaciones.

Detrás del velo de la ignorancia, creo que existiría un amplio consenso sobre los *trade-offs* que implica la creación del contrato social. ¿Cómo ponderamos la libertad de los lobos frente a la libertad de las ovejas? ¿La del explotador frente a la del explotado? Podemos preguntarnos: tras el velo de la ignorancia, cuando no sabemos qué lugar ocuparemos en la sociedad —la pequeña posibilidad de ser un monopolista dominante o la gran posibilidad de ser un trabajador o un consumidor potencialmente explotado—, ¿qué conjunto de reglas y regulaciones desearíamos? Es probable que el desacuerdo sobre estas disposiciones sea mucho menor, por lo que podemos considerar que sus resultados serán socialmente equitativos. En términos generales, elegiríamos estipulaciones que promueven la mayor igualdad posible, en consonancia con los resultados económicos generales.[4]

Este marco puede utilizarse para orientar la miríada de leyes, reglas y regulaciones necesaria en una economía del siglo XXI, incluidas las destinadas a proteger a los trabajadores, los consumidores, la competencia y el medioambiente. Curiosamente, Adam Smith, cuyo nombre se invoca tan a menudo cuando se defiende la economía del *laissez-faire*, que no conlleva ninguna intervención del Gobierno, reconoció que el diseño de las regulaciones cambia la situación:

> Entonces, cuando la reglamentación favorece a los trabajadores, es siempre justa y equitativa, pero a veces ocurre lo contrario cuando favorece a los patronos.[5]

Smith entendió que las leyes que afectan a los empleados que trabajan juntos influyen en el poder de negociación y reconoció, además, las asimetrías del poder de mercado:

> Los salarios corrientes dependen en todos los lugares del contrato que se establece normalmente entre dos partes, cuyos intereses en modo alguno son coincidentes [...]. No resulta, empero, difícil prever cuál de las dos partes se impondrá habitualmente en la puja y forzará a la otra a aceptar sus condiciones. Los patronos, al ser menos, pueden asociarse con más facilidad [...]. Además, en todos estos conflictos los patronos pueden resistir durante mucho más tiempo.[6]

Y añadió:

> Los patronos están siempre y en todo lugar en una especie de acuerdo, tácito pero constante y uniforme, para no elevar los salarios sobre la tasa que exista en cada momento [...]. Los patronos a veces entran en reuniones particulares para hundir los salarios por debajo de esa tasa. Se urden siempre con el máximo silencio y secreto.

Smith reconocía que lo que observamos difiere notablemente de lo que cabría esperar de un contrato social escrito tras el velo de la ignorancia. En el mundo real, las reglas y regulaciones reflejan el poder; en concreto, el poder político, porque se establecen mediante procesos políticos. A menudo, las asimetrías naturales de poder que surgen en una relación laboral se ven exacerbadas por el marco regulador, que de una manera u otra ha disuadido la sindicación (la «asociación» de trabajadores), aunque a veces mire hacia otro lado cuando las empresas se asocian para reducir los salarios. Lo extraordinario de estos pasajes, escritos mucho antes del inicio de la economía industrial, por no hablar de la economía actual basada en el conocimiento, es que siguen siendo válidos. Los gigantes tecnológicos, Apple, Google, etc., conspiraron *en secreto* para no robarse trabajadores unos a otros; el bajo nivel de competencia resultante redujo los salarios de sus ingenieros, de cuya capacidad intelectual dependía el éxito de las empresas.[7]

La perspectiva de la derecha

He sostenido que la gente estaría dispuesta a aceptar regulaciones o impuestos que limitan su libertad si al final esas restricciones amplían su conjunto de oportunidades. La derecha suele tener una visión peculiar y muy estricta de la naturaleza de este contrato social. Según ella, existe un número limitado de restricciones de acciones que puede aceptarse como parte del contrato social (por ejemplo, matar o robar). Los derechos de propiedad son fundamentales; no importa cómo se haya adquirido la propiedad. El papel del Gobierno es hacer cumplir los derechos de propiedad y los contratos privados. Esto les parece tan obvio que, según ellos, apenas necesita justificación.

Por supuesto, si no se pueden ejecutar, los contratos y la propiedad no sirven de mucho. Si no se hacen cumplir los contratos, hay muchos intercambios beneficiosos que no podrían realizarse, sobre todo cuando implican que una parte haga algo hoy (como efectuar un pago) y la otra haga algo más tarde (como entregar un bien prometido). Asimismo, sin derechos de propiedad, se desalentaría la inversión. Alguien podría adueñarse sin más de la propiedad de otra persona. Pero como abordaré en el próximo capítulo, los derechos de propiedad tienen que definirse. Los derechos de propiedad y las reglas que rigen los contratos son construcciones sociales, algo que diseñamos y especificamos para promover los intereses de la sociedad. No nos han llegado del monte Sinaí, ni tienen su origen en una misteriosa ley natural. La sociedad también debe decidir qué contratos son aceptables, y el Gobierno debería hacerlos cumplir.

Muchos en la derecha parecen no entender esto o, más bien, quieren reglas que inclinen aún más la balanza del poder hacia los poderosos. Según el principio de la *libertad de contratación*, sostienen que el Gobierno debería hacer cumplir los contratos privados por muy explotador que sea el acuerdo, siempre que estos se hayan suscrito de manera voluntaria. La derecha insiste en la ejecución del contrato aunque existan grandes asimetrías de información e incluso si una de las partes ha engañado a la otra. Permite, y hasta facilita, determinadas acciones cooperativas que se realizan a través de entidades jurídicas —corporaciones—,[8] mientras prohíbe otras acciones cooperativas por colusorias, por ejemplo, la sindicación de los trabajadores para promover sus intereses. Y dificulta las acciones cooperativas para recuperar las pérdidas que las corporaciones infligen a los trabajadores o los consumidores.[9]

Estas reglas y regulaciones impulsadas por la derecha (disposiciones que afirma, implícitamente,[10] que deberían formar parte del contrato social) tienen consecuencias evidentes para el bienestar de la sociedad y la distribución del poder y la riqueza. Las personas con ingresos bajos y medios solo pueden contrarrestar los intereses de los ricos si trabajan unidas. Cuando la derecha impide esta vía, alienta *de facto* la explotación corporativa, aumenta la desigualdad y disminuye el bienestar de la sociedad.

Dudo que el contrato social que desea la derecha, centrado en proteger los derechos de propiedad y hacer respetar todos los contratos, pueda surgir de un debate razonado sobre cómo sería un contrato social socialmente justo, o incluso un contrato social que promoviera la eficiencia económica. La naturaleza cambiante de la sociedad y la economía exige que ahora la intervención del Gobierno y la inversión pública sean mayores que en el pasado y, en consecuencia, aumenten los impuestos y la regulación. Podemos discutir sobre la mejor manera de realizar estas inversiones,[11] pero ninguna persona razonable puede negar que son imprescindibles, al igual que es necesario que los costes, al menos una gran parte, los asuma el Gobierno.

¿Qué contratos privados deberían ser ejecutables?

Por supuesto, los contratos son, en sí mismos, éticamente neutros; pueden facilitar transacciones socialmente indeseables, así como otras socialmente deseables. Un buen contrato social no incentiva conductas socialmente indeseables y, en consecuencia, los Gobiernos no deberían ejecutar contratos privados que lo hagan. Esto es tan obvio que resulta banal, tan obvio como la necesidad de que existan regulaciones sobre el robo y el asesinato. Un contrato que obliga a alguien a hacer algo ilegal debería ser ilegal, y es evidente que no debería aplicarse. Pero la derecha, al hacer hincapié en la «santidad de los contratos», no acepta la distinción entre contratos socialmente buenos y malos. Por supuesto, es inevitable que haya desacuerdos y debates marginales sobre qué contratos son socialmente buenos o malos. Sin embargo, una vez que reconocemos que los contratos son construcciones sociales, reconocemos también que pueden ser buenos o malos y que, de hecho, algunos contratos, lejos de tener un valor sagrado, son una verdadera abominación.

Admitir que es posible no estar de acuerdo sobre qué es un buen contrato y un mal contrato plantea cuestiones interesantes. Por ejemplo, hay margen para debatir qué se permite vender. Aunque se estuviera universalmente de acuerdo en que no debe permitirse que la gente venda sus riñones, ¿se debería permitir la venta de sangre? Hay pruebas de que los resultados son mejores, tanto en cantidad como en calidad (es decir, la ausencia de enfermedades que se pueden transmitir en una transfusión), cuando la sangre se obtiene mediante donaciones voluntarias y hacerlo de esa manera se convierte en una norma social.[12] Asimismo, con independencia de lo que la gente piense sobre la prostitución, es legítimo discutir si un contrato para prestar esos servicios debe ser ejecutable ante la ley.

Pero si bien puede haber controversias marginales sobre qué contratos deberían ser aceptables y aplicarse mediante la ley, actualmente existe un amplio acuerdo en que el contrato social no debe permitir, y mucho menos hacer cumplir, contratos y disposiciones contractuales que toleren el trabajo infantil, la trata de personas, el fraude y la explotación, la esclavitud, la servidumbre por contrato o la venta de órganos y otras partes vitales del cuerpo.

Otro ejemplo de disposición contractual cuestionable: los acuerdos de confidencialidad (ADC) que las empresas añaden cada vez más a los contratos. Puede haber circunstancias en las que el secretismo (la falta de transparencia) sea deseable, pero a menudo esto se utiliza para ocultar algo malo. Estas disposiciones suelen incluirse en acuerdos extrajudiciales, por ejemplo, después de que hombres poderosos hayan agredido sexualmente a mujeres, y han demostrado ser un obstáculo importante para poder exigir responsabilidades a estos hombres. El papel de los ADC fue muy destacado en el infame caso de Harvey Weinstein, magnate del cine y depredador sexual.[13] Los ADC también dificultan, e incluso imposibilitan, la identificación y corrección de otros problemas sistémicos, como los sesgos raciales[14] en la banca, que han ocasionado demandas y acuerdos. Creo, y espero, que cada vez se tiene más conciencia de que este tipo de cláusulas contractuales no deberían aplicarse.

En el capítulo 7 se abordarán otras disposiciones contractuales dirigidas a aumentar el poder de mercado y la capacidad de explotación de quienes lo ostentan. A la hora de equilibrar las ganancias y las pérdidas de libertades, la respuesta debería ser clara: un contrato social justo no permite que se redacten contratos explotadores, y menos aún pide o exige a los Gobiernos que los hagan cumplir.

OTRAS DISPOSICIONES DEL CONTRATO SOCIAL: LA PROTECCIÓN SOCIAL Y LAS AYUDAS PARA GESTIONAR LA VIDA

Hay otros aspectos del contrato social que son importantes y que, tras el velo de la ignorancia, se aceptarían de manera generalizada. Muchos tienen que ver con casos en los que los mercados no funcionan como en el mundo idealizado y ficticio de la derecha. Y muchos de estos fallos son inherentes. Los mercados no funcionan como imagina la derecha porque la información es por naturaleza imperfecta y asimétrica, y superar estas imperfecciones de la información es caro. También es caro dirigir los mercados.

Cuando se habla de «mercados perfectos» —aquellos que producen resultados eficientes—, estos *deben* conllevar unos mercados de seguros perfectos, en los que cualquier riesgo relevante puede asegurarse.[15] (Este no es un requisito obvio, y la demostración de que los mercados de seguros deben incluirse fue uno de los logros notables de la teoría económica del último cuarto del siglo XX). Pero algunos de los riesgos más importantes a los que nos enfrentamos tienen, por su propia naturaleza, dimensiones y magnitudes desconocidas. La pandemia de la COVID-19 y la guerra en Ucrania ilustran los grandes riesgos a los que se ha enfrentado la economía —con enormes consecuencias para las empresas y los hogares en todo el mundo— y, sin embargo, el mercado no ofrecía ningún seguro contra estos riesgos, y es inconcebible que lo haga contra riesgos similares en el futuro.[16]

La protección social en el contrato social

Un aspecto de un buen contrato social, incorporado en casi todas las sociedades modernas y que representa una de las principales innovaciones sociales de los últimos ciento cincuenta años, es la protección social. Esta protege de los caprichos y las vicisitudes de la vida, sobre todo los más relevantes, como la pérdida del empleo o una enfermedad grave. La protección social ayuda en lo que llamaré la gestión de la vida, el hecho de que muchas veces los individuos no tienen dinero y recursos en el momento en que los necesitan. Algunos de estos grandes riesgos vitales están vinculados al tipo de acontecimientos descrito en el párrafo anterior, para los cuales los mercados privados no ofrecen ni pueden ofrecer seguros.

Además, los jóvenes no tienen fondos para invertir en su educación y su salud. Los padres jóvenes con dificultades financieras no tienen dinero para cuidar bien a sus hijos y los jubilados pueden encontrarse con que no tienen recursos suficientes para llevar una vida decente. En Estados Unidos, muchas veces los padres no tienen dinero para enviar a sus hijos a la universidad, pero saben que sin un título universitario las perspectivas vitales de sus hijos son limitadas.

Dadas estas evidentes limitaciones del mercado, parece igualmente obvio que las personas que se encuentran *detrás del velo de la ignorancia* querrán un contrato social que proporcione al menos algún tipo de seguridad social e invierta en los jóvenes para que puedan desarrollar su potencial (en lugar de depender de los recursos de sus padres). Casi todas las sociedades modernas lo hacen.

Los fallos del mercado y la perspectiva conservadora

El enfoque habitual de los economistas —y de muchos libertarios y otros derechistas— *supone* unos mercados de capitales perfectos y se expresaría más o menos así: los jóvenes pueden pedir prestado con sus ingresos futuros como garantía. Los jóvenes (o sus progenitores, actuando en su nombre) invierten racionalmente en salud y educación, equilibrando las tasas de rendimiento y el coste de la financiación, que, en un mercado perfecto, sería bajo. Los padres jóvenes pueden estabilizar sus ingresos a lo largo de la vida, de modo que si quieren un servicio de cuidado infantil, lo pagan ellos, y si no, uno de los dos se queda en casa. En la mente del economista estándar, esa es la solución eficiente y deseable. Según él, el Gobierno lo fastidia todo cuando proporciona o subvenciona el cuidado infantil, porque al final hay demasiadas mujeres que trabajan. Sería mejor que algunas de esas mujeres se quedaran en casa cuidando de sus hijos. Los ingresos que obtienen no justifican los costes del cuidado infantil que ofrece el mercado. (Por supuesto, el afilado lápiz del economista, al sopesar los costes y los beneficios, no tiene en cuenta preocupaciones sociales más amplias sobre el desarrollo del potencial de las mujeres o las relaciones de poder derivadas del género. De hecho, el modelo estándar ignora desde el inicio la existencia de cualquier relación de poder y asume que los mercados son perfectos).

Demuestro lo absurdo que es este punto de vista sobre los mercados perfectos con mis estudiantes de economía, que en su mayoría ahora tienen ingresos bajos pero los tendrán mucho más altos en el futuro. Sin duda, a muchos de ellos les gustaría tener un piso mejor y disfrutar de más vacaciones de esquí ahora que son jóvenes. Como han aprendido en la mayoría de las otras clases de economía, el modelo estándar dice que deberían estabilizar su consumo en el tiempo y pedir prestado ahora con sus ingresos futuros como garantía. Yo les sugiero que vayan al banco local y pidan un préstamo que les permita hacer esto. Sé lo que pasaría si fueran: una denegación rotunda. Quizá puedan pedir un *pequeño* préstamo, e incluso en ese caso sería con un tipo de interés elevado. En el mundo real, el crédito se raciona.[17]

Por lo que respecta a los mercados de riesgo, la derecha, siguiendo de nuevo el modelo económico estándar, asume que existen unos mercados de riesgo perfectos. Todas las «inversiones» descritas en los dos párrafos anteriores son arriesgadas. La gente desconoce el rendimiento de las inversiones en salud y educación, o en educación preescolar. Tampoco sabe cuánto tiempo va a vivir. Y en algunos de estos casos, ni siquiera los expertos se ponen de acuerdo sobre la magnitud de los beneficios económicos. Sabemos que sin una educación y una atención sanitaria adecuadas, nadie puede desarrollar por completo su potencial. Pero en ninguno de estos casos los individuos pueden contratar un seguro privado, ni siquiera para los riesgos futuros que afectan de marea relevante al rendimiento de las inversiones en salud y educación de los niños. En general, el riesgo desincentiva estas inversiones[18] y así, en ausencia de unos buenos mercados de riesgo, los niveles de inversión serán inferiores a los que serían socialmente productivos.

Hay muchos otros riesgos que afectan al bienestar de una persona. La inseguridad puede tener un efecto devastador en las personas; razón por la que fue tan importante el llamamiento del presidente Franklin D. Roosevelt a «liberarse del miedo».[19]

Sanidad, desempleo y pensiones

Durante el último siglo, los Gobiernos han ido aceptando cada vez más que los ciudadanos se enfrentan a importantes riesgos que los mercados de seguros privados no abordan de manera adecuada. Esto ha impulsado la creación de seguros sociales.

Antes de que en 1965 el presidente Lyndon B. Johnson aprobara Medicare y garantizase así que el Gobierno proporcionara atención sanitaria a los estadounidenses mayores, muchos de ellos no podían contratar un seguro médico, y muchos de los que podían hacerlo se veían obligados a pagar precios extremadamente altos. Antes de que se aprobara una serie de leyes y regulaciones, sobre todo la Ley del Cuidado de la Salud a Bajo Precio en 2010, muchas personas menores de sesenta y cinco años tampoco podían contratar un seguro médico, sobre todo si tenían enfermedades previas como problemas cardiacos o artritis, dolencias que hacían que disponer de ese seguro fuera aún más importante. Y para muchos de los que podían contratarlo, el coste suponía un gran porcentaje de sus ingresos.

El mercado privado nunca ha ofrecido un seguro de desempleo, a pesar de que uno de los riesgos y fuentes de inseguridad más relevantes a los que se enfrentan las familias trabajadoras es que el miembro que la mantiene pierda el trabajo y no sea capaz de encontrar otro con rapidez.[20]

Otro ejemplo de protección social organizada por el Estado son los programas públicos de jubilación, como la Seguridad Social. En 1889, el canciller alemán Otto von Bismarck fue el primero en introducir un programa de seguridad social para la vejez. En aquella época, pocas personas vivían mucho más de la edad normal de jubilación, los sesenta y cinco años. Hoy, la esperanza de vida en algunos países es superior a los ochenta años. En Japón, es de ochenta y dos para los hombres y ochenta y ocho para las mujeres, como mínimo quince más que la edad de jubilación. Sigue siendo muy incierto cuánto vivirá una persona, pero contamos con buenas estadísticas sobre la esperanza de vida para diversos grupos de población. Las rentas vitalicias, pólizas de seguro que pagan una cantidad fija con independencia de cuánto viva la persona asegurada, reducen ese riesgo, aunque a un precio muy elevado, bastante por encima de lo que justificarían los datos sobre la esperanza de vida. Por supuesto, esto no resulta sorprendente. Alguien tiene que pagar los enormes beneficios y los gastos de publicidad de las aseguradoras, y esa persona es el cliente.

La Seguridad Social puede considerarse una renta vitalicia organizada por el Gobierno, con unos costes de transacción muy inferiores a los del sector privado.[21] Además, en la Seguridad Social hay disposiciones que son fundamentales para la sensación de seguridad del individuo y que no existen en las rentas vitalicias privadas, en concreto los ajustes por inflación. Tras la crisis inflacionaria de la década de 1970, la inflación se moderó durante decenios, pero la inflación posterior a la pandemia nos ha recordado que puede volver a subir. Necesitamos un seguro contra este tipo de acontecimientos, aunque ocurran con poca frecuencia. El mercado no sabe hacerlo, pero los Gobiernos pueden ofrecerlo, y ya lo han hecho en otras ocasiones.

Hay otra disposición en el plan de jubilación público de Estados Unidos que es importante: los pagos aumentan con la subida general de los salarios. Sin este elemento, cuando los salarios suben con rapidez —como ocurrió en las décadas posteriores a la Segunda Guerra Mundial— las personas mayores que dependen únicamente de sus ahorros acaban con un nivel de vida muy inferior al de los jóvenes. El nivel de disparidad intergeneracional en los ingresos sería inaceptable. Los programas públicos de jubilación estipulan una mínima distribución del riesgo intergeneracional y la estabilización de los ingresos, porque uno de los factores que determinan las prestaciones de los jubilados es el nivel salarial actual, aunque el más decisivo sea su propia contribución.

Sorprendentemente, en la derecha hay quien sigue queriendo privatizar varias formas de seguridad social, cuando la razón por la que se introdujeron fue que había riesgos que el mercado no abordaba de manera adecuada; en muchos casos, ni siquiera era capaz de hacerlo.

Buena parte de la oposición a la protección social pública está motivada por una ideología simple que afirma que la acción colectiva menoscaba nuestra libertad individual y el Gobierno siempre es ineficiente.[22] (Buena parte también está motivada por puro interés propio. En el sector financiero, muchas personas saben que podrían ganar mucho dinero si, por ejemplo, se privatizara la Seguridad Social, sin importar el coste para los jubilados).

Ya he abordado antes el argumento sobre la acción colectiva. Los seguros sociales han ampliado mucho la libertad, o el conjunto de oportunidades, de la mayoría de los ciudadanos.[23] Para muchos de ellos, ha supuesto lo que más deseaba el presidente Roosevelt: liberarse del miedo, o al menos ha disminuido de manera significativa la inseguridad.

La afirmación de que el Gobierno es ineficiente por naturaleza queda refutada por las pruebas. Como ya he señalado, los costes de transacción de las rentas vitalicias privadas son mucho mayores que los de la Seguridad Social. En repetidas ocasiones, en ayuntamientos y otros lugares, los ciudadanos han exigido que el Gobierno quite las manos de Medicare y la Seguridad Social.[24] Los dos programas funcionan tan bien que cualquier persona secuestrada por la ideología de la derecha cree que su gestión *debe* ser privada.

Se puede hacer más: mejorar las oportunidades educativas

Australia cuenta con un programa de préstamos para estudiantes destinado a quienes van a la universidad, en el que la cantidad a devolver depende de los ingresos que gane el graduado. El Gobierno (la sociedad) asume parte del riesgo asociado a la inversión en educación. Facilita una distribución del riesgo que no existe en el sector privado. Y resulta que este programa público es *mucho* más eficiente que el programa de préstamos del sector privado, aunque este último pueda parecer más sencillo. Bruce Chapman, catedrático emérito de Economía de la Universidad Nacional de Australia y artífice del programa de préstamos en función de los ingresos, bromea sobre una conversación que mantuvo con alguien de otro país. Esta persona le preguntó cuánta gente empleaba el Gobierno para gestionar este programa público, que concede préstamos a casi toda la población universitaria. Cuando Chapman le contestó «Diecisiete», respondió impresionada: «Diecisiete mil es realmente eficiente». «No —le dijo Chapman—, solo diecisiete. Y ya». La cuestión es que el programa de préstamos aprovecha el sistema del impuesto sobre la renta; a los prestatarios que deben dinero del préstamo para estudiantes se les «factura» de manera automática la cuota extra adeudada añadiéndola al pago de sus impuestos. Con la tecnología moderna, solo se necesitan diecisiete empleados más para administrar todo el sistema.

OTROS ELEMENTOS DEL DISEÑO DEL CONTRATO SOCIAL

Muchos debates sobre la justicia social y el diseño del contrato social se han centrado en la distribución, al preguntar implícitamente, tras el velo de la ignorancia, ¿qué tipo de programa fiscal es socialmente justo? John Rawls defendió con convicción la conveniencia de los impuestos progresivos.

En estas páginas he sostenido que es posible y deseable abordar *cada* aspecto del contrato social y la organización de la sociedad a través de un prisma similar, detrás del velo de la ignorancia. En el capítulo 3 he analizado las reglas y las regulaciones que ayudan a que una sociedad entrelazada aborde las externalidades. En el capítulo 4 he tratado cómo una sociedad justa reflexionaría, tras el velo de la ignorancia, sobre el gasto público y resolvería los problemas de coordinación. En este capítulo he explicado cómo habría que plantearse qué tipos de contratos privados *no* deberían ejecutarse y, en general, qué más se podría incluir en el contrato social. He hecho hincapié en la necesidad de protección social e inversiones para la gestión de la vida; en educación y en prestaciones públicas para el cuidado de los niños y la jubilación. En capítulos posteriores abordaré otros aspectos de nuestro régimen económico, político y social.[25]

OBSERVACIONES FINALES: BUSCAR ORIENTACIÓN PARA EL DISEÑO DEL CONTRATO SOCIAL

A estas alturas es obvio que un contrato social socialmente justo es complejo. Implica regulaciones y otras disposiciones que reducen las libertades en un sentido estricto, pero al hacerlo amplían las libertades de manera más general. Es diferente del contrato social de la derecha, que se limita al cumplimiento de los contratos privados y los derechos de propiedad, por mucho que intente definirlos de manera más amplia. De hecho, he sostenido que algunos contratos no deberían aplicarse —algunos son verdaderamente abominables— y más adelante explicaré cómo se circunscriben, y deben circunscribirse, los derechos de propiedad. Detrás del velo de la ignorancia, nunca existiría un contrato social que hiciera cumplir todos los contratos, ni uno en el que los derechos de propiedad no estuvieran limitados.

En Estados Unidos y otros países, el Gobierno suele pedir consejo a los líderes financieros y empresariales sobre las leyes y las regulaciones que rigen el comercio. Ocurre así sobre todo en ámbitos complejos como la regulación financiera o el comercio internacional. Pero Adam Smith advirtió del riesgo de pedir consejo a estos líderes:

> El interés de los empresarios en cualquier rama concreta del comercio o la industria es siempre en algunos aspectos diferente del interés común, y a veces su opuesto [...]. Cualquier propuesta de una nueva ley o regulación comercial que provenga de esta categoría de personas debe siempre ser considerada con la máxima precaución, y nunca debe ser adoptada sino después de una investigación prolongada y cuidadosa, desarrollada no solo con la atención más escrupulosa, sino también con el máximo recelo. Porque provendrá de una clase de hombres [...] que tienen generalmente un interés en engañar e incluso oprimir a la comunidad.[26]

En esta cita, Smith expresa una profunda falta de confianza en el consejo que puedan dar los empresarios sobre las políticas públicas, y reconoce que sus intereses no coinciden con los del conjunto de la sociedad. (Ojalá, en los años previos a la crisis financiera de 2008, el Gobierno estadounidense hubiera prestado más atención a las sabias palabras de Smith que a las recomendaciones de los financieros de Wall Street).

Nuestra exposición sobre Rawls ayuda a explicar mejor por qué Smith tenía razón: la sociedad debe desconfiar del consejo de los empresarios y los financieros, cuyas opiniones son dominantes con mucha frecuencia, sobre todo en cuestiones económicas. La mayoría de la gente de negocios no se plantea qué es bueno para la sociedad detrás del velo de la ignorancia. Está acostumbrada a preguntarse, simplemente, «¿Cómo puedo aumentar mis beneficios y los de mi empresa?». Una respuesta es convencer al Gobierno para que establezca reglas y regulaciones y gaste dinero de una manera que enriquezca a su empresa.

Además, aunque conozcan muy bien su sector o sepan cómo negociar, pocos son expertos y no entienden cómo funciona todo el sistema económico, político y social. Los académicos que dedican una vida al tema se vuelven humildes cuando se dan cuenta de la magnitud de la tarea, pero al menos se plantean las preguntas correctas. Saben que incluso los contratos voluntarios pueden no ser deseables. Es necesario entender cómo funciona el sistema para evaluar una u otra intervención y juzgar qué tipo de contrato social amplía la libertad de la mayoría de las personas, definida esta de manera significativa. Solo entonces se podrá decidir qué tipo de contrato social se adoptaría tras el velo de la ignorancia.

Estas consideraciones nos ayudan a reflexionar sobre aspectos clave de la economía, entre ellos los derechos de propiedad, la fiscalidad distributiva y las regulaciones que afectan a la competencia y la explotación, que abordaré en los dos capítulos siguientes.

6
LA LIBERTAD, UNA ECONOMÍA COMPETITIVA Y LA JUSTICIA SOCIAL

El hecho de que los recursos sean limitados —lo que los economistas llaman escasez— condiciona lo que podemos hacer como individuos y como sociedad. Pero no consideramos que estas restricciones sean una pérdida de libertad. Sin embargo, cuando el Gobierno interviene y cobra impuestos, quitándonos una parte del dinero que tanto cuesta ganar, a menudo sentimos que se produce una pérdida de libertad. Es evidente que estas intervenciones públicas pueden *parecer* coercitivas, porque al reducir nuestros ingresos restringen nuestras opciones.

Los libertarios dan demasiada importancia a tener que pagar impuestos obligatorios. Según ellos, eso les roba libertad. Creen que tienen el derecho fundamental a gastar su dinero como les plazca, pues afirman que sus altos ingresos son el resultado de un trabajo honesto y duro, de su energía creativa y su habilidad para invertir (y cabría añadir, en muchos casos, su talento para elegir a los padres adecuados).

Uno de los principales objetivos de este capítulo y del siguiente es desacreditar estas afirmaciones argumentando que, por lo general, los ingresos del mercado carecen de legitimidad moral. Esto parece obvio cuando los ingresos se derivan de la explotación, ya sea la esclavitud de los siglos XVII y XVIII, el colonialismo y el comercio del opio del siglo XIX, o el poder de mercado y la publicidad seductora y engañosa del siglo XX. En el próximo capítulo abordaré cómo mucha de la riqueza de los más ricos procede, al menos en parte, de aprovecharse de los más pobres.

Este capítulo se basa en la hipótesis de que los mercados actuales son competitivos, pero argumenta que, incluso en ese caso, la legitimidad moral de los ingresos obtenidos en mercados competitivos que parecen funcionar bien es cuestionable. Las razones son múltiples. Se debe, en parte, a que la riqueza que heredan las personas proviene de alguna manera, o en muchos casos, principalmente de la explotación, y en parte porque los salarios y los precios no tienen legitimidad moral ni siquiera en un mercado competitivo. La causa es que esos salarios y precios serían distintos si la distribución de la riqueza fuera diferente. La riqueza moralmente ilegítima da lugar a salarios y precios que carecen de legitimidad moral. Estos también serían diferentes si las reglas y las regulaciones de la economía fueran otras. Pero cuando las escriben los ricos y poderosos, los salarios y los precios generados carecen de legitimidad moral.

Esto es importante. El libertario afirma que sus ingresos son suyos, que tiene, en cierto sentido, derecho moral a ellos. Dice además que, en consecuencia, no debería haber impuestos redistributivos, ni siquiera aunque existan enormes desigualdades sociales y necesidades públicas. Sin embargo, estas afirmaciones se basan en la premisa de que cualquier ingreso que generen los mercados tiene cierta legitimidad moral.

UN MERECIDO PREMIO: LA JUSTIFICACIÓN MORAL DE LOS INGRESOS Y LA RIQUEZA EN UNA ECONOMÍA COMPETITIVA

Históricamente, los economistas que se oponen a la redistribución directa —gravar con impuestos a los ricos para prestar servicios públicos y ayudar a los menos afortunados— han afirmado que los ingresos son el «merecido premio» (*just desserts*) al esfuerzo de la gente. Nassau William Senior, uno de los grandes economistas de principios del siglo XIX, sostenía que la riqueza de los capitalistas era la justa recompensa por la «abstinencia» de sus ahorros, que generaba la acumulación de capital que era la esencia del sistema capitalista.[1] La economía neoclásica dio una justificación más general. El mercado recompensaba a cada persona de acuerdo con su *contribución marginal*, es decir, lo que añadía al pastel económico. Pero este argumento ignoraba la presencia de externalidades y otros fallos del mercado que eran omnipresentes en la época, como lo son hoy, lo cual permitía a la economía neoclásica crear un universo mítico en el que la contribución *privada* marginal —lo que el individuo aportaba a la rentabilidad de la empresa— era igual a la contribución social marginal, lo que el individuo aportaba a la sociedad.

La economía clásica (y su descendiente de los siglos xx y xxi, la economía neoclásica) prestó poca atención a por qué individuos diferentes tenían distintos activos; por qué algunos estaban más formados y otros menos; algunos tenían más capital y otros menos. Senior decía que se trataba, simplemente, del resultado de un ahorro mayor. Ese era un factor, pero había otros. Durante el periodo en que fueron esclavizados, a los afroamericanos del sur se les negó el fruto de su trabajo. Los esclavizadores se apropiaron de él y luego pasaron parte de esa riqueza obtenida de manera ilegítima (podría decirse que «robada») a sus descendientes. Este es un ejemplo obvio de por qué la riqueza puede carecer de legitimidad moral. Cuando la riqueza generada de manera ilegítima pasa de una generación a otra, sigue siendo moralmente ilegítima aunque pasen cientos de años (si bien las sociedades se esfuerzan para que la memoria sea corta). Incluso cuando este tipo de riqueza se transfiere muchas veces, la desigualdad de riqueza que surge con el tiempo sigue careciendo de cualquier legitimidad moral.

El contrapunto a la afirmación de que las grandes riquezas tienen cierta legitimidad moral es que podemos sacar una conclusión parecida sobre las personas pobres. Se «merecen» su desgracia porque no han sabido ahorrar o por cualquier otra razón. Pero este argumento es tan falaz como el otro. Hay muchas razones por las que tantos descendientes de personas esclavizadas son pobres, entre ellas el robo del fruto del trabajo de los esclavos, que se les negara una educación decente tras la abolición, el incumplimiento de la promesa de «cuarenta acres y una mula» y que hayan sufrido una discriminación generalizada.[2]

Colegios malos, una mala atención sanitaria, desiertos alimentarios, prácticas discriminatorias, la imposibilidad de sindicarse o conseguir una hipoteca son solo algunos de los problemas desiguales e injustos a los que se enfrentan muchas personas pobres. No es que no trabajen o sean incapaces de ahorrar, es que ni siquiera pueden plantearse hacerlo.

LOS DERECHOS DE PROPIEDAD Y LA LIBERTAD

Cualquier debate sobre la legitimidad moral de la riqueza debe empezar por un análisis de los derechos de propiedad. Consideremos una sociedad sin trabas ni restricciones, en la que el fuerte puede robar al débil y lo hace. Los fuertes tienen libertad y hacen lo que quieren. Pero los débiles no tienen libertad; viven oprimidos por los fuertes. Nadie llamaría a eso una sociedad libre, porque los débiles no pueden disfrutar del fruto de su trabajo. Es poco probable que sea una sociedad productiva; pocas personas invertirían o trabajarían, conscientes de que sus ahorros o ingresos podrían serles arrebatados, y es muy posible que ocurra. Cuando hablamos de libre mercado, nos referimos a un mercado en el que está prohibido esta clase de robo, y ese mandato se cumple. Y cuando hablamos de la «legitimidad moral» de la riqueza de una persona, presuponemos que su riqueza no ha sido robada.

Sin embargo, para definir qué es un robo es preciso definir qué es una propiedad. ¿Qué pertenece a quién? ¿Y qué puede hacer alguien con una propiedad que «posee»? Damos por sentado nuestro sistema de derechos de propiedad, pero los países tienen puntos de vista muy diferentes sobre la propiedad. Como ya he señalado, los derechos de propiedad son algo que definimos nosotros, en cuanto sociedad. Históricamente, han sido los poderosos quienes los han definido, con el fin de conservar su poder. Si se definen y asignan (o reasignan) de un modo que carece de legitimidad moral, entonces los ingresos derivados de la posesión de la propiedad no tienen legitimidad moral. No hay ninguna razón para *no* confiscar los ingresos obtenidos de esta manera. Es absolutamente pertinente recuperar la riqueza robada por un ladrón. Y no hay justificación moral alguna para dejar que los ricos conserven los ingresos procedentes de ganancias obtenidas de manera inapropiada, en lugar de dárselos a personas con ingresos bajos, sobre todo si estos podrían haber sido mayores si los derechos de propiedad se hubieran definido y asignado de manera diferente y quizá más adecuada.

Los derechos de propiedad como construcción social: varias definiciones

Los derechos de propiedad son construcciones sociales —es decir, son lo que son porque como sociedad los definimos así—, de modo que las nociones sobre cuáles y qué tipos de derechos de propiedad tienen legitimidad moral se construyen socialmente. Y siempre que se produzcan desacuerdos significativos sobre los límites, las reglas y los derechos, cabe esperar que detrás haya intereses poderosos, que quieren asegurarse mayores ganancias. El hecho de que puedan dar un aire legal a su riqueza no contribuye a consolidar su legitimidad moral.

Hemos desarrollado un marco para pensar en cómo definir los derechos de propiedad detrás del velo de la ignorancia. Se trata de un conjunto de regulaciones que dicen lo que el «propietario» tiene derecho a hacer y no tiene derecho a hacer, y cómo (o si) alguien puede convertirse en propietario de un bien concreto. Por supuesto, puede haber divergencias entre cómo se definen los derechos de propiedad en la práctica y cómo podrían definirse en un contrato social bien diseñado, escrito tras el velo de la ignorancia. Y siempre que esa divergencia sea grande, pueden surgir preguntas sobre la legitimidad moral de la riqueza y la propiedad.

Antes he escrito sobre cómo cambiaron los derechos de propiedad en los siglos XVII y XVIII, cuando la tierra que había sido de propiedad común —los bienes comunales— se privatizó, lo cual enriqueció a los terratenientes y empobreció a la gran mayoría de los ciudadanos. Se trató de una simple confiscación de la propiedad, que después algunos economistas defendieron como una solución eficiente al problema planteado por la tragedia de los bienes comunales. Pero ya hemos visto que este enfoque observaba el asunto desde la perspectiva de los terratenientes, y que las regulaciones son una forma más justa, equitativa e igualmente eficaz de abordarlo. La riqueza adicional que obtuvieron los terratenientes carecía de legitimidad moral, al igual que las herencias de sus descendientes. Y esto es cierto incluso aunque la apropiación de las tierras estuviera respaldada por el sistema político y legal, un sistema en el que estos plebeyos no tenían voz.

En todo el mundo, muchos desacuerdos entre las poblaciones indígenas y los colonizadores tuvieron su origen en nociones contrapuestas de la propiedad. En muchos casos, los europeos creían que habían «comprado» la tierra que colonizaban y explotaban. Pero, al menos según varios relatos, los vendedores no habían entendido del todo la naturaleza de la transacción, porque para ellos la tierra no era algo que se pudiera comprar o vender. Sería como si viniera alguien y me preguntara si puede comprar el puente de Brooklyn. En general, la gente no compra ni vende puentes, así que si esa era la pregunta que «oí», debí de entenderla mal, o tal vez esa persona quiso hacer la pregunta de otra manera. Seguro que quiso decir si tenía derecho a *utilizar* ese puente, de acuerdo con ciertas normas y regulaciones, quizá durante un periodo determinado.

Para muchos pueblos indígenas de Canadá, Australia, Estados Unidos y otros lugares, la tierra era lo bastante rica para compartirla, siempre que se tratara adecuadamente (de una manera que los colonos no solían respetar).[3] La idea de que la tierra podía «venderse» no formaba parte de la mentalidad indígena. Cualquier interpretación moderna de los tratados y acuerdos del siglo XIX y anteriores debe tener en cuenta esta perspectiva.

De igual manera, a la mayoría de los occidentales del siglo XXI la noción de que una persona sea una propiedad les resulta ajena. La idea de que los seres humanos puedan ser comprados y vendidos o alquilados, como si se trataran de una propiedad cualquiera, resulta intolerable. Aun así, en la mayoría de los países, cuando llegó el momento de poner fin a la esclavitud, se compensó a los esclavizadores por la pérdida de sus derechos de propiedad, no a los antiguos esclavizados. Que se compensara a personas que habían robado el fruto del trabajo de otras, por no hablar de su libertad, refuerza la conclusión de que la propiedad es una construcción social.

Otro ejemplo: Estados Unidos es uno de los pocos países en los que los recursos que se encuentran bajo tierra pertenecen a la persona que posee la tierra y no al Estado. Esta disposición contribuye a generar una desigualdad arbitraria sin mejorar la eficiencia económica, y en muchos casos da lugar a complejidades innecesarias. Si se descubre que hay petróleo en mis tierras, me convertiré en milmillonario de la noche a la mañana, pero no debido a mi esfuerzo, sino al azar. Sin embargo, es muy posible que el petróleo extraído de mi pozo se encuentre en un yacimiento que se extiende más allá de mi propiedad, lo que provocará un exceso de perforaciones, porque cada propietario intentará extraer la mayor cantidad de petróleo posible antes de que lo haga otro. Esta competencia exige una serie de regulaciones que no serían necesarias si el yacimiento petrolífero se declarara (como ocurre en la mayoría de los países) un bien de propiedad colectiva, de todos los ciudadanos, cuya gestión corresponde al Estado. Este ejemplo refuta la afirmación de que los sistemas de derechos de propiedad se definen «por naturaleza» para generar «eficiencia económica», siendo la eficiencia en la producción de bienes y servicios el supuesto objetivo de un buen sistema de organización social.

Los economistas también estudian una serie de derechos de propiedad implícitos que impregnan el sistema económico. La titularidad de un profesor es, en última instancia, un derecho de propiedad, aunque quienes no son economistas no suelen plantearlo así. Tiene derecho a recibir ingresos por enseñar una asignatura concreta en la universidad, siempre que no infrinja ciertas normas y que la asignatura se siga impartiendo en esa institución. Es un derecho de propiedad circunscrito. Ese puesto de trabajo no puede venderse a otra persona y se deben cumplir las condiciones del contrato de titularidad.

Asimismo, alguien que vive en un apartamento de renta controlada tiene, en realidad, un derecho de propiedad, el de quedarse en él pagando un alquiler que puede ser bastante inferior al de mercado. Pero ese derecho está circunscrito. No se puede vender a otra persona y, normalmente, no se puede transferir a los hijos.[4]

Los derechos de propiedad y la libertad: privilegios y limitaciones

El debate sobre los derechos de propiedad deja clara la complejidad del concepto.[5] No se trata de que alguien posea algo y, por lo tanto, tenga derecho a hacer lo que quiera con eso, por ejemplo, dárselo a otra persona por el precio que decida. Los derechos de propiedad siempre están circunscritos. He mencionado el derecho del Gobierno a expropiar tierras, con la debida indemnización, cuando son necesarias para un fin público. Suele decirse que una característica fundamental de poseer algo es el derecho a vender o ceder ese derecho de propiedad a otros. En algunos países, el Gobierno concede a los individuos el derecho a utilizar un terreno concreto (llamado derecho de uso), pero limita su capacidad de venderlo. Y si no lo usan, pueden perderlo. Lo mismo ocurre con muchas licencias de explotación de recursos naturales que conceden los Gobiernos.

A veces hay buenos motivos para que existan estas limitaciones. Detrás del velo de la ignorancia, un buen contrato social concedería *algunos* derechos de propiedad, aunque los circunscribiría. La pregunta es ¿cómo hacerlo?

¿Poseer la patente de un medicamento esencial da, o debería dar, derecho a cobrar lo que se quiera? La respuesta es diferente en Estados Unidos y en Europa. En Estados Unidos, si el poder de monopolio se ha conseguido de manera legítima, se puede cobrar cualquier precio. En Europa, no se permite abusar del poder de monopolio. Este es otro ejemplo de que son las regulaciones impuestas las que definen los mercados. En este caso, creo que está claro qué sistema es mejor, pero también está claro por qué Estados Unidos ha adoptado el suyo. No es porque genere mejores resultados. Es porque los poderosos, y en particular las poderosas empresas farmacéuticas, tienen más influencia a la hora de establecer las reglas. Desde la perspectiva de alguien habituado a las normas europeas, los enormes y excesivos beneficios de las farmacéuticas estadounidenses que utilizan su poder monopolístico carecen de cualquier legitimidad moral. La sociedad tiene todo el derecho a recuperar esos beneficios excesivos. No se trata de una hipótesis. Las farmacéuticas estadounidenses cobran cerca de diez veces más por la insulina que las europeas, porque ejercen este poder de monopolio que forma parte del sistema estadounidense de derechos de propiedad.[6]

Más importante para este tema es que los derechos de propiedad suponen restringir la libertad de algunas personas, mientras amplían la de otras de una manera que solemos dar por sentada; estos derechos parecen naturales e inevitables, pero no lo son en absoluto. Si soy propietario de un terreno, puedo impedir que entres en él. Eso significa que el derecho de propiedad restringe la libertad de una persona al tiempo que amplía la de la otra (el derecho del propietario a excluir a los demás). Los mercados «libres» con derechos de propiedad bien definidos no maximizan la libertad, como afirman algunos; dan libertades a unos y se las quitan a otros. A veces se recurre a la eficiencia para justificar ciertas asignaciones de derechos de propiedad, aunque como he explicado, algunas formas concretas de asignar estos derechos pueden reducir la eficiencia. Hay alternativas mejores, entre ellas la propiedad colectiva (como en el caso de las aguas subterráneas). Y cualesquiera que sean estas justificaciones relacionadas con la eficiencia, tienen consecuencias distributivas. Obsérvese que en el ejemplo del párrafo anterior —el derecho de las farmacéuticas estadounidenses a cobrar el precio que quieran— el coste social es enorme. Combinado con un inadecuado suministro público de medicamentos, es muy probable que provoque innecesariamente la muerte de personas.

La preocupación por estas consecuencias distributivas motiva algunas definiciones importantes de los derechos de propiedad. Por ejemplo, en la campiña inglesa, los paseantes tienen un derecho de paso por la tierra. Asimismo, en muchos países y estados (entre ellos, California), los ciudadanos tienen derecho a caminar por todas las playas y acceder a ellas. Colorado, Montana, Wyoming y Nuevo México han reconocido el «derecho a navegar» en los arroyos, incluso si hay que acceder a ellos a través de una propiedad privada.

Este análisis ha puesto de relieve la naturaleza a veces arbitraria de los derechos de propiedad, cuya definición y asignación dan lugar en ocasiones a resultados injustos —como el precio abusivo de la insulina— e ineficaces que, con toda probabilidad, no habrían ocurrido tras el velo de la ignorancia. Pero si los derechos de propiedad se definen de manera injusta y desigual, es probable que las desigualdades de riqueza derivadas de esas asignaciones y definiciones de los derechos de propiedad también sean injustas y parciales.

La transmisión intergeneracional de la ilegitimidad y las ventajas

Si, en un momento dado, se asocia a los ingresos y la riqueza cierto grado de ilegitimidad moral, y luego se produce algún tipo de transmisión intergeneracional de la riqueza (a través de un legado económico o el acceso a una educación mejor), entonces los ingresos y la riqueza de las generaciones posteriores carecerán de legitimidad. Consideremos el caso, que es realista, de algunos individuos que heredan gran parte de la riqueza de un país de unos padres que la adquirieron mediante el robo de tierras. En este contexto, la reivindicación moral de la riqueza es obviamente endeble.

Pocos dirían que una medida política para redistribuir esa riqueza adquirida de manera indebida entre los ciudadanos con ingresos bajos —sobre todo si la tierra les fue robada a ellos o a sus antepasados— supone una infracción fundamental de la libertad, del mismo modo que la restitución de una propiedad robada no suele considerarse una infracción de los derechos del ladrón.[7] De hecho, muchos estarían de acuerdo en que la política de restituir las tierras robadas estaría moralmente justificada. Pero eso plantearía cuestiones sobre los derechos morales que tienen sobre la tierra aquellos a quienes se la arrebataron. Tal vez ellos también se la quitaron a alguien.

Otras cuestiones profundas, que no abordamos aquí, son las reclamaciones morales de restitución por parte de los descendientes de aquellos a quienes se robó la tierra, y quién debería asumir los costes, cuando no existe un vínculo claro entre la riqueza actual y las transgresiones pasadas de determinadas personas. ¿Debería ser responsable el terrateniente, que pensó que había comprado de manera legítima tierras con un título claro (y a quien quizá, en su momento, el Gobierno le dijo que tenía un título claro)? Los costes económicos y sociales de esta política serían, obviamente, enormes.

Esto no son sutilezas teóricas. Tras la caída del Muro de Berlín y el Telón de Acero, muchos países de Europa del Este en los que la propiedad se había nacionalizado adoptaron políticas de restitución. En algunos de ellos, ciertos grupos consideraron injusta la redistribución de la propiedad que se llevó a cabo durante diferentes Gobiernos. En muchos casos, los derechos de propiedad previos a las nacionalizaciones comunistas habían estado influidos por Gobiernos de derechas, y con frecuencia implicaban la redistribución de las propiedades de los judíos y otras minorías. ¿Debería la restitución actual volver a los derechos de propiedad anteriores a la nacionalización comunista, o debería retroceder más?

La transferencia de riqueza económica de una generación a otra es solo una de las maneras de transmitir estas ventajas. Hasta en las sociedades más progresistas existe un elevado nivel de transmisión intergeneracional de ventajas y desventajas.[8] Hay muchos mecanismos que la permiten, entre ellos la educación (el capital humano) y los contactos. La riqueza robada o ilegítima puede dar ventaja a los descendientes de una familia aunque no haya herencias económicas, por lo que deshacer su efecto implica algo más que la mera restitución. Estados Unidos se enorgullece de ser la tierra de las oportunidades, pero las perspectivas de vida de un joven estadounidense dependen mucho de los ingresos y la educación de sus padres, más que en casi cualquier otro país avanzado.[9] Irónicamente, el aparente paso a un sistema más justo basado en la meritocracia —en el que el estatus no se «hereda», se consigue con esfuerzo— afianza las desigualdades, porque los estudiantes que pueden destacar académicamente son los que tienen padres con estudios y recursos económicos, y que saben cómo funciona el sistema para proporcionarles las mejores oportunidades educativas.[10]

MERCADOS, DESIGUALDAD Y LAS REGLAS DEL JUEGO

Este debate sobre los derechos de propiedad y cómo se definen evidencia la manera en que las reglas determinan tanto el funcionamiento de la economía como la distribución de los ingresos que se generan. Como he señalado varias veces, hay muchos conjuntos de reglas posibles, por lo que hay muchas distribuciones posibles de los ingresos en un mercado competitivo. Ninguna es el fruto de una ley natural, ni siquiera de las leyes naturales de la economía, sino que son leyes creadas dentro del sistema político mediante un proceso político configurado por personas con poder político. Y esa es la cuestión. No podemos separar la actual distribución de los ingresos y la riqueza de la distribución del poder, tanto actual como histórica. Quienes están en el poder normalmente, aunque no siempre, intentan perpetuar su poder. Pueden apelar a nociones de equidad y justicia cuando conforman las reglas económicas y políticas, pero es posible que de manera natural, involuntaria o activa, inclinen esas normas en favor de sus intereses. Por lo tanto, incluso los ingresos que se generan en un mercado competitivo carecen de legitimidad moral.

Esto implica un proceso evolutivo. El cambio es constante, pero las condiciones iniciales son importantes. Se puede intentar desenredar el largo entramado de la historia, si bien hacerlo por completo es casi imposible. Aun así, en la mayoría de las sociedades se producen grandes rupturas, puntos bien definidos en los que la historia da un giro importante y, en la práctica, es posible empezar por ahí. En Estados Unidos, ese punto lo constituyeron la guerra de Independencia y la Constitución. Pero como ahora suele admitirse, la Constitución no fue dictada por Dios. Fue más bien un producto de su época (la Ilustración) y de las personas que la redactaron (la inmensa mayoría, hombres blancos y ricos, muchos de ellos propietarios de esclavos), con sus intereses y puntos de vista. Es poco probable que reflejara los intereses y los puntos de vista del estadounidense medio de la época, en concreto de quienes carecían de derechos.

El resto, como suele decirse, es historia. El sistema electoral consagrado en la Constitución —combinado con las reglas de la Constitución, que dificultan mucho el cambio— ha contribuido a las extremas desigualdades políticas existentes en el país que, a su vez, han contribuido a las desigualdades en los ingresos del mercado. Se trata de un círculo vicioso.[11]

Como hemos visto, aunque sea sin las rigideces de la política estadounidense, el neoliberalismo ha tenido una enorme influencia en todo el mundo y ha dado lugar a unas economías de mercado aquejadas de profundas desigualdades, aunque no tan extremas como en Estados Unidos. En la actualidad, uno de los principales impulsos políticos de los Gobiernos progresistas se centra en cambiar estas reglas para generar una distribución más equitativa de los ingresos del mercado, en lugar de redistribuir los ingresos del mercado que resultan de las reglas actuales.[12]

CUESTIONAR LA PRIMACÍA DE LOS PRECIOS COMPETITIVOS EN AUSENCIA DE FALLOS DEL MERCADO

Aun si se concede que existen mercados eficientes, leyes y regulaciones que reflejan consideraciones morales y económicas, y que el mercado es perfectamente competitivo, la legitimidad moral de los ingresos obtenidos puede cuestionarse por dos motivos. El primero ya lo hemos tratado: los ingresos dependen de activos; la cantidad de riqueza que se posee, incluida la heredada, y cuánto capital humano se tiene, que suele depender de cómo el Estado asigna los recursos educativos. Y hemos planteado cuestiones sobre la legitimidad moral de la distribución de esos activos.

El segundo es que, en un mercado competitivo, los salarios y los precios relativos reflejan las preferencias de las personas con ingresos y riqueza. En los mercados competitivos, los precios y los salarios están determinados por la ley de la oferta y la demanda. Sin embargo, esta afirmación abstracta ignora una observación clave: lo que se demanda en una economía de mercado depende de quienes tienen ingresos y riqueza. En un mundo sin desigualdad, quizá la demanda de bolsos Gucci o perfumes caros sería escasa. El dinero se gastaría en cosas más importantes. Pero ese no es el mundo en el que vivimos. Vivimos en uno caracterizado por una gran desigualdad, en el que una gran proporción de los ingresos y la riqueza totales va a parar al 1 por ciento más rico. Sus deseos influyen en la demanda. Y, en consecuencia, lo que desean determina los precios, qué es escaso y qué no.

Un sencillo experimento mental puede resultar útil. Supongamos que esta noche redistribuimos los ingresos y la riqueza del país para que todo el mundo tenga la misma cantidad. Eso tendría enormes consecuencias, también en los salarios y los precios. Bajarían los salarios de los chóferes y subirían los de los cuidadores de niños. Bajarían los precios de las propiedades en primera línea de playa en los Hamptons y la Riviera y subirían los de los terrenos en otros lugares.

Bernard Arnault y su familia, propietarios del conglomerado LVMH de bienes de lujo (que posee muchas marcas, entre ellas Christian Dior y Moët Hennessy) y una de las familias más ricas del mundo, tal vez no fueran tan ricos si no existiera tanta desigualdad. Sin duda, han prosperado gracias a ella. Pero si la distribución de los dólares es el resultado de la explotación, ahora o en el pasado —como en este caso—, entonces los precios y los salarios que se generan en un mercado competitivo carecen de legitimidad moral, aunque las normas actuales se establecieran de una manera moralmente legítima.

Esto debería dejar claro que, incluso en los mercados perfectamente competitivos, la magnitud de las recompensas puede no estar justificada moralmente, si bien el argumento moral o económico de que las personas que trabajan o ahorran más deberían ser recompensadas por su duro trabajo y su voluntad de ahorro es sólido.

El argumento es aún más convincente cuando entendemos las múltiples distorsiones de la economía. Ninguna economía de mercado se aproxima al ideal competitivo de competencia perfecta, información perfecta y mercados de capitales y de riesgo perfectos. Cada «fallo» puede tener efectos significativos en los precios y, por lo tanto, en el conjunto de oportunidades de distintas personas. Y las desviaciones de la perfección requerida por el ideal competitivo, aunque sean pequeñas, tienen grandes consecuencias. Esta es una de las repercusiones importantes que ha tenido la revolución de la información en la economía durante los últimos cuarenta años.

LIBERTAD, REIVINDICACIONES MORALES Y REDISTRIBUCIÓN

Esto nos lleva de nuevo a la principal cuestión de este capítulo. En una economía con grandes disparidades de ingresos y de riqueza, ¿debería el Gobierno poner impuestos progresivos para financiar bienes públicos como la inversión en investigación básica e infraestructuras? He sostenido que, tras el velo de la ignorancia, probablemente habría consenso en que debería hacerlo. Pero los libertarios replican que los ingresos de cualquier persona tienen cierta legitimidad moral, porque son el fruto merecido del trabajo duro, la inteligencia y el ahorro. Este capítulo desmonta ese argumento.

La afirmación de los libertarios es aún más inconsistente si pensamos en cuáles habrían sido sus ingresos si hubieran nacido en un país pobre, sin el Estado de derecho, las instituciones, las infraestructuras y el capital humano que hacen que las economías de los países avanzados funcionen muy bien. No basta con tener activos como el talento empresarial. Si naces en el contexto equivocado, esos activos no significan nada; producen los rendimientos que generan gracias al entorno socioeconómico en el que vivimos.[13] Y en ese caso, debemos los ingresos y la riqueza derivada de ellos tanto al entorno como a nuestras habilidades y nuestro esfuerzo.

Por lo tanto, está plenamente justificado gravar con impuestos elevados los ingresos altos, incluso en una economía perfectamente competitiva en la que la manera de obtener la riqueza tiene plena legitimidad moral.

Asimismo, la denuncia moral contra los impuestos progresivos es endeble si los ingresos altos son fruto de la suerte o una herencia; y más aún si los ha posibilitado la explotación o si las reglas que generan o permiten esos ingresos son el resultado del acceso al poder político.[14] En una economía competitiva, no se presume que las leyes y las regulaciones se hayan establecido de una manera equitativa. Más bien al contrario, ya que el poder político está vinculado al poder económico y este último a las reglas económicas que se establecen en los procesos políticos.

Los trade-offs *entre libertades*

En una sociedad con una cantidad fija de recursos, aflojar la restricción presupuestaria de una persona —aumentar su libertad de gasto— limita por fuerza la de los demás. Esto es lo que hacen los impuestos redistributivos. Los libertarios se centran en las restricciones que los impuestos imponen a los ricos, en lugar de en la relajación de las restricciones para la gente pobre, que tendrá más para gastar gracias a las transferencias de ingresos o que podrá desarrollar mejor su potencial gracias a las prestaciones educativas o sanitarias que reciba.

El mundo, por supuesto, es más complicado; no funciona como una «suma cero». La manera en que se aplican los impuestos puede reducir el trabajo o el ahorro y, por lo tanto, la renta nacional, porque disminuye el rendimiento del trabajo o el ahorro.[15] La magnitud de los efectos en cada caso es objeto de debate; esta influye claramente en la evaluación de los *trade-offs*.[16]

Evaluar los trade-offs *económicos*

Valorar la magnitud y la naturaleza de los *trade-offs* es difícil, y es el tema de investigación de muchos economistas. En mi opinión, los conservadores suelen exagerar las consecuencias negativas de los impuestos progresivos.

La riqueza de quienes son muy ricos es, en parte, fruto de la suerte. En la medida en que sea así, la redistribución y la financiación de una mejor protección social pueden aumentar la producción económica. La aleatoriedad de los resultados desincentiva el trabajo y la inversión. Un buen sistema de protección social puede animar a la gente a emprender actividades con un riesgo alto y un elevado rendimiento. Hace tiempo que el impuesto sobre los beneficios corporativos con compensación de pérdidas[17] se considera una forma de compartir el riesgo, en la que el Gobierno actúa como socio silencioso, y hace tiempo que se ha demostrado que aumenta la asunción de riesgos y la inversión.[18]

Los beneficios elevados son en parte fruto del talento, si bien muchas veces del talento para explotar a otros y crear poder de mercado. En la medida en que ese esfuerzo se dirige a la búsqueda de rentas, debe desalentarse, porque disminuye el PIB y aumenta la desigualdad. Los impuestos a los beneficios monopolísticos reducen los incentivos para crear poder de mercado y, junto con las reglas que frenan la explotación, reorientan el esfuerzo hacia actividades más constructivas.

Sin embargo, incluso cuando los esfuerzos de los *más* ricos se centran en iniciativas empresariales socialmente deseables, es difícil creer que unos impuestos más altos, sobre todo aplicados a unos beneficios corporativos exorbitantes, vayan a tener un efecto importante. ¿De verdad es creíble que Jeff Bezos, Bill Gates y Elon Musk no habrían logrado lo que han conseguido si solo pudieran llevarse a casa treinta mil millones de dólares en lugar de las enormes cantidades que se quedan? Puede que a estos empresarios les haya motivado el dinero, pero también otras muchas cosas.[19]

Más allá de la suma cero

No vivimos en un mundo de suma cero. Las reglas del juego afectan al tamaño del pastel de varias maneras. En la actualidad, existe un amplio consenso sobre la conveniencia de que haya cierta redistribución, por lo menos cuando la desigualdad da lugar a una externalidad que afecta negativamente a los resultados económicos o tiene consecuencias sociales y políticas. El título del libro que publiqué en 2012, *El precio de la desigualdad*, lo escogí para subrayar que el precio que pagamos por la desigualdad es alto, incluso en términos de PIB, una medida de crecimiento económico que se define con precisión. Los países con más desigualdad obtienen peores resultados. Desde entonces, se han realizado numerosos estudios que lo corroboran.[20]

La desigualdad se traduce en muchas consecuencias económicas, sociales y políticas negativas. Por ejemplo, quienes no proceden de familias ricas tal vez no puedan desarrollar su potencial al no tener acceso a una buena educación o una sanidad decente. Además, algunas, o quizá muchas, de las desigualdades presentes son el resultado de una explotación actual o pasada, lo cual exacerba las desigualdades sociales y empeora los resultados económicos.

Para agravar la situación, los hijos de los ricos crecen sintiéndose con derecho a tener privilegios, piensan que el mundo se lo debe y que tienen derecho a saltarse cualquier regla creada por la sociedad.[21] Un ejemplo perfecto es el de Donald Trump. Estaba orgulloso de no haber pagado impuestos. La bibliografía reciente sobre economía conductual confirma lo que muchos sospechaban desde hace tiempo,[22] que aunque Trump puede ser peor que la mayoría a la hora de jactarse de incumplir las normas, refleja un fenómeno social más amplio. En el otro extremo económico, las personas con ingresos bajos o nulos se sienten desesperadas, convencidas de que el sistema está amañado. Eso frustra sus aspiraciones y su esfuerzo. Tanto la sensación de tener derecho a privilegios como la desesperación empeoran los resultados económicos globales.

Reclamaciones morales y redistribución

Al evaluar los *trade-offs*, acabamos enfrentándonos inevitablemente a la cuestión de los valores sociales; si, por ejemplo, mejorar la capacidad de una persona pobre para desarrollar su potencial y ampliar su libertad de acción es más o menos valioso que la restricción asociada a la libertad de una persona rica para comprar otro reloj Rolex, un yate más grande o una mansión mayor. Sé cómo evaluaría esos *trade-offs*, y creo que también cómo lo haría la mayoría de las personas, si juzgáramos eso tras el velo de la ignorancia. La redistribución, la financiación de inversiones públicas con un alto rendimiento mediante impuestos progresivos,[23] y hacer que las reglas del juego económico favorezcan a los trabajadores corrientes mediante la predistribución —es decir, cambiar la distribución de los ingresos en el mercado para que sea más equitativa— son políticas deseables. Estas surgirían de manera natural como parte de un contrato social escrito tras el velo de la ignorancia.

OBSERVACIONES FINALES

Los Padres Fundadores de Estados Unidos no adoptaron la postura extrema de los libertarios actuales, según la cual cualquier impuesto supone una violación de la libertad. Su grito de guerra era «los impuestos sin representación son una tiranía». Es decir, la libertad se vulnera si no se tiene voz en el proceso político que decide sobre los impuestos. Irónicamente, parece que ni ellos entonces ni ahora sus seguidores consideran una tiranía el cobro de impuestos a muchos estadounidenses marginados.[24]

Una vez que sabemos que no existe ninguna razón *inherente* para *no* gravar con impuestos a los ricos con el fin de beneficiar al conjunto de la sociedad o ayudar a los más desfavorecidos, volvemos al mundo de los *trade-offs*. En este capítulo y los anteriores he demostrado que, hasta en las economías perfectamente competitivas sin externalidades, es necesario considerar la capacidad de ser libre y las libertades a través del prisma de los *trade-offs*. La reducción de la libertad de una persona (debido a los impuestos) se contrapone a la ampliación de la libertad de otra (debido al aumento de las prestaciones públicas gracias a esos impuestos). Aunque he expresado mi escepticismo sobre cualquier reivindicación moral relacionada con los ingresos que recibe una persona en esta clase de economía, las razones para que exista una fiscalidad redistributiva son aún más convincentes cuando una parte sustancial de los ingresos y la riqueza de los ciudadanos más ricos es fruto de la explotación. Abordaré este tema en el próximo capítulo.

7
LA LIBERTAD DE EXPLOTACIÓN

Rose y Milton Friedman titularon su canto al libre mercado *Libre para elegir*. En él, ambos celebraban que una persona rica pudiera elegir lo que quería consumir, y abogaban por reformar ciertas políticas, como los bonos para estudiantes, que ampliarían la libertad de elección en la educación. Sostenían que esta libertad de elección era un factor esencial para la eficiencia en la economía de mercado y una condición necesaria para una sociedad libre.

El capitalismo del siglo XXI es muy diferente del tipo de economía que glorificaban los Friedman. Se caracteriza por un alto grado de poder de mercado, con empresas que se aprovechan de la falta de información de los demás y otras vulnerabilidades. Ninguna economía moderna real se aproxima mínimamente a la economía de mercado idealizada, pura y competitiva. Algunas investigaciones recientes han demostrado la extraordinaria concentración de poder de mercado que existe en Estados Unidos en muchos sectores.[1] Y va en aumento, como se observa en la proporción cada vez mayor de los ingresos que se destina a beneficios, el estancamiento de los salarios reales (los salarios ajustados por inflación) y los ingresos del estadounidense corriente, y en el incremento de los márgenes de beneficio (la relación entre el precio y el coste). La situación ya era mala antes de la pandemia de la COVID-19, pero empeoró mucho durante esta y el periodo posterior, y algunos sectores y empresas que tienen más poder de mercado han experimentado un aumento mayor de sus márgenes de beneficio.[2] Esto significa que los beneficios corporativos crecieron significativamente cuando las empresas explotaron el aumento del poder de mercado resultante de las interrupciones en la cadena de suministro provocadas por la pandemia.

Este tipo de explotación consume la eficiencia económica y la salud de la economía. Los beneficios corporativos superaron con mucho el nivel necesario para un rendimiento normal (ajustado al riesgo) del capital. Cuando una parte explota a otra, sus ingresos pueden crecer y su libertad ampliarse, pero esta última pierde y su libertad para elegir se contrae.

La explotación nos repugna de manera instintiva, por lo que la mayoría de las democracias aprueban políticas para contener la libertad de explotación. La ilegalizan o la castigan con multas o cárcel. Definir con precisión qué es explotación puede resultar difícil. Puede que no ocurra que «la reconoces cuando la ves». Este capítulo no se ocupa de precisar las políticas destinadas a frenar la explotación, sino que continúa con el debate sobre la libertad, para entender por qué es correcto y apropiado que el Gobierno impida esas actividades y redistribuya ingresos procedentes de los explotadores al resto de la sociedad.

En menor o mayor medida, los ingresos de muchos de quienes se encuentran en lo más alto de la escala económica proceden de una u otra forma de explotación. Un ejemplo son las universidades con ánimo de lucro. Donald Trump, a través de la Universidad Trump, se aprovechó de las aspiraciones de otras personas para progresar. Aunque esa operación fue más descarada que la mayoría, encaja en un patrón más amplio.[3] Una gran parte de las universidades con ánimo de lucro se aprovechan de quienes están menos informados, porque saben que quizá no sean capaces de discernir qué constituye una buena educación. Peor aún, estas universidades se han resistido a los intentos del Gobierno de divulgar su mediocre historial de graduaciones e inserción laboral.

La crisis financiera de 2008 reveló que muchos banqueros no solo se habían enriquecido asumiendo riesgos excesivos —y dejando que el Gobierno los rescatara—, sino mediante engaños, fraudes[4] y prácticas abusivas en la concesión de préstamos. Muchos líderes empresariales también han obtenido gran parte de su riqueza gracias a la explotación del poder de mercado. Microsoft, de Bill Gates, fue hallada culpable de prácticas anticompetitivas en tres continentes. Se han planteado acusaciones de comportamiento anticompetitivo (a mi juicio, con razón) contra Google, Facebook (Meta) y Amazon. Las prácticas de explotación laboral de Walmart están bien documentadas.[5] Detrás de estas fachadas corporativas se encuentran algunas de las mayores fortunas del mundo.

Conocemos estas historias actuales, pero la manera en que se amasaron buena parte de las fortunas del pasado es aún peor. En muchos casos, la riqueza se generó gracias al comercio de esclavos y de los bienes que estos producían, el algodón y el azúcar. Los hermanos Lehman se encuentran en esa larga lista. Las empresas vinculadas a John D. Rockefeller, la persona más rica de su generación, y de James Buchanan Duke, otro de los plutócratas de principios del siglo xx, fueron declaradas culpables de comportamiento anticompetitivo. Muchos hombres que crearon su fortuna en el siglo xix y principios del xx lo hicieron gracias al comercio de opio con China; un momento nefasto en la historia occidental, cuando las potencias europeas, con el apoyo de Estados Unidos, entraron en guerra con China para garantizar que esta siguiera abierta al opio. El derecho al libre comercio —incluso de un narcótico peligroso como el opio— se consideró más importante que el derecho a proteger a la población de la adicción.[6] Puede que el lenguaje de la guerra hablara de «derechos» definidos de una manera abstracta, pero la realidad era mucho menos noble. Se trataba de la capacidad de los occidentales para ganar dinero a costa de los chinos.[7] Dinero y poder, simple y llanamente.

El hecho de que los ingresos de tantas personas ricas sean el resultado, al menos en parte, de la explotación refuerza la conclusión anterior de que no deberíamos dar primacía a la distribución de los ingresos generados por la economía de mercado. *No* se trata de un «merecido premio». Esos ingresos no pueden justificarse moralmente, pero sí hay razones morales *para* redistribuirlos, para confiscar los ingresos derivados de la explotación. Podemos invocar incluso la principal preocupación de los economistas acerca de la eficiencia y los incentivos: la fiscalidad redistributiva, sobre todo cuando aborda directamente la explotación y las ganancias obtenidas de manera indebida gracias a ella, reduce los incentivos para explotar.

La explotación puede adoptar muchas formas. En este capítulo consideraremos dos: la explotación mediante el poder de mercado y la que se aprovecha de la vulnerabilidad y la falta de conocimientos de la gente. En un capítulo posterior veremos los abusos de la gobernanza corporativa.

EL PODER DE MERCADO

Las economías del siglo XXI están dominadas por grandes corporaciones que cuentan con un importante poder de mercado; entre otras cosas, el poder de subir los precios, tratar mal a los clientes y exigir que cualquier conflicto se resuelva mediante un arbitraje que está controlado por la empresa, en lugar de un tribunal público. Las corporaciones también tienen un enorme poder sobre sus trabajadores (lo que se conoce como *poder de monopsonio*), lo que les permite bajar los salarios. Los sindicatos se han debilitado y la legislación laboral ha limitado aún más la posición negociadora de los trabajadores. La globalización ha hecho que las empresas amenacen con trasladar sus plantas al extranjero, a menos que los trabajadores acepten salarios bajos y malas condiciones de trabajo. El resultado es evidente: los ingresos por hora de los trabajadores de la industria del automóvil disminuyeron un 17,1 por ciento entre enero de 1990 y diciembre de 2018, un periodo en el que los precios se duplicaron, lo cual implica que el valor de los salarios reales se redujo dos tercios.[8] Los trabajos bien pagados se han convertido en trabajos mal pagados.

En la medida en que los salarios están por debajo de lo que estarían en un mundo competitivo, o el precio de los alimentos es mayor de lo que sería en ese contexto (debido al ejercicio del poder de mercado), en cierto sentido a los empleados se les coacciona para que trabajen más. ¿Hay mucha diferencia entre la situación actual y lo que ocurrió en Sudáfrica, donde la gente era obligada a trabajar en las minas porque se le prohibía trabajar la tierra?[9]

En muchos casos, una forma de explotación se suma a otra. En Sudáfrica, los salarios de los mineros tal vez se redujeron aún más —una coerción todavía mayor— a causa del poder de monopsonio de las minas; o peor aún, puede que las empresas mineras se confabularan. Y el marco legal empeoró todavía más la situación. Antes de 1982, los mineros sudafricanos negros no podían sindicarse, lo que debilitaba su poder de negociación.[10]

Muchos libertarios podrían estar de acuerdo con las intervenciones gubernamentales dirigidas a limitar las desviaciones del equilibrio competitivo. Por ejemplo, el «derecho» de un monopolista a ejercer ese poder y subir el precio hasta donde quiera afecta sin duda a las restricciones presupuestarias de la gente; reduce la libertad para gastar. Si alguien quiere comprar cierta cantidad de ese bien, se ve obligada a consumir menos de otros bienes. Esto es más elocuente si el monopolista tiene el control absoluto sobre un medicamento que una persona necesita para vivir; entonces cuenta con un verdadero poder coercitivo. Podría obligarle a renunciar a todo para sobrevivir. ¿En qué se diferencia esto de ser atracado a punta de pistola?

El inflamiento de precios: abusos extremos del poder de mercado

En general existe cierto consenso, aunque algunos economistas discrepen, en que hay que desincentivar o prohibir el inflamiento de precios, sobre todo cuando se trata de productos básicos como medicamentos vitales, calefacción o combustibles. Una manera de desincentivarlo es obligar a los especuladores a renunciar a sus beneficios y compartirlos con el resto de la sociedad.

En diferentes épocas, y en distintos contextos, las sociedades han mantenido opiniones diversas sobre el cobro de precios bastante superiores a los costes.

Antes he señalado una diferencia fundamental al respecto entre Estados Unidos y Europa. En Estados Unidos, si una empresa adquiere su poder de monopolio de manera legítima, puede hacer lo que quiera con él: extorsionar todo lo posible a los pacientes de cáncer que necesitan un medicamento o a su aseguradora. En Europa, esto no está permitido. Cabría preguntarse, ¿por qué los países tienen regímenes jurídicos diferentes que regulan los precios máximos que puede cobrar una empresa? ¿No hay una respuesta que sea eficiente? La teoría económica da una respuesta. Los monopolios son distorsionadores, tanto si el poder de monopolio se ha adquirido legítimamente como si no. La empresa cobra un precio superior a los costes (marginales) —los costes en los que incurriría para producir una unidad adicional—, lo que da lugar a una producción y un consumo que se mantienen por debajo del nivel eficiente. (En el nivel eficiente, el precio, que refleja el valor del bien para el consumidor, es igual al coste marginal; también es el nivel que se alcanzaría en un equilibrio competitivo). La postura de

Estados Unidos, según la cual no debe limitarse el ejercicio del poder de monopolio legítimamente adquirido, implica que en estas situaciones los precios serán demasiado altos y las cantidades consumidas demasiado bajas. Un precio elevado provoca una transferencia de ingresos de la gente común al monopolista, lo que crea más desigualdad.

La respuesta a la pregunta de por qué Estados Unidos y Europa tienen marcos legales diferentes *no* es que las leyes de la economía funcionen de manera diferente al otro lado del océano, o que existan circunstancias diversas que hagan que los *trade-offs* sean diferentes o se evalúen de otra manera. Tanto en Europa como en Estados Unidos, el ejercicio desenfrenado del poder de monopolio es malo desde cualquier perspectiva económica razonable.[11] Las diferencias políticas explican que las reglas sean distintas. En este caso, el poder de las empresas farmacéuticas es muy relevante y, evidentemente, es mucho mayor en Estados Unidos que en Europa.

Un contexto en el que los precios inflados son especialmente censurables es cuando hay una guerra. La sensibilidad general sobre estas cuestiones se refleja en la legislación que declara ilegal la especulación con los precios en tiempos de guerra y, si se descubre, permite que los pagos establecidos en contratos se corrijan a la baja. Por una buena razón: la especulación socava la clase de solidaridad nacional necesaria para ganar la guerra. Mientras los jóvenes renuncian, al menos temporalmente, a su carrera e incluso a su vida, otros se dedican a especular.

Durante los primeros días de la guerra entre Rusia y Ucrania, mientras los ucranianos entregaban su vida para resistir ante la agresión rusa, las multinacionales del petróleo y el gas, además de muchos *traders* de energía, se comportaron como ladrones; obtuvieron unos beneficios adicionales de decenas de miles de millones de dólares sin hacer nada. Lo increíble es que, en lugar de tomar ese dinero e invertirlo para ampliar rápidamente la producción y aliviar el sufrimiento de tantas personas, distribuyeron los beneficios entre sus ricos accionistas, bien mediante dividendos o recompra de acciones. Aunque no hay pruebas de colusión explícita, parece que hubo colusión tácita. Al parecer, todas las empresas se dieron cuenta de que, si aumentaban enseguida la producción, los precios bajarían, de modo que se ignoró la señal de precio (en las economías de mercado, se supone que si los precios suben eso indica a las empresas que deben producir más), que decía bien claro que aumentaran la producción; incluso la producción de gas obtenido mediante fracturación hidráulica, que podría no haber tardado en llegar al mercado, no aumentó como cabía esperar.[12]

Muchos economistas son contrarios a los intentos de alterar el sistema de precios. Los precios altos garantizan que el petróleo llegue a los compradores que más lo valoran (o más bien, que más dinero tienen para pagarlo) y provocan reacciones deseables en la oferta y la demanda. Pero lo que ocurrió con la guerra de Ucrania contradice en buena medida esta teoría. Hubo algunas reacciones en la oferta y la demanda, aunque fueron limitadas. Por ejemplo, la gente que no podía pagar las elevadas facturas de calefacción se vio obligada a bajar el termostato. ¿Por qué las respuestas fueron limitadas? Se esperaba que la guerra durara poco y, por lo tanto, no tenía sentido hacer las inversiones necesarias. En la parte de la demanda, un aumento a corto plazo del precio de la energía no influye demasiado en la decisión de un hogar de renovar el aislamiento o comprar una caldera más eficiente. Por el lado de la oferta, tampoco hay muchos incentivos para reaccionar si se piensa que la subida de precios es temporal; además, las empresas petroleras y de gas estaban disfrutando de sus beneficios.[13]

Deberían haberse adoptado medidas públicas más enérgicas para aumentar la producción de energía y repartir de manera más equitativa la carga de la guerra y los ajustes posteriores a la pandemia.[14] Un impuesto a los beneficios imprevistos —un impuesto al exceso de beneficios derivados del aumento de precios provocado por la guerra— habría supuesto redistribuir de las empresas que se beneficiaban de la guerra a las que se sacrificaban por ella. Esto es válido incluso si las empresas no estaban inflando los precios y se limitaban a reaccionar a las fuerzas competitivas del mercado. Dado que los costes laborales y los del capital son deducibles a la hora de calcular los beneficios imponibles, un impuesto sobre los beneficios imprevistos que esté bien diseñado no resulta distorsionador, porque ni promueve ni desalienta la inversión o el empleo; se limita a redistribuir el dinero de los especuladores de la guerra a todos los demás.[15] Curiosamente, la derecha se opuso a un impuesto sobre los beneficios imprevistos. Respaldó los altos precios que cobraban las empresas de petróleo y de gas que querían disfrutar las ganancias derivadas de la perfidia de Putin. En Estados Unidos se impuso su postura, pero no ocurrió igual en muchos países europeos.

Explicar la existencia y la persistencia del poder de mercado

La persistencia, e incluso el aumento, del poder de mercado tiene múltiples razones. En primer lugar, hemos pasado a una economía en la que el ganador se lo lleva todo y el mercado gravita en torno a una o dos empresas dominantes: Google domina los motores de búsqueda, Facebook (Meta) y TikTok las redes sociales y Microsoft los sistemas operativos de los ordenadores personales.[16] Con el auge de la economía digital, en la que el coste marginal de producción (el coste adicional de producir una unidad extra) es bajo, los gastos «generales» (fijos) han asumido un papel cada vez más importante. Los gastos generales incluyen, por ejemplo, los costes en I+D para diseñar el producto, construir la fábrica o escribir el código informático de una plataforma. Cuando los costes generales dominan los costes de una empresa, los mercados suelen caracterizarse por un número limitado de empresas.[17] Además, a medida que hemos ido cambiando hacia una economía de servicios, los mercados locales, en los que dominan una o unas pocas empresas, se han vuelto más importantes.

Hay otras razones que explican el aumento del poder de mercado. Las plataformas digitales recopilan y procesan información que les da una ventaja competitiva sobre otras empresas, y las plataformas más grandes son capaces de reunir más información que las pequeñas. Se pueden generar beneficios sin que la empresa sea más productiva o venda productos más relevantes, sino porque sabe explotar mejor a los consumidores mediante sofisticadas formas de discriminación de precios. Por ejemplo, las plataformas averiguan qué consumidores pagarán más y les cobran un precio más alto por el mismo producto. Esto socava los principios que subyacen en la eficiencia de la economía de mercado, en la que todos los individuos y las empresas se enfrentan a los mismos precios.

Además, las empresas han ideado formas inteligentes de ejercer su poder de mercado, por ejemplo, mediante contratos astutamente diseñados para excluir a los competidores o, al menos, dificultar su entrada en un mercado concreto. Así es, en parte, como Microsoft se volvió dominante. Esto también ocurre en el resto de la economía, aunque en general no nos demos cuenta. Una de las razones por las que los precios de los billetes de avión son tan altos es porque un puñado de empresas de reservas aéreas ejercen su poder de mercado. Logran consolidarse gracias a contratos e intimidaciones y acosan a los nuevos competidores en el negocio de las reservas aéreas y a las aerolíneas que podrían poner a prueba sus servicios.[18]

Hubo un momento en que los economistas conservadores y partidarios del libre mercado esperaban que, aunque los costes fijos fueran elevados, de modo que los mercados estuvieran dominados por una o unas pocas empresas, la competencia *potencial* —la amenaza de entrada de nuevos competidores— disciplinaría el mercado y reduciría los precios, por lo que los beneficios serían nulos. Aunque existiera un monopolio natural, con una única empresa que satisfacía a todos de manera muy eficiente, los defensores de los mercados desatados afirmaban que la competencia *por* el mercado, la competencia por ser esa empresa única, sustituiría a la competencia *en* el mercado, y el equilibrio resultante sería eficiente. Desde esta perspectiva, cualquier monopolio que cobre precios excesivos sería temporal; simplemente no podría continuar.[19] Esta simplista teoría económica decía que unos beneficios tan elevados atraerían a nuevos competidores que, a su vez, harían bajar los precios y los beneficios.

La economía moderna ha demostrado que estas creencias están equivocadas. Sobre todo cuando hay costes hundidos (por ejemplo, gastos en marketing e investigación, que no pueden recuperarse si se entra y luego se sale del mercado), es posible mantener un nivel de beneficios elevado, y a menudo ocurre así.

La razón por la que los nuevos competidores potenciales no puede sustituir a la competencia que ya existe es sencilla. Los competidores potenciales saben que su rentabilidad no dependerá del precio *actual*, sino del precio *después* de su entrada, porque su mera presencia en el mercado hará que bajen los precios. Son conscientes de que los precios pueden bajar tanto que incurrirían en pérdidas, así que ni siquiera entran. Además, las empresas consolidadas han aprendido a *disuadir* la entrada, convenciendo a los competidores potenciales de que, si lo hacen, los precios bajarán aún más; les persuaden, por ejemplo, de que si entran se producirá una guerra de precios.[20] E incluso si fuera cierto que *al final* hay competencia, el perjuicio para los consumidores debido a los altos precios y, al menos en algunos casos, a otras formas de explotación, puede ser enorme.

Además, y quizá más importante, la determinación del Gobierno para garantizar un mercado competitivo ha sido menor que la del sector privado para crear y mantener el poder de mercado. Lo cual no es ni un accidente ni una sorpresa. Hemos hablado de que los mercados no existen en el vacío, que deben estructurarse mediante reglas y regulaciones. Una parte importante de esas regulaciones se refiere a la competencia. Pero muchas personas y empresas con poder —incluido el poder de mercado— no consideran conveniente su regulación; hacen todo lo posible por limitar la adopción y aplicación de la clase de leyes de competencia que resultan efectivas y que la sociedad necesita para una economía del siglo XXI. Google, Facebook (Meta) y Amazon presionan contra las leyes que aumentarían la competencia en el mercado digital. Como suele ocurrir, Europa ha ido más lejos que Estados Unidos para garantizar la competencia en este ámbito con la Ley de Mercados Digitales que entró en vigor en 2022. En Estados Unidos, la interpretación que ha hecho el Tribunal Supremo —de tendencia conservadora y favorable a las empresas— de las leyes existentes ha dificultado que la economía siguiera siendo competitiva. Por lo general, los tribunales han hecho lo posible por ampliar la libertad de las grandes corporaciones para explotar a los consumidores ordinarios, restringiendo así la libertad efectiva (tal como la he definido) del resto de la sociedad, y hasta ahora el Congreso no ha sido capaz de limitar este poder de mercado.

Hay otra razón por la que el poder corporativo actual es tan desproporcionado: el debilitamiento de los poderes compensatorios, en concreto el de los trabajadores. En *El capitalismo americano*,[21] publicado en 1952, John Kenneth Galbraith describió un sistema de *poderes compensatorios*, algo que podía verse como un sistema de controles y equilibrios dentro del sistema económico. Galbraith entendió que la economía estadounidense no se caracterizaba por una competencia perfecta, a diferencia de Friedman y otros economistas clásicos y neoclásicos, que pensaban que sí. Lo que mantenía una apariencia de equilibrio en la economía, escribió Galbraith, eran los poderes compensatorios. Tal vez la fuerza más importante que contrarresta a las empresas son los sindicatos, que no solo representan a los trabajadores en la mesa de negociación, sino en el proceso político, apoyando a los candidatos y las leyes que se enfrentan a los intereses corporativos. Pero, una vez más, los cambios legislativos, las sentencias judiciales y los cambios en la estructura de la economía han provocado el destripamiento de los sindicatos, y eso ha debilitado su capacidad de servir como poder compensatorio. En 2022, menos del 6 por ciento de los trabajadores del sector privado estaban sindicados, a diferencia de casi el 25 por ciento en 1973 y del máximo de la década de 1950, que superó el 35 por ciento, momento en el que Galbraith escribió *El capitalismo americano*.

Este es otro ejemplo de poder que engendra poder, más parecido a la ley de la selva que a la relación armoniosa que imaginaba la economía clásica. El poder de las corporaciones ha aumentado a medida que disminuía el de los trabajadores.

Múltiples maneras de explotar el poder

Tal vez donde este punto queda más claro es en el proceso de resolución de conflictos entre empresas y personas, ya sean estas consumidores o empleados. Un sistema justo, el que se adoptaría detrás del velo de la ignorancia, comportaría que jueces imparciales y sin sesgos fallaran tras un proceso justo, abierto y transparente. Las empresas, sin embargo, insisten cada vez más en que sus empleados y clientes firmen cláusulas arbitrales, que desplazan hábilmente la resolución de conflictos de los tribunales públicos y la ponen en manos de árbitros privados, que son abogados bien pagados comprometidos con las empresas que los contratan. A la gente corriente nada le preocupa más que la justicia, y se recurre al Gobierno para que nos ayude a conseguirla. Pero las empresas privadas han utilizado su poder para que el Gobierno se quede al margen, lo cual deja a cualquiera que tenga una queja a merced de un sistema que está en su contra.

Las corporaciones defienden esta práctica como un ejercicio de libertad; forma parte de la libertad de contratación. Rechazan cualquier intento de limitar el arbitraje obligatorio como si se tratara de una vulneración de su libertad. Pero saben muy bien que obligar a la gente a firmar estos contratos supone un ejercicio de poder y forma parte integrante de su poder y su libertad de explotación. Un trabajador que se encuentre en un proceso de contratación no va a hacer que un abogado negocie las condiciones de su contrato con la empresa; de hecho, sabe que si llevara un abogado, la empresa se olería problemas y no le daría el empleo. En la mayoría de las comunidades, hay una compañía telefónica, como mucho dos, y ambas insisten en imponer cláusulas de arbitraje. Si se quiere un servicio telefónico, no hay más opción que aceptar la cláusula arbitral.

El Tribunal Supremo de Estados Unidos ha empeorado la situación. Cuando un empresario explota a un trabajador, incluso con algo tan escandaloso como robarle el salario (no pagarle los salarios que le debe), el trabajador está en desventaja porque los costes de ir a juicio o acudir al arbitraje son elevados. Librar una batalla contra un gigante corporativo, que cuenta con una amplio equipo jurídico, es un enfrentamiento de David contra Goliat, si bien casi siempre gana Goliat. Si, con todo, los que han sido engañados y explotados pudieran unirse, la batalla estaría más igualada. En la mayoría de los ámbitos, nuestro sistema jurídico permite hacerlo (con condiciones bastante restrictivas) mediante una demanda colectiva. Pero el Tribunal Supremo ha dificultado, si no imposibilitado, esas demandas colectivas en el contexto del arbitraje.[22] Se ha puesto del lado de Goliat.[23]

Explotar las vulnerabilidades y las limitaciones de la información

Existen otros muchos ámbitos en los que las empresas pueden explotar, y de hecho explotan, a sus trabajadores o clientes. La información y la competencia imperfectas les permiten aprovecharse de sus clientes utilizando vulnerabilidades y asimetrías de información (cuando la empresa sabe algo que el trabajador desconoce y sabe que es así). Dar a las empresas esa libertad de explotación genera ingresos para el explotador a costa del explotado. Por eso, los argumentos que defienden la coerción, las regulaciones que limitan la capacidad de explotar de estas maneras, son si cabe más apremiantes.

Los economistas conservadores han dicho que no hay que preocuparse por el poder de mercado porque los mercados se corrigen solos. En este caso defienden algo parecido. Afirman que las empresas que explotan a sus trabajadores o clientes perderán a estos últimos o se verán obligadas a pagar salarios más altos. Los economistas que dicen que no debemos preocuparnos por esta explotación van más allá y proclaman solemnemente que un sistema económico basado en el *caveat emptor* —la diligencia del comprador— es más eficiente. Esto no es más que otro ejemplo de la sofistería que impregna estas visiones. (Es famoso el caso de Lloyd Blankfein, antiguo consejero delegado de Goldman Sachs, quien, al ser preguntado por la venta de valores que su empresa había diseñado para que fracasaran —de hecho, apostó por su fracaso sin revelar esa información a los inversores—, pensó que la empresa no había hecho nada malo: los compradores de esos valores eran adultos, sostuvo, y deberían haber sido conscientes de los riesgos).[24]

Antes he explicado por qué era deseable impedir que los contaminadores contaminen. Las empresas que venden productos malos están, de hecho, contaminando el mercado. Si las empresas apuestan por sus productos, la carga de información que recae sobre los consumidores es menor y los mercados funcionan mejor. Tiene sentido asignar al vendedor la carga de garantizar que el producto es lo que parece ser y tan bueno como él afirma.[25] Por esa razón la mayoría de los países tienen leyes sobre la «veracidad en la publicidad».

LIMITAR EL PODER MONOPOLÍSTICO AL TIEMPO QUE SE RECOMPENSA LA INNOVACIÓN

Una fuente importante de poder monopolístico son las patentes, que otorgan a un individuo o una corporación derechos exclusivos sobre el uso de un descubrimiento durante un periodo (que en todo el mundo es de veinte años). La Constitución otorgó al Gobierno de Estados Unidos el poder de conceder patentes y la razón, que ya era evidente en aquellos inicios de la ciencia, estaba clara: promover la innovación, que ha sido la mayor fuente de mejora de nuestro nivel de vida durante los últimos doscientos cincuenta años.

Los límites del conocimiento son más ambiguos que los de una propiedad, y la extensión de las patentes es objeto de un debate serio. ¿Debería una patente abarcar todos los vehículos de cuatro ruedas propulsados (como hacía la patente original de los automóviles) o solo un diseño específico, por ejemplo, el que tenga un motor de combustión interna? Otro debate se centra en qué puede patentarse. Los teoremas matemáticos que dieron lugar a los ordenadores, que son esenciales para la economía actual, no pudieron patentarse a pesar de que las ideas tenían un enorme valor.

Tanto en Estados Unidos como en Europa el poder de monopolio derivado de la propiedad intelectual está circunscrito. Pensemos, por ejemplo, en la patente de un medicamento necesario para salvar vidas. Y supongamos que la empresa que lo fabrica no puede producirlo en cantidad suficiente. En ese caso, el Gobierno puede conceder una licencia obligatoria, que otorga a otros el derecho a producir el medicamento (de modo que la empresa que utiliza la propiedad intelectual paga al titular de la patente un canon «justo», aunque se trate de un pago muy inferior a los beneficios de monopolio que la empresa habría obtenido de otro modo). Por supuesto, el aumento de la producción reducirá el precio y, por lo tanto, los beneficios del titular de la patente.

Este ejemplo ilustra otro tema que ya hemos tratado: la propiedad es una construcción social, diseñada, cabe esperar, para promover el bienestar de la sociedad. No es una cuestión inherente o de derecho natural, sino fruto de las leyes que creamos *nosotros*. Esto es muy evidente en el caso de la propiedad intelectual, porque en ella los límites (de lo que está y no está incluido en una patente) se cuestionan, y con razón, de manera constante. En la economía del siglo XXI, la definición de la propiedad intelectual influye mucho en la distribución de los ingresos y la riqueza, el bienestar de los ciudadanos y el ritmo y el modelo de la innovación. Los cambios tecnológicos y económicos exigen redefinir periódicamente las reglas que rigen la propiedad intelectual; algo que ha ocurrido con frecuencia en las últimas décadas.

En el capítulo 3 he abordado el cercamiento de los bienes comunales, que en teoría se hizo para aumentar la eficiencia económica e impedir la sobreexplotación. Pero como ha señalado James Boyle, académico y experto en propiedad intelectual de la Universidad de Duke, una parte significativa de la propiedad intelectual representa el cercamiento de los bienes comunales intelectuales. Un conocimiento que en ocasiones puede haber sido antes de dominio público.[26] Este movimiento de cercamiento moderno es peor que el antiguo porque reduce la eficiencia económica al impedir la transmisión, la utilización e incluso la producción de conocimiento. La aportación más importante a la producción de conocimiento es el propio conocimiento. Aislarlo con una patente afecta a la libertad de los demás para utilizarlo.

El conjunto de indicios que demuestra que la propiedad intelectual, tal como se constituye en la actualidad, genera un ritmo de innovación más lento y precios más altos es cada vez mayor. En 2013 se llevó a cabo un experimento natural cuando el Tribunal Supremo de Estados Unidos dictaminó por unanimidad que no podían patentarse los genes en su forma natural. Myriad Genetics, una empresa de Salt Lake City, era la titular de la patente de dos genes cruciales relacionados con el cáncer de mama, y había utilizado su poder de mercado para limitar que otros hicieran pruebas. Las pruebas que hacían no eran tan efectivas como las desarrolladas en otros sitios y el precio era exorbitantemente alto. El resultado lógico: había mujeres que morían innecesariamente. De nuevo, un *trade-off* entre la libertad de Myriad para excluir —para negar a otras empresas el derecho a ofrecer sus propias pruebas de genes a precios asequibles— y el derecho de las mujeres a vivir. Una vez eliminada la patente, el mercado produjo pruebas mejores y más baratas, y la innovación avanzó a buen ritmo.[27]

Durante la epidemia de sida, las consecuencias restrictivas de la propiedad intelectual fueron muy evidentes. Las farmacéuticas cobraron precios que multiplicaban varias veces el coste de las terapias vitales. Los precios eran tan altos que muchos pacientes no podían permitírselas. Hubo empresas y países capaces de producir y vender terapias farmacológicas a precios asequibles que estaban dispuestos a hacerlo. Pero los titulares de la patente dijeron, en la práctica, que sus beneficios eran más importantes que la vida de la gente. El resultado inevitable fue que miles de personas murieron innecesariamente.

En este ámbito, como en otros aspectos de los derechos de propiedad, no hay leyes naturales. Los individuos no tienen derechos intrínsecos sobre los ingresos generados por una patente concreta. Obviamente, sus ingresos habrían sido diferentes si el régimen de patentes fuera otro. (El régimen lo definen la duración y la amplitud de la patente, la severidad de las condiciones para la concesión de licencias obligatorias, las restricciones al cobro de precios abusivos, la dureza de los requisitos de divulgación, etc.). Como en el caso de otras leyes y regulaciones, es posible evaluar las consecuencias de regímenes alternativos detrás del velo de ignorancia: en cada uno de ellos se restringen las libertades de unos (los innovadores) y se amplían las libertades de otros (los que podrían usar la propiedad intelectual y beneficiarse de una mayor difusión del conocimiento). Por ejemplo, si la duración de la patente de un medicamento es mayor, eso generará más beneficios para la farmacéutica que lo fabrica, pero a costa de obligar a quienes necesitan el medicamento a pagar el precio de monopolio, que es más alto, durante más tiempo, y con la posibilidad de que mueran pacientes que no pueden permitírselo. Tras observar los actuales regímenes de propiedad intelectual, tanto en Estados Unidos como en el mundo, cabe preguntarse: ¿hasta qué punto se corresponden con lo que probablemente surgiría tras el velo de la ignorancia? ¿Y hasta qué punto son el mero resultado de la política del poder?

Por lo general, es evidente que se impone la política del poder. En ningún contexto quedó tan claro como durante la pandemia de la COVID-19. Al principio, India y Sudáfrica solicitaron una exención de la propiedad intelectual, que hubiera permitido que los demás utilizaran la propiedad intelectual relevante relacionada con la COVID-19, pero la OMC (que supervisa las normas de propiedad intelectual) se negó a concederla en un momento en que la enfermedad asolaba el mundo. El resultado fue una segregación de las vacunas: los países ricos tuvieron acceso a ellas y los países pobres quedaron excluidos. En estos últimos, muchos miles de personas contrajeron la enfermedad, fueron hospitalizadas y murieron innecesariamente. Casi sin duda, la COVID-19 siguió propagándose durante más tiempo y mutó más debido a la negativa de la OMC a conceder la exención, que conllevó perjuicios potenciales incluso para quienes vivían en países avanzados. La OMC tomó una decisión sobre los *trade-offs* implicados. Los beneficios de las farmacéuticas se impusieron al bienestar de miles de millones de personas. La libertad de explotación venció a la libertad para vivir.

Los intereses corporativos han conseguido influir en el lenguaje que utilizamos. Cuando se trata de patentes y derechos de autor, nos referimos a estas demandas de propiedad como *derechos* de propiedad intelectual, elevando así este tipo de propiedad a un derecho. Es como si estas corporaciones estuvieran sugiriendo que controlar la propiedad intelectual es una privación de libertad similar a la reducción de otros derechos que valoramos. Pero los límites de la propiedad intelectual siempre han estado restringidos y sido ambiguos, y es la sociedad la que está capacitada para reflexionar sobre cuáles deben ser esos límites y definirlos. Yo formaba parte del Consejo de Asesores Económicos cuando se debatieron las disposiciones sobre propiedad intelectual de lo que se convertiría en la OMC (el llamado acuerdo sobre los ADPIC, los Aspectos de los Derechos de Propiedad Intelectual relacionados con el Comercio). Para mí estaba claro que la elección de las disposiciones no pretendía maximizar el bienestar de la sociedad detrás del velo de la ignorancia, ni siquiera maximizar el ritmo de la innovación en Estados Unidos o en el mundo, sino maximizar los beneficios de unas pocas empresas, sobre todo de los sectores farmacéutico y del entretenimiento (quizá con algunas limitaciones para que no parecieran demasiado indecentes). La ley de derechos de autor incluía una disposición llamada, burlonamente, ley de protección de Mickey Mouse, que al parecer se incluyó para ayudar a Disney, porque ampliaba la protección de la marca Mickey Mouse durante años tras la muerte de su creador, lo que suponía un gran coste para los académicos que querían tener acceso a los documentos de figuras literarias muy importantes. Disney disfrutó de los beneficios extra a costa del resto de la sociedad. Las primeras versiones de Mickey Mouse pasaron finalmente a dominio público el 1 de enero de 2024.[28]

La mayoría de los economistas sostendrían que alargar la vida de una patente o de un derecho de autor más allá de cierto punto produce pocos beneficios derivados de generar incentivos, pero puede tener importantes costes sociales en el futuro, debido al poder de monopolio ampliado. La mayoría estaría de acuerdo en que, en el caso de la disposición Mickey Mouse, los derechos de autor fueron mucho más allá del punto en el que los costes adicionales del monopolio podían estar justificados.[29]

OBSERVACIONES FINALES

Uno de los asuntos centrales de este libro es que, en nuestra sociedad interconectada, la libertad de una persona no puede considerarse de manera aislada. Ampliar la libertad de una persona reduce la libertad de otras. Normalmente tenemos que juzgar qué libertades son más importantes. A veces esas decisiones son fáciles; a veces, difíciles. Este capítulo se ha centrado en lo que suele ser un caso sencillo: la explotación. El único ámbito que requiere cierta sutileza tiene que ver con la propiedad intelectual, porque la innovación inducida por los beneficios del monopolio puede generar beneficios para la sociedad. Entonces, hay que plantearse dos cuestiones. La primera se refiere al equilibrio de las libertades, cuando un mayor derecho de monopolio (derecho de explotación) es compensado por los beneficios de la innovación para la sociedad. En este caso, he sostenido que, al comparar los regímenes actuales con lo que podríamos ver tras el velo de la ignorancia, está claro que son el mero resultado del uso descarnado del poder político. La segunda va más allá y plantea si hay mejores maneras de organizar nuestro sistema de innovación para generar más conocimiento y hacer que los frutos de ese conocimiento sean más accesibles. Es decir, ¿existen otros modelos económicos en los que no haya que enfrentarse al equilibrio de las libertades tan intensamente? Los hay, sobre todo en el ámbito de la salud (aunque no de manera universal). El Gobierno puede financiar directamente a los investigadores y/o dar un premio al innovador. Por supuesto, el «derecho de explotación» —el derecho de monopolio concedido al innovador— puede considerarse un premio, pero es muy distorsionador e ineficaz. Un premio en metálico sería más eficiente y más efectivo (por dólar gastado).[30] Lo irónico es que, con el régimen actual, hemos conseguido lo peor de todos los mundos. El Gobierno financia gran parte de la investigación; la plataforma de ARNm en la que se basan las vacunas contra la COVID-19 de Pfizer y Moderna se financió sobre todo con dinero público, al igual que lo fueron muchos de los gastos más inmediatos durante el desarrollo de la vacuna. Pero a las empresas farmacéuticas se les da plena licencia para explotar. La sociedad asumió la mayoría de los gastos y los riesgos, y las farmacéuticas obtuvieron los beneficios, cuando gran parte de los costes de sus altos precios salieron del erario. El Gobierno pagó a Pfizer y Moderna precios elevados por las vacunas, a pesar de que ya había financiado la mayor parte de los costes de investigación y desarrollo.

En general, los beneficios sociales de limitar la libertad de explotación de las corporaciones son evidentes. Muchos miembros de la derecha viven en un mundo de fantasía en el que nadie tiene poder político o de mercado y todo el mundo cuenta con información perfecta. Nadie puede aprovecharse de los demás. Por supuesto, cuando las empresas implicadas son acusadas de explotación anticompetitiva en virtud de las leyes de competencia, hay economistas bien pagados que salen en defensa de las corporaciones. Estos economistas observan un comportamiento que a primera vista parece explotador y que no hace más, por ejemplo, que ampliar y reforzar el poder de mercado, y dicen que no es el caso. Afirman que, por alguna misteriosa razón, en realidad una acción obviamente anticompetitiva aumenta la eficiencia económica. Los equipos de abogados y economistas cobran cientos de millones de dólares cada año para convencer a los tribunales de que lo que es claramente una explotación del poder de mercado no es más que la manifestación de las maravillas de la economía de mercado. Trabajan mucho para justificar los elevados y persistentes beneficios de las empresas con un poder de mercado tan evidente.

Hace más de cien años, Estados Unidos aprobó leyes dirigidas a limitar la capacidad de las grandes corporaciones para explotar al estadounidense corriente. Entretanto, los tribunales favorables a las empresas han reinterpretado las leyes, ampliando el derecho a explotar y haciendo que cada vez sea más difícil demostrar que una acción concreta es explotadora.

A estas alturas debería estar claro que el régimen actual no ofrece un equilibrio adecuado de libertades. Lo cual plantea un reto: ¿existen alternativas mejores? La respuesta, que se desarrolla en la tercera parte, es un inequívoco sí. Sin embargo, primero debemos abordar cuestiones que los economistas han ignorado durante el último siglo. ¿Cómo conforma nuestro sistema económico a las personas? ¿Cómo influye esto en la necesidad de regular o en la sensación de coacción que sentimos cuando los Gobiernos imponen las regulaciones necesarias para el buen funcionamiento de la sociedad?

SEGUNDA PARTE
———

Libertad, creencias y preferencias, y la creación de la buena sociedad

En la primera parte de este libro se han utilizado las herramientas habituales de los economistas —los *trade-offs*, las externalidades, los bienes públicos y los problemas de coordinación— para abordar la cuestión de la libertad. Se ha explicado que cualquier sociedad debe imponer restricciones y que, en algunos casos, una coerción limitada puede hacer que todos salgan ganando, si bien en otros casos puede haber *trade-offs*: una persona gana, otra pierde, y la libertad de una persona es la falta de libertad de otra.

Diseñar regulaciones, impuestos y gastos que mejoren la libertad en conjunto, aunque eso conlleve restringirla en una u otra dimensión, requiere argumentar y hacer análisis. Exige combinar teoría y pruebas, y no basarse en un perezoso compromiso ideológico con alguna noción de libertad indeterminada y poco coherente. Nos preocupan tanto las libertades negativas —la libertad de vivir sin necesidades y la libertad de no tener miedo— como las positivas: la libertad de desarrollar el propio potencial y la libertad de prosperar. Nos preocupan tanto las libertades económicas como las políticas. La libertad es un componente importante de lo que queremos lograr al crear una buena sociedad.

Pero hay algo más. Una buena parte del esfuerzo de ser madre o padre consiste en educar a los hijos para que sean buenas personas, honradas, trabajadoras, empáticas, etc. De niños, seguro que hemos notado ese esfuerzo en nuestros padres. Incluso si este no ha sido del todo exitoso, tiene un efecto importante. Así, el modelo económico estándar que asume que llegamos a este mundo con unas preferencias y unas creencias totalmente definidas está equivocado, lo que a su vez tiene consecuencias importantes para la sociedad y la manera en que reflexionamos sobre ella, incluida la cuestión que nos ocupa: ¿cómo pensamos en la libertad? Las diferentes asignaciones de libertad para algunos y restricciones para otros, por ejemplo, dan lugar a la formación de diferentes tipos de individuos y, con el tiempo, a una sociedad diferente. Al pensar en estos distintos regímenes, deberíamos pensar en las consecuencias para la sociedad a largo plazo.

El reconocimiento de que los individuos son maleables, es decir, que tienen lo que los economistas llaman *preferencias y creencias endógenas*,[1] es uno de los avances importantes de la economía del siglo XXI.[2] Cómo ve la gente el mundo —lo que podría llamarse su prisma cognitivo— está determinado por sus experiencias, sus iguales, sus padres, sus líderes y muchos otros, entre ellos los profesores y los medios de comunicación. En la jerga de los economistas que hemos empleado antes, hay *externalidades sociales*.

Durante doscientos años, la economía dominante no solo actuó como si los individuos estuvieran «preformados», sino como si fueran infinitamente racionales y estuvieran perfectamente bien informados (y hasta fueran racionales sobre hasta qué punto estar informados). El modelo estándar presentaba a los seres humanos como calculadoras insensibles, que sopesaban los costes y los beneficios (por lo general en términos materiales) de cada acto. Los propios economistas parecían una especie extraña, algo esquizofrénica, porque sabían que aquellos con quienes interactuaban y los sujetos a los que en teoría estudiaban eran muy diferentes de los humanos descritos en sus modelos. Las personas que *suponían* en sus modelos eran más egoístas que la *mayoría* de la gente. Pero, curiosamente, algunas investigaciones han sugerido que, en general, aunque ni siquiera los economistas eran absolutamente egoístas (como suponían sus modelos), sí se parecían más a los individuos que asumían en sus teorías; en concreto, eran más egoístas que los demás. Además, cuanto más tiempo dedicaban los estudiantes a la economía, más se parecían a esa persona idealizada. Adoptaban cada vez más la identidad del individuo absolutamente egoísta que es la base de la economía moderna.[3]

Los economistas también asumieron que todos los individuos son infinitamente racionales y coherentes cuando toman decisiones. En la segunda mitad del siglo XX, gracias al trabajo del psicólogo cognitivo y psicólogo matemático Amos Tversky y del psicólogo y economista conductista Daniel Kahneman, los economistas empezaron a estudiar patrones sistemáticos de irracionalidad.[4] Pero en esas investigaciones la atención se centró en las limitaciones cognitivas. Como explicó Kahneman en su best seller *Pensar rápido, pensar despacio*,[5] muchas veces tenemos que pensar rápido y no hay tiempo de razonar bien las cosas. Utilizamos reglas empíricas sencillas (lo que se llaman heurísticos), que pueden dar lugar a «sesgos» coherentes y mensurables en nuestras decisiones y juicios. La investigación sobre las desviaciones del individuo infinitamente racional se denominó *economía conductual*. Por supuesto, se supone que toda la economía trata del comportamiento; se supone que describe cómo se comporta de verdad la gente. Resultó que, muchas veces, el modelo estándar de los economistas, con individuos infinitamente racionales y absolutamente egoístas, no describía bien cómo actuaban las personas.[6]

La economía conductual del siglo XXI[7] ha sostenido que las principales desviaciones respecto a las hipótesis estándar de los economistas no eran *solo* que los individuos tenían limitaciones cognitivas y a veces debían tomar decisiones con demasiada rapidez, sino que sabían imperfectamente lo que querían, y que lo que querían era voluble. La falsedad de la suposición de la economía estándar, que afirmaba que lo que querían los individuos era inmutable, como ya he explicado, es casi tan obvia como el hecho de que las personas no son infinitamente racionales.

En esta parte del libro, analizo las ideas de la economía conductual moderna aplicadas a la manera en que entendemos la libertad y cuál es la mejor forma de promoverla de forma significativa.

8
COERCIÓN SOCIAL Y COHESIÓN SOCIAL

Somos animales sociales, sensibles a lo que los demás piensan de nosotros. Es nuestra sociedad la que determina qué consideramos «aceptable». En algunas sociedades, es aceptable tirar cosas al suelo, ir sin mascarilla durante una pandemia, escupir en la calle o llevar pantalones si eres mujer; en otras, estos comportamientos son inaceptables. Podría decirse, en cada caso, que las normas que limitan lo que una persona puede hacer no son menos restrictivas que una multa del Gobierno y, en algunos, son mucho más restrictivas. En este sentido, puede considerarse que las normas son coercitivas.

Este capítulo examina con más detalle cómo conformamos nuestras creencias y los dilemas —y los peligros— asociados a la coerción social. Aunque planteo algunas cuestiones difíciles de resolver, lo que resulta más evidente es que la versión actual del capitalismo —el capitalismo neoliberal, desatado— conforma a las personas de un modo que no solo representa la antítesis de una buena sociedad, sino que en realidad desvirtúa el capitalismo.

LA CONFORMACIÓN SOCIAL DE LAS CREENCIAS Y LAS PREFERENCIAS

La economía conductual del siglo XXI hace hincapié en que las preferencias son endógenas —pueden cambiar con la experiencia— y en que, en buena medida, están determinadas *por la sociedad*. Somos quienes somos por la gente que nos rodea, y nos influyen mucho nuestros padres y profesores, aunque no sean los únicos.

Los padres y los profesores no solo transmiten valores de una generación a otra, sino que socializan a los jóvenes y hacen que estos sean más conscientes de cómo afectan a los demás sus acciones. A los niños se les enseñan preceptos como «Trata a los demás como te gustaría que te trataran a ti», «La honradez compensa» o «No hacer el mal es bueno, no pretenderlo es mejor». Se les enseña que una buena persona actúa de acuerdo con estos preceptos. Cuando los padres y los profesores tienen éxito, ese comportamiento respetuoso con los demás se convierte en parte esencial de la identidad del individuo. Por supuesto, el alcance del éxito de esta socialización es limitado.

En el siglo XIX, el apoyo generalizado a la educación pública estaba dirigido, en buena medida, a crear una mano de obra adecuada para la incipiente economía industrial, que exigía que las personas estuvieran lo bastante socializadas como para comportarse de manera apropiada (y eficiente) en el lugar de trabajo.[1] Esta conducta incluía desde cosas cotidianas como acudir todos los días y ser puntual, hasta otras más importantes como aceptar, e incluso apreciar, las instrucciones dadas por otros y respetar las organizaciones jerárquicas y el lugar que uno ocupa en ellas. A veces nos referimos a este proceso como «socialización» de los individuos.

Así, los colegios no se limitan a impartir conocimiento y crear capital humano.[2] Tratan de inculcar normas, entre ellas las necesarias para que la economía funcione, y valores, entre ellos la identidad nacional y, en algunos casos, la religiosa. La historia se enseña de una manera que glorifica el pasado e ignora las atrocidades que pudiera haber cometido el país. Con esto, se intenta moldear a los individuos, influir en su comportamiento futuro, sobre todo en situaciones y momentos concretos; por ejemplo, cuando un enemigo exterior amenaza al país. Los economistas conformamos a nuestros alumnos para que sean como suponemos que son en nuestros modelos, no como son en realidad la *mayoría* de las personas. Pero si los economistas consiguieran, por ejemplo, que en todos los colegios se impartiera una asignatura anual obligatoria de economía basada en que los individuos son totalmente egoístas, casi sin duda acabaríamos con una sociedad más egoísta.[3]

La educación desempeña, además, otro papel. Crea «bienes comunes sociales», o una manera compartida de ver el mundo, incluido un lenguaje común con el que hablar sobre él.[4] Somos seres sociales y queremos y necesitamos comunicarnos entre nosotros.

Si bien todos los sistemas educativos contribuyen a crear este entendimiento común, los buenos sistemas educativos hacen que este sea más amplio, más matizado, lo cual permite significados diferenciados. No se trata solo de una visión común de lo que se dice; se trata, como he señalado, de la creación de normas, incluidas las normas sobre lo que no se menciona.

La presión de grupo y las normas sociales desempeñan un papel importante en la conformación de la conducta. Si los individuos no actúan como dictan las normas, pueden ser rechazados y excluidos de los grupos a los que pertenecen, lo cual es doloroso. El papel de la presión de grupo es quizá más evidente entre los adolescentes que se esfuerzan por encontrar su identidad; pero de una manera más sutil, siempre está presente en la vida. La presión social puede tener una fuerza enorme y hacer incluso que los testigos sean rechazados si no participan en la exclusión de determinada persona del grupo.

INTERNALIZAR LAS EXTERNALIDADES E INDUCIR LA COHESIÓN SOCIAL

En algunos casos, la sociedad obtiene beneficios evidentes e importantes gracias a la formación social de las creencias y las preferencias a través de los mecanismos que he descrito. A veces, las normas pueden ayudar a hacer frente a una externalidad. El comportamiento respetuoso con los demás, bien sea el resultado de la identidad o de la presión de grupo y las normas sociales, puede hacer que se tiren menos cosas al suelo, se beba menos y se conduzca de forma más segura. Las normas también pueden ser importantes a la hora de crear y mantener otros elementos de una buena sociedad, como la desincentivación de la violencia contra las mujeres o el fomento de la tolerancia. En la actualidad, las normas que están surgiendo contra la emisión innecesaria de gases de efecto invernadero —no comer carne, viajar menos en avión, bajar el termostato— desempeñan un papel fundamental en la salvación del planeta.

En la medida en que estas normas logren *interiorizar* una externalidad y nos hagan considerar cómo nuestras acciones afectan a los demás, no serán necesarias intervenciones públicas para hacer frente a la externalidad, algo que podría considerarse coercitivo.

Plantearse cómo las acciones propias influyen en los demás —ya sea por la presión de grupo que obliga a comportarse bien o por empatía— puede considerarse parte de la cohesión social o la solidaridad social. Estos comportamientos prosociales nos definen. Nos sentimos un buen ciudadano, un miembro de la comunidad que cumple con su cometido. Nadie nos obliga a comportarnos bien, sino que parte de nuestro ser nos exige mostrar respeto por los demás, ayudando a nuestros vecinos cuando se produce una catástrofe natural, por ejemplo, o donando sangre.

En la medida en que exista cohesión social, la exigencia de actuar por el bien de la sociedad no es coercitiva: una regulación que nos obliga a ofrecer un asiento en el tren a las personas mayores o discapacitadas no es coercitiva. Tampoco lo es que se nos exija contribuir al sostenimiento de las personas menos favorecidas; es decir, pagar impuestos para apoyar la redistribución. Podríamos hacerlo por nuestra cuenta, pero el conjunto de la sociedad sale ganando cuando se hace de manera colectiva, de modo que nadie pueda aprovecharse de la creación del tipo de prosperidad compartida que resulta esencial para una buena sociedad.

De hecho, si los individuos adoptan *plenamente* las normas como valores propios, una regulación que exija estos comportamientos no impondrá ninguna restricción. Nadie querrá infringir la norma tirando cosas al suelo o negándose a ceder su asiento en el autobús a una persona mayor; y una restricción que no es vinculante no es en realidad una restricción. En las sociedades que funcionan bien, muchos de los esfuerzos de socialización (una parte clave de la formación social de las preferencias) implican persuadir a los individuos para que internalicen las externalidades.

Pero la transmisión de las normas entre individuos es imperfecta. Algunas personas no adoptarán por completo la norma y entonces la restricción planteada por la presión de grupo y la coerción social sí parecerá una limitación de su libertad de actuación. Irónicamente, según este enfoque, la pérdida de libertad derivada de una regulación que prohíbe tirar cosas al suelo solo se asocia a la transmisión imperfecta de las preferencias sociales. Solo las personas que no han adoptado esa norma sienten una pérdida de libertad por una regulación contra el hecho de tirar cosas al suelo.

Donald Trump ilustra lo que sucede cuando los padres y los profesores fracasan y un individuo no se socializa. Cuando las normas, la presión de grupo y la tradición funcionaban con normalidad, no eran necesarias leyes estrictas para definir lo que un presidente podía hacer desde un punto de vista ético. Casi todos los presidentes actuaban dentro de ciertas limitaciones. Pero Trump, con su descaro, puede obligarnos a definir los límites presidenciales con mayor precisión, lo que significaría incluirlos en leyes y regulaciones.

La cohesión social más allá de la internalización de las externalidades

La cohesión social mejora el funcionamiento de la sociedad de una manera que va más allá de la internalización de las externalidades. En el capítulo 4 he hablado sobre los beneficios de los bienes públicos y la cooperación social; la cohesión social los refuerza y la facilita. Incluso permite que los ricos acepten cierto grado de redistribución en aras del bien público y puede fomentar la filantropía. La cohesión social, y el menor grado de desigualdad que esta puede generar, facilitan a su vez los inevitables acuerdos políticos que distinguen a una sociedad que funciona bien.

La otra mano invisible

Las normas, al interiorizar las externalidades y desarrollar un sentido de cohesión social, ayudan a que las sociedades funcionen. El fenómeno de masas de individuos que trabajan juntos para producir los complejos productos que mantienen y mejoran nuestro nivel de vida es un tema que interesa desde hace mucho tiempo, sobre todo a los economistas. Como hemos visto, Adam Smith dio una respuesta a la pregunta de cómo funciona este sistema complejo para producir los bienes y los servicios que necesitamos y queremos. De alguna manera, decía, la búsqueda del interés propio conduce al bienestar de la sociedad.[5] Los economistas modernos han completado la información. Es el funcionamiento del sistema de precios el que permite transmitir la información, de modo que la búsqueda del interés propio del individuo sea compatible con los intereses de la sociedad.

Las normas y el prisma compartido a través del cual la gente ve el mundo constituyen otra mano invisible en la que Allison Demeritt, Karla Hoff y yo hacemos hincapié en un libro que se publicará próximamente.[6] Como he señalado, si todos compartimos la norma de no tirar cosas al suelo, no necesitamos regulaciones ni incentivos de precio que nos convenzan de no hacerlo. Nuestro comportamiento hace que las ciudades se mantengan limpias. Estas normas y perspectivas compartidas son invisibles en dos sentidos: se crean de manera invisible y pasan a formar parte de lo que somos sin que nos demos cuenta y, hasta tal punto es así, que funcionan de manera invisible y solemos obedecerlas sin pensarlo siquiera.

Libertad y responsabilidad

Lo expuesto en el capítulo 1 se hacía eco de la vieja premisa de que la libertad conlleva responsabilidad. Los padres dicen a sus hijos: «Te daré más libertad *si actúas con responsabilidad*». Lo que eso significa, por supuesto, es que el hijo no tiene libertad absoluta. Hay un conjunto de reglas y regulaciones implícitas que conocen padres e hijos. Lo mismo ocurre, en cierto sentido, en la familia más amplia, nuestra comunidad. Al igual que los padres intentan moldear a sus hijos para que actúen de acuerdo con las reglas de la familia, la sociedad —con frecuencia a través de los padres— trata de conformar a todos los ciudadanos para que actúen con responsabilidad, teniendo en cuenta, por ejemplo, las externalidades que ejercen sobre los demás.

En las disciplinas del derecho y la economía existe un debate generalizado sobre las ventajas relativas de las leyes y las regulaciones frente a las normas y otras formas de inducir el comportamiento social (que tenga en cuenta a los demás). Por supuesto, es imposible definir lo que es apropiado en cada contingencia. Las normas pueden ser más ambiguas que las leyes y las regulaciones, y *normalmente* la propia ambigüedad puede resultar útil para limitar el comportamiento. Si existe una línea clara, definida por una ley o una regulación, habrá una tendencia a oponerse a ella.

Milton Friedman demuestra lo que sucede cuando esa perspectiva se lleva al extremo. Él pensaba que mientras el Gobierno no regulara el trato a los trabajadores o la contaminación ambiental, una empresa debía ejercer plenamente cualquier libertad que le diera el Estado para maximizar los beneficios. No tenía ninguna obligación moral de tratar con decencia a sus trabajadores ni de preocuparse por el medioambiente. Friedman le dio la vuelta a la moralidad al sugerir que estaría mal que el directivo de una empresa hiciera otra cosa. Como él mismo dijo: «Las empresas tienen una y solo una responsabilidad social; utilizar sus recursos y dedicarse a actividades pensadas para aumentar sus beneficios».[7]

En algunos contextos, puede ser más fácil inducir la cooperación mediante una norma social que mediante regulaciones o incentivos de mercado. Un famoso experimento llevado a cabo en una guardería israelí y analizado por los economistas Uri Gneezy y Aldo Rustichini[8] ilustra esto. Como, obviamente, el personal tenía que quedarse hasta que los padres recogieran a todos los niños, era importante que estos fueran puntuales por la tarde. Para incitar a los padres a que llegaran a tiempo con mayor frecuencia, el centro impuso un recargo si la recogida se hacía con retraso, pero la respuesta fue la contraria a lo esperado, ya que *aumentaron* las recogidas tardías. La explicación era sencilla. Antes existía una norma. Luego, la obligación social se convirtió en una relación económica; los padres sopesaban si el coste adicional impuesto por una recogida tardía era mayor o menor que los beneficios que esta les suponía, y en muchos casos decidieron que era menor.

Una preocupación relacionada con esto es que las reglas y las regulaciones *desplacen* a la moralidad y otras formas de comportamiento prosocial. Quizá nos sintamos mejor con nosotros mismos si no tiramos cosas al suelo porque nos preocupan los demás y no porque sabemos que nos pondrán una multa.

Creencias, preferencias y externalidades sociales

El hecho de que nuestras preferencias y creencias se conformen en relación con los demás da lugar a una externalidad social fundamental: si somos deshonestos, además de la consecuencia directa de ese comportamiento (una externalidad en sí misma), se produce un efecto indirecto. La confianza en la sociedad disminuye y es más probable que otros se comporten de manera deshonesta, lo que perjudica al funcionamiento general de la sociedad. Asimismo, es probable que una conducta positiva tenga un efecto en cadena, como han demostrado numerosos experimentos.[9] Es posible que un acto de generosidad gratuito haga que otras personas realicen otro acto de generosidad gratuito. La honestidad genera honestidad y cultiva la confianza en la sociedad.

Y al igual que ocurre con otras externalidades, hay razones de peso para que los Gobiernos fomenten las externalidades sociales positivas y desincentiven las negativas. Lo hacen a través de mecanismos de mercado y de no mercado. Los Gobiernos castigan el comportamiento deplorable (la deshonestidad en circunstancias concretas, como el fraude y la mentira en la publicidad) y subvencionan los actos de caridad mediante el sistema tributario. Y los líderes políticos utilizan la visibilidad de su posición para incitar lo que consideran un comportamiento prosocial.

En la tercera parte analizaré cómo el diseño del sistema económico y social influye en la magnitud de estas externalidades y sugeriré que el capitalismo neoliberal ha fomentado las externalidades negativas y dado lugar a una sociedad más egoísta y menos honesta.

CONTROL SOCIAL, CRÉDITO SOCIAL, PUBLICIDAD Y LIBERTAD INDIVIDUAL

Podemos celebrar la socialización de los individuos cuando hace que sean mejores ciudadanos o se adapten mejor al lugar de trabajo, pero también puede conllevar elementos problemáticos.

En primer lugar, la presión de grupo no suele orientarse a evitar actividades que generan externalidades ni a fomentar acciones prosociales. Puede incluso generar algunos daños sociales, por ejemplo, cuando impone un comportamiento que provoca exclusión, y alentar otros comportamientos problemáticos, como los trastornos alimentarios y el acoso entre los jóvenes. En Estados Unidos, la presión de grupo contribuyó sin duda a que existiera el régimen racista y excluyente de Jim Crow.

Los economistas neoliberales decían que era imposible que este tipo de discriminación persistiera. En su infame libro *The Economics of Discrimination* (La economía de la discriminación),[10] el economista Gary Becker, ganador del Premio Nobel, sugería que era difícil, si no imposible, que se produjera discriminación en una economía competitiva. Los discriminados tendrían salarios más bajos, de modo que los bienes que produjeran serían, por consiguiente, más baratos. Mientras hubiera suficientes personas sin prejuicios, sostenía, estas desplazarían su demanda a estos trabajadores y los bienes que producían. Y —¡magia!— se acabaría la discriminación. Dado que Becker enseñaba en la Universidad de Chicago, un enclave esencialmente blanco en medio de un barrio afroamericano de ingresos bajos, cabría pensar que era difícil conciliar ese razonamiento con la discriminación generalizada que se estaba produciendo justo delante de él. Pero Becker tenía una respuesta: si *parece* que hay discriminación porque los trabajadores afroamericanos cobran menos, debe ser porque los servicios laborales que prestan no son de la calidad que corresponde.

Dejemos de lado, por el momento, que existía discriminación en la prestación de la educación. Becker vivía en un mundo mítico en el que la competencia era *perfecta* y había fluidez social. Sin embargo, cuando él escribía, los economistas ya estaban estudiando cómo una pequeña desviación de ese mundo tenía importantes consecuencias, y cómo las sanciones económicas pueden imponer modelos discriminatorios. Llegaron a conclusiones opuestas a las de Becker, más acordes con lo que estaba a la vista. Los individuos que rechazaban las leyes Jim Crow y se negaban a discriminar podían ser castigados, posiblemente siendo también discriminados. Y cualquiera que, a su vez, no castigara a quienes no discriminaban sería castigado. De este modo, se puede mantener un equilibrio discriminatorio, aun cuando muchas personas no tienen prejuicios, pero temen ser castigadas por infringir las normas sociales discriminatorias. Las sanciones sociales, que se reflejan en la presión de grupo, pueden ser tan efectivas o más que las económicas, sobre todo cuando estas últimas se limitan a boicots (en lugar de dispararle a la gente en las rodillas, lincharla o provocar incendios). El espíritu de las leyes Jim Crow, apenas debilitado, persistió tras la abolición de las leyes sureñas que lo habían impuesto.

En este caso, el argumento es el mismo que el del capital social, que suele considerarse un elemento esencial de una sociedad que funciona bien. El capital social incluye la confianza mutua entre las personas; también puede incluir normas sociales y bienes comunes sociales que les permiten funcionar bien juntos. Algunas normas pueden ser positivas, pero otras pueden ser excluyentes y es posible que haya grupos muy cerrados que excluyan (discriminen) a quienes no pertenecen a él.[11]

Por lo tanto, las normas pueden contribuir a crear una sociedad que funcione mejor, en la que más personas se sientan más libres, aunque no siempre es así. Las normas y la presión de grupo a la que dan lugar pueden resultar asfixiantes y restrictivas,[12] y en algunos casos dar lugar a la antítesis de una buena sociedad.[13]

¿ESTÁ ORWELL PRESENTE?

Hay temores fundados de que existen intentos orwellianos de moldear a los individuos, de inculcarles conformidad social, lo cual crearía una distopía. Hace tiempo que existe cierta preocupación por que las empresas puedan utilizar conocimientos de la economía conductual y la psicología social modernas para hacer que la gente se comporte de una manera que beneficie a las corporaciones, algo que va mucho más allá de la socialización abordada antes; por ejemplo, hacer que las personas lleguen puntuales con frecuencia.[14]

Hoy esto ya no es una especulación, es una realidad. No se trata de un control perfecto, sino de dirigir al menos a algunas partes de la sociedad en ciertas direcciones. China cuenta con un sistema de crédito social, en el que los ciudadanos tienen una cuenta «social». Se les otorgan puntos cuando se comportan de acuerdo con los deseos del Estado y se les quitan cuando no lo hacen. Este sistema, respaldado por una vigilancia masiva, pretende incentivar que la gente actúe como quieren los líderes chinos. Pero la verdadera intención es crear normas sociales interiorizadas. China está intentando desarrollar un sistema, mejor que el de la Rusia soviética o la Alemania nazi, que motive a sus ciudadanos para que asuman los objetivos estatales, sin recurrir a la coerción explícita y favoreciendo la «cooperación» voluntaria para que haya menos disidentes y resistencia.

A los occidentales les repugna esta versión de *1984* de Orwell en el siglo XXI. Aun así, permiten que las empresas del sector privado urdan resultados similares, solo que con mayor sutileza. Las corporaciones crean publicidad diseñada para convencer a los consumidores de que hagan cosas que, en un momento de mayor racionalidad, no harían, todo para aumentar sus beneficios. El jugador compulsivo al que se incita a jugarse su dinero, ¿ha perdido la libertad de acción con este método aparentemente no coercitivo? En cierto sentido, era «libre» de ignorar la tentación. Pero en otro, los incitadores sabían que era poco probable que se resistiera.

Este tipo de persuasión genera enormes daños sociales. Por ejemplo, las empresas alimentarias que hacen que niños y adultos coman alimentos procesados, lo cual ha contribuido a una epidemia de diabetes infantil y adulta; o las empresas farmacéuticas propiedad de Sackler que han contribuido a la crisis de los opioides; o las tabacaleras que han hecho que sus productos fueran más adictivos sin que los consumidores lo supieran. Cada uno de estos ejemplos puede considerarse una amenaza no coercitiva a la libertad del individuo.

Instagram promueve la fascinante visión de una vida adolescente feliz y exitosa. Los chicos, por supuesto, quieren formar parte de eso, así que publican fotos suyas en las que aparecen felices y exitosos. Cuando un número suficiente hace lo mismo, se crea una norma. Aunque todo el mundo sabe que la mayoría de las fotos son posadas, a los chicos les genera ansiedad saber que no están viviendo esa vida. A estas alturas, el papel que tienen las redes sociales como causa de ansiedad y depresión entre los adolescentes está bien documentado. El diseño de las plataformas de redes sociales, en las que los usuarios comparten entre sí las fotos que les gustan, refuerza estos efectos.

Creo que las intervenciones públicas en el libre mercado son necesarias para limitar las actividades antisociales. Si bien restringen la libertad de, por ejemplo, las empresas Sackler, amplían la libertad de los demás de una manera que aumenta el bienestar de la sociedad. A veces, decidir entre libertades es fácil. Pocos defenderían la libertad de los Sackler para generar una adicción masiva. En otras situaciones, es más difícil. Por ejemplo, en el caso de las redes sociales y la publicidad hay que considerar las repercusiones en la libertad de expresión. Más adelante, analizaré cómo el marco rawlsiano de pensar en estas cuestiones detrás del velo de la ignorancia, o el enfoque de Adam Smith del espectador imparcial, pueden ayudarnos a emitir juicios prácticos en estos casos difíciles de evaluar.

AUTONOMÍA INDIVIDUAL Y PRESIÓN DE GRUPO: UN DEBATE FILOSÓFICO

Hay un debate sobre cómo considerar la presión de grupo y las normas sociales convencionales. ¿Representan una pérdida de libertad, de igual modo que una regulación gubernamental impone una pérdida de libertad? ¿Son una forma de coerción, quizá peor que las regulaciones, porque son más difíciles de cambiar y a menudo actúan de manera invisible?

Algunos filósofos sostienen que *no* deberíamos considerar las normas sociales convencionales de la misma manera que las regulaciones. Somos seres humanos sensibles, capaces, al menos hasta cierto punto, de decidir si nos dejamos influir por los demás y en qué medida lo permitimos.[15] Siempre ha habido individuos que se han resistido a la manada, que han utilizado la «razón» para evaluar sus preferencias, o comportamientos, y las preferencias de los demás con el fin de determinar si cierto conjunto de preferencias y creencias es, de un modo u otro, indeseable. La capacidad de razonar es una parte fundamental de la agencia de una persona.[16] Tenemos la habilidad de valorar si *debemos* seguir al rebaño; bien por nuestro propio interés a largo plazo (importante, sobre todo, en el caso de la presión de grupo sobre un adolescente) o por el bienestar de la sociedad (lo cual implica un razonamiento moral). Como ha dicho el filósofo Akeel Bilgrami, de la Universidad de Columbia: «La aceptación de las normas sociales imperantes es algo en lo que uno, mediante su juicio, se deja formar o aculturar. Por eso no existe un vínculo intrínseco o esencial entre la autonomía individual y el egoísmo, que es esencial en las perspectivas económicas estándar».[17]

Pero tal vez Bilgrami esté llevando este argumento demasiado lejos: no elegimos libremente el prisma a través del cual vemos el mundo. Este viene determinado en buena medida, aunque no del todo, por nuestro entorno y, sobre todo durante los años de formación, ese entorno está determinado principalmente por nuestros padres o quienquiera que nos críe. La conformación de nuestras perspectivas y creencias se produce sobre todo de manera subconsciente.[18] Incluso si alguien se ha «dejado» formar o aculturar conscientemente en las normas sociales imperantes, cada persona puede sentirse limitada de distinta manera a la hora de asumir los posibles costes de rechazar las normas. El origen, la posición social y el poder del individuo determinan en gran medida la «reserva» que tiene para desviarse de las normas, sobre todo cuando lo que está en juego es importante. Aunque todos tengamos la misma capacidad para cuestionar las normas dominantes, nuestra libertad para actuar en consecuencia no está ni mucho menos distribuida por igual.

Además, cuando nuestra perspectiva está conformada por fuerzas invisibles, ¿tienen realmente los individuos la *capacidad* de elegir un prisma diferente? El hecho de que *algunos* individuos, posiblemente como resultado de una educación liberal, hayan sido capaces de reconocer el prisma particular a través del cual ven el mundo, e incluso de entender cómo han llegado a verlo de esa manera, no significa que todos puedan hacerlo, aún más cuando no se les ha enseñado la «formación del prisma».[19] Y aunque la gente lo entendiera, muchas personas pueden creer que no están en posición de oponerse al rebaño.[20] Para ellas, la coerción social equivale a una pérdida de libertad.

LA CONFORMACIÓN DE LAS CREENCIAS Y LA VIABILIDAD DEL CAPITALISMO NEOLIBERAL

Hasta ahora he puesto numerosos ejemplos de cómo la sociedad conforma a los individuos. Pero hay muchas otras formas que son más sutiles aunque igualmente ubicuas. En el capitalismo, tendemos a admirar a las personas que han ganado mucho dinero sin prestar demasiada atención a cómo lo han logrado. Si profundizamos un poco, veremos que muchas de las familias más ricas de Estados Unidos adquirieron su riqueza gracias a algo más que un ápice de explotación y mala conducta: abuso del poder de mercado (Rockefeller), venta de opioides (los Sackler) o tráfico de opio o esclavos. Hay límites, sin duda. La familia Sackler ha caído en desgracia y su nombre ha sido retirado de las galerías de arte que eran receptoras de su fortuna ilícita. Lo mismo puede decirse de algunas personas que amasaron su riqueza a costa de los esclavos. Pero los nombres de muchos otros que se enriquecieron con el comercio de esclavos y de opio siguen adornando destacados edificios de las principales universidades, mientras los orígenes de esa riqueza se desvanecen en la niebla de la historia.

Los mercados nos conforman

La economía conductual moderna ha detallado cómo nos moldea el entorno económico. Los individuos integrados en un contexto definido por la competencia implacable se vuelven más competitivos; los integrados en uno en el que la cooperación y la colaboración son necesarias y se recompensan, se vuelven más cooperativos y colaboradores. El comportamiento que se recompensa en un contexto importante acaba arraigando, al menos en parte, y pasa a otros contextos. Luego se refleja en el diseño y el comportamiento organizativo e institucional, con consecuencias más amplias.

Muchos de los bancos más pequeños de Estados Unidos son cooperativas y, oficialmente, son propiedad de los clientes que depositan en ellos su dinero o le piden un préstamo. Se llaman cooperativas de crédito. Las cooperativas de crédito toman el dinero depositado y lo prestan a sus miembros. El contexto de la crisis financiera de 2008 supuso una oportunidad para ver si el comportamiento de las cooperativas era diferente al de los bancos normales con ánimo de lucro. En conjunto, las cooperativas de crédito no se vieron implicadas en las prácticas abusivas, el fraude o la discriminación que eran habituales en muchos de los bancos privados con ánimo de lucro, incluso en aquellos que tenían buena reputación, como Wells Fargo y Goldman Sachs.[21] En consecuencia, a las cooperativas de crédito les fue mucho mejor durante la crisis financiera y trataron mucho mejor a sus clientes después de la crisis. Por ejemplo, siguieron concediendo préstamos a pequeñas empresas cuando los grandes bancos redujeron drásticamente los créditos.[22]

El «amaño de la verdad» o las mentiras descaradas para ganar un dinero extra que en ocasiones han caracterizado al sector financiero se han convertido en algo endémico de nuestra sociedad. Son un elemento central de las campañas que difunden desinformación e informaciones erróneas, cuyo papel en la economía, que analizo en el capítulo siguiente, ha sido fundamental. Cabe esperar que esta mutación de la deshonestidad pase de un ámbito a otro.

Los economistas conductuales también han documentado cómo afecta la monetización al comportamiento. Recordemos la guardería israelí que cobraba por recoger tarde a los niños y no consiguió su objetivo. Sin embargo, cuando este tipo de casos de monetización se suceden, empiezan a conformar la manera en que vive una persona y, de hecho, han conformado el modo en que, como sociedad, pensamos en los problemas sociales.

Se deduce, pues, que cuando los estudiantes obtienen malos resultados en el colegio, un economista neoliberal bien formado tiene una solución fácil: incentivar a los profesores para que trabajen más, recompensándoles con mejores salarios cuando sus alumnos obtengan mejores resultados. Pero eso no ha funcionado, lo cual no resulta sorprendente.[23] Es posible que la paga extra haya recordado a los profesores que su salario es bajo. Muchos de ellos optaron por la enseñanza porque estaban socialmente motivados y comprometidos a trabajar con niños de comunidades pobres. El mísero incentivo salarial convierte esta relación social en una relación monetaria, y puede llegar a desincentivar el trabajo. Hay intervenciones más efectivas, como tratar con dignidad a los profesores, reconocer que son profesionales merecedores de respeto y mejorar su derecho a negociar colectivamente por medio de los sindicatos. Como profesionales, los profesores han utilizado esos derechos para exigir mejores condiciones de enseñanza y mejores instalaciones. No es de extrañar que algunos de los estados estadounidenses con mayor sindicación de profesores cuenten con algunos de los sistemas educativos con mejores resultados.[24]

La importancia de la confianza y la honestidad para el buen funcionamiento del mercado

Las economías de mercado dependen mucho de la confianza: la esperanza de que el producto sea como dice el vendedor, el empleado trabaje como dice, las condiciones laborales de la empresa sean las anunciadas, el prestatario devuelva el crédito, la dirección de la empresa no robe sus fondos.[25]

Las maneras en que una persona puede beneficiarse a costa de los demás son infinitas. Tenemos leyes y regulaciones para impedir los abusos de confianza, pero lo cierto es que si tuviéramos que acudir siempre a los tribunales para obtener lo que nos corresponde, la sociedad se paralizaría. Por suerte, a la mayoría de los individuos se les inculca que hay que comportarse bien y ser, en esencia, honestos, fiables y trabajadores.[26]

¿Se devorará el capitalismo a sí mismo?

La cuestión —y la preocupación— es si el capitalismo desatado modela a los individuos de una forma que, en la realidad, socava el funcionamiento del capitalismo. ¿Es viable a largo plazo el capitalismo que conocemos? Por mucho que los padres y los colegios se esfuercen por crear ciudadanos honestos, atentos e intelectualmente curiosos, ¿existen en el sistema capitalista fuerzas contrarias que se oponen a estos esfuerzos, los debilitan y conforman a los individuos de un modo que obstruye el funcionamiento del propio sistema capitalista?

El capitalismo fomenta el egoísmo y el materialismo; el egoísmo implacable suele llevar a la deshonestidad; la deshonestidad debilita la confianza; y la falta de confianza socava el funcionamiento del sistema económico. Fuimos testigos de este proceso durante la crisis financiera de 2008. El sector implosionó y habría hecho caer toda la economía si el Gobierno no hubiera intervenido a gran escala, utilizando métodos contrarios al capitalismo desatado.

El sistema económico no solo no es eficiente en el sentido en el que lo defienden sus partidarios, tampoco es sostenible ni estable. Una vez más, el sistema financiero ilustra que, si no existe una sólida regulación gubernamental (probablemente más sólida que la actual), los bancos privados con ánimo de lucro hacen que sea inestable, porque sus prácticas crediticias suelen ser excesivamente arriesgadas y, en ocasiones, fraudulentas.[27]

A escala global, el materialismo desatado da lugar a una economía mundial que excede los límites de los recursos planetarios.

Y, a pesar de ello, no somos capaces de lograr la cohesión social y política necesarias para frenar en el grado suficiente el materialismo y volver a situarnos dentro de esos límites.

Es aún peor. En la actualidad, el inestable sistema capitalista neoliberal genera por sí mismo una desigualdad excesiva y una explotación generalizada. Esto último socava la legitimidad moral de nuestro sistema, y lo primero provoca divisiones e inestabilidades políticas que, a su vez, empeoran los resultados económicos del sistema.

Hay otro aspecto del capitalismo que está íntimamente relacionado con el tema de este libro: puede sostenerse que el capitalismo, y la manera en que conforma a las personas, en ocasiones privan a los individuos de gran parte de su libertad para actuar. Lo que ocurre en el capitalismo es parecido a lo que sucede en algunas sociedades tradicionales, en las que todo el mundo sabe el papel que debe y tiene que desempeñar en ellas. Si alguien se desvía de ese papel, las sanciones sociales son enormes; tanto, que rara vez se producen esas desviaciones. Por supuesto, dentro de ese papel bien definido, hay cierta libertad. Una mujer puede elegir el menú de la cena, pero no tiene más opción que prepararla.

Del mismo modo, en el capitalismo, incluso el capitalista rico puede tener menos libertad de lo que a veces se piensa. Si decidiera no actuar como un capitalista, perdería su identidad y su noción de quién es. Para sobrevivir en el sistema del capitalismo darwiniano, debe ser despiadado y creer que no tiene más opción que pagar a sus trabajadores lo mínimo permisible. Si fuera magnánimo, se vería privado de los beneficios que necesita para sobrevivir y expandirse. Tal vez se consuele diciéndose que sin él sus empleados estarían aún peor, porque no tendrían trabajo, y que no habrían aceptado el puesto si hubieran recibido una oferta mejor. Evidentemente, que todos los capitalistas actúen así tiene consecuencias sistémicas. Los salarios son bajos en todas partes, así que en cierto sentido tienen razón: no les queda más opción que pagar salarios inferiores a un nivel tolerable.

Por supuesto, en realidad, este capitalista rico tiene libertad, mucha más libertad de actuación que sus trabajadores pobres. Podría llevarse menos dinero a casa y dar más a sus trabajadores, dejando la misma cantidad disponible para la expansión. Pero vivir en una casa más pequeña en un barrio menos rico menoscabaría su identidad como capitalista de éxito e incluso podría reducir su credibilidad ante otros capitalistas y, por lo tanto, su éxito empresarial. En este sentido, se percibe a sí mismo como alguien con opciones limitadas y, en cierto modo, tiene razón.[28]

OBSERVACIONES FINALES

Este capítulo se ha centrado en la conformación *implícita* de los individuos, que es una parte inevitable de ser miembro de una sociedad en la que nuestra visión está determinada por la historia y el entorno. El próximo capítulo aborda intentos más explícitos de moldear a los individuos, sobre todo a través de los medios de comunicación. También destacaré que las innovaciones tecnológicas —el desarrollo de la inteligencia artificial y las propias plataformas— están debilitando la base misma de la eficiencia de la economía de mercado, un sistema que transmite información sobre la escasez a través de los precios y en el que todos los individuos soportan los mismos precios.

Si hay algo de cierto en este análisis, esto sugiere aún con más firmeza que el capitalismo, al menos la versión neoliberal que ha imperado durante el último medio siglo, no es una institución económica y política sostenible. Se producirán cambios. Pero que el proceso evolutivo natural sea mejor o peor sigue siendo una cuestión abierta.

Una lección clave de este capítulo es que, cuando pensamos en el diseño de organizaciones económicas o institucionales, debemos considerar atentamente la forma en que estas nos afectan como individuos y cómo actuamos entre nosotros. Los seres humanos somos maleables. El capitalismo neoliberal nos ha conformado de una manera que, en nuestros momentos de mayor lucidez, podemos pensar que no es demasiado positiva. Pero también podemos convertirnos en individuos «mejores». Y eso exigirá un sistema económico de otro tipo.

9
LA CONFORMACIÓN COORDINADA DE LOS INDIVIDUOS Y SUS CREENCIAS

En el capítulo anterior he explicado cómo nuestra sociedad nos conforma, a menudo de manera inconsciente y sin que nos demos cuenta. El sector privado también nos moldea, aunque de forma más evidente, cuando intenta ganar dinero con nosotros. En este capítulo analizo cómo estos esfuerzos por conformarnos pueden reducir nuestra libertad en un sentido profundo y por qué, en general, suelen ser antitéticos a la creación de una buena sociedad.

Este debate alude tanto a las libertades económicas como a las políticas. ¿Quién tiene derecho, por ejemplo, a controlar las formas de distribución de la información (utilizando este término en su sentido más amplio, que incluye la desinformación y la información errónea) dominantes?

Las grandes tecnológicas y las redes sociales han planteado a las democracias del mundo un reto que aún no está resuelto del todo. Con el sistema actual, estas plataformas tienen un enorme poder para establecer la metanarrativa, la manera en que entendemos cómo funcionan la sociedad y la economía. Según el relato que promueven Fox News y otras plataformas y medios de comunicación de derechas, no debería haber regulaciones, restricciones o rendición de cuentas, o al menos deberían ser muy limitadas.[1] Y sin estos controles, su poder de mercado y su poder para determinar la metanarrativa no harían más que crecer. Su modelo de negocio y su falta de responsabilidad provocan una serie de daños a la sociedad y reducen la eficiencia general de la economía de mercado. Se ha desplegado una nueva libertad de explotación, lo cual ha reducido las libertades del resto de la sociedad.

La devoción de Estados Unidos por el principio de la libertad de expresión está consagrada en la primera enmienda de la Constitución, una de las libertades fundamentales del país. Pero todos los Gobiernos —incluido el de Estados Unidos, que suele adoptar la postura más extrema en estas cuestiones— circunscriben la libertad de expresión. No se puede gritar «¡fuego!» en un teatro lleno de gente. No se puede difundir pornografía infantil. En un aspecto más concreto, hay leyes sobre la veracidad en la publicidad. La libertad de expresión, como las demás libertades que he tratado en este libro, no es absoluta. Es una construcción social con límites específicos cuyo fin es mejorar el bienestar de la sociedad. Y algunos de los problemas más controvertidos están relacionados con la definición de estos límites. Sin embargo, no se trata solo de lo que se puede decir y cuándo se puede decir. La aparición de las redes sociales creó un nuevo problema que los Padres Fundadores no habían contemplado: la viralidad. Los Gobiernos pueden imponer, y han impuesto, condiciones que afectan al ritmo al que se difunde la información (o la desinformación). Pero, que yo sepa, no existe en ningún país una garantía constitucional sobre restricciones a la viralidad.

A medida que el mundo evoluciona, puede ser necesario y deseable cambiar las reglas que afectan al discurso —qué es aceptable y qué debe protegerse— y la viralidad. Creo que esto es lo que está sucediendo ahora. Las tecnologías actuales, combinadas con una nueva perspectiva sobre cómo se conforman los individuos y las sociedades, han dado lugar a una peligrosa prevalencia de la desinformación y la información errónea. Las viejas reglas han quedado obsoletas. El equilibrio entre los beneficios y los daños sociales que se regía por normas del pasado se inclina ahora con demasiada frecuencia hacia los daños.

En este capítulo empiezo explicando en qué está equivocada una creencia de moda entre la derecha: que lo único que hace falta para garantizar una democracia sana es un libre mercado de las ideas. A continuación, analizo el poder de mercado de los medios de comunicación, sobre todo el de las redes sociales, y explico por qué los daños sociales asociados a este poder de mercado son mucho mayores que en el caso de los bienes y servicios convencionales. Una razón es que la democracia está siendo socavada. Veremos cómo pueden regularse las grandes plataformas de redes sociales, tanto para contener su poder de mercado como para reducir la magnitud de los daños sociales que provocan.

UN LIBRE MERCADO DE IDEAS

Existe la idea popular de que en un mercado de ideas libre solo triunfan las mejores. Así, hay quien dice que, al igual que sucede en los mercados competitivos, en los que sobreviven los productores mejores y más eficientes, en un mercado de ideas solo sobreviven las mejores ideas. Basta con lanzar las ideas al mundo, dicen, y las mejores, las más acordes con las evidencias y las más coherentes desde un punto de vista teórico, serán las que predominen. Dejemos que broten cien flores y elegiremos la más bella.[2]

Esta afirmación se basa en metáforas erróneas y análisis mal entendidos. La metáfora es que el mercado de las ideas (creencias, visiones del mundo) es análogo al mercado del acero, al de las sillas, al de los alimentos, etc. Quienes defienden este punto de vista también creen que el mercado de las sillas y otros bienes es eficiente; un punto de vista que ya he descartado. Es, como mínimo, peculiar apelar a la eficiencia de los mercados para defender la eficiencia del mercado de ideas cuando la economía ya nos ha enseñado que el mercado privado de bienes *siempre* es ineficiente.

Esta creencia en la eficacia del mercado de ideas —que garantiza que prevalezcan las mejores— asume que los individuos son plenamente racionales y están bien informados, y que pueden distinguir entre las ideas buenas (sólidas) y las sandeces, del mismo modo que se puede distinguir entre productos buenos y malos en el mercado de bienes. El *caveat emptor* hace que la responsabilidad recaiga en el consumidor, lo que abre una gran posibilidad de explotación a través de la desinformación, la información errónea y el aprovechamiento de la vulnerabilidad de las personas. En el caso de los bienes, los consumidores quieren productos que sean como se anuncian. En cambio, en el caso de las creencias, los individuos tal vez quieran creer algo falso porque eso refuerza su sentimiento de autoestima o de identidad, al menos durante un tiempo. O quizá están siendo engañados.

Incluso aunque el mercado de bienes fuera eficiente, existen diferencias fundamentales entre los bienes y la información y el conocimiento, diferencias que durante el último siglo han sido la base del desarrollo de la economía de la información.[3] Una de las ideas clave de esa literatura es que, si hay información imperfecta, es *especialmente* poco probable que los mercados sean eficientes; la mínima imperfección en la información supone una gran diferencia. Y por fuerza, en el mercado de ideas *a priori* no puede haber información perfecta. Si todo el mundo lo supiera todo, no habría nada que sacar a ese mercado. Además, como he señalado antes, las empresas que triunfan pueden no ser las más eficientes o las más populares, sino las que mejor explotan su ventaja informativa. La oportunidad de explotarla parece particularmente amplia en el mercado de las ideas.

La analogía con el mercado *competitivo* de bienes también es errónea en varios aspectos más.

Leyes de transparencia y de divulgación: cómo la libertad de engañar priva a otros de sus libertades

El primer principio de un mercado libre y competitivo es la transparencia.[4] Por ejemplo, el requisito de divulgación imparcial de la Comisión de Bolsa y Valores y otros requisitos de divulgación obligan a las empresas que realizan emisiones públicas de valores a garantizar la igualdad de acceso a la información.[5] Las regulaciones estadounidenses suelen exigir a las empresas que revelen información veraz y relevante sobre los valores que emiten. Esto va más allá de exigir «la verdad, nada más que la verdad, pero no necesariamente *toda* la verdad». De manera implícita, los reguladores consideran que saber que existe un importante riesgo de pérdidas y no divulgarlo supone, de hecho, mentir. Su enfoque rechaza el *caveat emptor*, que en esencia hace que toda la responsabilidad de la información recaiga sobre el comprador. Si el vendedor sabe algo que razonablemente debería saber que es relevante para el comprador, tiene que difundirlo.

Por ejemplo, a veces los bancos revelan información, aunque de una manera engañosa o poco útil que muchos prestatarios no comprenden del todo. Los prestamistas han tendido a presentar los tipos de interés de forma confusa, para embrollar lo que se cobra de verdad y explotar a las personas vulnerables. Las leyes actuales les obligan a difundir el tipo de interés efectivo real.[6]

Hay varias razones que justifican los requisitos de divulgación y por qué estos se han endurecido una y otra vez. La teoría económica ha explicado por qué es necesaria una buena información (transparencia) para que los mercados funcionen bien; es decir, para que proporcionen los resultados socialmente eficientes que sus defensores les atribuyen. Y también ha explicado por qué las empresas quizá no revelen información crucial de manera voluntaria. Los ejemplos ya citados demuestran que, con frecuencia, las empresas intentan que la verdad no quede clara, sobre todo cuando existe una disparidad entre lo que afirman sobre su producto y la realidad. Es evidente que Volkswagen, el fabricante de automóviles alemán, no quería revelar lo que había hecho para obtener una calificación de eficiencia de combustible mejor de la que en realidad ofrecía, lo que acabó dando lugar al escándalo Dieselgate.[7] Cada vez más, las empresas están aprendiendo a explotar las irracionalidades y las vulnerabilidades de los individuos. Es aún más fácil si tienen libertad para mentir. Han aprendido a engañar mejor a los consumidores, a convencerles de que compren sus bienes y servicios, a menudo a precios inflados, cuando los compradores no lo harían si tuvieran toda la información. Algunas empresas astutas y sin escrúpulos han utilizado los conocimientos de la psicología moderna y la economía conductual, que han expuesto las irracionalidades sistemáticas que llevan a hacer lo que podría describirse como elecciones «mediocres» en relación con la salud, los préstamos, el ahorro y las inversiones.[8] La presentación de declaraciones de divulgación estandarizadas permite evaluar mejor y con menor coste los méritos relativos de los distintos productos y de las oportunidades de inversión.

Además, proporcionar información parcial impone costes a otros actores del mercado. Estas empresas contaminan; en este caso, el ecosistema de la información. La contaminación del entorno informativo, al igual que otras formas de polución, impone costes a la sociedad que el contaminador no tiene en cuenta. Es necesario dedicar tiempo, esfuerzo y a veces dinero a deshacer sus efectos, a separar la verdad de la desinformación y la información errónea; y quienes aportan información veraz tienen más dificultades para transmitirla.[9] El hecho de que filtrar las falsedades sea costoso implica que el filtrado se produce solo hasta cierto punto; el mercado no se ocupará del problema. Este fracaso es evidente. Basta con observar lo inundados que estamos de información inexacta o falsa. Se trata, pues, de un «mal» público, porque perjudica a todo el mundo. Pero detectar y refutar la información engañosa es un «bien» público. Puede que, *individualmente*, a nadie le compense detener la producción y la difusión de mentiras y falsedades, o trabajar para desautorizarlas. Sin una acción pública, no habrá iniciativas suficientes para contrarrestar la información engañosa y falsa.[10]

Hay motivos de peso para apoyar las leyes que regulan la desinformación, la información errónea y el fraude, porque estos causan una pérdida de libertad tan real como los daños asociados a las otras externalidades de las que he hablado. Esto incluiría regulaciones que obliguen a las empresas a divulgar información relevante, aunque estas leyes podrían considerarse una infracción de la libertad de expresión si esta se interpreta de manera absoluta.

Libertad de contratación, libertad de explotación y la importancia crucial de las instituciones de la «verdad»

Si hay leyes y regulaciones contra la desinformación y la información errónea, tiene que haber formas de determinar qué es verdad con, como mínimo, un alto grado de fiabilidad. Es necesario. Una sociedad que funcione *debe* contar con medios para evaluar la verdad que se hayan acordado socialmente. La gente no puede tener diferentes visiones sobre la verdad en ciertos ámbitos clave; por ejemplo, los relacionados con los contratos, la propiedad, la conducta delictiva y la salud pública.[11]

En el capítulo 5 he explicado la importancia de los contratos y su cumplimiento para el buen funcionamiento de una economía de mercado; de hecho, la ejecución de los contratos es una de las pocas cosas que la derecha cree que debe hacer el Gobierno. Pero estos carecerían de sentido si una de las partes pudiera limitarse a afirmar que ha cumplido los términos del acuerdo, o que la otra parte no lo ha hecho. Los conflictos contractuales surgen con frecuencia, incluso entre partes razonablemente honestas. Tiene que haber algún modo de determinar la verdad, de saber cuál de las alegaciones de las partes es correcta, y eso es lo que intenta hacer nuestro sistema legal.[12]

En los siglos transcurridos desde la Ilustración hemos desarrollado instituciones que evalúan la verdad de manera aceptable: tribunales independientes, instituciones educativas y de investigación y asociaciones profesionales. Estas instituciones contaban con un amplio consenso hasta que aparecieron en escena sus detractores, que pertenecen al Partido Republicano actual o a sus homólogos de todo el mundo.[13] A menos que restablezcamos la confianza en estas instituciones que determinan y verifican la verdad, será difícil tener una sociedad duradera y que funcione bien o una economía productiva.

Durante algo más de doscientos años hemos dependido de tribunales públicos e independientes para establecer la verdad cuando se producía una disputa legal. Debería ser obvio que nadie quiere que el litigio lo resuelva alguien con un conflicto de intereses, alguien cuyo bienestar dependa de cuál sea su veredicto. Por eso hablamos de un poder judicial público e independiente. Impartir justicia es una función pública básica. Pero algunos miembros del sector empresarial quieren eludir los tribunales y recurrir al arbitraje *privado* para resolver disputas.

Por ejemplo, las corporaciones poderosas insisten en que cuando los consumidores compran sus productos y se produce un conflicto, deben recurrir al arbitraje en lugar de a un tribunal de justicia público. ¿Por qué? Porque en ese ámbito las empresas tienen una influencia desproporcionada, así que esto refuerza hábilmente su poder para explotar a los consumidores. Las garantías son importantes, y sirven para que las empresas aseguren la calidad. Si el producto no es de la debida calidad, los consumidores pueden recuperar su dinero. Sin embargo, los compradores no suelen llevar consigo a un abogado que lea la letra pequeña y revele una cláusula de arbitraje oculta. Pero a medida que más empresas introducen estas cláusulas, el valor de la garantía de cualquiera de ellas se reduce; los consumidores no pueden saber con facilidad si esta es real. Así, las garantías se convierten en una manera poco efectiva de asegurar la calidad. La letra pequeña sobre el arbitraje es un tipo de contaminación del entorno económico.[14]

Las corporaciones afirman que todo esto forma parte de una libertad básica, la libertad de contratación. Dicen que tienen derecho a incluir lo que quieran en un contrato, y que la otra parte tiene derecho a firmarlo o no. Yo lo expresaría de otra manera: todo esto forma parte de su libertad de explotación. Una sociedad justa y buena prohíbe la libertad de explotación, y eso significa que debe circunscribir la libertad de contratación cuando las empresas abusan de esa «libertad» y explotan a sus clientes, reduciendo así la libertad de estos. No es más que otro ejemplo de uno de los temas centrales del capítulo 5: en cualquier sociedad, la libertad de contratación está restringida. Una buena sociedad mantiene un equilibrio entre libertades y se preocupa por cómo los abusos de la libertad de contratación pueden ampliar la libertad de explotación. En este caso, la disposición contractual mina la credibilidad de la sociedad para «determinar la verdad», porque transferir esta función al arbitraje impulsado por las empresas da lugar a resultados sesgados que favorecen a las corporaciones.

Este no es el único abuso de la «libertad de contratación» que practican los gigantes digitales. A menos que el Gobierno lo prohíba, los términos del servicio les dan derechos ilimitados para utilizar y vender la información que obtienen del uso que hacemos de sus plataformas. Pensamos que prestan sus servicios sin cobrar, pero ellos saben que salen ganando porque consiguen *nuestra* información gratis. Y, por supuesto, si hay un conflicto sobre una posible violación de los términos del servicio, lo resolverá un árbitro corporativo, no un tribunal público.

Fuerza e intimidación

Para que los mercados funcionen bien hace falta, al menos, un ingrediente más: la ausencia del uso de la fuerza y la intimidación. Por desgracia, ambas acciones —por ejemplo, el troleo incontrolado en las redes sociales— se han convertido en una realidad.

En el artículo «Facebook no entiende el mercado de las ideas», que Anya Schiffrin y yo escribimos para el *Financial Times* en 2020, concluíamos así nuestra exposición sobre la noción de un libre mercado de ideas:

> En resumen, sin una transparencia total, sin un mecanismo que obligue a los participantes a rendir cuentas, sin la misma capacidad para transmitir y recibir información y con una intimidación implacable, no puede existir un libre mercado de ideas. Una de las principales ideas de la economía moderna es que los incentivos privados y los sociales no suelen estar bien alineados. Si los que quieren difundir información errónea están dispuestos a pagar más que los que quieren contrarrestarla, y si la falta de transparencia es más rentable que la transparencia, entonces [si nos limitamos a decir] «que así sea», no conseguiremos un mercado de ideas que funcione bien.[15]

EL PODER DE MERCADO DE LAS REDES SOCIALES

Los enormes beneficios que obtienen las empresas de redes sociales son una clara señal de la falta de competencia. Lo normal sería que semejantes beneficios fomentaran la entrada de nuevos competidores, lo que provocaría la dispersión de los beneficios. Esto no ha ocurrido.

Después de que Elon Musk comprara Twitter y amenazara con eliminar la moderación de contenidos, hubo anunciantes que se fueron, ante el riesgo de que sus anuncios aparecieran al lado de un tuit ofensivo o que no se correspondiera con la imagen que querían asociar a su marca. Los usuarios se quejaron ruidosamente y sopesaron irse a otra plataforma. Pero en el momento en que este libro entra en imprenta, Twitter (con el nuevo nombre de X), con todos sus defectos y fallos, sigue siendo el medio dominante a través del cual se comunican los empleados del Gobierno, los directivos corporativos y quienes forman parte de la esfera pública. El intento, bien financiado, de Meta de sustituir Twitter con su aplicación Threads ha tenido un éxito limitado, a pesar del descontento generalizado con el primero.

La razón principal es sencilla: las externalidades de red y un marco en el que el ganador se lo lleva todo. El valor de estar en una plataforma como Facebook (Meta) depende de que los demás estén en ella. Al principio, todo el mundo gravita hacia la mejor plataforma, de modo que solo esa sobrevive. Incluso si, con el tiempo, se vuelve relativamente ineficiente (en comparación con un innovador que aporta nueva tecnología, por ejemplo) y deja de servir a los usuarios, por no hablar de la sociedad, tan bien como podría hacerlo una alternativa, es posible que continúe siendo dominante.

Pero hay otro elemento que explica el crecimiento del desmedido poder de mercado y los enormes beneficios de las empresas de redes sociales. Su modelo de negocio se basa en recoger, utilizar y acumular la información obtenida de las interacciones en sus plataformas. Las plataformas han monetizado el valor de los datos de los usuarios. La utilización eficiente de la gran cantidad de información que poseen les ha permitido dirigir los mensajes (en concreto, los anuncios) de modo que generan una participación mayor, lo cual genera aún más información. Dado que la atención y el tiempo son bienes escasos, una «mejor» focalización podría significar que los usuarios reciben mensajes más relevantes, lo que se traduciría en compras que hacen que las personas disfruten de un mayor nivel de bienestar. Por desgracia, ese no es el objetivo de una mejor focalización. El objetivo es aumentar los beneficios, que se derivan de los ingresos publicitarios, que, a su vez, se derivan de inducir que se hagan compras más lucrativas a los anunciantes. El aumento de los beneficios procedentes de ventas puede ser el resultado de una discriminación de precios más efectiva; por ejemplo, de una estrategia de precios segmentados que asigna precios diferentes a distintos consumidores. Esto permite captar una parte mayor del excedente del consumidor de los individuos, lo que están dispuestos a pagar por el producto por encima de lo que tendrían que pagar. Los beneficios también pueden provenir del aumento de las ventas, incluidas las que se hacen a personas cuyas debilidades son explotadas por las plataformas, como los adictos al juego. Los mayores beneficios para los anunciantes se reflejan en mayores ingresos publicitarios para los gigantes digitales, lo que los hace aún más rentables.

Las plataformas acaparan información y, gracias a eso, aumentan sus beneficios e incrementan aún más la ventaja competitiva sobre sus rivales. Esto también les permite dirigirse a los consumidores mejor de lo que pueden hacer sus rivales. Algunos gigantes digitales, como Google y Amazon, tienen más información que los demás, y pueden utilizar esa ventaja informativa para obtener una ventaja competitiva, ya sea en ventas directas o en publicidad. Acaparar información, si bien resulta particularmente rentable, es doblemente ineficiente. En la medida en que la información tiene valor social, acapararla impide su pleno uso por parte de cualquiera que no sea la plataforma que la obtiene. Sin embargo, esto dota a la plataforma de poder de mercado. Los datos son un recurso significativo y casi nunca tienen precio, y son especialmente importantes para la inteligencia artificial, por lo que se genera un círculo vicioso. Las plataformas más grandes se hacen con más datos, lo que les da una ventaja competitiva sobre sus rivales, pero que no tiene por qué reflejar una capacidad o voluntad de servir mejor a los demás.[16] Su poder de mercado se ve entonces reforzado, como acabo de describir.

Los daños particulares que genera la competencia imperfecta en las plataformas: el debilitamiento de la competencia en toda la economía

Por supuesto, se producen tensiones entre el uso eficiente de la información, el acaparamiento anticompetitivo de la información y la preocupación por la privacidad. Una de las razones por las que la gente se preocupa por la privacidad es que, como ya he señalado, la divulgación de información puede permitir la explotación. En un mercado competitivo normal, la información sobre las preferencias de consumo de una persona concreta no tiene ningún valor.[17] Pero en el mundo real, en el que existe poder de mercado, puede resultar muy valiosa para una empresa y aumentar significativamente sus beneficios.

Aunque es difícil determinar en qué medida la explotación de la información obtenida de los usuarios que llevan a cabo las plataformas mejora la asignación de recursos —si es que lo hace—, hay un resultado analítico que está claro: el uso de esta información para segmentar precios —cobrar precios distintos a clientes diferentes— socava el habitual argumento sobre la eficiencia de los mercados competitivos, que se basa en la premisa de que a todos los hogares y las empresas se les cobran los mismos precios.[18] Esta discriminación de precios no es más que una transferencia de recursos de los consumidores ordinarios a las empresas ricas, lo que al mismo tiempo disminuye la eficiencia y aumenta la desigualdad.

Si bien las plataformas han proporcionado servicios valiosos como los motores de búsqueda y el correo electrónico, su modelo de negocio se basa en la explotación y la publicidad, no en mejorar la eficiencia de la prestación o la producción de bienes y servicios, ni en producir bienes y servicios que satisfagan mejor las necesidades de los usuarios. Las plataformas están dispuestas a sacrificar la calidad de la función de búsqueda si eso aumenta sus beneficios, como demuestra el ejemplo de Google, que pone publicidad de pago en la parte superior de la página de resultados de búsqueda.

Una economía en la que el modelo de negocio de los supuestos motores de la innovación se basa en la publicidad y no en la producción de bienes y servicios tiene algo inherentemente extraño. Y se trata de un callejón sin salida, porque la «extracción de rentas» —la obtención de una cuota mayor del gasto de los consumidores— que se puede conseguir mediante un sistema de publicidad mejor y más explotador es limitada. Por supuesto, cuanto mayor sea la parte del gasto de los consumidores que extraen, menor será la que se destina al coste real de producción de los bienes y servicios que los individuos necesitan y desean.

El modelo de negocio no se dirige tanto a mejorar el bienestar como a potenciar la explotación corporativa. Esa no puede ser la base de una buena economía ni de una buena sociedad.[19]

POR QUÉ ES RELEVANTE EL PODER DE MERCADO EN LOS MEDIOS DE COMUNICACIÓN: UNA SERIE DE DAÑOS SOCIALES

El poder de mercado descrito antes tiene los efectos habituales —precios más altos y mayores beneficios—, que distorsionan la economía y transfieren recursos de la gente corriente a los propietarios de las empresas, lo cual contribuye al aumento de la desigualdad. Pero el poder de mercado en estos sectores tiene otras importantes repercusiones negativas relacionadas con el hecho de que las ganancias privadas pueden ser bastante diferentes de las ganancias sociales.

En este contexto, el poder de mercado significa la falta de un acceso equitativo y justo a los canales por los que se transmite la información a la sociedad. Los intereses políticos con suficiente dinero pueden inundar las redes sociales, utilizando bots u otros medios. Eso no es un mercado libre y es muy diferente de cómo, al principio, las redes sociales se defendieron como elementos democratizadores del espacio informativo. Las corporaciones utilizan su dinero para conformar lo que los ciudadanos ven y oyen, y lo que ven y oyen conforma la sociedad.

El poder de mercado también implica que las plataformas controlan los algoritmos, las reglas que determinan qué se amplifica y a quién se dirige según qué información. Mark Zuckerberg y Elon Musk no han ocultado que son ellos quienes elaboran esas reglas; ellos deciden si se difunden declaraciones claramente falsas y cuándo se hace. En medio de la pandemia de la COVID-19, las plataformas de redes sociales se vieron obligadas a no transmitir información incorrecta sobre las vacunas aunque pudieran ganar dinero con eso. Demostraron que tienen esa capacidad. Pero en otros ámbitos no han demostrado tanta moderación. Zuckerberg y Musk decidieron, por ejemplo, difundir declaraciones falsas de políticos.

En este mundo de las redes sociales, caracterizado por múltiples daños sociales y múltiples aspectos de lo que podrían calificarse como reducciones no coercitivas de la libertad (por ejemplo, el ciberacoso), nos enfrentamos una vez más al dilema de que la libertad de una persona es la falta de libertad de otra.

Las redes sociales han sabido aprovechar tanto los avances en inteligencia artificial, que permiten dirigir mejor las diferentes informaciones a distintos usuarios, como el nuevo conocimiento sobre la conducta humana y el procesamiento de la información. Han desarrollado la capacidad de crear comunidades online aisladas que refuerzan creencias dispares, fragmentando la estructura de la información más allá de lo que era posible hasta ahora, y de una manera que ha aumentado la polarización.

Las plataformas online no solo han exacerbado la fragmentación de la sociedad, además han agravado el problema de la difusión rápida y viral de la desinformación y la información errónea. La viralidad significa que la información puede propagarse rápidamente, más rápido de lo que pueden diseñarse los «antídotos» contra la desinformación. La falta de transparencia sobre quién recibe qué mensajes ha impedido que los antídotos se desarrollen y distribuyan eficazmente en el tiempo oportuno, si es que llegan a distribuirse.

Las empresas de redes sociales han permitido la instigación de la violencia y la difusión de incitaciones al odio, y han inducido comportamientos antisociales. Ellas afirman que son neutrales, lo cual es obviamente falso. Sus algoritmos toman decisiones sobre qué mensajes promover y a quién, y, como he señalado, lo hacen de una manera que mejora sus beneficios y aumenta la polarización.[20] Podría haber algoritmos alternativos que generaran menos polarización o fomentaran la armonía social, pero lo que es privadamente rentable no coincide con lo que es socialmente deseable.

Explicar el éxito de la desinformación y la información errónea

El éxito de la desinformación y de la información errónea, y la persistencia de puntos de vista muy divergentes en muchos ámbitos clave, parecen difíciles de conciliar con cualquier modelo de racionalidad individual. En el modelo estándar de los economistas, la información no científica (por ejemplo, la antivacunas) no tendría ningún efecto. Las pruebas nos dicen que en el mundo real sí lo tiene.

La economía conductual explica, en parte, el grado en que divergen las creencias, incluso sobre cuestiones científicas, señalando la racionalidad limitada de los individuos.[21] Por ejemplo, ha destacado la importancia del sesgo de confirmación: la predilección por buscar y dar más peso a la información coherente con nuestras creencias y por descartar la información incompatible con ellas. La consecuencia es que si empezamos polarizados, acabamos más polarizados.

Además, la economía conductual del siglo XXI ha hecho hincapié en la formación de las creencias, como hemos visto en el capítulo anterior. Por supuesto, hace mucho tiempo que los profesionales del marketing tratan de entender cómo influir en las creencias de las personas. La mayor parte de la publicidad no tiene que ver con proporcionar información, sino con aprovecharse de las aspiraciones y la vulnerabilidad de la gente. El hombre Marlboro es un caso emblemático. Esa campaña publicitaria de enorme éxito, que empezó en la década de 1950 y duró decenios, no decía literalmente que fumar Marlboro te convertía en un rudo vaquero, información que, en cualquier caso, era irrelevante para la mayoría de los fumadores que vivían en zonas urbanas. En su lugar, el gigante del tabaco Philip Morris optó por crear una imagen: los hombres que fuman cigarrillos Marlboro son hombres *de verdad*. Y optó por omitir, por supuesto, la información de que fumar puede matarte.[22] Algunos atribuyen el éxito de los cigarrillos a esa imagen del vaquero. El trabajo del anunciante es convencer a la gente de que compre un producto, y los anunciantes son muy buenos en su trabajo. Tan buenos, evidentemente, que las empresas justifican un gasto de cientos de miles de millones de dólares cada año en publicidad.

POR QUÉ LA POLARIZACIÓN ES RENTABLE

Las plataformas han ideado una estrategia ganadora —ganadora para ellas y desastrosa para el resto de la sociedad— basada en la polarización, o la «implicación a través de la crispación». Los grupos se crispan por cosas diferentes, así que el modelo de negocio de las plataformas consiste en proporcionar a cada usuario aquella información que alimenta su ira. Pero fragmentar el ecosistema informativo genera polarización social. Los grupos reciben información que refuerza sus creencias o su sensación de injusticia. Sus fuentes de noticias no incluyen artículos o información que puedan contradecirles.

Estos efectos se amplifican porque las creencias son interdependientes. Nuestras creencias están influidas por las creencias de aquellos con los que interactuamos. Ocurre así, sobre todo, si los proveedores de información logran enmarcarla de modo que quede integrada en un contexto cultural.[23] Si los republicanos hablan desproporcionadamente con republicanos, su visión particular del mundo se refuerza. Las pruebas que ven, y cómo interpretan esas pruebas, consolidan sus creencias previas. Lo mismo sucede con los demócratas. Y esto intensifica aún más la polarización.[24] Por eso, el hecho de que una persona crea que el cambio climático es real no está tan determinado por su nivel educativo (como cabría esperar) como por su afiliación política.[25]

Esta interdependencia de las creencias da lugar a externalidades sociales evidentes a las que las empresas de redes sociales, en su búsqueda de mayores beneficios, no prestan atención; o, para ser precisos, solo les prestan atención para explotarlas en beneficio propio. (Incluso cuando estas empresas reconocen los efectos negativos de lo que se transmite y que los algoritmos exacerban la polarización, no han estado dispuestas a hacer mucho —más bien nada— al respecto).

Los cambios tecnológicos y políticos influyen en la magnitud de la fragmentación social. En la época posterior a la Segunda Guerra Mundial, cuando la televisión era uno de los principales vehículos para ofrecer nueva información, en Estados Unidos solo había tres grandes cadenas de televisión nacionales, y todas pretendían ofrecer una información amplia e imparcial. Las cadenas trataban los informativos como un servicio público (una práctica que cambió, en parte, por el programa *60 Minutes* de la CBS, que demostró que estos también pueden generar ingresos). Las doctrinas de imparcialidad garantizaban que las principales diferencias de opinión contaran con tiempo en antena.[26] Los espectadores de todo el espectro político estaban expuestos a una información similar. Aunque la interpretación de los hechos pudieran diferir, así como las consecuencia en las políticas, todos los telespectadores u oyentes escuchaban los mismos hechos, lo que facilitaba suficientes puntos en común para llegar a un acuerdo.

Sin embargo, el hecho de que en 1987 la Comisión Federal de Comunicaciones de Estados Unidos eliminara las obligaciones de imparcialidad, sumado a la llegada de la televisión por cable y más tarde internet, supuso que las personas con creencias distintas tendieran a consumir noticias que encajaban con su visión del mundo.[27]

PODER DE MERCADO, DESIGUALDAD Y LA CREACIÓN DE METANARRATIVAS SOCIALES

Con todo, el mayor peligro de las plataformas es su poder para crear metanarrativas sociales, las historias e interpretaciones que conforman la visión del mundo de gran parte de la población.

Como he señalado en repetidas ocasiones, respondemos a la información que recibimos, y en el mundo actual los medios de comunicación, entre ellos las redes sociales, son una de las principales fuentes de información. Si ven constantemente vídeos de oleadas de refugiados que intentan cruzar la frontera —aun cuando esto sucede con relativa poca frecuencia—, los individuos racionales podrían llegar a la conclusión de que la inmigración es un asunto clave. Y esto se exacerba en un mundo en el que muchas veces las preferencias y las creencias se conforman de maneras que no son del todo racionales. Los espectadores racionales, por ejemplo, podrían considerar que las declaraciones que escuchan en Fox News no son serias, porque saben que la organización tiene una agenda y, como mínimo, las noticias son parciales. De hecho, Fox ha sido descubierta propagando mentiras evidentes que refuerzan las ideas preconcebidas de algunos espectadores. Ya he hablado de la notable disparidad entre lo que es bueno para los beneficios y lo que es bueno para la sociedad, incluso cuando los individuos son razonablemente racionales. Pero cuando las personas no son en absoluto racionales y los medios pueden conformar las creencias, la disparidad es aún mayor. Está demostrado que lo que la gente ve en los medios de comunicación es relevante. Los espectadores que ven Fox News tienen una visión del mundo forzada.[28]

Cómo vemos el mundo es fundamental para cualquier cuestión, incluida la libertad. Como hemos observado en el capítulo 8, si la gente piensa que está mal tirar cosas al suelo, no lo hará, y no será necesaria la coerción para impedir que se tiren cosas al suelo. Por otro lado, si la gente acaba pensando que tiene derecho a tirar cosas —que es un derecho humano básico—, entonces puede que sea necesario aprobar leyes para proteger el medioambiente, que algunos considerarán coercitivas.

Los medios de comunicación tienen un enorme poder para crear el prisma a través del cual la población ve el mundo. Conforman creencias sobre si el Gobierno es la solución o el problema, si los incentivos materiales son importantes y si subir los impuestos a las corporaciones destruirá la inversión y provocará una pérdida masiva de empleo.[29]

Fox participó en la promoción de las falsas acusaciones realizadas por Donald Trump de que las elecciones de 2020 fueron un fraude, y lo hizo con un éxito notable, porque logró convencer a un segmento importante de la población a pesar de las muchas pruebas en contra. (En este caso, Fox fue considerada parcialmente responsable en el acuerdo con Dominion Voting Systems y tuvo que pagar 787 millones de dólares). Al convertirnos, sin querer, en víctimas de cómo nos moldean los medios tradicionales y las redes sociales, perdemos elementos importantes de nuestra libertad.[30]

Creencias sobre la acción colectiva

Si solo estuvieran en juego las creencias privadas de los individuos que carecen de relevancia para cualquier acción, esto no importaría demasiado. Si la gente solo discrepara al opinar sobre si es más sana la lechuga roja o la verde, no sería significativo. Los partidarios de la lechuga roja podrían comer más lechuga roja. Sin embargo, hay una serie de decisiones importantes que se adoptan de manera colectiva; lo que hacemos juntos como sociedad, sobre todo a través del Gobierno. Una metanarrativa, un prisma, que considere que los Gobiernos siempre son ineficientes, que el sector privado siempre es eficiente, los impuestos siempre perjudiciales y el gasto público siempre excesivo, dará lugar a un Gobierno pequeño y una inversión insuficiente en bienes públicos. Dará lugar a una economía mal regulada y de bajo rendimiento, y casi con seguridad a una sociedad más dividida. Pero algunos medios de comunicación nos proporcionan este prisma.

Las diferencias en la visión del mundo también se asocian a diferencias importantes en qué decisiones se adoptan colectivamente. La polarización extrema de las opiniones acerca de lo que debe hacer el Gobierno, de lo que debe limitarse o permitirse, ha contribuido a la disfunción política.

El prisma a través del cual vemos el mundo define la «legitimidad moral» de lo que hacemos, incluido lo que hace el Gobierno respecto a la desigualdad.[31] En el capítulo 6 he explicado que, en realidad, los ingresos de gran parte de los ciudadanos más ricos tienen una escasa legitimidad moral. Ellos, por supuesto, siempre han querido que todo el mundo acepte la legitimidad moral de su riqueza, porque eso debilita el derecho del Estado a arrebatársela, bien para redistribuirla entre los pobres o para proporcionar bienes públicos. Los propietarios de esa riqueza quieren que creamos que su riqueza tiene algo de inevitable, quizá incluso de necesario, frente a la pobreza y la privación de otras personas. Antes de la Reforma y la Ilustración, se trataba de la «voluntad de Dios», interpretada, evidentemente, por aquellos a quienes Dios favorecía. En la era del capitalismo, se trataba del «merecido premio» por los esfuerzos y la frugalidad de los ricos; y con el neoliberalismo se introdujo la idea del efecto derrame, según la cual todos se beneficiaban de la generosidad de los de arriba.[32]

Sin embargo, esto plantea una pregunta: ¿cómo consiguieron los ricos que el resto de la sociedad aceptara esas ideas? Contestarla en profundidad excede el alcance de este libro, pero la respuesta es, en parte, la premisa central de este apartado: lo lograron porque, al menos algunas élites, tienen un papel desproporcionado en la conformación de la metanarrativa social gracias a que controlan los medios de comunicación. Han creado un prisma para ver la sociedad a través del cual nuestra profusa y desordenada realidad se representa como ellas la ven. Deciden qué historias se cuentan y qué falsedades se transmiten de usuario a usuario o a millones de usuarios en un instante.[33]

Se trata de un problema antiguo. Pero los cambios tecnológicos y una mejor comprensión de la conducta humana, combinados con la aplicación laxa de las leyes de competencia existentes y la lentitud para adaptarlas a los rápidos cambios tecnológicos, han proporcionado a unos pocos elegidos un poder sin precedentes para conformar la metanarrativa. El hecho de que los medios de comunicación estén tan concentrados y las redes sociales puedan dirigirse tan eficazmente a los individuos con mensajes que conforman su pensamiento ha exacerbado el problema ya consolidado del poder de los ricos en los medios de comunicación.[34]

El megaimpago de la deuda argentina en el año 2000 es un buen ejemplo. El *Financial Times* y buena parte de la élite financiera contaron una historia sencilla: Argentina era un moroso recurrente; por alguna razón, el impago estaba en los genes del país. Pero si esto era tan evidente para cualquier miembro de la comunidad financiera, ¿por qué se le prestó tanto dinero a Argentina?

Había otra narrativa, que creo que se acerca más a la realidad. El sector financiero es cortoplacista y avaricioso. Cuando Mauricio Macri, el presidente de derechas, asumió el poder y prometió reformas favorables al mercado, la ideología de la élite financiera sostuvo que estas reformas transformarían el país. Cuando Macri fue más allá y les ofreció bonos con un alto interés —mucho mayor de lo que el país podía permitirse—, los compraron sin pensar si era una decisión financiera razonable. Macri les engañó, y ellos no quisieron admitirlo, así que mejor culpar a Argentina. Por supuesto, al final fueron los argentinos los que pagaron el precio más alto por lo sucedido.[35]

Pero sabemos qué narrativa prevaleció. La primera, según la cual Argentina era un moroso recurrente, porque las élites financieras vinculadas a los acreedores controlaban la prensa relevante. El resultado fue una captura cognitiva, la captura de gran parte de la ciudadanía de los países avanzados y, en particular, de las élites importantes.

Esto es, a grandes rasgos, a lo que nos enfrentamos. En muchos países, el control de los medios, tanto los tradicionales como las redes sociales, está muy concentrado y se encuentra de manera desproporcionada en manos de los más ricos.[36] Como resultado, una buena parte de la sociedad acaba creyéndose una narrativa que apoya convenientemente una economía que beneficia a los ultrarricos.

Cuando los medios de comunicación no son lo bastante diversos, la capacidad para contrarrestar las narrativas dominantes es limitada. Pero incluso con cierta diversidad, los efectos de la polarización descritos antes hacen que, aunque algunos medios aporten contranarrativas y datos «verdaderos», su impacto pueda ser insuficiente.

Los magnates de los medios han intentado conformar las metanarrativas sobre cómo deberíamos considerar la libertad, incluida la libertad frente a la regulación y los impuestos. Han tenido tanto éxito que su enfoque de esta cuestión ha sido bien aceptado, sobre todo en la época en que triunfó el neoliberalismo.

UN CRECIENTE CONSENSO SOBRE LA NECESIDAD DE REGULAR

En la actualidad, existe un consenso cada vez mayor sobre la necesidad de regular las redes sociales, quizá algo sorprendente dada su influencia (y testimonio de lo mal que han ido las cosas). Es decir, debemos reducir la libertad de las empresas de redes sociales de una manera que, en la práctica, aumente el bienestar de la sociedad y la libertad de los demás. En este ámbito, la disparidad entre los costes y los beneficios privados y sociales es tan grande que hace que las diferencias en otros sectores parezcan minúsculas; por ejemplo, las que se derivan del poder de mercado de los fabricantes de automóviles.

Curiosamente, el *ethos* de afán de lucro de una empresa como Meta es tan fuerte que aun cuando existen regulaciones sobre la privacidad que prohíben ciertas conductas, y aun cuando la empresa ha aceptado corregir sus prácticas, ha seguido adelante y ha actuado como si estuviera por encima de la ley. Esto ha llevado a Meta a pagar miles de millones de dólares en multas; así que cabe imaginar lo que haría si no existieran regulaciones o si el mercado estuviera regulado por las propias empresas.[37]

Las pérdidas de libertad que imponen las empresas de redes sociales son aún más graves porque suelen ser invisibles. A veces, sin saberlo, la gente es víctima de empresas que saben cómo motivarla para que actúe de una manera o crea cosas que de otro modo no consideraría. Estas personas han perdido parte de su libertad sin ni siquiera ser conscientes de ello. Es una pérdida algo diferente de la que se produce cuando nuestras opciones están limitadas de manera explícita. Y también es algo diferente de la coerción social y la presión de grupo. Pero no deja de ser una pérdida, aunque no la advirtamos cuando se produce.

Si bien los argumentos anteriores sugieren que las redes sociales y las plataformas digitales deberían estar más reguladas que los medios tradicionales, en realidad lo están menos. En Estados Unidos, casi se les *anima* a actuar mal. La sección 230 de la Ley de Decencia en las Comunicaciones (1996) les exime de responsabilidad por lo que se transmite a través de sus plataformas, algo que no ocurre con los medios convencionales. Por ejemplo, los medios tradicionales pueden ser demandados por difamación y fraude. Pero no así sus parientes, las redes sociales. Una disposición legal concebida originalmente para fomentar una industria incipiente ha dado lugar a la difusión viral de desinformación e información errónea sin que se asuma ninguna responsabilidad. Y si bien esto es cada vez más evidente, ha resultado imposible de detener.[38] Una vez más, no debería ser una sorpresa, dado el poder político que tienen los gigantes tecnológicos y el papel que desempeña el dinero en la política estadounidense.

Establecer reglas y regulaciones que sean más útiles para la sociedad no es fácil, pero es posible. Aunque no se puedan evitar todos los daños sociales, es posible hacer más por mitigarlos. Por ejemplo, la Unión Europea ha adoptado la Ley de Servicios Digitales, en un intento de regular los daños sociales que provocan las redes sociales. En el diseño de estas regulaciones, una cuestión fundamental es cómo impedir estos daños dentro de un marco democrático que haga hincapié en la libertad de expresión. Las sociedades, incluida la estadounidense, no han adoptado posturas categóricas respecto a la libertad de expresión. Como he señalado, en Estados Unidos hay prohibiciones contra el fraude (es decir, «mentir» en contextos comerciales en los que el engaño provoca un perjuicio), la publicidad falsa, la pornografía infantil y gritar «¡fuego!» en un teatro lleno de gente. Algunos países prohíben la incitación al odio. En todas estas situaciones, se reconoce que la libertad de una persona es la falta de libertad de otra; que la ausencia de una restricción tiene un alto coste social. Sin duda, los perjuicios más graves derivados de la desinformación y la información errónea en las redes sociales modifican el equilibrio que conlleva el diseño de cualquier regulación y lo inclinan hacia una mayor intervención.

Expresar y difundir un pensamiento no es lo mismo que limitarse a pensar algo, porque lo primero influye en el comportamiento de otras personas; de hecho, muchas veces esa es la intención. Por supuesto, la preservación del *derecho* a influir en los demás es un elemento esencial de la democracia. Los Gobiernos deben ser cuidadosos con las restricciones, porque la represión política se basa en la privación de la libertad de expresión y de prensa. Quienes creen en ideas absolutas imponen, en la práctica, un ordenamiento lexicográfico de los derechos, en el que el derecho a la libertad de expresión, con independencia de sus consecuencias en la sociedad, domina sobre los demás. Ninguna sociedad ha adoptado una posición tan extrema porque el contexto es relevante. En países como Alemania, debido al Holocausto, o Estados Unidos, por sus antecedentes de esclavitud, linchamientos y discriminación masiva, es comprensible que se prohíba la incitación al odio asociado a la raza y la etnia. Interpretar la difusión de desinformación e información errónea sobre las vacunas como un «discurso político» depende de la situación. Si casi todo el mundo ignorara las declaraciones falsas, podrían tolerarse, porque en el peor de los casos los daños sociales serían limitados. Pero en un mundo en el que un gran número de personas cree esas tonterías, la difusión de esta información puede causar un enorme daño a la sociedad. El contexto determina qué debe restringirse.

Hay argumentos de peso para limitar el ritmo al que puede difundirse la información (o la desinformación) con el fin de restringir cómo se dirigen los mensajes y exigir que los algoritmos sean transparentes. Obviamente, ninguna cláusula de la Constitución de Estados Unidos habla de viralidad porque esta no existía cuando se escribió. Lo cual no es más que otro ejemplo de lo absurdo que es tratar de interpretar ese documento teniendo en cuenta su intención original.

La regulación del poder de mercado en los medios de comunicación y las plataformas

Regular los múltiples daños sociales que generan las redes sociales es difícil, en parte por consideraciones relacionadas con la libertad de expresión y de prensa. Pero regular el poder de mercado es algo más fácil. La Unión Europea ha adoptado un enfoque global para regular el cambiante panorama tecnológico con la Ley de Mercados Digitales (LMD), aprobada en 2022, que intenta limitar el poder de mercado. La LMD complementa otras medidas de la Unión Europea sobre la privacidad y los daños sociales.[39]

La diferencia entre la postura de la Unión Europea y la de Estados Unidos puede explicarse en buena medida por la influencia de los gigantes digitales en la política estadounidense. Uno de los temas centrales de la economía moderna es el vínculo entre el poder económico y el poder político. El poder económico concentrado genera un poder político concentrado, lo que se traduce en políticas que aumentan el poder económico concentrado.[40] En este caso, las consecuencias para la sociedad van mucho más allá de los daños que suelen asociarse a la clase de poder de mercado que, a principios del siglo XX, combatían las leyes antimonopolio; por ejemplo, el del petróleo y los cigarrillos.

Se pueden adoptar algunas medidas sencillas para limitar el poder de mercado de los gigantes digitales, sobre todo de las redes sociales, y para limitar el creciente poder de mercado que adquieren las empresas gracias a la información que recogen. En las últimas décadas, las políticas públicas se han dado cuenta de que la segmentación de precios reduce la eficiencia (y la equidad). La ley Robinson-Patman de 1936, que estableció que las empresas no podían discriminar con los precios que cobraban, la prohíbe. Las diferencias de precios tenían que estar justificadas por las diferencias de costes. Por desgracia, debido a la influencia de los economistas defensores del libre mercado que sostenían que los mercados eran competitivos *por naturaleza* y, por lo tanto, había poco margen para una discriminación de precios que resultara distorsionadora, hace décadas que los tribunales estadounidenses no aplican estas disposiciones. Es hora de que empiecen a hacerlo, porque se trata de otra restricción de la libertad de las empresas para explotar que aumentaría el bienestar de la sociedad.

En concreto, las ventajas de acceso a la información que disfrutan las grandes empresas tecnológicas son cualitativamente diferentes de las ventajas monopolísticas o colusorias que tenían que regular las principales leyes antimonopolio, la ley Sherman y la ley Clayton, aplicadas por la Comisión Federal de Comercio y el Departamento de Justicia. Es evidente que se necesita una nueva generación de legislación antimonopolio diseñada específicamente para entornos en los que el acceso diferencial a la información confiere una ventaja.[41]

EL FUTURO DEL CAPITALISMO NEOLIBERAL

Lo expuesto en este capítulo tiene implicaciones para el futuro del capitalismo actual. A principios de siglo, el hecho de que muchos de los jóvenes con mayor talento se dedicaran a las finanzas, en lugar de producir bienes y servicios o conocimiento que mejoraran el bienestar de la sociedad, era motivo de preocupación. Después de que la primacía del sector financiero se viniera abajo tras el crac de 2008, muchos de los jóvenes con talento se dedicaron a la tecnología. Parecía que eso significaba hacer algo *real*, y los beneficios que obtenían estas empresas sugerían que era importante.[42] Pero en este momento, tenemos que preguntarnos sobre la viabilidad a largo plazo de un sistema económico en el que muchos de estos jóvenes con talento están haciendo poco más que fabricar una máquina de publicidad más eficiente.

También tiene implicaciones para el futuro de la democracia. Estamos viendo los resultados de una economía de mercado insuficientemente controlada, que deja los medios de comunicación y las redes sociales al alcance del mejor postor. Esto crea polarización social, de modo que ni siquiera hay puntos de acuerdo sobre las realidades básicas. Uno de los mensajes centrales de la economía moderna es que la información es un bien público. Hace tiempo que somos conscientes de lo importante que es para la democracia tener una ciudadanía bien informada, pero muchos países no se han tomado en serio lo que supone esto. Significa que el Gobierno debería apoyar unos medios de comunicación independientes y diversos.

Puede que no sea posible contrarrestar del todo la desinformación y la información errónea que difunden unos medios de comunicación privados distorsionados, con una agenda extremadamente conservadora. Sin embargo, unos medios de comunicación más diversos e independientes podrían ejercer cierto control. Varios países, sobre todo nórdicos, han demostrado que las democracias son capaces de crear unos medios con esa diversidad e independencia.

Las ideas siempre se cuestionan, así que el juego no ha terminado. Pero no vamos en buena dirección y tenemos que hacer algo al respecto. Hace tiempo que existe el temor a un mundo orwelliano en el que el Gobierno nos moldea hasta el punto que perdemos nuestra agencia humana; en un sentido profundo, nuestra libertad. Con todo, ahora estamos entrando en una distopía bastante diferente, en la que ciertas empresas del sector privado tienen un poder casi orwelliano para conformarnos, incluido el poder de convencer a los demás para que les permitan seguir sin control. Pero aún hay tiempo para poner fin a esto. Tenemos los medios para garantizar que estas poderosas innovaciones estén al servicio de la sociedad; solo necesitamos voluntad colectiva.

10
TOLERANCIA, SOLIDARIDAD SOCIAL Y LIBERTAD

En los ejemplos vistos hasta ahora, las normas están relacionadas con acciones individuales que generan externalidades que afectan a los demás; son la manera en que la sociedad internaliza las externalidades y, así, se aumenta el bienestar social. Pero en muchas sociedades las normas van mucho más allá e intentan influir en las acciones, e incluso en las creencias, que no tienen un efecto directo en el bienestar de otros.[1]

Los valores de la Ilustración, que son normas sociales compartidas por mucha gente y que yo suscribo, afirman que no se debe permitir que las creencias ajenas afecten al propio bienestar y que, lo hagan o no, los demás deben ser libres de elegir las creencias que quieran para sí mismos. En concreto, las políticas públicas sin duda no deben discriminar a las personas con creencias diferentes. Una actitud similar se aplica a las acciones que solo afectan a quienes han aceptado voluntariamente esas acciones o sus repercusiones. Las relaciones sexuales consentidas entre adultos solo les incumben a los implicados y solo a ellos, aunque el consentimiento sea un asunto complejo.[2]

Esta clase de tolerancia no solo fue esencial para la Ilustración; también lo fue para John Stuart Mill y otros autores que escribieron sobre la libertad en el siglo XIX. Si bien ellos dieron poca importancia a las externalidades que sostengo que son centrales en una economía moderna, sí desarrollaron en profundidad la idea de tolerancia.

En los siglos previos a la Ilustración, cuando Europa estaba devastada por guerras motivadas, en parte, por conflictos religiosos (aunque muchos piensan que subyacían cuestiones económicas más profundas), la falta de tolerancia era manifiesta. La intolerancia hacia las creencias religiosas ajenas llevó a los países a expulsar a ciertos grupos y forzar su conversión, a veces en detrimento de su bienestar económico. Algunos de los primeros grupos de inmigrantes que llegaron a Estados Unidos habían huido de la intolerancia o la persecución en sus países de origen. Esta capacidad de ser libres sustentó la noción de libertad de varios fundadores de la república estadounidense. Algunos de los primeros colonos habían sido testigos de cierta tendencia: cuando existía una religión estatal, el Estado oprimía a los ciudadanos que tenían otra fe. Fue esta historia la que inspiró la exigencia de libertad religiosa y la separación entre la Iglesia y el Estado.

En Estados Unidos, estas cuestiones parecían bien resueltas y contaban con un amplio consenso social. Pero hoy, en todo el mundo, incluido Estados Unidos, algunas de las controversias más acaloradas se centran en ellas. Mientras crecía, para mí la separación entre Iglesia y Estado —y la prohibición simultánea de que el Estado apoyara la educación religiosa— era un pilar de mi país, parte de la estructura institucional consolidada que garantizaba la libertad religiosa.[3] Nunca pensé que vería el día en que esto se cuestionara, como han hecho una serie de decisiones judiciales. En la misma época, consideraba que la libertad de expresión era otro pilar, aunque por supuesto entendía que había excepciones razonables. Al final, defenderé que el enfoque de la Ilustración sigue siendo correcto, que son las acciones, y no los pensamientos o las creencias, las que deben ser objeto de intervención pública. He acabado dándome cuenta de que, en determinados contextos, el discurso es una forma de acción que puede tener consecuencias trascendentales para la sociedad.

DOS DISTINCIONES CRUCIALES

Para reflexionar sobre la tolerancia, resultan útiles dos distinciones básicas. La primera es la distinción entre las ideas que pueden verificarse y las que son metafísicas y no pueden verificarse; la segunda es entre el pensamiento y la acción.

Religión frente a ciencia

Las divisiones actuales son muy diferentes de las que imperaban hace doscientos cincuenta años. Aunque algunas pueden estar arraigadas en convicciones religiosas (por ejemplo, cuándo empieza la vida), muchas tienen que ver con el funcionamiento del sistema económico y social e, implícitamente, con los *trade-offs* entre derechos. Las diferencias religiosas son metafísicas y no se someten a verificación; son cuestiones de fe que nunca se resolverán con pruebas. No ocurre lo mismo con la ciencia. Puede que Galileo fuera condenado a cadena perpetua (que cumplió en arresto domiciliario) por sus creencias sobre el sistema solar, pero sus opiniones tenían validez científica —que ahora reconocemos—, a diferencia de las visiones geocéntricas de quienes le condenaron. Por incómodas que puedan resultarle a algunos las pruebas científicas sobre la evolución o el cambio climático, las evidencias son abrumadoras. Cada uno puede creer lo que quiera, pero eso no cambiará la naturaleza del universo. Sigue habiendo personas que pertenecen a la Sociedad de la Tierra Plana, aunque hayamos visto hermosas imágenes de un planeta Tierra esférico tomadas desde el espacio exterior. Podemos tolerar sus creencias siempre que no conlleven acciones que perjudiquen a otros.

Lo mismo ocurre con el sistema económico y social. Podemos determinar con cierta seguridad las consecuencias de equilibrar el presupuesto u otras políticas públicas. Y debería ser evidente que es absurdo que el Congreso apruebe leyes que especifiquen los impuestos y los gastos y luego apruebe otras que limiten el déficit y la deuda que surgen de la diferencia entre gastos e impuestos. El déficit no es más que la diferencia entre los gastos que ha autorizado el Gobierno y los impuestos que cobra. Si establece un gasto de 6,1 billones de dólares y unos impuestos de 4,4 billones, el déficit será de 1,7 billones de dólares. Es simple aritmética. Aprobar una ley para que el déficit no supere el billón de dólares no puede cambiar ese cálculo; solo plantea una pregunta: ¿cuál de las tres cifras (gastos, impuestos, déficit) debería ignorarse? Del mismo modo, la deuda no es más que el resultado de sumar déficits. Si la deuda del año pasado fue de 21 billones de dólares y el déficit de este año es de 1,7 billones, la deuda del que viene será de 22,7 billones; de nuevo, una cuestión de aritmética. Aprobar una ley para que la deuda no supere los 22 billones de dólares no puede cambiar el cálculo, solo plantea una pregunta: ¿cuál de las tres cifras (el gasto actual, los impuestos actuales o el techo de deuda) habrá que ignorar o cambiar? (Es algo parecido a cuando en 1897 una legislatura estatal de Estados Unidos consideró aprobar una ley para que el número pi —la relación entre la longitud de una circunferencia y su diámetro— fuera, según el caso, 3,2, 3,24, 3,236 o 3,232, en lugar de 3,1416. El hecho de escribir una ley que establece algo no cambia la realidad del mundo).[4]

Los avances de la ciencia económica han mejorado nuestro conocimiento, pero sin duda sigue habiendo controversias importantes. Podemos analizar las consecuencias de distintas reglas y asignaciones de derechos, aunque no estemos de acuerdo en cómo evaluar los *trade-offs* que surjan. Debería estar claro que el derecho a llevar un arma causa más muertes de personas inocentes. A las víctimas se les ha arrebatado el derecho a vivir. La derecha parece afirmar que ese derecho es menos importante que el derecho a portar un arma y el placer que esos objetos proporcionan a sus propietarios.

Pensamientos frente a acciones

Una distinción aún más básica para entender la noción ilustrada de tolerancia tiene que ver con la diferencia entre pensamiento y acción. Los pensamientos que no se llevan a cabo no tienen ningún efecto directo sobre los demás y, por lo tanto, no deben restringirse. Akeel Bilgrami ha sugerido que una de las mayores tiranías del cristianismo fue pasar de decir «No cometerás adulterio» a decir (en el evangelio según Mateo) «Oísteis que fue dicho: no cometerás adulterio. Pero yo os digo que cualquiera que mira a una mujer para codiciarla, ya adulteró con ella en su corazón». Antes incluso, los diez mandamientos prohibían codiciar la casa del prójimo, a su mujer, al siervo o la criada, el buey o el asno, o cualquier otra cosa que perteneciera a «tu» prójimo (véase Éxodo 20:17). La codicia atañe a los pensamientos íntimos de cada persona.[5]

Obviamente, no actuamos siguiendo cada pensamiento —la agencia humana es la capacidad de decidir lo que hacemos— y los valores de la Ilustración conceden libertad de pensamiento, aunque no libertad de acción cuando esas acciones afectan negativamente a las libertades de los demás.[6]

LOS LÍMITES DE LA TOLERANCIA

En el mundo actual, la tolerancia se ve sometida a tensión cuando las creencias erróneas —cuya falsedad puede verificar la ciencia— se llevan a la práctica. Puedo tolerar que la gente crea todo tipo de tonterías; si eso le hace sentirse mejor, allá ella. Pero ¿cómo nos planteamos las acciones basadas en esas creencias que objetivamente *nos* afectan de una manera negativa? Este es, por supuesto, un caso típico de externalidad. El hecho de que la gente se comporte de determinada forma debido a creencias erróneas no cambia el daño causado, aunque puede influir en cómo nos planteamos los *trade-offs*. Podemos (creo que deberíamos) dar menos importancia a su pérdida de libertad para infligir daño si el motivo de su acción es una creencia que contradice pruebas científicas.

Pensemos en quienes creían que beber lejía curaría la COVID-19. Hasta el presidente de Estados Unidos promovió curas falsas. Cabría adoptar una actitud de *laissez-faire*: aquel que bebe lejía asume las consecuencias de actuar según sus creencias. Pero no es el único que sufre las consecuencias. Si, como resultado, acaba hospitalizado, buena parte de los costes médicos correrán a cargo de la sociedad. Hay externalidades económicas derivadas de esas creencias erróneas llevadas a la práctica. También hay externalidades para su familia y sus amigos, que empatizan con él y sufren. Y tomar lejía en lugar de un medicamento eficaz implica que la enfermedad persiste, lo que aumenta la probabilidad de que la contraiga otra persona. Otra externalidad. Por supuesto, hay cierto grado de paternalismo en impedir que alguien beba lejía para curarse, aunque hay otros casos en los que se da esa clase de paternalismo, por ejemplo, las leyes que obligan a ponerse el cinturón del coche o el casco y la prohibición de consumir drogas.[7] (Una vez más, una justificación detallada de este paternalismo o el análisis de sus consecuencias superan el ámbito de este libro, pero está claramente relacionada con los límites de la libertad que estamos abordando).[8] Aun así, siempre que haya externalidades, existe una justificación social para impedir que esa persona ingiera lejía.

La tolerancia tiene otros límites: ¿hasta qué punto debemos tolerar a los intolerantes? De nuevo, no es posible abordar esta cuestión en este breve libro.

Tolerancia y acción colectiva

Sin embargo, hay un tema sobre el que quiero decir algunas palabras. He insistido en que una cosa es la tolerancia con las creencias y otra la tolerancia con las creencias que dan lugar a acciones que perjudican a los demás. También he explicado la importancia de la acción colectiva en la sociedad del siglo XXI. Las ideas sobre qué medidas debería adoptar la sociedad se ven influidas, por supuesto, por las creencias. Si una persona cree cosas disparatadas, puede votar por medidas disparatadas y apoyar a líderes políticos que promueven ideas disparatadas. En este contexto las externalidades surgen de las creencias.

Las divisiones ideológicas que caracterizan la sociedad actual implican, por desgracia, creencias que se oponen a la ciencia moderna en uno de los bandos. Por ejemplo, hay pruebas abrumadoras de que el cambio climático es real, que está relacionado con el aumento de los gases de efecto invernadero en la atmósfera y que provoca fenómenos meteorológicos extremos que imponen costes enormes. Si creemos en la ciencia, tenemos que creer que no se debe dar la misma importancia a todas las opiniones al respecto. No podemos limitarnos a decir: «¿Quién dice eso?». La ciencia, en ese sentido, es fundamentalmente antidemocrática, y ese es parte de su problema en el mundo actual. En encuentros con negacionistas del cambio climático, a menudo oigo como repiten «Yo pienso por mí mismo». A muchos de quienes dicen esto les molesta el elitismo de la ciencia, el aparente autoritarismo que sostiene que algunas opiniones son correctas y otras están equivocadas, aunque sin duda las pruebas no siempre son tan claras como en el caso del clima.[9]

En el capítulo anterior he hablado de la necesidad de restringir las plataformas digitales para que no difundan o faciliten la difusión de desinformación e información errónea cuando estas provocan daños sociales. Y provocan daños sociales cuando hay que tomar decisiones colectivas importantes que se ven afectadas por estas creencias cuya falsedad puede verificarse, basadas muchas veces en información cuya falsedad también puede verificarse. Cuando los individuos creen información equivocada —cuando es demostrable que mucha gente es incapaz de identificar las mentiras y la información falsa— puede que haya que restringir su difusión. Lo hicimos durante la pandemia; habría sido necio —socialmente dañino— no hacerlo. Hay que ser completamente tolerante con lo que cree la gente, si bien esa tolerancia debe limitarse cuando las creencias se trasladan a acciones. Y está claro que el discurso cuya intención es influir en los demás es, como ya he dicho, una «acción».

Aunque los estadounidenses defienden la libertad de expresión —a fin de cuentas, es la primera enmienda—, sigue habiendo varias restricciones. Estos límites siempre se están redefiniendo a medida que el mundo se transforma. Y a medida que somos conscientes de la existencia de nuevos daños sociales y nuevas formas de crearlos, hay que volver a examinar el equilibrio entre los costes y los beneficios de las restricciones, y sobre esa base imponer nuevas restricciones. Los países han llegado a este equilibrio de diferente manera. En Estados Unidos puede decirse casi cualquier cosa contra un líder político, pero en Singapur y muchos otros países, una declaración que se considere difamatoria puede llevar a una persona a la cárcel. En Reino Unido, publicar una afirmación cierta que difame a un individuo puede tener graves consecuencias. La verdad no es una defensa. En Estados Unidos, la verdad puede ser una defensa. La mayoría de los países tienen leyes contra el fraude; no se puede decir sin más «Tengo derecho a decir lo que quiera». En Estados Unidos y muchos otros países hay leyes que regulan la verdad en la publicidad. Y la incitación a los disturbios, que suele referirse al discurso, es delito en la mayoría de los países. A veces hay un «discurso obligado», es decir, se exige a las empresas que divulguen cierta información. Estas no pueden limitarse a declarar: «Tengo derecho a no revelar que el producto que vendo provoca cáncer y otros problemas de salud». Las conspiraciones para cometer un delito (como anular unas elecciones) son ilegales aunque fracasen; pero normalmente, en el centro de esas conspiraciones, están las discusiones, el discurso.

Está claro, pues, que todas las sociedades, hasta las comprometidas con la libertad de expresión, ponen restricciones a esa libertad cuando esta provoca perjuicios. Como he escrito antes, la desinformación y la información errónea generan una amplia variedad de daños sociales, por lo que es comprensible que los Gobiernos quieran restringir su difusión. Para eso se necesitan marcos institucionales capaces de distinguir entre la falsedad peligrosa y la verdad.

Estas eran, en esencia, las preguntas planteadas en el capítulo anterior: ¿cómo determinar qué afirmaciones no son veraces? Y de esas, ¿cómo determinar cuáles son perjudiciales? ¿Cómo institucionalizamos estos límites a la tolerancia? En el contexto de la COVID-19 era fácil identificar las afirmaciones falsas (como que beber cloro te curaba) y era fácil establecer los daños sociales que esas afirmaciones causaban. Las plataformas de redes sociales también demostraron que podían filtrar gran parte de la información falsa. Estos éxitos se sitúan en un extremo de lo que puede hacerse. Las plataformas cooperaron y hubo consenso científico sobre lo que era falso y lo que era perjudicial.

Por desgracia, muchas veces las plataformas no han estado dispuestas a colaborar; de hecho, en general se han opuesto a la idea de que tienen alguna responsabilidad en el control de las redes sociales y han exigido no tener que rendir cuentas por cualquier daño resultante. La mayor parte de la moderación de contenidos ha sido consecuencia de la regulación o la exigencia de sus usuarios. La postura que han adoptado algunas es que, si una figura política dice algo que es falso y dañino, no solo no es responsabilidad suya retirarlo, sino que hacerlo sería una violación de algún conjunto básico de derechos políticos, entre los que se incluye el derecho de los políticos a diseminar resentimiento y falsedades. Eso sería censura política, sostienen. Así, si el presidente o un senador afirmaran falsamente que con las vacunas contra la COVID-19 se implantaron microchips, las plataformas transmitirían esa «información» y los algoritmos podrían incluso potenciarla, ayudando así a que estas declaraciones falsas se hicieran virales. Creo que eso está mal. Asume un equilibrio inadecuado entre la libertad de expresión del político y la libertad de no sufrir daños del resto de la sociedad. *Como mínimo*, no deberían amplificarse las afirmaciones erróneas del político, y debería llamarse la atención sobre la falsedad de la afirmación y los perjuicios a los que podría dar lugar. Los algoritmos actúan como mecanismos editoriales, deciden qué se potencia que vean los usuarios. En este caso, tienen la responsabilidad de no amplificar la información, de modo que la declaración del político aparezca en su página web para que cualquiera pueda leerla, pero nada más.

En varios ámbitos científicos —entre ellos incluyo el cambio climático— existen protocolos consolidados para determinar lo que se sabe con un grado de seguridad razonable y lo que se sabe que no es verdad. Sin embargo, no ocurre lo mismo en muchos otros ámbitos, por ejemplo, en las ciencias sociales. No veo la manera de limitar la difusión de ideas falsas y confusas en estos campos. Tendremos que vivir en un mundo en el que algunos creen en fuerzas oscuras, grandes conspiraciones y una serie de nociones que no pueden demostrarse científicamente pero que son capaces de provocar efectos claramente perjudiciales.[10] Quienes creemos en la ciencia tendremos que hacer lo que podamos para conformar una población más informada y que razone más. Puesto que el funcionamiento del mercado de las ideas no es perfecto, no hay ninguna garantía de que el campo de batalla de las ideas vaya a ser mejor. La triste verdad es que el mundo puede dividirse aún más de lo que está hoy. Tal vez acabemos, por un lado, con sociedades comprometidas con la ciencia, el razonamiento y los valores de la Ilustración, en las que estas ideas, si no son universalmente aceptadas, al menos proporcionan la base de un consenso social y, por otro, con sociedades que, de una forma u otra, están atrapadas en un mundo anterior a la Ilustración. En estas últimas, la ciencia y la tecnología pueden seguir existiendo (como sucedió, de manera limitada, en la Unión Soviética), pero su influencia en la sociedad estaría compartimentada; por ejemplo, se limitaría al desarrollo de mejores teléfonos inteligentes, coches eléctricos y cohetes. Sería muy triste que mi país acabara en la segunda categoría.

Reflexionar sobre la tolerancia tras el velo de la ignorancia

El enfoque que he defendido para la toma de decisiones sociales, es decir, pensar en estos asuntos desde la perspectiva del espectador imparcial de Adam Smith o detrás del velo de la ignorancia de John Rawls, puede resultar útil para reflexionar sobre los límites de la tolerancia. Si, tras el velo de la ignorancia, no sé si naceré rico o pobre, o si me convertiré en un fanático religioso o un científico laico, una pregunta que podría hacerme es cómo afectan a la armonía cívica las distintas visiones de la tolerancia. Las guerras civiles nunca son buenas para nadie y las situaciones en las que los miembros de una familia siempre se están enfrentando, aunque no son tan letales, tampoco son agradables. Si la tolerancia hacia las opiniones que difieren de las propias es muy pequeña, resulta casi inevitable que haya conflictos. Del mismo modo, si la tolerancia es excesiva, en particular con los intolerantes, también se producirán conflictos. Es necesario que exista una presión social que desincentive la intolerancia. Solo en una sociedad en la que exista una norma sobre la tolerancia, en especial cuando se dirige a acciones que no afectan directamente a otros, puede haber suficiente armonía social para que el sistema democrático funcione bien. Es evidente que en algunos países, y en algunos lugares de Estados Unidos, esa norma ya no existe.

Al pensar en la tolerancia como algo *instrumental*, algo necesario para que la sociedad funcione bien, quiero insistir en que no renuncio al punto de vista de la Ilustración, que casi la considera un valor fundamental en sí mismo. Pero sí estoy sugiriendo que este enfoque nos ayuda a reflexionar sobre algunos de los inevitables problemas que surgen cuando intentamos definir los límites de la tolerancia.

LIBERTÉ, ÉGALITÉ, FRATERNITÉ

Liberté, égalité, fraternité fue el grito de guerra de la Revolución francesa. Vinculaba estrecha y acertadamente la igualdad y la solidaridad —la cohesión social— con la libertad. He sostenido que la igualdad, en concreto el aumento de los ingresos de los pobres a costa de los ricos, también aumenta la libertad de los primeros y reduce la de los segundos. Creo que esta medida mejora el bienestar de la sociedad y posiblemente también el de los más ricos, porque aumenta la cohesión social. Los revolucionarios franceses se dieron cuenta de que la solidaridad social es una virtud en sí misma, necesaria para el buen funcionamiento de la sociedad.

No hay solidaridad cuando unos pocos viven con lujos mientras otros pasan hambre, que fue la situación que precipitó la revolución en Francia. Cuando en una sociedad hay demasiada desigualdad, es difícil que las personas de diferentes estratos sociales vean el mundo a través del mismo prisma, por mucho que lo intenten. Es casi inevitable que la sociedad se polarice. He atribuido, en parte, la polarización que sufren ahora tantos países, incluido Estados Unidos, a la desigualdad extrema. Y he sostenido que las políticas que generan más igualdad inducirán una mayor solidaridad y una mayor libertad —tal como la he definido— para más ciudadanos. Una mayor solidaridad —menos polarización— nos permitiría ver el mundo de una manera más parecida y esto, a su vez, alcanzar un mayor consenso en las difíciles cuestiones a las que se enfrenta la sociedad, entre ellas determinar qué tipo de declaraciones y acciones son falsas y perjudiciales para la sociedad y de qué manera, que sea coherente con otros valores, puede limitarse la difusión de esas declaraciones.

En Estados Unidos y Reino Unido, muchas comunidades se han enfrentado al problema de qué hacer con las estatuas de los esclavistas y (en Estados Unidos) de quienes lucharon por el derecho a mantener la esclavitud. En mi *college* de Oxford, All Souls, la hermosa biblioteca de 1751, construida por el arquitecto Nicholas Hawksmoor, antes se llamaba biblioteca Codrington, en honor al hombre que la dotó de libros y la financió. Christopher Codrington hizo su fortuna gracias a las plantaciones que poseía en las Indias Orientales, en las que trabajaban esclavos. En 2020, pasó a llamarse simplemente «la biblioteca», como parte de «las medidas destinadas a abordar la naturaleza problemática del legado de Codrington», como se explica en la página web del All Souls College.[11] Pero en lugar de retirar la estatua de Codrington, Oxford se comprometió a exponer los nombres de los esclavizados y contar de otra manera la historia de la esclavitud en esa época.

Así pues, nos enfrentamos a una serie de conflictos problemáticos que debilitan aún más la solidaridad y polarizan a la sociedad. En Estados Unidos, el Tribunal Supremo, que podría haber optado por tomar decisiones judiciales sabias que simbolizaran un compromiso inteligente —decisiones salomónicas—, se ha convertido en otro instrumento de polarización partidista.

¿DE DÓNDE VIENE LA TOLERANCIA ILUSTRADA?

En este capítulo se han explorado las múltiples dimensiones de la tolerancia ilustrada. Si la visión evolucionista, según la cual las mejores ideas dominarán, es correcta o si *al final* los valores de la Ilustración acaban predominando, es lo de menos. Parafraseando a John Maynard Keynes: a largo plazo, todos estaremos muertos. La realidad es que una parte significativa de la población no comparte estos valores. Mantenerlos supone una lucha constante. Como decía uno de mis colegas en la Administración Clinton, tenía la sensación de que debía reivindicar la Ilustración todos los días.

La adopción profunda y universal del valor ilustrado de la tolerancia es complicada, ya que implica un compromiso con cierta mentalidad y parece que existe una tendencia humana natural a rechazar a quienes no comparten nuestros valores. Además, los medios de comunicación monopolizados no siempre promueven la noción de tolerancia de la Ilustración. Tal vez no resulte útil a los intereses de los gigantes mediáticos y sus propietarios.

Aun así, de todas las dimensiones de la libertad por cuya ampliación deberíamos esforzarnos, esta es la más importante.

OBSERVACIONES FINALES

En esta parte del libro he insistido en que nuestras creencias y preferencias están modeladas. Creo que una sociedad buena y justa no daría tanto poder a los ricos y a las grandes corporaciones para que moldeen nuestras creencias y preferencias. Resulta costoso y dañino, y la llegada de las redes sociales no ha hecho más que exacerbar los problemas. Del mismo modo, el poder de mercado en los medios de comunicación es mucho más injusto que en otros ámbitos de la economía.[12]

La tolerancia —la libertad de la gente para creer en lo que quiera, siempre que sus creencias no se traduzcan en acciones que perjudiquen a otros— es una de las ideas centrales de la Ilustración acerca de la libertad. Y la libertad de expresión implica el derecho a comunicar esas ideas, por muy a contracorriente que vayan. Pero hemos visto que las cosas no son tan sencillas. La ciencia, la búsqueda de la verdad y la creación de instituciones que evalúen la verdad también son elementos esenciales de la Ilustración. Y algunas decisiones deben tomarse de manera colectiva. ¿Hay que permitir que se sigan emitiendo gases de efecto invernadero sin control? ¿Cómo deberíamos gestionar una crisis de salud pública como una pandemia? En ese caso, la transmisión de información científicamente falsa —sobre todo la desinformación y la información errónea que se hace viral— puede tener consecuencias peligrosas y destructivas. Estos son los traicioneros bajíos por los que deben navegar las democracias del siglo XXI, y las posturas categóricas sobre las libertades no serán de ayuda.

Al reflexionar sobre qué es una buena sociedad y cómo crearla, un asunto que trataré en la tercera parte, hay que analizar cómo nos modela nuestro sistema económico y social, y quién posee el derecho —la libertad— de moldearnos a nosotros y nuestras creencias.

Existe un amplio consenso en que el sistema económico actual no está funcionando y no equilibra las libertades de manera adecuada. En los siguientes capítulos trato de entender mejor estas deficiencias y de definir qué tipo de sistema nacional e internacional tiene más probabilidades de generar la buena sociedad, o al menos de acercarnos más a esa aspiración de lo que hace el disfuncional mundo actual.

TERCERA PARTE

¿Qué tipo de economía promueve una sociedad buena, justa y libre?

La pregunta básica de este libro, que me llevó a estudiar economía, es: ¿qué tipo de sistema económico es el más propicio para una buena sociedad?

La historia de respuestas fallidas es larga. El feudalismo se caracterizó por una gran concentración de poder y riqueza, un crecimiento económico bajo y un lento progreso social. El comunismo consiguió generar una seguridad mayor y más igualdad en bienes materiales, pero fracasó en otros aspectos, como el bajo crecimiento económico, la ausencia de libertad en todas las dimensiones, la concentración de poder y una mayor desigualdad en el nivel de vida de lo que los gobernantes comunistas admitirían.

El neoliberalismo, el sistema económico dominante en Occidente durante los últimos cuarenta años, se considera cada vez más un fracaso económico porque ha producido un crecimiento más lento y mayor desigualdad que en décadas anteriores a su implantación. Sin embargo, he sugerido que sus deficiencias son más profundas. Ha aumentado la polarización social, creado ciudadanos egoístas, materialistas y a menudo deshonestos, y contribuido a una creciente falta de confianza. A pesar de que el concepto de libertad está integrado en su nombre (neo*liberalismo*), no ha proporcionado libertades *significativas* a gran parte de la población.

Para encontrar una manera de avanzar más conveniente, que implique una prosperidad compartida y el conjunto de libertades más amplio posible para el mayor número de personas, tenemos que reflexionar profundamente y plantearnos preguntas sobre qué es una buena economía y su relación con una buena sociedad.

Esquivar las preguntas difíciles: un simulacro de ciencia

Durante el último siglo, los economistas han intentado eludir estas preguntas complejas. La teoría estándar *asume* que las personas llegan al mundo totalmente formadas. La manera en que se construye la sociedad no influye en el tipo de personas que somos, dice. Y aun así, los economistas han centrado sus análisis en las escasas situaciones en las que no se puede mejorar la situación de alguien sin empeorar la de otra persona, lo que se denomina el criterio de Pareto.

La agenda económica *positivista*, que sostiene que cualquier afirmación debe ser científicamente verificada o ser susceptible de demostrarse lógica o matemáticamente,[1] evitó hacer juicios sobre la naturaleza de las preferencias y las comparaciones interpersonales.[2] Los economistas rehuyeron los debates sobre la justicia social. No querían hablar de quién era más merecedor, ni del derecho moral de las personas a quedarse sus ingresos. Ni siquiera se atrevieron a decir que, desde un punto de vista moral o social, era deseable transferir dinero de un hombre ultrarrico como Jeff Bezos —sin que importara cómo hubiera obtenido sus ingresos— a alguien que está en la indigencia, para quien esos dólares significan la supervivencia. Un economista podría decir: «sí, tengo una opinión sobre si esa transferencia de dinero es deseable, pero esos son mis valores; como técnico, no se los puedo imponer a los demás». No existe una manera científica u objetiva de evaluar si un dólar tiene más valor social para una u otra persona.

Mientras la economía fuera eficiente, produjera bienes con el menor coste posible y los ofreciera a los consumidores que más los valoraran, se dejaba que fueran los filósofos quienes decidieran si una economía en la que casi todos los ingresos iba a parar a unos pocos era mejor que una en la que los ingresos se repartían de manera más equitativa. La distribución de los ingresos era responsabilidad del proceso político, no de los tecnócratas económicos.[3] Como he señalado en el capítulo 2, hubo académicos como Robert Lucas que sostuvieron que los economistas ni siquiera debían hablar de desigualdad. Obviamente, creo que Lucas se equivocaba. Una sociedad con una cantidad fija de bienes, distribuidos de manera más equitativa, es más justa y mejor que otra en la que unos pocos se quedan con esos bienes. He planteado una forma coherente de explicar el porqué: detrás del velo de la ignorancia de Rawls, ese es el tipo de sociedad por el que optaría la mayoría de la gente, pero además es una sociedad en la que más personas tienen más libertad y más oportunidades para desarrollar su potencial.

La agenda de la economía positivista solo podía llegar hasta ahí. El criterio de Pareto —aceptar la intervención gubernamental solo cuando nadie sale perjudicado— es insuficiente para orientar los juicios morales y las políticas públicas. Es imposible decir algo relevante sin evocar juicios sobre si las empresas tienen derecho a explotar o a contaminar, o derecho a difundir desinformación o información errónea.

La política implica afrontar *trade-offs* y juicios morales. Una regulación que prohíba el comportamiento antisocial empeora la situación de algunas personas, aunque solo sean los explotadores y los especuladores.[4] Antes, he defendido las medidas gubernamentales que limitan la publicidad de cigarrillos y la venta de opioides o que restringen los alimentos que provocan diabetes infantil.[5] El amplio consenso sobre la conveniencia de estas intervenciones no hace sino reforzar la conclusión de que la obsesión de los economistas por las intervenciones de Pareto (en las que *algunas* personas salen beneficiadas y nadie empeora su situación) es desacertada. El enfoque tecnocrático de los últimos tres cuartos de siglo ha conducido a un callejón sin salida.[6]

Los argumentos de la segunda parte también han evidenciado otra de las limitaciones del enfoque económico estándar que asume que la gente nace con unas preferencias fijas. Las preferencias pueden cambiar y, de hecho, cambian. El sistema económico influye en quiénes somos. El análisis económico describe aquellas políticas que mejor pueden lograr cada resultado posible, pero si no sabemos lo que queremos no puede determinar cuál de las políticas alternativas es preferible.[7]

En un mundo con preferencias endógenas y cambiantes, debemos plantearnos la pregunta más profunda que los economistas han intentado eludir.

Se supone que la economía está al servicio de la sociedad y que una buena economía contribuye a crear una buena sociedad. Pero ¿qué entendemos por una buena sociedad? Por supuesto, los economistas no deberían ser los únicos en responder a esta pregunta; debe abordarla el conjunto de la sociedad. Esto es primordial en el discurso y el diálogo democráticos. Si bien este no es el lugar para articular el significado de la «buena sociedad», me gustaría comentar algunos aspectos sobre ella.

En mi opinión, está intuitivamente claro que (en igualdad de condiciones) una sociedad caracterizada por una mayor igualdad es mejor que una determinada por enormes disparidades; que la cooperación y la tolerancia son esencialmente mejores que la codicia, el egoísmo y la intolerancia. Las versiones extremas de esta última que han surgido en la escena estadounidense en las últimas décadas son realmente repugnantes.

Por supuesto, es importante que los economistas dejen claro cuándo van más allá de la agenda positivista, que está limitada por el criterio de Pareto. Como siempre, deben declarar qué supuestos subyacen tras sus análisis. Los economistas también pueden ser útiles para ayudarnos a entender por qué una buena sociedad interioriza la igualdad y la tolerancia. Por ejemplo, pueden mostrar cómo la confianza mejora la cooperación social, el rendimiento económico y el bienestar general de la sociedad, y cómo la igualdad y la tolerancia aumentan la confianza.[8] Pero los argumentos a favor de una sociedad basada en la confianza, la tolerancia y la justicia social van más allá de la mejora instrumental de los resultados económicos. La vida es mucho mejor y menos estresante si no tenemos que preocuparnos de que nos engañe todo aquel con el que nos cruzamos.

Las ideas presentadas aquí deberían ser útiles para reflexionar sobre qué más nos gustaría en una buena sociedad. Por ejemplo, he mencionado las libertades positivas que contribuyen a que la gente pueda desarrollar su potencial y llevar una vida plena. Un atributo clave de una buena sociedad es que esto se cumpla para una gran parte de la sociedad, si no para toda.

Tenemos que considerar esto en el contexto de un mundo en constante evolución, no a través de los ojos de los economistas del siglo XIX, que veían la sociedad como un equilibrio armonioso y estático en el que nadie ejercía el poder, ni en la economía ni en la política, y nunca se producían cambios subyacentes. Es una tradición que hoy se mantiene con demasiada fuerza en la profesión económica. Pero es obvio que no vivimos en ese mundo. Una buena sociedad se estructura de modo que podamos aprender de estos cambios y encontrar soluciones, adaptaciones y respuestas justas y equitativas.

Al tratarse de una cuestión de filosofía pragmática, no tenemos que responder a la pregunta de cómo serían todas las buenas sociedades posibles. Partimos de donde nos encontramos. Respetamos la honestidad, la bondad, la consideración con el prójimo, la cooperación y la empatía. Nos disgustan el sufrimiento y las privaciones, las injusticias, etc. Cabe destacar que, a lo largo del tiempo y en distintos lugares, en sociedades con diferentes estructuras económicas, políticas y sociales, estas virtudes casi siempre se mantienen.[9] Reconocemos rasgos dominantes, que también observamos en todas las sociedades, como un sentido de la justicia innato, la aversión general al riesgo, el deseo de al menos cierto grado de seguridad, etc. ¿Existen acuerdos sociales y económicos que fomenten estas virtudes y satisfagan estos deseos de manera sostenible? Yo creo que sí.

11
EL CAPITALISMO NEOLIBERAL: POR QUÉ HA FRACASADO

Antes de responder a la pregunta de qué tipo de economía proporcionaría una libertad significativa a la mayoría de las personas, deberíamos considerar por qué fracasó el capitalismo neoliberal (neoliberalismo, para abreviar), y con tal estrépito. Los defensores del neoliberalismo sugieren que una de las razones es que en realidad lo que hemos probado no es el neoliberalismo. La mitad de esta afirmación es correcta: no hemos probado el neoliberalismo puro. Si lo hubiéramos hecho, todo habría ido mucho peor. Los resultados económicos habrían sido peores y la desigualdad, la polarización y la inestabilidad política y económica, mayores.

Milton Friedman sugirió que para preservar el capitalismo era necesaria una versión desenfrenada de este, algo más implacable que el blando neoliberalismo de los últimos cuarenta años. La educación pública se sustituiría por vales para financiar la educación privada. Los programas públicos de jubilación se sustituirían por pensiones privadas. Las prisiones públicas se harían privadas. Llevando este razonamiento más lejos, el ejército que financia el Gobierno federal sería sustituido por ejércitos mercenarios como el grupo Wagner de Rusia.

Los defensores del libre mercado también sostienen que, incluso cuando este es imperfecto, la libertad facilita un mecanismo de autocorrección. Explicaré por qué esto no es cierto. Lejos de autocorregirse, el capitalismo neoliberal es un sistema que se devora a sí mismo.

El fracaso del neoliberalismo va más allá de la economía convencional. El capitalismo neoliberal no es un sistema político y económico sostenible. Aunque los críticos del capitalismo llevan doscientos años diciendo esto, creo que es ahora cuando entendemos mejor por qué es así. Cuando un sistema no es sostenible, dejará de sostenerse. Se producirán cambios. La pregunta es: ¿qué podemos hacer para garantizar que el cambio va en la dirección correcta?

LOS FRACASOS DEL NEOLIBERALISMO

La gran ironía de la historia es que el neoliberalismo se convirtió en una ideología global justo cuando la teoría económica nos estaba ayudando a entender las limitaciones de los mercados. Cualquier análisis sobre los fracasos del neoliberalismo debe comenzar por el estudio de estas limitaciones, las cuales he abordado en varios puntos de este libro, sobre todo cuando he hablado de las externalidades en el capítulo 3. Pero los fallos del mercado van mucho más allá de las externalidades.

A continuación resumo algunos fallos del mercado cruciales, el enfoque neoliberal de lo que debería hacerse al respecto, las consecuencias y algunos ejemplos de lo que creo que son respuestas más adecuadas. Luego destaco tres ejemplos entre las muchas intervenciones en el funcionamiento de la economía de mercado que pueden solucionar, y han solucionado con éxito, fallos del mercado básicos, además de los ya mencionados.

Competencia y explotación

El neoliberalismo estadounidense del siglo XXI difiere del neoliberalismo europeo al menos en un aspecto fundamental e interesante. Los liberales europeos reconocen que los mercados *solo* funcionan bien si existe competencia real y no suelen pensar que estos sean, por sí solos, necesariamente competitivos. En Estados Unidos, las corrientes neoliberales dominantes sostienen que los mercados son competitivos por naturaleza. Esta perspectiva se ha incorporado a los estándares legales, de modo que si en un tribunal alguien afirma que la acción de una empresa es anticompetitiva tiene una importante carga de la prueba.

En la actualidad, los economistas y los abogados de la Escuela de Chicago (el más famoso, Robert Bork)[1] que impulsaron esta visión e hicieron suposiciones poco realistas suelen ser desestimados, incluso en Estados Unidos. Sin embargo, cuando eran populares, consiguieron incrustarse en las decisiones del Tribunal Supremo e insinuaron que si iba a producirse algún cambio tendría que haber legislación, algo casi imposible en el contexto actual.

En mi opinión, las pruebas de que el Gobierno desempeña un papel importante a la hora de garantizar que los mercados siguen siendo competitivos (a través de las leyes de competencia, también conocidas como leyes antimonopolio) son abrumadoras.[2] Con el crecimiento de gigantes tecnológicos como Amazon y Google, que cuentan con un enorme poder de mercado del que han abusado, estas cuestiones se han vuelto cada vez más preocupantes.

La macroeconomía

Uno de los fracasos más evidentes de los mercados desatados son las episódicas recesiones profundas, como la Gran Depresión y la Gran Recesión, en las que el desempleo se dispara y la producción cae en picado. La Gran Recesión habría sido todavía más catastrófica si el Gobierno no hubiera intervenido. Aun así, los neoliberales y una importante corriente de la macroeconomía moderna sostienen que los mercados son eficientes, que las fluctuaciones observadas no son más que la respuesta eficiente a los *shocks* que sacuden la economía. Para quienes no pertenecen a la cerrada hermandad de los economistas, puede resultar difícil de creer que una importante escuela de pensamiento —una que es tomada en serio, que se enseña en las escuelas de posgrado y varios de cuyos miembros son premios Nobel— sostenga de verdad que el desempleo no existe y que las variaciones en el empleo son un reflejo de cómo cambia el número de individuos que decide eficiente y voluntariamente disfrutar del ocio.[3] Otro importante grupo de economistas pertenece a la escuela de «culpar a la víctima»: el desempleo se produce porque los trabajadores exigen salarios demasiado altos. Si los salarios fueran perfectamente flexibles, la economía sería eficiente y no habría desempleo.

En su intento de defender el mercado y limitar la actuación gubernamental, el neoliberalismo ha adoptado estas doctrinas de economistas abstrusos. Así, no ha sido capaz de reconocer que la fuente de las fluctuaciones más importantes y graves es el propio mercado. Una lección que deberíamos haber aprendido con la Gran

Depresión, la Gran Recesión y muchas otras crisis causadas por los excesos del mercado en todo el mundo.

Fallo del mercado	Políticas neoliberales
Externalidades Medioambiental Salud pública Conocimiento Económica Por ejemplo, la excesiva asunción de riesgos por parte de las instituciones financieras, que impone elevados costes al resto de la sociedad (Gran Recesión)	Ninguna intervención en el mercado (desregulación en lugar de la regulación existente) (El teorema de Coase dice que si los derechos de propiedad se asignan de manera adecuada, el mercado encontrará la solución por sí solo)
Bienes públicos y fallos de coordinación	Dejar que se ocupe el sector privado Cuando el Gobierno interviene, confiar en la producción privada (El teorema de Coase dice que el mercado resolverá eficientemente los problemas de bienes públicos)

Consecuencias	Políticas del capitalismo progresista

Demasiadas externalidades negativas; muy pocas externalidades positivas
 	
    Contaminación excesiva
    Pandemias peores
    Muy poca innovación
 	
Crisis financieras y económicas, con un gran coste
	Regulación, «impuestos correctivos», inversión gubernamental que da lugar a:
	
	  • Un medioambiente mejor
	  • Un mejor control de las epidemias
	
	Políticas industriales para promover innovaciones con importantes efectos indirectos; incluidas posibles restricciones comerciales
	
	Regulaciones financieras (tanto micro, que garantizan la solvencia de los bancos, como políticas macro, centradas en la estabilidad económica y el pleno empleo)

Inversión insuficiente en educación, sanidad, tecnología e infraestructuras	Inversiones públicas
Menor crecimiento. Menos igualdad y menos igualdad de oportunidades	A veces con financiación pública, con provisión privada, y a veces con producción pública
Las empresas privatizadas buscan beneficios a costa de objetivos sociales (prisiones privadas)	
La privatización y las asociaciones público-privadas suelen implicar la socialización de las pérdidas y la privatización de las ganancias	

Fallo del mercado	Políticas neoliberales
Información imperfecta	Dejar que se ocupe el sector privado (sin requisitos de divulgación, *caveat emptor*)
Mercados de riesgo imperfectos	Dejar que se ocupe el mercado
Falta de seguros contra riesgos importantes	Ignorar los riesgos derivados de políticas como la liberalización de los mercados financieros y de capitales; porque los mercados gestionan perfectamente los riesgos

Consecuencias	Políticas del capitalismo progresista
Divulgación insuficiente, que provoca una asignación de recursos y una explotación subóptimas y distorsionadas (búsqueda de rentas)	Requisitos de divulgación
	Regulaciones (de consumo, financiera, laboral) que impidan aprovecharse de las asimetrías de información y otras formas de explotación
	Leyes de responsabilidad que obliguen a las empresas a rendir cuentas y demandas colectivas para mejorar los derechos de los perjudicados
	Restricciones al arbitraje obligatorio

Pérdida de bienestar (y productividad) como resultado de la inseguridad
 	
Puede llegar a inhibir la innovación
 	
La falta de seguro médico empeora la salud y reduce la productividad
 	
Volatilidad económica excesiva, grandes pérdidas de bienestar por la volatilidad
	Todas las políticas (comerciales, financieras, etc.) tienen en cuenta las incertidumbres provocadas y el aumento de la volatilidad
	
	Seguridad social/ protección
	
	    Programas de redes de seguridad
	    Seguro de desempleo
	    Programas de jubilación
	    Seguro de salud
	
	Préstamos condicionados a los ingresos (en los que el reembolso depende de los ingresos), por ejemplo para la educación
	
	Aseguradora médica pública

Fallo del mercado	Políticas neoliberales
Mercados de capitales imperfectos (racionamiento del crédito, dificultades para obtener préstamos o financiar mediante la emisión de acciones)	Niegan su relevancia; dejar que se ocupe el mercado
Fluctuaciones macroeconómicas (externalidades macroeconómicas, por ejemplo, empresas que se endeudan en exceso, lo que da lugar a una excesiva volatilidad)	Los mercados responden de manera óptima a los *shocks* y no intervienen en su creación Si hay desempleo, es porque los trabajadores exigen salarios demasiado altos (culpar a la víctima). Respuesta: aumentar la flexibilidad del mercado laboral
Macroinflación	Los bancos centrales deben fijar objetivos de inflación y subir los tipos de interés cuando esta supera el 2 %

Consecuencias	Políticas del capitalismo progresista
No se realizan inversiones de alta productividad; por ejemplo, en el caso de las pequeñas empresas	Préstamos a pequeñas empresas. Desarrollo de bancos verdes que financien inversiones medioambientales socialmente beneficiosas
Subempleo episódico de los recursos de la sociedad/pérdida masiva de bienestar, sobre todo debido al desempleo	Políticas fiscales y monetarias estabilizadoras. Estabilizadores automáticos. Protección social (seguro de desempleo)
Gran brecha de producción media (disparidad entre la producción potencial y real de la economía). Elevada tasa media de desempleo. La estabilidad de precios se produce a costa de una inestabilidad «real» (inestabilidad de la producción real)	La respuesta depende del origen de la inflación. Los *shocks* en la oferta requieren políticas fiscales que solucionen los desajustes en la oferta

Fallo del mercado	Políticas neoliberales
Falta de competencia	Dejar que se ocupe el mercado; los mercados son competitivos por naturaleza (competencia potencial, la competencia por el mercado es un sustituto de la competencia en el mercado)
Desigualdad excesiva	Dejar que se ocupe el mercado; o el proceso político

Consecuencias	Políticas del capitalismo progresista
Grandes concentraciones de poder de mercado. Precios elevados. Salarios reales más bajos. Economía menos resiliente. Menor innovación	Políticas de competencia/ antimonopolio. Limitar las fusiones. Limitar las prácticas abusivas. Limitar la colusión tácita. Opciones públicas que ofrecen una alternativa

Consecuencias	Políticas del capitalismo progresista
Elevadas concentraciones de ingresos y concentraciones aún mayores de riqueza y poder	Prerredistribución (políticas como el salario mínimo y una legislación laboral de apoyo, un aumento de la igualdad de ingresos del mercado)
Mucha gente en situación de pobreza	
Falta de esperanza, de oportunidades; muertes por desesperación	Redistribución mediante impuestos
	Programas de gasto público (educación, sanidad)
Debilitamiento de la democracia y la cohesión social	
Posible perjuicio al funcionamiento general de la economía	

Tras la pandemia de la COVID-19 y la invasión rusa de Ucrania, la economía mundial se enfrentó a otro problema: un importante aumento de la tasa de inflación. El problema subyacente no era un exceso de demanda agregada, sino limitaciones de la oferta y desplazamientos de la demanda. El mercado carecía de resiliencia. En Estados Unidos, llegó a haber escasez de leche de fórmula para bebés. Las empresas automovilísticas no pudieron hacer los pedidos de chips que necesitaban y, en consecuencia, la producción se redujo y la escasez provocó la subida del precio de los automóviles. Alemania y otros países europeos eran demasiado dependientes del gas ruso y, cuando el suministro se redujo, los precios de la energía se dispararon. Las empresas europeas no habían tenido en cuenta los riesgos de esa dependencia; algo de lo que yo ya había avisado, hace más de quince años, en el libro *Cómo hacer que funcione la globalización*. En aquel momento, me parecía obvio que la Rusia de Putin no era un socio comercial fiable.

Estos episodios de inflación y desempleo revelan las debilidades básicas de los mercados desatados, pero también exponen las debilidades de las recetas políticas neoliberales que se han centrado en minimizar el papel y el criterio del Gobierno. Los neoliberales querían que este cumpliera reglas sencillas —yo diría simplistas—, como que los Gobiernos no deben tener déficit, y si lo tienen este no debe superar el 3 por ciento del PIB, como en Europa; o que la estabilización macroeconómica debe basarse en una política monetaria con mayores tipos de interés cuando la inflación supera el

2 por ciento. Estas cifras mágicas carecen de fundamento. Las recetas no se basan ni en la teoría ni en pruebas, tampoco han generado estabilidad, sobre todo en términos *reales* como el PIB real o el empleo. En muchos casos, las políticas neoliberales han resultado desastrosas. La exigencia de austeridad —recortes masivos del gasto público— durante la crisis del euro, que siguió a la crisis financiera de 2008 en Estados Unidos, provocó profundas recesiones que en algunos casos lo fueron tanto que se denominaron, con razón, depresiones; Grecia, por ejemplo, aún no ha recuperado (cuando este libro entra en imprenta) el PIB real anterior a la crisis.

El ritmo y la dirección de la innovación

Los defensores del mercado dicen que este es maravilloso para la innovación. Como hemos visto, la mayor parte de la innovación que ha mejorado el nivel de vida durante las últimas décadas se apoya en la ciencia básica, financiada y muchas veces llevada a cabo por el Gobierno.[4] Y además de que, por sí solos, no serían lo bastante innovadores, los mercados orientan la innovación en la dirección equivocada. Esta debería centrarse en salvar el planeta mediante la reducción de las emisiones de carbono. Sin embargo, se dedican enormes esfuerzos de investigación a ahorrar mano de obra, sobre todo no cualificada, haciendo que sea menos necesaria en los procesos de producción, cuando ya existe un exceso de oferta de esa mano de obra en todo el mundo. Estos tipos de innovación pueden ahorrar costes privados, pero el desempleo y la desigualdad que causan imponen grandes costes al resto de la sociedad.[5]

¿PUEDE NUESTRO SISTEMA ECONÓMICO Y POLÍTICO CORREGIRSE SOLO?

A pesar de los fracasos del neoliberalismo, hay mucha gente —sobre todo en la derecha— que dice que no hay que preocuparse. Nuestro sistema político, social y económico tiene incorporados mecanismos de autocorrección, insisten. Una vez que se han evidenciado los excesos del neoliberalismo, aprobaremos una legislación para evitarlo. Con un poco más de regulación aquí y un poco menos allá, una inversión en educación algo mayor, un pequeño ajuste en estas otras políticas, se restablecerán la prosperidad y la cohesión social. La crítica fundamental al neoliberalismo, dicen, es pura exageración.

Los historiadores, por supuesto, tienen una «visión a largo plazo» de la historia. Uno de ellos, con el que compartí mi sombría opinión sobre el estado de la democracia en el mundo, observó que también es cierto que, a la larga, los dictadores mueren. Pensemos en el colapso de la Unión Soviética, o el fin de Francisco Franco en España, António de Oliveira Salazar en Portugal o Augusto Pinochet en Chile. En América Latina los dictadores duraban menos de un cuarto de siglo. Sin embargo, la dictadura soviética y sus élites dirigentes estuvieron en el poder casi tres cuartos de siglo y fueron sustituidas enseguida por otra dictadura y otra oligarquía. El régimen no democrático de China dura ya setenta y cinco años. Tal vez estén operando fuerzas autocorrectivas, pero a veces actúan lentamente, demasiado para que resulte tranquilizador.

Hay varias razones para ser pesimista sobre las fuerzas autocorrectivas. Las sociedades suelen responder con lentitud; las rigideces sociales, incluso ante disfuncionalidades evidentes, son notables. Por ejemplo, en China el vendado de los pies persistió durante siglos a pesar de sus efectos devastadores en las mujeres. La lentitud de la respuesta se debe, en parte, a que lo que piensa cada persona se ve influido por lo que piensan las demás, de una manera que se retroalimenta.[6] Si todo el mundo cree (o cree que todo el mundo cree) que vendar los pies es bueno, ¿quién soy yo para discrepar? Y casi todas las sociedades intentan suprimir las desviaciones de las normas. Un cuestionamiento excesivo resulta demasiado inquietante. Es casi como si las sociedades hubieran creado anticuerpos contra la desviación, que se traducen en desaprobación social y económica (y a veces van más allá y se convierten en comportamientos excluyentes) sin importar si, al final, la desviación de la norma da lugar a una sociedad mejor o peor.

Es probable que la gran mayoría de la población de los países avanzados crea en alguna versión de la mano invisible de Adam

Smith, en parte porque casi todos los expertos creen en ella; y los expertos creen en ella en parte porque también lo hacen casi todas las personas que conocen y respetan. Solo algunos economistas académicos y algunos radicales de izquierda han sostenido lo contrario. Este es el prisma a través del cual los expertos ven el mundo, una coerción social del pensamiento que no se impone a través de la disciplina de partido, sino de un sistema de aprobación y desaprobación social. Como he descrito en el capítulo 9, el sesgo de confirmación permite a la mayoría de la gente descartar la información que contradice sus prejuicios y presunciones. Cuando los defensores del libre mercado vieron que los estadounidenses de ingresos bajos se enfrentaban a continuas dificultades, no consideraron que fuera la señal de un fallo básico en el sistema. En cambio, lo racionalizaron según los preceptos del sistema: las víctimas tenían la culpa porque no habían trabajado lo suficiente, ahorrado lo suficiente u organizado su vida de la manera adecuada. Cuando esa explicación parecía inconsistente, porque a mucha gente le iba muy mal, la respuesta de los partidarios de la mentalidad de mercado fue defender cambios menores en las políticas, que no suponían ningún cambio fundamental en la estructura económica.

Por supuesto, nuestras instituciones, reglas y regulaciones reflejan estas visiones dominantes, y las distintas partes del sistema se refuerzan mutuamente. Es difícil pensar en cómo debería cambiar cada componente de nuestro complejo sistema a medida que lo hacen la economía, la tecnología, las sociedades y nuestro conocimiento de esta transformación. He sostenido, por ejemplo, que hay que repensar la ley de propiedad, en concreto la ley de propiedad intelectual. Es un sistema que se ha creado a lo largo de siglos. Se ha ido adaptando, aunque en general con lentitud, demasiada lentitud, para el ritmo de los cambios actuales.[7] Es difícil conceptualizar marcos alternativos, pero cuando lo hacemos, a menudo nos encontramos con la resistencia de intereses particulares e incluso de quienes no tienen intereses pero ven el mundo a través de un prisma más antiguo.

Daniel Kahneman, a quien he presentado antes como uno de los principales economistas conductuales, describe en su famoso libro *Pensar rápido, pensar despacio* cómo muchas veces los individuos necesitan tomar decisiones o hacer un juicio con rapidez.

Piensan deprisa y utilizan reglas generales que suelen funcionar bien, pero que no reflejan del todo lo que quieren realmente o cuál sería su opinión si tuvieran la oportunidad de deliberar más. Lo mismo ocurre con las sociedades, salvo que sucede igual aunque se tenga tiempo para pensar.[8] El ritmo del cambio deliberativo, en el que la deliberación puede llegar a un consenso razonable, bien en leyes formales o normas sociales, puede no estar sincronizado con las necesidades de la sociedad. Entretanto, utilizamos configuraciones económicas obsoletas. Sucede así sobre todo en Estados Unidos, donde la mayoría de los jueces del Tribunal Supremo tratan de interpretar la Constitución desde la perspectiva de los hombres blancos, ricos y esclavistas que la redactaron.[9] Los propios autores de la Constitución la idearon para dificultar su modificación, como una manera de proteger intereses arraigados.

Pesimismo sobre la posibilidad de autocorrección en la actualidad

En la coyuntura actual, cualquier fuerza de autocorrección existente es particularmente débil. En primer lugar, a pesar de sus errores, la ideología neoliberal está muy arraigada en la sociedad. Demasiadas personas han crecido con ella y creen en ella.[10] La economía conductual nos ha ayudado a entender estas creencias como una fuente de rigidez en la sociedad. Buscamos información que sea coherente con nuestras creencias y descartamos la que las contradice.

En la sociedad, siempre hay perspectivas divergentes sobre una amplia gama de cuestiones, entre ellas las que atañen al papel del Gobierno. Las opiniones están influidas, por ejemplo, por juicios sobre la importancia de las externalidades, así como por la eficacia de las intervenciones gubernamentales que las abordan. Pero al inicio de estos debates debe existir un amplio acuerdo sobre ciertos hechos. El cambio climático es real. La COVID-19 es una enfermedad contagiosa con graves consecuencias. En Estados Unidos, uno de los dos partidos mayoritarios ha sido tomado por políticos y votantes que están dispuestos a mirar de frente los hechos y negarlos. Niegan incluso la credibilidad de la ciencia, la piedra angular de nuestra sociedad y la razón por la que el nivel de vida es hoy mucho mayor que hace doscientos cincuenta años. Muchos votantes republicanos niegan el cambio climático, y otros lo minimizan, aunque su país esté siendo devastado por fenómenos meteorológicos extremos.

Se ha escrito mucho para diseccionar esta patología social. Forma parte de una pérdida más general de la credibilidad de las élites y la confianza en las instituciones, bien documentada en encuestas de todo el mundo, incluido Estados Unidos. Creo que esto está directamente relacionado con el malestar económico del país: el estancamiento de los ingresos del 90 por ciento más pobre. Es lógico que estas personas piensen: «Las élites prometieron que las reformas neoliberales del mercado generarían un crecimiento más rápido y todos compartiríamos los beneficios. Si estaban tan equivocadas al respecto, ¿por qué confiar en ellas ahora?». El paradigma dominante se centraba en los incentivos, así que era lógico que aquellos cuyos ingresos se estancaban o disminuían, mientras los de los más ricos aumentaban, razonaran: «Las élites no se equivocaron respecto a la economía. Amañaron el sistema para beneficiarse a costa del resto de nosotros. Tenían incentivos para hacer lo que hicieron».

Pero la economía, por sí sola, no lo explica todo. Muchos otros países sufrieron traumas económicos similares y, si bien han sido testigos de un aumento del populismo, pocos han presenciado la misma negación de la verdad, propia de una práctica sectaria. Tal vez se deba a que las expectativas de los estadounidenses eran mayores —había una creencia generalizada en el sueño americano—, de modo que la disparidad entre lo esperado y lo prometido por el neoliberalismo y lo que sucedió fue mayor.

Además —y esta es la segunda razón de mi pesimismo— la propia patología crea afecciones que contribuyen a su autoperpetuación. Las equivocaciones de la economía combinadas con una ceguera voluntaria ante los hechos significa que es muy probable que las políticas económicas y sociales que se adopten no sean sostenibles, y que algunas exacerben situaciones económicas adversas. Cuando en 2017, Trump recortó los impuestos a los ricos y las corporaciones poderosas, eso no generó la inversión prometida, pero sí aumentó el agujero fiscal y las desigualdades sociales. Su propuesta para recortar de manera drástica la investigación básica —por suerte, el Congreso nunca la ratificó— habría debilitado los fundamentos del progreso. Es posible que la situación económica de los ciudadanos corrientes empeore, y esto puede reforzar el populismo.

Asimismo, aunque los axiomas neoliberales sobre el egoísmo y la avaricia universales son falsables —y falseados—,[11] han conseguido que mucha gente se ajuste a ellos y constituya una fuerza particularmente fuerte que perpetúa el sistema.

Es probable que lo más importante sea la dinámica del poder actual. Las personas interesadas en perpetuar el *statu quo* tienen una influencia desproporcionada en el sistema político.[12]

En Estados Unidos, la situación presenta dos aspectos distintos. La dinámica del poder se ve exacerbada por un sistema político en el que el dinero es más importante que en la mayoría del resto de las democracias. Las elecciones estadounidenses son muy caras, y los donantes que hacen más contribuciones a la campaña (lo que, en realidad, podrían considerarse «inversiones políticas») tienen inevitablemente más influencia. El *lobby* también se han convertido en un gran negocio. A quienes se pueden permitir más y mejores lobistas se les oye con mayor claridad. En algunos sectores, como las finanzas, las puertas giratorias siguen siendo una práctica habitual; las empresas y las organizaciones ofrecen buenos puestos de trabajo a antiguos empleados del Gobierno que han servido bien a sus intereses. Las distorsiones en los incentivos son evidentes.

Además, la Constitución estadounidense, mediante su sistema para elegir al presidente y a dos senadores por cada estado, otorgó más poder a los estados menos poblados y, con el tiempo, las disparidades implícitas en el poder de cada voto se han ampliado mucho. Los republicanos han llegado a cuestionar el valor de la democracia, al intentar abiertamente eliminar votos, manipular los distritos y alterar el traspaso de poderes pacífico, un rasgo básico de cualquier democracia.

Las nuevas tecnologías también han proporcionado nuevos instrumentos para consolidar el poder y han dado a los pocos que las controlan poderes adicionales para tener una influencia injustificada en los resultados políticos.[13]

¿De dónde vendrá el cambio y adónde nos llevará?

La mala situación económica, en concreto la gran disparidad económica entre los distintos grupos sociales, ha hecho que se exija un cambio del sistema y las políticas.[14] Pero la dirección del cambio no siempre está clara. La oferta de malas ideas es infinita. En tiempos de desesperación, las sociedades rara vez pueden practicar el tipo de deliberación que garantizaría una elección razonada, la separación de las buenas ideas de las malas y la sutil reestructuración de cualquier idea incipiente para hacer que funcione. En consecuencia, el cambio social resultante de las crisis no siempre es positivo. A menudo se ha culpado a la Gran Depresión del ascenso de Hitler, a la desindustrialización de Estados Unidos del ascenso de Trump. Lo que preocupa a quienes les gustaría ver que nuestra democracia prospera es que la nación elija a un demagogo peor que Trump si la situación económica del país continúa; es decir, si persiste una profunda desigualdad acompañada de muertes por desesperación.[15] El auge del neoliberalismo político puede fecharse, al menos en Estados Unidos y Reino Unido, en momentos de estrés, por ejemplo, durante la estanflación que precedió a la elección de Ronald Reagan y las primeras muestras de desindustrialización.

Por supuesto, a veces las crisis suponen una oportunidad para realizar cambios sociales positivos. En Estados Unidos, la Gran Depresión dio lugar a las reformas del New Deal, entre ellas la legislación laboral y la Seguridad Social.

En resumen, el estrés económico derivado de los fracasos del neoliberalismo y sus sucesores de la derecha populista, como Trump y el expresidente brasileño Jair Bolsonaro, bien puede inducir movimientos de cambio social. También es posible que estos reorienten el sistema socioeconómico en la dirección correcta. Pero es igual de probable, quizá más, que la economía vaya dando tumbos en la dirección equivocada.

Tal vez Estados Unidos sea particular por la influencia que tiene lo que sus dirigentes y su Gobierno consideran un comportamiento aceptable o deseable. En gran medida, el país crea el entorno intelectual en el que operan otros líderes y Estados. Así, Trump facilitó que otros demagogos, como el primer ministro

Narendra Modi en India y Bolsonaro en Brasil, desarrollaran sus agendas populistas. Sin duda Trump cambió la política, al menos en algunos de estos países, e hizo que resultaran aceptables ideas que antes habrían sido consideras antidemocráticas. A fin de cuentas, no parecían tan escandalosas según los nuevos estándares globales. Si no fuera por Trump, la noción de las democracias antiliberales del primer ministro húngaro, Viktor Orbán, habría sido desestimada u objeto de burla.

Está claro que las corrientes intelectuales recorren el mundo: la era del fascismo en la década de 1930, la de las dictaduras militares en América Latina durante las décadas de 1970 y 1980, y la del neoliberalismo en las de 1980 y 1990. En el mundo actual, Estados Unidos es un importante creador de tendencias.[16]

Esto quizá nos deja con una sensación aún más pesimista respecto a las posibilidades fuera de Estados Unidos. Si Estados Unidos no está en vías de corregir su creciente distopía, es probable que más países tengan dirigentes políticos que parezcan líderes de una secta, lo que hará que el regreso a una economía y una política más sanas sea más lento y problemático.

Esta crisis democrática no podría haber llegado en peor momento, porque nos enfrentamos también a la crisis climática. La nefasta alianza de los demagogos, los populistas, el sector de los combustibles fósiles y los intereses empresariales que les sirven nos está llevando con rapidez a sobrepasar los límites del planeta.

TAL VEZ SEA EL MOMENTO: UNAS NOTAS DE OPTIMISMO

Como he señalado en el capítulo 1, una característica propia del neoliberalismo es que dice que no hay alternativa. Sus defensores afirmaban que no existía una alternativa real a su mantra de liberalización, desregulación, privatización y austeridad, y al objetivo, firme e implacable, de que los bancos centrales mantuvieran la inflación por debajo del 2 por ciento. Por supuesto que había alternativas, pero los neoliberales decían que cualquier política alternativa empeoraría tanto la situación de todo el mundo que la gente acabaría arrepintiéndose. Esta postura tenía una gran ventaja. Podíamos dejar en manos de los tecnócratas —de hecho, de los economistas— no solo la gestión de la economía, sino también la redacción de las reglas básicas.

Sus análisis estaban equivocados y, más importante aún, existían alternativas realistas, tanto en el país como en el resto del mundo. Antes he descrito el neoliberalismo como una mentalidad que parte de la *presunción* de que los mercados son eficientes y que cualquier cosa que haga el Gobierno es probable que lo arruine todo. La realidad económica es otra. A escala global, en los países con mayores tasas de crecimiento los Gobiernos han desempeñado un papel importante. Todo el mundo, en todas partes, recurrió al Gobierno para salvar la economía y contener la COVID-19 durante la pandemia. Y funcionó extraordinariamente bien. Pero no fue algo puntual; siempre ocurre así. Ahora que el mundo se enfrenta a la crisis existencial que plantea el cambio climático, no hay más alternativa que la acción gubernamental.

El actual sistema económico neoliberal no es sostenible desde un punto de vista medioambiental, social, político ni económico.

Dentro del *establishment*, muchos sugieren que solo es necesario modificar ligeramente el sistema. Ante la crisis climática, hablan de «finanzas verdes» y de liberar el poder de los mercados financieros privados. Ante la crisis de desigualdad, hablan de mejorar el sistema educativo. Algunos más osados se atreven a aumentar el salario mínimo (en Estados Unidos, está al mismo nivel que hace más de seis décadas, ajustado a la inflación).

Muchos otros y yo sostenemos que estas ligeras modificaciones no serán suficientes. Algunos dicen, en consecuencia, que necesitamos una revolución. Sin embargo, la triste historia de los últimos dos siglos y medio es que las revoluciones no suelen acabar bien. En mi opinión, la única respuesta es impulsar un cambio tan grande como permita el sistema democrático. Estados Unidos y otras democracias han pasado por periodos de cambios rápidos, tan grandes que pueden calificarse de radicales, aunque no llegaran a ser una revolución. El New Deal en Estados Unidos y la creación del estado de bienestar tras la segunda posguerra mundial en Reino Unido son algunos ejemplos de estos cambios rápidos.

El hecho de que no haya más alternativa que un cambio radical da pie al optimismo. Los jóvenes son otro motivo para ser optimista. Una de las brechas de nuestra sociedad es generacional. Los jóvenes tienen dificultades para comprar una casa y conseguir un empleo decente; saben que la probabilidad de que les vaya económicamente mejor que a sus padres es baja.[17] También saben que la realidad del cambio climático puede tener efectos devastadores en el mundo que heredarán. Y están cuestionando su herencia intelectual en muchos otros sentidos. Ese cuestionamiento afecta, en parte, a los sistemas económico y social. Incluso en Estados Unidos detecto que existe un apoyo importante a las ideas que estoy articulando aquí, y que se entienden los principios que he enunciado. Si podemos mantener parcialmente encendida la antorcha de la democracia liberal y los valores de la Ilustración durante el tiempo suficiente, y proteger la clase de economía que esta conlleva, hay muchas posibilidades de que la próxima generación llegue a un consenso sobre cómo podríamos crear un mundo más estable, próspero, sostenible y equitativo, y además iniciar el proceso de avanzar hacia una sociedad buena (o al menos mejor).[18]

12
LIBERTAD, SOBERANÍA Y COERCIÓN ENTRE ESTADOS

Muchos de los problemas que afectan a la libertad y la coerción se manifiestan, con frecuencia de forma relacionada, a escala de los Estados nación de manera parecida a como lo hacen a escala individual, si bien el lenguaje puede ser algo diferente. A los países les preocupa la pérdida de soberanía derivada de los acuerdos internacionales, como el que estableció la OMC. Los que aceptan fondos del FMI se sienten coaccionados a aceptar las condiciones asociadas al dinero (llamadas «condicionalidades»), que exigen al país que recorte el gasto, suba los impuestos o cambie alguna regla o regulación para obtener el dinero que necesita con tanta urgencia.

Puede resultar útil distinguir dos tipos de situaciones. La primera es la verdadera coerción: la amenaza de violencia que las potencias coloniales utilizaban para ejercer el control. Estas se inmiscuían claramente en las libertades de los colonizados, aunque estos hubieran firmado un acuerdo por el que renunciaban a sus derechos. Ese acuerdo era una mera fachada.

El segundo es un acuerdo entre dos iguales, hecho en beneficio mutuo, bien para evitar que ejerzan externalidades negativas el uno sobre el otro (como ocurre con el clima) o para facilitar la creación de externalidades positivas (como podría suceder con una expansión del comercio beneficiosa para ambos). En los dos casos, cada parte se compromete a hacer o no hacer algo si y solo si la otra actúa igual. Se limita la libertad de acción en alguna dimensión, pero la ampliación del conjunto de oportunidades de cada parte como resultado del acuerdo, suponiendo que la otra parte lo cumpla, aumenta la libertad de acción en muchos otros sentidos.

No hay coerción en los acuerdos entre iguales que de verdad son voluntarios, aunque circunscriban la soberanía. A escala internacional, estos acuerdos pueden considerarse como los contratos entre particulares analizados en el capítulo 5. Pero como he señalado, los contratos supuestamente voluntarios pueden seguir siendo explotadores y parecer coercitivos, sobre todo cuando una de las partes del contrato es más poderosa que la otra. Tales desequilibrios de poder, tanto económico como militar, se extienden hoy por todo el mundo.

Durante el último siglo, los acuerdos entre los países avanzados y los mercados emergentes y países en desarrollo han tenido la apariencia de ser voluntarios —no suele haber coacción física— y se han apoyado en una retórica de beneficio mutuo. Pero no siempre son percibidos así en los países en desarrollo, que (con razón, en mi opinión) a menudo piensan que lo que se está produciendo en realidad es una coerción económica.

La coerción adopta muchas formas. Privar a una persona de una oportunidad que de otro modo hubiera tenido puede inducirle a hacer algo que de otro modo no habría hecho. Si bien no está «obligada» a realizar la acción que se siente coaccionada a hacer, es la mejor opción *que le queda*. En esa situación, la persona puede decir con razón que ha sido coaccionada. Antes hemos visto un ejemplo: los sudafricanos negros que trabajaban «voluntariamente» en las minas por salarios bajos porque el régimen opresor había eliminado cualquier otra oportunidad, por ejemplo, la agricultura. No había una posibilidad real de elección.

Una situación similar se da en las naciones. El colonialismo dejó un legado de carencias en muchos países. En su caso, la mejor alternativa era aceptar relaciones económicas, a menudo llamadas asociaciones, que proporcionaban ayuda financiera y acceso a los grandes mercados del mundo avanzado. Pero las condiciones favorecían al país avanzado y no se habrían planteado en un mundo en el que el poder de negociación fuera más igualitario. Gran parte de lo que he escrito en las dos últimas décadas ha sido un intento de mostrar la naturaleza explotadora de los acuerdos internacionales y la dinámica explotadora de las instituciones económicas internacionales, así como la disparidad entre una retórica que habla de acuerdos justos mutuamente ventajosos y la realidad de unos acuerdos injustos redactados para promover los intereses de las multinacionales de los países avanzados, entre ellas las grandes corporaciones financieras y mineras y, más recientemente, las grandes empresas tecnológicas.[1]

En muchos casos, los acuerdos internacionales supusieron pocos beneficios directos para los países en desarrollo y, aun así, limitaron lo que estos podían hacer. Implicaron una evidente pérdida de libertad económica para el país pobre sin que se produjeran unas ganancias suficientes y proporcionales.

En algunos casos, las instituciones internacionales hablaron de externalidades transfronterizas para justificar las restricciones que imponían a los países pobres (al igual que yo he hablado de regulaciones que limitan la conducta individual cuando existen externalidades), pero las externalidades de los pequeños países en desarrollo, o incluso de los mercados emergentes, suelen ser minúsculas, mientras que las externalidades procedentes de los principales países avanzados son enormes. Sin embargo, muchos acuerdos han tratado de limitar el comportamiento de los países en desarrollo y los mercados emergentes de una u otra manera, y no han hecho casi nada con respecto a las grandes externalidades derivadas de los países avanzados. Lo cual sugiere que hay algo más en juego. Los países grandes y ricos utilizan los acuerdos para promover sus intereses a costa de los países pequeños y pobres. Y lo que es peor, los acuerdos no suelen aplicarse del todo a los grandes y ricos, pero sí a los pequeños y pobres.

Estos acuerdos no son más que la última manifestación de la política del poder, que restringe la libertad del mundo en desarrollo al tiempo que amplía la del mundo desarrollado. No es muy diferente del resultado de la guerra del Opio ya mencionada, que limitó la capacidad de China para proteger a sus ciudadanos de un peligroso narcótico pero amplió los derechos de libre comercio de Occidente para exportarlo. Debería ser más preciso: los poderosos de los países avanzados intentan asegurarse de que su Gobierno utiliza *su* poder para garantizar los intereses de las élites del poder; las políticas pueden ser, y a menudo son, incompatibles con el bienestar de la mayoría de los ciudadanos de los países avanzados.

Las externalidades procedentes de los países grandes y ricos que afectan a los pequeños son evidentes, y no solo en el comercio. A lo largo de los años, las políticas monetarias estadounidenses han generado externalidades globales. Cuando en 1981, Paul Volcker, presidente de la Reserva Federal, aumentó de repente los tipos de interés más del 20 por ciento, precipitó una crisis de deuda en América Latina. Pero Estados Unidos rara vez ha tenido en cuenta estas externalidades a la hora de diseñar sus políticas. Sin embargo, el FMI, el Banco Mundial y otros organismos han presionado a los países en desarrollo para que apliquen sus políticas monetarias de acuerdo con preceptos neoliberales centrados en la inflación, lo que implica tener que subir los tipos de interés en cuanto la inflación supere el 2 por ciento sin importar cuál sea su origen, aunque la política monetaria de un país pequeño no genere externalidades globales significativas. Y lo que es más indignante, estas organizaciones han utilizado su influencia para condicionar los préstamos a que el país prestatario siguiera esta ortodoxia.[2]

Hay una excepción en la que los países pequeños sí han ejercido una externalidad sobre los grandes. Algunos ofrecen a las corporaciones y los ricos la posibilidad de evadir impuestos, lo cual socava la capacidad de otros países para recaudarlos. Las Islas Caimán, Panamá y las Islas Vírgenes Británicas son famosas por ello. No son solo países pobres: Luxemburgo e Irlanda han hecho lo mismo en Europa. Pero los países grandes, y algunos lugares y sectores concretos (como el inmobiliario) dentro de esos países, también se han convertido en centros mundiales de evasión y elusión fiscal, contribuyendo así a robar a otros países los impuestos que les corresponden. Y, quizá más relevante, si los países ricos y poderosos quisieran acabar con estos paraísos fiscales, podrían hacerlo fácilmente, impidiendo que sus ciudadanos y corporaciones se beneficien de estos servicios de evasión fiscal. Persisten porque a una parte de los ricos y poderosos de los países ricos y poderosos les interesa que sigan existiendo.

LA PROPIEDAD INTELECTUAL

Nada ilustra mejor los desequilibrios de las reglas y las normativas internacionales que la regulación de la propiedad intelectual. En el capítulo 7 he señalado que, durante la pandemia, se restringió la libertad de las empresas de los países pobres para producir vacunas contra la COVID-19, test y tratamientos, y cómo eso tuvo consecuencias catastróficas que provocaron miles de nuevas hospitalizaciones y un número de muertes incalculable. Lo irónico es que ya existía un acuerdo mundial que establecía que, durante una epidemia, los países podían acceder sin restricciones a la propiedad intelectual previo pago de un canon justo. Los países pobres creían que este acuerdo significaba que durante una pandemia la vida se consideraría más importante que los beneficios; si no hubieran entendido eso, quizá no habrían firmado el acuerdo de la OMC. Pero las empresas farmacéuticas sabían cómo postergar el asunto. Cada día de retraso significaba millones de beneficios, aunque eso implicara miles de muertes adicionales. Por desgracia, algunos Gobiernos clave, como los de Alemania, Suiza y Reino Unido, apoyaron a las empresas farmacéuticas durante la pandemia de la COVID-19.

La decisión de Occidente de anteponer los beneficios de las farmacéuticas a la vida tendrá consecuencias duraderas. No ha sido una sorpresa que tantos países en desarrollo apoyen cada vez menos a Ucrania frente a la invasión rusa, dada la cruel respuesta de Occidente a los gritos de auxilio durante la pandemia del coronavirus. Sin embargo, en un mundo en el que se necesita con urgencia la cooperación de todos para resolver problemas existenciales, como el cambio climático, debemos reescribir los acuerdos internacionales para que sean mucho más equilibrados de lo que han sido en el pasado.

LA GOBERNANZA MUNDIAL Y LOS IMPUESTOS A LAS MULTINACIONALES

Existe un desequilibrio de poder en el ámbito internacional que es quizá más obvio y mayor que en la mayoría de las sociedades democráticas que funcionan bien. Y este desequilibrio se refleja en cómo se toman las decisiones a escala global. Los países en desarrollo han exigido participar en las conversaciones sobre acuerdos mundiales decisivos, porque se han dado cuenta de que si no te sientas a la mesa, puede que formes parte del menú. Pero tener un sitio en la mesa no es suficiente. Con demasiada frecuencia, en la práctica su micrófono está apagado y nadie les escucha.

Un ejemplo: la comunidad internacional debatió, con mucho revuelo, varias reformas del sistema tributario para las corporaciones multinacionales. Obviamente, los países en desarrollo necesitan fondos con urgencia. Cuando las fábricas se trasladaron a sus países, lo que permitió a los consumidores de los países más avanzados obtener productos más baratos, los países en desarrollo pensaron que se habían asegurado puestos de trabajo y una fuente de fondos para la educación, la sanidad y otros objetivos de desarrollo. Pero las multinacionales se volvieron expertas en explotar la globalización. Producían bienes allí donde la mano de obra era barata y utilizaban las reglas globales para no pagar impuestos en ningún lugar. El proceso para reformar el sistema empezó en la OCDE, el *think tank* oficial de los países avanzados. Aun así, después de que los mercados emergentes y los países en desarrollo se quejaran suficientemente de que sus preocupaciones no estaban recibiendo la atención que merecían, la OCDE desarrolló un marco «inclusivo» para los debates; o, más bien, creó una fachada de inclusividad.

Los representantes de los países en desarrollo continuaron criticando el proceso y dijeron que sus voces seguían sin ser escuchadas; lo cual no era sorprendente, dado que la OCDE es el club de los países avanzados. La propuesta de acuerdo a la que llegaron confirmó las acusaciones de los países en desarrollo. Por ejemplo, si bien era positivo que el acuerdo exigiera un impuesto mínimo a las corporaciones y que pagaran impuestos *en algún lugar*, el tipo fijado para el impuesto mínimo era muy bajo, la mitad del tipo medio en América Latina.[3] Aunque la OCDE exigió a los países que suscribieran el nuevo marco, se negó a revelar sus previsiones de cómo el nuevo régimen iba a generar ingresos adicionales para los países pobres. Algunas estimaciones independientes sugirieron que sería una miseria y que, a cambio de esta, los países tendrían que renunciar a aplicar impuestos digitales a empresas como Google, Meta y Amazon, cuyos ingresos potenciales no harían sino crecer con el tiempo.[4] (Era obvio de quiénes eran los intereses considerados en las restricciones: de los gigantes digitales, cuyo punto de vista estaba bien representado por los negociadores estadounidenses).

Los países en desarrollo estaban tan decepcionados con los resultados que pidieron que el debate fiscal se llevara a cabo en la

ONU, donde se les escucharía más, aunque al final lo que importara fuera el poder económico. Pero Estados Unidos se dio cuenta de que cambiar de lugar podría reducir su poder. El mundo ya estaba dividido por la segregación de las vacunas y dos guerras, una en Oriente Próximo y otra en Ucrania, y aun así Estados Unidos abrió otra brecha, entre los países en desarrollo y los avanzados. A medida que en el mundo en desarrollo crecía la decepción por las propuestas de la OCDE, la Unión Africana impulsó una iniciativa para empezar un proceso cuyo objetivo era un convenio fiscal sobre una serie de temas, que posiblemente incluiría los abordados por la OCDE, aunque iba mucho más allá. En lugar de, ante el creciente apoyo mundial, acceder a debatir estas cuestiones vitales en la ONU, un organismo creado con ese fin, en noviembre de 2023 Estados Unidos votó junto con otros cuarenta y siete países, en su mayoría avanzados, en contra de un acuerdo de la ONU para iniciar el proceso. Estados Unidos fracasó en su intento de detener el histórico acuerdo, que contó con el apoyo de ciento veinticinco países, casi todos en desarrollo, pero además se colocó en el lado equivocado de la historia y volvió a marginar a aquellos cuya cooperación será necesaria para abordar una serie de problemas globales.[5]

Podrían contarse historias similares sobre todos los ámbitos de la arquitectura económica internacional. Estos problemas me han preocupado durante el último cuarto de siglo; y si bien ahora las injusticias se reconocen más —el desequilibrio entre las limitaciones (pérdidas de libertad) impuestas a los países pobres y las libertades concedidas a los ricos— se ha hecho muy poco al respecto. En los tres siguientes apartados, lo ilustraré analizando la deuda, el comercio y la inversión.

LAS CADENAS DE LA DEUDA

Quienes han leído a Charles Dickens entienden bien los vínculos entre la deuda y la libertad para los ciudadanos del siglo XIX. El castigo por no pagar una deuda era ir a una cárcel para deudores. Poco importaba que el preso, sentado en su celda, nada pudiera hacer por saldarla.[6] Por suerte, eso ha quedado atrás y las cárceles para deudores parecen ahora parte de un pasado casi incivilizado.

A escala internacional, la situación actual parece mejor que la de hace unos cien años. En el siglo XIX, cuando los países no podían devolver lo que debían, los países acreedores utilizaban la fuerza armada para obligar a pagar la deuda; como sucedió en Egipto en 1882 y en Venezuela en 1902-1903. Más recientemente, algunos países y provincias han descubierto que pueden perder una parte significativa de su independencia democrática, como le ocurrió a Terranova en la década de 1930, cuando fue declarada en «suspensión de pagos» y su control se entregó a los acreedores, y a Puerto Rico en 2016, cuando su Gobierno elegido democráticamente fue sometido a una junta encargada de gestionar el pago de su deuda.[7]

Pero aun sin medidas tan drásticas, la vida de un país sobreendeudado no es agradable. Los acreedores hacen lo posible por extraer todo lo que pueden de lo que se les debe, sin tener demasiado —o nada— en cuenta las consecuencias para los ciudadanos. Esto sucede incluso si los acreedores han desempeñado un papel activo en la creación de la crisis de deuda, al ofrecer crédito con unas condiciones tentadoras, posiblemente sobornando a funcionarios del Gobierno o a ejecutivos del sector privado para que pidieran préstamos.

En la sociedad moderna, cuando una persona o una empresa se ha endeudado demasiado, que es lo mismo que cuando los bancos y otros acreedores han prestado demasiado, existe un procedimiento formal de quiebra. La deuda se reestructura para que la gente pueda seguir con su vida y las empresas puedan empezar de nuevo a crecer y crear empleo, si tienen el talento y el conocimiento para hacerlo.

Aunque los acreedores subrayan la imprudencia de los prestatarios que se endeudan en exceso, son ellos quienes cometen el verdadero error. Se supone que son expertos en gestión de riesgos, que saben cuánto puede pedir prestado un individuo, una empresa o un país sin meterse en dificultades. Se da por sentado que saben mucho más sobre la microeconomía subyacente y la macroeconomía imperante que una persona corriente o un país pobre en desarrollo. Los préstamos son voluntarios. Si un préstamo no debería haberse concedido, la culpa es tanto o más del prestamista que del prestatario.

En la segunda parte he señalado que los ricos controlan los medios de comunicación y tienen una influencia desproporcionada en el sistema económico. En ningún otro caso es tan evidente como en este. Los banqueros occidentales cuentan el relato de unos prestatarios imprudentes, de una Argentina que es un moroso recurrente. Pero se saltan la pregunta obvia: si era tan evidente, ¿por qué se les prestó tanto dinero, como en el caso de Argentina después de que Mauricio Macri se convirtiera en presidente del país en 2015? La respuesta obvia es que la codicia pudo más que la evaluación del riesgo. A los bancos les gustaron los tipos de interés altos y no pensaron que eso no solo era una señal de que el riesgo era alto, sino la causa, porque el país tendría dificultades para cumplir unas condiciones tan onerosas.

A escala internacional, no existe nada parecido a un tribunal de quiebras para los Estados soberanos que no pueden devolver lo que deben. Es muy importante crear un marco para esto, porque resolver el endeudamiento transfronterizo es mucho más complejo que solventar los problemas de deuda dentro de un país.[8] Y el resultado de esta carencia es un crudo juego de poder, en el que los acreedores tienen casi todo el poder. En el pasado, sus demandas se amplificaban y coordinaban a través del FMI, que actuaba como agente de cobro de los prestamistas.

Desde las décadas posteriores al final de la Segunda Guerra Mundial hasta alrededor de 2020, hubo un patrón en lo que ocurría cuando los países se endeudaban en exceso. Se les amenazaba con cortarles el acceso al crédito si no aceptaban las condiciones que se les ofrecían.[9] Sin crédito y sin reservas de divisas, estos países quizá no serían capaces de comprar alimentos para su población u otros bienes importados necesarios para la producción. Se escenificaban unas negociaciones y se regateaba, pero al final aquello era poco más que una farsa. El FMI trazaba un escenario demasiado optimista de lo que el país deudor podía permitirse y, sobre esa base, se condonaba algo de deuda. A cambio, el país haría lo posible por extraer dinero de sus ciudadanos para pagar a los acreedores, lo cual significaba recortar el gasto en sanidad, educación e infraestructuras, gastos necesarios para la subsistencia básica y las perspectivas de crecimiento futuro. La austeridad extrema, acompañada a veces de subidas de impuestos, empujaba al país a una profunda recesión. El crecimiento previsto por el FMI en su optimista escenario no tenía lugar y en unos años se producía un nuevo impago. Se trataba de una versión de la cárcel para deudores destinada a países del siglo xx y xxi.[10]

Obsérvese el papel del FMI en todo esto. En el peor de los casos, el país asumía la responsabilidad de devolver el dinero a los acreedores privados, el FMI le daba el dinero que necesitaba para hacerlo y los ciudadanos tenían que pagar la factura. Aunque los banqueros *parezcan* defensores de la libre empresa privada, solo lo son cuando les beneficia. Cuando en un país en desarrollo se acumula una gran cantidad de deuda privada, los acreedores ejercen una enorme presión sobre el Gobierno para que absorba la deuda del sector privado. Así, quien se reparte los beneficios es el sector privado, incluidas las finanzas, tanto del país desarrollado como del país en desarrollo. Mientras, los ciudadanos del país en desarrollo soportan el riesgo a la baja en este sucedáneo de capitalismo. Y el FMI es el cabecilla que garantiza que esto suceda.

Recientemente, durante la crisis argentina de 2020 —que supuso el mayor préstamo en la historia del FMI (alrededor de cuarenta y cuatro mil millones de dólares)—, las cosas parecían haber mejorado, muy a pesar de Wall Street y el Tesoro estadounidense, que a veces se ha descrito, no del todo injustamente, como una filial propiedad de Wall Street, incluso durante los Gobiernos demócratas. En la reestructuración de la deuda argentina de 2021, el FMI desempeñó el papel de intermediario honesto, detalló el nivel de deuda que era sostenible, o que habría sido sostenible si las cosas hubieran ido bien (esto fue antes de que se sintiera toda la fuerza de las perturbaciones globales derivadas de la guerra en Ucrania, la pandemia y la sequía inducida por el cambio climático).[11] El resto de la deuda tendría que condonarse, de una u otra manera. Wall Street se puso furioso ante la aparente traición del FMI; quería sacar más dólares de Argentina de lo que el FMI decía que era factible. Hubo intentos de sustituir a su director, lo que algunos consideraron un intento de golpe[12] apoyado por el Tesoro estadounidense.

Si bien los mercados de deuda globales han mejorado en este sentido, en otros el problema de la deuda se ha agravado. Hay acreedores más diversos, con agendas económicas y políticas opuestas. La resolución de las crisis de deuda cuando estaban implicados unos pocos bancos ya era bastante difícil. Ahora lo es mucho más, porque hay cientos de acreedores de muchos países que luchan por sus intereses, que suelen chocar con los de los demás.[13] Y los mercados financieros ocultan por completo los verdaderos intereses de los acreedores, lo que permite que algunos permanezcan en la mesa de negociación mientras trasladan secretamente todo el riesgo de impago a otros.[14]

China se ha convertido en un acreedor muy importante de la deuda de los países en desarrollo y los mercados emergentes,[15] y ha demostrado muy poco interés por la reestructuración de la deuda. Parece un negociador tan duro como los bancos privados estadounidenses.[16] Pero si un acreedor importante no participa de manera significativa en la reestructuración de la deuda, los demás tampoco lo harán, porque ninguno quiere tener la sensación de que otro se lleva el dinero que él no cobra.[17] Irónicamente, aunque China ha concedido gran parte de sus préstamos por razones geopolíticas, sus duras políticas le han causado un grave daño reputacional, sobre todo en el caso de Sri Lanka; China asumió el control de uno de los principales puertos de ese país cuando no pudo pagar su deuda.

Lo que está claro es que cualquier país que se endeude en exceso con extranjeros acepta un pacto fáustico. Obtiene un poco más de dinero hoy, pero corre el riesgo serio de perder su libertad más adelante. Los países de Asia Oriental aprendieron esto, con un enorme coste, durante la crisis de 1997-1998, cuando yo era economista jefe del Banco Mundial.[18] La causa de la crisis fue la apertura de las economías de los países de Asia Oriental al libre flujo de capitales, un proceso que se llama liberalización del mercado de capitales, y constituía un elemento central de la agenda ampliada del Consenso de Washington: las «reformas» que el Banco Mundial, el FMI y el Tesoro estadounidense impusieron a los países en desarrollo.[19] El dinero fluía libremente hacia estos países, porque Wall Street consideró que la región era la «nueva frontera» para obtener beneficios; pero de repente cambió de opinión, en parte porque temía haber prestado demasiado. Hubo mucha prisa por sacar el dinero de esos países, los tipos de cambio se desplomaron y los prestatarios no pudieron devolver lo que habían prometido. El FMI desempeñó su papel habitual; impuso condiciones extremas, proporcionó dinero que en realidad fue a parar a los acreedores privados extranjeros y dejó a los ciudadanos de los países en una situación complicada. Los ciudadanos dijeron: nunca más. Nunca más se arriesgarían a perder su soberanía económica, un elemento clave de la libertad de un país. Los países de Asia Oriental redujeron sus préstamos en el extranjero y aumentaron sus reservas (el dinero que un país posee en forma de bonos del Tesoro estadounidense, oro u otros activos líquidos).[20]

El endeudamiento tiene efectos en los países en desarrollo y los mercados emergentes, aun cuando no implique dificultades financieras. La libre circulación de capitales debilita a las voces democráticas locales. El capital puede dar a Wall Street un poder de veto crucial, si los financieros internacionales amenazan con retirar su dinero si gana un candidato que no les gusta. La amenaza es lo bastante creíble como para que los votantes se asusten y elijan a un candidato del gusto de Wall Street, o al menos que este considere aceptable.

No se trata de un caso hipotético. Ocurrió las dos primeras veces que Luiz Inácio Lula da Silva se presentó a las elecciones para ser presidente de Brasil. La ironía fue que, cuando al final consiguió ser elegido, llevó al país a una enorme prosperidad, a diferencia de lo que temían los banqueros extranjeros y las élites nacionales.

Durante años, la comunidad internacional, encabezada por Wall Street, el Tesoro de Estados Unidos y el FMI, intentó obligar a los países a abrir sus mercados de capitales, a liberalizarlos, mediante la eliminación de restricciones a los flujos de entrada y salida de dinero. En esencia, esta medida permitió que sus empresas privadas se dejaran convencer por los brókeres de deuda de Wall Street para endeudarse lo máximo posible. Irónicamente, justo cuando se estaba gestando la crisis en Asia Oriental, causada en gran medida, como he señalado, por *la liberalización de los mercados de capitales de estos países*, en una reunión del FMI celebrada en Hong Kong en 1997 se propuso cambiar los estatutos de la institución para poder impulsar estas políticas en los países en desarrollo y los mercados emergentes. Por suerte no se hizo, y quince años después el FMI cambió su postura y reconoció que, en ocasiones, los controles de capital que restringen el flujo de dinero dentro y fuera de un país (lo que, eufemísticamente, se llaman técnicas de gestión de la cuenta de capital) pueden ser una herramienta útil y deseable.[21]

LA FARSA DEL COMERCIO «LIBRE Y JUSTO»

Las reglas que rigen el comercio internacional son una parte fundamental de la arquitectura económica internacional. Su supuesta finalidad es ampliar el comercio de manera recíproca y permitir que los países aprovechen las economías de escala y las ventajas comparativas, mejorando así su nivel de vida. El objetivo es crear «igualdad de condiciones», al limitar las restricciones a las importaciones y las ayudas a las exportaciones.

Puede que los productores y los trabajadores de un sector inundado de importaciones extranjeras no estén contentos con esto; los trabajadores pierden su empleo y las empresas quiebran. En las comunidades afectadas, el valor de la propiedad se desploma. Pero los defensores de estos acuerdos comerciales dicen: «Ánimo. A la larga, todos estaremos mejor. Como consumidores, todos nos beneficiamos de unas importaciones más baratas. Trasladaremos a los trabajadores de sectores improductivos que intentan competir con empresas extranjeras más eficientes a nuestros sectores más productivos y los trabajadores se beneficiarán doblemente de mejores empleos y precios más bajos». Sin embargo, incluso en los países desarrollados, con demasiada frecuencia los trabajadores no pasan de los sectores de baja productividad que compiten con las importaciones chinas baratas a empleos de mayor productividad. Pasan, más bien, a las listas del paro, donde su productividad es cero. Tampoco debería sorprendernos. Los neoliberales asumieron que pasar de un sector y un lugar a otro no tenía coste; no es así. Veamos lo que ha sucedido en Estados Unidos durante las últimas cuatro décadas con el despliegue de la globalización. Los antiguos puestos de trabajo tal vez estaban en Indiana, los nuevos, a miles de kilómetros, en Seattle. Los antiguos puestos de trabajo tal vez eran para fabricar coches, los nuevos quizá sean para ingenieros de software. Aun con un amplio apoyo, la transición de las competencias sería difícil, por no hablar de los costes de traslado implicados. Pero la ideología neoliberal se centraba en «liberar el mercado», no en recaudar los impuestos que generarían los ingresos necesarios para facilitar la adaptación. Así pues, la ayuda para los trabajadores fue escasa o nula.

Los defensores del libre comercio afirmaban que todo el mundo saldría ganando —no solo quienes se beneficiaran de una nueva capacidad de exportación— a través de algún tipo de efecto derrame místico. Hasta la teoría económica estándar (neoclásica) había predicho que, sin ayudas ni transferencias, la liberalización del comercio perjudicaría a algunos grupos de manera absoluta, no relativa.[22] El razonamiento era obvio. Al importar bienes intensivos en mano de obra no cualificada de lugares como China, se reducía la demanda de mano de obra no cualificada estadounidense. Si las exportaciones creaban empleo, las importaciones lo destruían. Los bienes importados por Estados Unidos, como textiles y ropa, requerirían más mano de obra, es decir, utilizaban más mano de obra no cualificada que las exportaciones habituales. Con un comercio más o menos equilibrado, el aumento de las exportaciones correspondiente al aumento de las importaciones no impulsaría el empleo no cualificado tanto como la pérdida de puestos de trabajo en los sectores que sufren la competencia de las importaciones. El salario de los trabajadores no cualificados se reduciría y aumentaría el desempleo. Pero cuando expuse esto a mis colegas de la Administración Clinton, se encogieron de hombros. Aquellos trabajos no eran más que textos de escritorzuelos académicos que los responsables políticos serios, que *sabían* que todo el mundo saldría beneficiado, no iban a tomarse en serio. La ideología y los intereses —la creencia en el neoliberalismo— ganaron a la teoría y las pruebas.

Las consecuencias son bien conocidas: una aceleración del proceso de desindustrialización y una crisis en los antiguos centros industriales que alimentaron el malestar y contribuyeron, a su vez, al auge del populismo, los demagogos y la desesperación.

Desde la perspectiva de este libro, lo que más me interesa es el vocabulario utilizado para promover estos acuerdos, sobre todo en Estados Unidos. Como hemos visto, los acuerdos comerciales entre países solían llamarse tratados de libre comercio y sus defensores hablaban de un «comercio libre y justo». Pero no eran ni lo uno ni lo otro. Estaban prácticamente controlados por los intereses de las grandes corporaciones multinacionales. Un tratado de libre comercio se limitaría a prohibir los aranceles o las subvenciones; en teoría, tendría pocas páginas. En la práctica, los acuerdos comerciales ocupan cientos de páginas debido al trato especial que se da a determinados sectores y productos.

Mientras se prohíben las ayudas industriales que permitirían a los países pobres cerrar la brecha con los países ricos, los poderosos intereses agrícolas de Estados Unidos y la Unión Europea insisten en permitir las ayudas agrícolas. Estas perjudican a cientos de millones de personas del mundo en desarrollo que dependen de la agricultura, porque reducen el precio de los productos que venden. Se solía decir que una vaca europea recibe, de media, una ayuda superior (dos dólares diarios) a la renta per cápita de millones de personas en el mundo en desarrollo.

Hasta la estructura de los aranceles —los de los productos básicos con escaso valor añadido son más bajos (por ejemplo, los de los tomates respecto a los tomates en conserva)— se concibió para desincentivar el crecimiento de las industrias con valor añadido en el mundo en desarrollo. Y funcionó. Esta es, en parte, la razón por la que los patrones comerciales coloniales persisten más de medio siglo después del fin oficial del colonialismo, y por la que los países en desarrollo siguen exportando sobre todo materias primas. Se trata de un ejemplo de neocolonialismo económico, algo de lo que los países en desarrollo se quejan desde hace tiempo. Los países avanzados han utilizado su poder económico para mantener este viejo sistema, que no puede defenderse ni moral ni económicamente a menos que solo se considere desde la perspectiva de las multinacionales.

Las negociaciones comerciales se desarrollan en «rondas». En cada ronda, las partes de la negociación ponen sobre la mesa todos los temas importantes que les preocupan. Lo hacen con la esperanza de que, al poner muchas cuestiones sobre la mesa, el toma y daca tenga como resultado un gran compromiso del que todos salgan con suficientes victorias como para que el acuerdo se ratifique democráticamente en su país, y en el que los ganadores superen, e incluso compensen, a los perdedores. La Ronda de Uruguay, por ejemplo, empezó en Punta del Este (Uruguay) en 1986 y concluyó ocho años después, en 1994, en Marrakech (Marruecos).

Dio lugar a la creación de la OMC en 1995. Sobre la mesa estaban los derechos de propiedad intelectual, la liberalización de los servicios, las ayudas agrícolas, los aranceles a los productos textiles y otros muchos temas. Las últimas negociaciones comerciales globales importantes, que se iniciaron en Doha (Qatar) en noviembre de 2001, eclipsadas por el 11S, fueron en cierto modo una continuación de la Ronda de Uruguay. En esta ronda previa, los países desarrollados obtuvieron gran parte de lo que querían y los países en desarrollo firmaron con la esperanza —y la promesa— de que en la siguiente ronda se corregirían los desequilibrios de la primera. Todas las partes lo aceptaron y, en consecuencia, la nueva ronda se llamó la Ronda del Desarrollo. Pero bastaron unos pocos años para que los países desarrollados olvidaran sus promesas, endurecieran sus posturas y se negaran a llegar a un acuerdo. No se consiguió nada, y la ronda se abandonó catorce años después, en diciembre de 2015.

La situación empeoró cuando primero el presidente Obama, luego el presidente Trump y por último el presidente Biden bloquearon el nombramiento de jueces para el Tribunal de Apelación de la OMC, que decide sobre los conflictos. Estados Unidos destruyó el sistema de comercio internacional basado en reglas. Al igual que Trump, Biden ignoró abiertamente las reglas, al conceder ayudas a la industria de los chips, entre otras, y al dar preferencia a los productores nacionales en la transición verde.[23] La cantidad ha sido enorme y en este momento se estima que supera el billón de dólares, como he señalado en el capítulo 3.[24] Y ahora no hay tribunal de apelación. Está claro: las reglas son para los débiles y los que carecen de poder, pero no para los poderosos que las establecieron.

En resumen, el régimen de comercio internacional neoliberal basado en reglas parece, cada vez más, una farsa peligrosa. Limitó la iniciativa empresarial al privar a las empresas de los países en desarrollo de la libertad para fabricar productos esenciales contra la COVID-19 y el sida. Al mismo tiempo, amplió la libertad de las empresas farmacéuticas estadounidenses y europeas para cobrar precios elevados en todo el mundo. Las consecuencias fueron igualmente desequilibradas. En los países en desarrollo, millones de personas sufrieron sin necesidad los peores efectos de estas enfermedades y muchas murieron.[25] También limitó durante décadas su capacidad para ascender en la cadena de valor y fabricar productos más avanzados mediante la concesión de pequeñas ayudas a las empresas; los condenó a seguir siendo sobre todo productores de materias primas. Pero ahora Estados Unidos, al que se ha unido Europa con retraso, se dedica a conceder enormes ayudas para acaparar los nuevos empleos verdes y de alta tecnología, sin preocuparse por los acuerdos globales.[26]

LOS ACUERDOS DE INVERSIÓN: UNA EXPLOTACIÓN ENCUBIERTA

Muchos tratados comerciales incluyen acuerdos de inversión, que se supone que protegen a los inversores.[27] Además, hay cientos de acuerdos bilaterales entre distintos países. En principio, estos acuerdos se concibieron para proteger de la expropiación, para que ningún Gobierno se quedara con propiedades privadas sin la debida compensación.

En la práctica, la expropiación sin indemnización se ha convertido en algo poco frecuente y las empresas preocupadas por esto suelen obtener fácilmente un seguro contra ese riesgo (de un organismo del Grupo del Banco Mundial o de entidades especiales creadas por Estados Unidos y otros países con este fin).

Hoy estos acuerdos van mucho más allá de la simple expropiación y conceden a los inversores extranjeros derechos que ni siquiera se dan a las empresas nacionales. Lo que suelen hacer es definir la expropiación en un sentido amplio. Una regulación que pueda reducir los beneficios de una empresa —incluso si es perfectamente razonable, como una normativa para impedir la contaminación o prohibir el plutonio en los cereales infantiles (¡un ejemplo utilizado por uno de los abogados que promueven estos acuerdos!)— se considera una expropiación parcial, porque disminuye sus beneficios potenciales. Los acuerdos exigen que las empresas reciban una compensación equivalente a los beneficios que estas esperaban obtener si hubieran seguido contaminando o vendiendo un producto inseguro. Se trata de una cifra fantástica, que a veces asciende a cientos de millones de dólares. En lugar de obligar a las empresas a pagar por los daños que causan, los acuerdos de inversión obligan a los Gobiernos a compensar a las multinacionales ricas por *no* perjudicar a los demás.

Hay cuatro cosas que hacen que estos acuerdos sean aún peores.

La primera es que los tratados introducen cierta rigidez improductiva e injustificada en el sistema económico y político. No sabemos qué nos deparará el futuro. Tal vez descubramos que el producto de una empresa es tóxico. Si el sector estadounidense del amianto hubiera sido propiedad de una empresa extranjera cuando se prohibió el material, tras descubrirse el peligro que conllevaba, según un acuerdo de inversión el Gobierno de Estados Unidos habría tenido que compensar a la empresa del amianto por los beneficios que habría obtenido si el amianto hubiera seguido siendo legal.

Asimismo, aunque ahora somos conscientes de los peligros del cambio climático, si los Gobiernos toman medidas para restringir los combustibles fósiles, según los acuerdos de inversión existentes podrían tener que pagar hasta trescientos cuarenta mil millones de dólares para compensar a las empresas por *no* destruir el planeta.[28]

Los acuerdos de inversión limitan la capacidad de un país para aumentar los impuestos a las empresas extranjeras cuya sede se encuentra en uno de los países firmantes del acuerdo. Las circunstancias cambian y los Gobiernos deben tener derecho a cobrar más tributos. Un país puede, por ejemplo, verse en la necesidad de recaudar más impuestos, tal vez debido a una pandemia u otra catástrofe; pero el acuerdo de inversión significa que, si bien a las empresas y los hogares del país se les pueden subir los impuestos, no puede hacerse lo mismo con el inversor extranjero.[29]

Esa es la segunda objeción. Las empresas extranjeras reciben un trato más favorable, están más protegidas que las nacionales. Eso no es igualdad de condiciones.

La tercera cuestión es que esto concede derechos a estas empresas extranjeras sin que tengan obligaciones ni responsabilidades bien especificadas. Tienen derecho a que no se les impongan nuevas regulaciones, pero ninguna responsabilidad de no infligir daños a los demás. En México, cuando una ciudad quiso cerrar un vertedero de residuos tóxicos, la empresa extranjera presentó una demanda. Alegó, de hecho, que no era responsabilidad suya el no contaminar.

Sin embargo, la parte más nociva de estos acuerdos es cómo se dirimen. No existe un tribunal público internacional. En su lugar, se nombra un panel de tres árbitros después de que la empresa privada demande al Estado (por eso suelen llamarse acuerdos privados de arbitraje entre Estado e inversor). Cada parte designa a un árbitro, y las dos a un tercero. El arbitraje se ha convertido en un negocio. Los árbitros son abogados muy bien pagados que conocen cómo funciona esto. Las corporaciones que presentan demandas los contratan una y otra vez, por lo que no resulta sorprendente que fallen desproporcionadamente a favor de ellas. Y no se respeta ninguna de las normas que asociamos a los procedimientos judiciales modernos, incluida la transparencia. Hasta los fallos son secretos. Los árbitros pueden tener conflictos de intereses —el juez de un caso puede representar a un demandante en otro caso en el que se discuten cuestiones similares—, pero ni siquiera tienen que revelarlos. No hay revisión ni órgano de apelación.

Los resultados deficientes son consecuencia de procesos deficientes. Los países en desarrollo han tenido que pagar miles de millones de dólares en casos en los que observadores externos y objetivos sugirieron que no se debía nada o, como mucho, que la empresa recuperara el dinero invertido. En un ejemplo famoso, Philip Morris presentó en 2010 una demanda contra Uruguay por la pérdida de beneficios derivada de obligar a la empresa a indicar en los paquetes de cigarrillos que estos son un peligro para la salud, de manera similar a las advertencias que figuran en los paquetes de cigarrillos en Estados Unidos y Europa y muchos países de todo el mundo. Aun así, uno de los tres árbitros votó en contra de Uruguay. Si uno de los otros dos hubiera cambiado su voto, Uruguay habría tenido que pagar una enorme cantidad de dinero por advertir a sus ciudadanos sobre un producto letal.[30] El árbitro que dijo que Uruguay debía indemnizar a Philip Morris antepuso la libertad corporativa, el «derecho» de las empresas a hacer lo que quieran —a explotar, como lo he llamado en la primera parte— a todas las demás libertades.

Los países suscriben estos acuerdos nocivos porque las corporaciones hacen amenazas económicas —el país no conseguirá ninguna inversión a menos que firme—, reforzadas por sermones, zanahorias y palos de los países avanzados. Una vez más, el miedo gana. A los países en desarrollo se les ha engatusado para que acepten, a pesar de que hay muy pocas pruebas de que tras la firma se produzcan inversiones.

Curiosamente, Estados Unidos, el país avanzado pionero en convencer a países más débiles para que firmen estos acuerdos, de repente ha dado marcha atrás. Durante la presidencia de Trump, se decidió que estos acuerdos de inversión violaban la soberanía estadounidense. Una de las principales diferencias entre el Tratado de Libre Comercio de América del Norte de 1994 (un régimen comercial negociado entre Estados Unidos, Canadá y México) y el T-MEC (Tratado entre Estados Unidos, México y Canadá) que lo sustituyó en 2020 fue que las disposiciones sobre los acuerdos de inversión se eliminaron (con algunas excepciones).[31] La razón es sencilla: Estados Unidos se dio cuenta de que si quería cambiar impuestos o regulaciones, las empresas de otros países podían demandarle, algo que ya ha sucedido. Las empresas canadienses que invierten en oleoductos estadounidenses le demandaron tras no obtener las autorizaciones regulatorias. Lo cual ilustra la asimetría señalada antes. Las empresas estadounidenses no pueden demandar si consideran que una medida reguladora estadounidense les perjudica, pero una canadiense sí. Esto introduce una nueva complejidad: una empresa estadounidense podría crear una filial canadiense y, si realiza una inversión en Estados Unidos, podría demandar. Los tratados de inversión han abierto la caja de Pandora.

Durante la presidencia de Trump, Estados Unidos consideró que los acuerdos de inversión violaban la soberanía del país, su libertad de acción. Sin embargo, todos los acuerdos internacionales restringen las acciones de un país, al igual que todos los contratos restringen las acciones, como hemos visto antes. Al mismo tiempo, los acuerdos pueden ampliar la libertad de acción en otros sentidos. Los acuerdos comerciales reducen la libertad de un país para restringir las importaciones, aunque amplían su libertad para exportar. Esa es la naturaleza de la mayoría de las reglas y regulaciones, los impuestos y los programas públicos. Amplían las libertades en algunos ámbitos y las reducen en otros. Los acuerdos de inversión pertenecen sin duda a la categoría de reglas y regulaciones diseñadas para ampliar la «libertad de explotación». Son el resultado de desequilibrios de poder y los países pobres solo los firman porque temen infundadamente quedarse atrás si no lo hacen. Pero el resultado es que las corporaciones consiguen lo que quieren a costa de otros grupos de la sociedad.

DEMOCRACIA, PODER Y LA ARQUITECTURA ECONÓMICA MUNDIAL

En este capítulo hemos visto cómo uno de los principales temas del libro —la ampliación de la libertad de una persona puede conllevar la falta de libertad de otras— se desarrolla a escala internacional. Los efectos en el desarrollo económico de los países más pobres han sido devastadores. América Latina vivió una década perdida a causa de la crisis de deuda. En el caso de muchos países africanos, fue un cuarto de siglo perdido durante el que se produjo un retroceso; en realidad, experimentaron un proceso de desindustrialización[32] que hizo que fueran más dependientes de los recursos naturales y que sus economías estuvieran menos diversificadas y fueran menos resilientes de lo que habrían sido en otras circunstancias.

Los efectos en el desarrollo democrático fueron igualmente nocivos. Las condiciones que tuvieron que aceptar estos países a cambio de recibir ayuda financiera trataron de imponer una versión del capitalismo neoliberal que hacía hincapié en el sector privado y la privatización. El resultado fue que se obstaculizó el desarrollo de un Estado sólido, lo cual redujo la posibilidad de que existiera el tipo de acción colectiva y concertada necesaria para tener éxito económico en el siglo XXI. Estados Unidos, como he señalado, ha adoptado ahora políticas industriales. Pero a los países en desarrollo se les dijo que las rehuyeran y, por lo tanto, no reforzaron su capacidad para desarrollar la industria o llevar a cabo políticas y programas que habrían ayudado a cerrar la brecha con los países más avanzados. Además, las reglas impuestas a los países en desarrollo agravaron los desequilibrios de poder dentro de sus fronteras y, en algunos casos, otorgaron poder de veto a los extranjeros, la peor manifestación posible del neocolonialismo.

Una democracia de verdad exige limitar el poder de las empresas y contener la desigualdad en la riqueza. Pero muchas veces las condiciones impuestas por el FMI y el Banco Mundial supusieron debilitar el poder de los sindicatos y limitar la fiscalidad corporativa y progresiva. Durante años, el Banco Mundial publicó *Doing Business*, un informe que calificaba a los países en función de si habían creado un entorno favorable para las empresas. Al describir lo que querían, estas instituciones hacían hincapié en unos impuestos de sociedades bajos, una regulación limitada y unas relaciones laborales favorables a las empresas. En otras palabras, un enfoque totalmente neoliberal. Podrían haber valorado las infraestructuras públicas de calidad o una mano de obra bien formada, que también son necesarias para un buen entorno empresarial. Los países rivalizaban por estar en los primeros puestos de la lista *Doing Business*, no querían ser vistos como un destino poco atractivo para la inversión multinacional. En la práctica, el Banco Mundial y el FMI organizaron una competición a la baja, en la que los únicos ganadores eran las multinacionales. Los países trataban de atraerlas con impuestos más bajos y menos progresivos, peores condiciones laborales y «mejores» acuerdos comerciales y de inversión.

Por último, la liberalización del mercado de capitales, que permite que el capital entre y salga fácilmente de un país, no solo expuso a los países a una mayor volatilidad —que muchas veces superaba la capacidad de gestión de los países en desarrollo y los mercados emergentes—, sino que debilitó la democracia. En algunos casos, otorgó a Wall Street y los mercados financieros mundiales poder de veto real en la elección de sus dirigentes. Y si los ciudadanos de un país eran lo bastante valientes como para considerar una visión política más progresista, eran castigados sin piedad o, como mínimo, recibían amenazas claras. Además de retener la ayuda, la inversión extranjera y la entrada de capital se ralentizaban, y los fondos que estaban dentro del país se transferían al extranjero.

Los mercados desatados concebidos según los principios neoliberales han despojado a estos países de su libertad política. Milton Friedman tenía razón en que las libertades económicas y políticas deben considerarse de manera conjunta; pero, al hacerlo, se llega a una respuesta muy diferente de la que él propuso. Las restricciones a la libre movilidad del capital, evitar los acuerdos de inversión, regular estrictamente las instituciones financieras, impedir la acumulación de un poder económico excesivo: todas estas son formas de limitar el sistema económico si se quiere mantener la libertad política.

Otro mundo es posible

La arquitectura económica global existente se creó en gran medida durante el auge del neoliberalismo. Por supuesto, también refleja la realidad del poder geopolítico de aquella época, en la que, después de la Segunda Guerra Mundial y el desmoronamiento del poder de Rusia en las décadas posteriores, Estados Unidos era la potencia dominante.

Pero hay una nueva geoeconomía y una nueva geopolítica. No solo hay polarización dentro de los países, sino entre ellos. Lo cual difiere del mundo sin fronteras que Estados Unidos se esforzó tanto por crear tras la Segunda Guerra Mundial y la caída del Muro de Berlín; obviamente, un mundo sin fronteras regido por sus reglas y que operaba en su interés, o al menos en el de sus grandes multinacionales. Ahora los países y las personas están cuestionando el neoliberalismo y sus reglas, tanto a escala nacional como internacional. Los habitantes de los países en desarrollo y los mercados emergentes son menos tolerantes, por ejemplo, con el derecho a explotar. Ven el libre mercado como lo he descrito en este libro, un sistema que da libertad a unos a costa de la de otros. Y creen, con razón, que el actual sistema de gobernanza global, en el que se toman decisiones sobre los *trade-offs* entre libertades, los derechos y las responsabilidades, no es imparcial ni tiene legitimidad. No es solo que las voces de los países poderosos sean dominantes, es que están, en demasiada medida, en consonancia con los grandes intereses corporativos y financieros en vez de con los ciudadanos corrientes.

El marco analizado en los capítulos anteriores, que equilibra y sopesa minuciosamente las ganancias de unos frente a las pérdidas de otros y rechaza la ideología neoliberal, sienta las bases de los nuevos sistemas económicos nacionales. También las de una nueva arquitectura económica global, justa y equitativa, que equilibre las libertades al tiempo que asigna derechos y responsabilidades.

Este no es el lugar para profundizar en cómo sería esa arquitectura, pero los principios son similares a los que ya he formulado.

En este capítulo, la exposición se ha centrado sobre todo en una parte de lo que debería cambiar. Por ejemplo, los acuerdos de inversión no deberían interferir con el derecho de un país a regular o gravar con impuestos en beneficio de sus ciudadanos, y las disposiciones sobre derechos de propiedad intelectual deberían idearse para fomentar la innovación y promover la salud y el bienestar de todo el mundo en todas partes. Necesitamos un marco internacional para resolver los excesos de deuda, similar a los procedimientos nacionales de quiebra, que tenga en cuenta el bienestar del deudor y los intereses generales de la sociedad. Necesitamos un marco normativo financiero internacional que haga menos probable que se produzca la clase de crisis que vemos una y otra vez, y que cuando sucedan sean menos profundas.

Este marco alternativo se basa en tres principios generales.

El primer principio es que las reglas internacionales deben permitir que los países actúen como quieran siempre que no perjudiquen a otros países;[33] o, con el término que he utilizado antes, siempre que no imponga externalidades significativas a otros países. Estados Unidos puede considerar ridículo que los países en desarrollo impongan restricciones a la entrada o la salida de capitales de sus fronteras, pero las restricciones no tienen consecuencias globales y, si la política está equivocada, los únicos que asumen las consecuencias son el país y sus ciudadanos.[34] Resultó que la visión predominante en Estados Unidos, es decir, que la liberalización del mercado de capitales fomentaba el crecimiento y la estabilidad, no era verdad;[35] la falta de controles de capital provocó una inestabilidad financiera global y fueron los países en desarrollo los que acabaron pagando el precio más alto por estas ideas fallidas.

El segundo principio es el de equidad o justicia. Aunque todos tenemos una idea intuitiva de lo que eso significa —o al menos qué supone una violación intolerable de ella—, puede resultar útil pensar en esta cuestión a través del prisma que nos facilitó John Rawls, que impide saber si se ha nacido en un país rico y poderoso o en un país pobre y débil.[36] Detrás del velo de la ignorancia, ¿cómo responderíamos a la siguiente situación? Supongamos que existe una cura para el cáncer, pero hay escasez mundial del medicamento; una empresa de nuestro país puede producirlo y está dispuesta a hacerlo a un precio asequible, pero las normas de propiedad intelectual le prohíben fabricarlo. ¿Y si el 95 por ciento de los costes de investigación se hubieran financiado con dinero público? La mayoría de la gente tiene la suficiente empatía como para indignarse y diría que un sistema justo no restringiría el acceso y el uso del conocimiento en tal situación. La libertad para acceder a ese conocimiento con el fin de salvar vidas es más importante que la libertad para explotar a otros mediante el ejercicio del poder de mercado, permitido por un sistema de patentes mal diseñado. Un sistema de propiedad intelectual que permite esto es injusto y parcial. Sin embargo, es el que tenemos. Gran parte de la arquitectura económica y financiera mundial también es así.

¿Qué ocurre si los países ricos y poderosos que dirigen la arquitectura actual no están dispuestos a crear una arquitectura global justa o equitativa y tienen el poder suficiente para impedirlo? Evidentemente, debemos hacer lo posible por avanzar hacia la equidad; por ejemplo, luchando contra la segregación de las vacunas o por la justicia fiscal. Ha habido algunos éxitos. No tantos como me gustaría, aunque quizá más de los que cabría esperar dadas las relaciones de poder. Pero hay otra opción: pelear por los acuerdos *mínimos* necesarios para que el sistema mundial siga funcionando, que se centren en ámbitos en los que la cooperación es esencial, como el cambio climático, pero que circunscriban la capacidad de los poderosos para imponer su voluntad a los demás. No se necesitan acuerdos de inversión. Es probable que los tratados comerciales en los que participan las grandes tecnológicas y el *big data* beneficien a las corporaciones y limiten la capacidad de los Gobiernos para regularlas en aras del interés público.

El tercer principio recorre todo el libro: los acuerdos económicos tienen costes para la sociedad que deben tenerse en cuenta. La economía no es ajena a la sociedad. Hemos visto que la liberación del capital mediante la liberalización del mercado de capitales tiene un coste, no solo uno económico en el sentido convencional, sino en libertad económica y política. Los países que recurrieron al FMI perdieron su soberanía económica en un grado significativo. Y el resultado de las políticas impuestas tuvo importantes consecuencias para la sociedad; por ejemplo, interrupciones generalizadas en la educación, que significa que muchas personas no tuvieron libertad para desarrollar todo su potencial. La libertad política también se ve limitada, porque la liberalización del mercado de capitales da poder de veto real a Wall Street.

Los tres principios que acabo de describir nos guían hasta un régimen internacional bastante diferente, en el que el poder importa menos y los individuos importan más. Habría más simetría y, casi sin duda, menos hipocresía. Si bien no resulta sorprendente que el sistema actual refleje más el poder que la equidad, es irónico el tratamiento perverso de las externalidades, porque a menudo se utiliza un lenguaje similar al de las externalidades para defender las medidas internacionales. Los rescates del FMI se defienden con el argumento del contagio. Si el FMI no interviniera, se sostiene, la crisis en un país se extendería, como una enfermedad infecciosa, a otros. En realidad, los países grandes y poderosos hacen lo que quieren, sin tener en cuenta las externalidades ni las reglas. Estados Unidos habla de la ley internacional en el comercio, pero no hace nada cuando Trump o Biden infringen esas reglas, ya sea imponiendo aranceles injustificados, subvencionando su industria de chips o aprobando las disposiciones de la ley Buy America. Y Estados Unidos, al negarse a admitir jueces en el Tribunal de Apelación de la OMC, se asegura de que no se pueda hacer nada dentro de la ley. También sabe que, dadas las relaciones de poder, es imposible hacer nada al margen de la ley.

Otro mundo es posible, uno que amplíe las libertades de la mayoría de los países, y de sus ciudadanos, para actuar y desarrollar su potencial. En este capítulo, se ha descrito cómo podría ser ese orden internacional. El siguiente se centra en las políticas nacionales.

13
EL CAPITALISMO PROGRESISTA, LA SOCIALDEMOCRACIA Y LA SOCIEDAD DEL CONOCIMIENTO

Espero que este sea el momento de la historia en el que los fracasos del neoliberalismo son tan evidentes que se abandonará. Gabriel Boric, que se convirtió en presidente de Chile en 2022, captó el espíritu de los tiempos tras su victoria en las primarias cuando dijo: «Si Chile fue la cuna del neoliberalismo, ¡también será su tumba!».

Ahora quiero plantear un marco alternativo, el capitalismo progresista (o una socialdemocracia revitalizada), que considera el bienestar de todos los ciudadanos un elemento esencial y va más allá de los bienes materiales e incorpora la sensación de seguridad y la libertad. Asume que el florecimiento humano es el objetivo de nuestro sistema económico y social, lo que implica que los ciudadanos lleven vidas significativas y creativas. Una buena salud, la educación y cierto nivel de bienestar material y seguridad son elementos necesarios para lograrlo, aunque no suficientes. A veces lo olvidamos, pero se supone que la economía está al servicio de la sociedad, y no al revés.

He insistido en cómo las reglas y las regulaciones, las leyes y los programas, conforman la economía y la sociedad. En un libro breve como este, no puedo exponer el marco de todos ellos. En las siguientes páginas centro mi análisis del capitalismo progresista en torno a seis temas. Varios de ellos se refieren al poder, la desigualdad, la importancia de la acción colectiva y el papel del sistema económico en la conformación de los individuos, cuestiones de las que ya he hablado. Dos tienen que ver con la creación de una sociedad del aprendizaje y de una sociedad con un rico ecosistema de instituciones. Empiezo por estas últimas, que solo he mencionado por encima.

LA CREACIÓN DE UNA SOCIEDAD DEL APRENDIZAJE

El mundo se encuentra en constante cambio y se transforma de manera imprevisible. Esta visión es muy diferente de la teoría del equilibrio que tuvo tanta influencia en los primeros años de la economía y que se mantiene hasta hoy. Debemos ver las instituciones y las estructuras de gobernanza a través de un prisma evolutivo, en el que el cambio y el aprendizaje son continuos. La tecnología está cambiando. Nuestros gustos están cambiando. La manera en que entendemos los sistemas social y económico está cambiando. Nuestra comprensión del mundo físico que nos rodea está cambiando. De hecho, en la economía y la sociedad, una fuente de cambio importante proviene del aprendizaje, no solo del descubrimiento de nuevas tecnologías a través de avances científicos, sino del aprendizaje de cómo funciona nuestro complejo sistema político, económico y social.[1]

Los científicos sociales quieren entender los factores determinantes y la dirección del cambio; los responsables políticos y los ciudadanos quieren orientar el cambio, aunque saben que nunca tendrán control pleno. En el mejor de los casos, conseguirán empujar la economía y la sociedad en una dirección u otra.

El aprendizaje no es simplemente recibir educación formal, sino que sucede a lo largo de la vida. Pero también existe un aprendizaje institucional, en el que se aprende a rediseñar los mecanismos institucionales con el fin de que logren los objetivos para los que fueron creados de manera más eficaz, y para que sean más capaces de coordinarse con otras instituciones. Podemos aprender a diseñar las instituciones para que se transformen desde dentro y respondan al entorno siempre cambiante en el que operan. Por supuesto, casi siempre se aprende algo, aunque no tanto como se podría. Los banqueros centrales lo hicieron mejor en 2008 que en la Gran Depresión, en parte porque habían aprendido de los errores de ese episodio anterior. Pero en el periodo previo a la Gran Recesión fue evidente que hasta los economistas —por ejemplo, el presidente de la Reserva Federal, Ben Bernanke—, que afirmaban haber aprendido las lecciones de la Gran Depresión, en realidad no lo habían hecho. Bernanke apoyó a Alan Greenspan (que le precedió en la presidencia) y a la mayoría de los demás miembros de la

Reserva Federal cuando esta impulsó la desregulación que provocó la Gran Recesión. Una de las principales lecciones de la Gran Depresión había sido que los mercados financieros insuficientemente regulados son peligrosos.

En los últimos años, Estados Unidos ha adoptado políticas industriales para tratar de orientar la dirección de la economía. Ahora reconoce que los mercados, por sí solos, no bastan. Su Gobierno también ha impulsado una economía verde, apoyado el desarrollo de vacunas contra la COVID-19 y reconocido la excesiva dependencia del país de los chips fabricados en el extranjero. Inevitablemente, como Estados Unidos no ha llevado a cabo antes muchas políticas de este tipo (excepto en el ámbito militar), habrá mucho que aprender. Se cometerán errores. Sin embargo, la detección de un error no es razón para abandonar estas políticas, al igual que reconocer el fracaso de la Reserva Federal durante la Gran Depresión y la Gran Recesión no es razón para cerrarla. Por ejemplo, cuando en 2009 el Gobierno estadounidense prestó quinientos millones de dólares a Elon Musk para Tesla, apoyó con éxito el desarrollo de la tecnología de los vehículos eléctricos. Pero cometió un error. No exigió una parte del potencial alcista, lo que podría haber hecho fácilmente si, por ejemplo, hubiera insistido en recibir acciones. Así, el Gobierno, y los contribuyentes estadounidenses, habrían compensado con creces las pérdidas generadas por otros préstamos e inversiones en tecnología. El Gobierno obtendrá una parte de los beneficios a través del impuesto sobre la renta de las personas físicas y el impuesto de sociedades, aunque mucho menor que si hubiera incluido una cláusula de reparto de beneficios en el contrato. La lección que hay que aprender es que si bien es importante elegir bien los proyectos, también lo es diseñar bien los contratos.

Por lo tanto, una sociedad del aprendizaje implica tanto un aprendizaje individual como institucional; de hecho, este aprendizaje forma parte del florecimiento humano, uno de los objetivos básicos de una buena sociedad.[2] Aprender es un proceso que nunca termina.

Antes he comparado la idea de equilibrio propia de la economía estándar (neoliberal) —que supone un mundo armonioso en equilibrio y sin cambios— con el mundo en constante transformación en el que vivimos, muchas veces caracterizado por intensos conflictos. Por fin empezamos a darnos cuenta de que vamos a estrellarnos de cabeza contra los límites planetarios. *Debemos* adaptarnos. No queda más remedio. Pero el mejor camino a seguir casi nunca es obvio. Así que adoptamos una perspectiva evolutiva centrada en la adaptación más que en el equilibrio. El capitalismo progresista, creo, facilitará la evolución de nuestra economía de una manera que contribuya a crear una buena sociedad.[3]

UNA ECONOMÍA DESCENTRALIZADA CON UN RICO ECOSISTEMA DE INSTITUCIONES

Nuestro sistema económico tiene que estar descentralizado, contar con multitud de unidades económicas, es decir, muchas empresas y otras entidades (de distintos tipos) que tomen decisiones sobre qué hacer y cómo hacerlo. El mundo es demasiado complejo para planificarlo de manera centralizada, como propugnaba el comunismo hace más de cien años.

Tener muchas unidades genera un aprendizaje mayor sobre sus propias capacidades, sobre la tecnología y sobre lo que quieren los demás. Cada unidad experimenta, y las distintas unidades tienen concepciones diferentes sobre los objetivos apropiados y cómo alcanzarlos.

En los últimos años, gran parte del debate se ha centrado en el papel relativo que desempeñan las instituciones públicas (el Gobierno) frente a las empresas privadas (con ánimo de lucro). Esta perspectiva limita innecesariamente el debate. Cualquier economía o sociedad que funcione bien necesita una combinación de distintos tipos de instituciones, no solo públicas y privadas con ánimo de lucro, sino también cooperativas, privadas sin ánimo de lucro, etc. Y las instituciones gubernamentales tienen que operar en múltiples niveles, incluidos el local, el estatal o provincial, el nacional y el global. Estas instituciones deben ejercer controles y equilibrios entre sí, y las estructuras generales de gobernanza deben limitar el poder y su abuso, un tema que analizaremos más adelante.

Quiero insistir en la necesidad de que una parte importante de la economía no esté ni pueda estar motivada por los beneficios. Esto incluye a gran parte de los sectores de la sanidad, la educación y los cuidados, en los que la simple búsqueda de beneficios suele generar resultados perversos. El sistema penitenciario privado ha fracasado en su misión fundamental, que es rehabilitar a los presos. En Estados Unidos, las instituciones más exitosas, que explican muchos de los logros generales del país, son sus grandes universidades de investigación, que son públicas o fundaciones, como Harvard y Columbia. En otros países, las mejores universidades también son fundaciones sin ánimo de lucro, como Oxford y Cambridge, o instituciones estatales, como las *grandes écoles* y la Sorbona en Francia. Asimismo, la parte cooperativa del sistema financiero estadounidense (que suelen llamarse cooperativas de crédito) ha sido el único sector que, por lo general, se ha comportado de manera socialmente responsable tanto antes de la crisis financiera de 2008 como después.

Pero en el capitalismo progresista las empresas con ánimo de lucro tampoco serían las mismas que en el neoliberalismo. Su *ethos* sería diferente del de las empresas actuales, empeñadas en maximizar la riqueza de los accionistas, cueste lo que le cueste al resto de la sociedad. Y estas empresas privadas con ánimo de lucro no serían veneradas como lo son hoy. No tienen ninguna poción mágica que les permita resolver problemas que otros no pueden; simplemente, algunos problemas los resuelven mejor las empresas que maximizan sus beneficios y otros los resuelven mejor otro tipo de entidades.

EL PODER, EL PARADIGMA COMPETITIVO Y EL CAPITALISMO PROGRESISTA

La economía moderna parte, como he señalado, de un modelo de competencia perfecta, en el que la economía se encuentra en un equilibrio armonioso. Ni siquiera son necesarias políticas de competencia, porque esta será competitiva por naturaleza.

En este punto, los neoliberales se desvían bastante de Adam Smith.[4] Antes he señalado la preocupación de Smith por la propensión de la gente de negocios a confabularse contra el interés público. Los conservadores partidarios de Smith lo defienden solo en la medida que coincide con sus ideas. El hecho es que la economía no es competitiva por naturaleza, en el sentido estricto del término que utilizan los economistas. Para estos, una economía verdaderamente competitiva es aquella en la que ninguna empresa tiene poder para subir los precios, para imponer condiciones contractuales a otras o para bloquear la entrada de empresas de modo que los beneficios no disminuyan.[5] Ya hemos visto que estas condiciones no se dan en el mundo actual, como ilustran desde los desagradables acuerdos de confidencialidad y las disposiciones de arbitraje obligatorias hasta los beneficios persistentes que tan evidentes son en los gigantes digitales.

El capitalismo progresista reconoce que el poder existe y que la distribución del poder es una de las principales preocupaciones; limitar el poder es crucial. Existen relaciones de poder dentro de las entidades que constituyen nuestra economía, entre ellas y en sus interacciones con los ciudadanos, y algunos pueden aprovecharse de los demás, y de hecho lo hacen.

Las relaciones de poder son esenciales para entender la economía, la política y la sociedad. La creación de la economía estadounidense se basó en el trabajo esclavo, que no es precisamente una manifestación del libre mercado. La estructura jurídica del país se diseñó para imponer la esclavitud y mantener las relaciones de poder.

Las relaciones de poder son fundamentales para entender la creciente desigualdad y la percepción generalizada de que el sistema está amañado, lo cual ha influido mucho en la decepción con la democracia y sus instituciones, así como en el crecimiento del populismo. El capitalismo progresista lograría un equilibrio mejor al limitar el poder corporativo, fomentar la entrada de nuevas empresas (aumentando la disponibilidad de financiación y tecnología para los nuevos actores) y reforzar los derechos de los trabajadores mediante, por ejemplo, el impulso de la sindicalización.

La gobernanza

El término «gobernanza» se refiere a las reglas que determinan quién toma qué decisiones y cuáles son los objetivos. La gobernanza corporativa alude a las reglas que afectan a las decisiones de las empresas. Los directivos tienen un enorme poder sobre todas las decisiones de su empresa: cómo se trata a los trabajadores, los clientes, los accionistas y las partes interesadas. Las leyes de gobernanza corporativa especifican y limitan estos poderes.

Milton Friedman propuso una idea que se convertiría en un principio básico del capitalismo neoliberal del siglo XX, consagrado en las leyes de muchos Estados: el capitalismo de los accionistas. El único objetivo del directivo de una empresa es maximizar el valor para el accionista. No es su responsabilidad prestar atención a los trabajadores, los clientes, la comunidad o incluso el medioambiente, salvo en la medida en que sus actos, con respecto a esas «partes interesadas», afecten al precio de las acciones. A primera vista, había algo nocivo en esta doctrina. Colocaba en un pedestal a Gordon Gekko, el personaje ficticio de la película *Wall Street*, y a su *ethos* de que «la codicia es buena». Adam Smith había sugerido que la búsqueda del interés propio conducía al bienestar de la sociedad, pero se apresuró a matizar esa afirmación. Friedman no hizo lo mismo.[6]

Cuando Friedman enunció esa doctrina en un famoso artículo publicado en *The New York Times* en 1970,[7] el economista Sandy Grossman y yo, entre otros, estábamos analizando las condiciones en las que la maximización del valor para el accionista conduce al bienestar de la sociedad. Demostramos que esas condiciones eran extraordinariamente restrictivas y que ninguna economía real las cumplía. Pero nuestros artículos, publicados en revistas como *Quarterly Journal of Economics* y *Journal of Finance*, tuvieron mucha menos influencia que el de Friedman.[8] Él era un apóstol del libre mercado, poseía una enorme capacidad de persuasión y planteaba argumentos que personas como Ronald Reagan y Margaret Thatcher querían oír. No le preocupaba tanto si detrás de esos argumentos había un análisis.

Puede que el capitalismo de accionistas haya logrado enriquecer a los propietarios de las empresas, pero no ha generado una prosperidad compartida en la sociedad.

Reequilibrar las relaciones de poder

Reequilibrar las relaciones de poder en todos los aspectos de nuestra sociedad (el hogar, la empresa, la economía, la política) es esencial para que la prosperidad sea compartida y para crear una sociedad buena y decente. El actual desequilibrio de poder ha ampliado la libertad de las grandes corporaciones, al tiempo que limitaba la de los ciudadanos corrientes. La gente lo percibe intensamente en las frustraciones cotidianas. En realidad, el consumidor no tiene capacidad de elección y una empresa es tan explotadora como la siguiente, e impone disposiciones deplorables como el arbitraje obligatorio para resolver disputas y comisiones usurarias. Para colmo, muchas veces hay que esperar dos horas para hablar con alguien de «atención al cliente».

En el capítulo 7 hemos visto que el Tribunal Supremo ha intervenido para inclinar la balanza aún más a favor de las grandes empresas. Ha ampliado la libertad y el poder de estas a costa de todos los demás, al impedir las demandas colectivas en el marco de unos arbitrajes que la gente se ha visto obligada a aceptar. Esto puede parecer un asunto menor, pero las relaciones de poder se crean dentro del sistema, regla a regla, caso a caso.[9] Así que hoy, para lograr un equilibrio mejor —para sustituir el capitalismo neoliberal por un capitalismo progresista— tenemos que reconstruir el sistema económico y legal, regla a regla, regulación a regulación, institución a institución. A lo largo de este libro he intentado ofrecer múltiples ejemplos de lo que debería y puede hacerse.

Organizar la sociedad

He señalado en varias ocasiones que existen muchas formas de organizar la sociedad. Algunos modelos dan más poder a un grupo y menos a otros; otros benefician a un grupo a costa de los demás. Tradicionalmente, las reglas las establecen los poderosos para beneficiar a los poderosos. Lo cual es inaceptable. Ninguna democracia real debería permitirlo. He descrito una base alternativa para decidir entre las posibles organizaciones, que supone la aplicación de principios filosóficos consolidados que fundamentan lo que significa la justicia social y cómo sería un sistema económico, social y político socialmente justo y equitativo; el que se elegiría detrás del velo de la ignorancia. Puede que nos cueste adoptar esa mentalidad y reflexionar sobre sus consecuencias; puede que al hacerlo surjan dilemas y disyuntivas.[10] Y cuando completemos el ejercicio, quizá sigamos sin alcanzar la unanimidad, o ni siquiera un consenso. Pero sospecho que la brecha entre las opiniones que vemos hoy se reduciría y sería posible llegar a acuerdos que nos permitieran avanzar en la búsqueda de una sociedad buena y justa.

Controles y equilibrios

Uno de los argumentos para defender la estructura económica descentralizada descrita antes, con un rico ecosistema de disposiciones institucionales, es el potencial que tiene esta diversidad para ejercer controles y equilibrios. La sociedad civil y la prensa se controlan mutuamente, y controlan a las entidades con ánimo de lucro y al Gobierno. En la ciencia política, el argumento estándar para la división de poderes dentro del Gobierno se refiere a los controles y equilibrios; pero necesitamos en la misma medida controles y equilibrios dentro de la sociedad. De hecho, sean cuales sean las estructuras formales, si existe un poder excesivo en el sector privado con ánimo de lucro, las empresas ricas y poderosas ejercerán una influencia indebida en la esfera pública.

BRECHAS ECONÓMICAS, PODER Y JUSTICIA SOCIAL

Los controles y equilibrios tampoco funcionarán si existe un exceso de concentración de riqueza y de ingresos en la sociedad.

Si vamos a desarrollar un sistema que sirva al bien común, algo esencial en cualquier sistema que pretenda ser una buena sociedad, la igualdad debe ser mayor en todas sus dimensiones, en especial la igualdad de oportunidades. (Lo cual *no* significa la eliminación de cualquier desigualdad económica; un sistema que lograra esto debilitaría los incentivos, e incluso un mínimo de realismo implica reconocer que los incentivos materiales serán importantes para grandes sectores de la población).

El creciente desequilibrio de poder, las concentraciones cada vez mayores de riqueza y de poder corporativo, que se reflejan en cómo se desposee a los trabajadores de poder e ingresos, es especialmente problemático. Un programa de justicia social constituye una parte importante del capitalismo progresista. Intenta reducir los niveles de desigualdad, no solo de ingresos y de riqueza. Presta una atención particular a las desigualdades que surgen de las diversas formas de explotación.

El acceso a la atención sanitaria básica es una parte importante de la justicia social, pues la salud es un derecho humano (como consta en la Declaración Universal de los Derechos Humanos adoptada en 1948).[11] El capitalismo progresista reconoce esto, y la mayoría de los países avanzados se han dado cuenta de que la manera más justa y eficiente de proporcionar atención sanitaria es algún tipo de prestación pública, complementada a veces con alguna prestación privada, sobre todo en un país con una importante desigualdad de ingresos y de riqueza.[12] Sin embargo, en Estados Unidos hay muchas personas a las que les cuesta aceptar esto. El sistema actual, incluso tras la aprobación de la Ley del Cuidado de Salud a Bajo Precio, hace que muchas personas no dispongan de una asistencia sanitaria adecuada o no puedan elegir a su proveedor, lo contrario de lo que pretendía la ley. Por eso en Estados Unidos es tan importante la opción pública, que convierte al Estado es uno de los proveedores que la gente puede elegir. Esto aumenta las posibilidades de elección y la competencia, que es otra manera de limitar la explotación por parte de los agentes del mercado.[13]

EL CAPITALISMO PROGRESISTA, EL PAPEL DEL ESTADO Y LA SOCIALDEMOCRACIA

El capitalismo progresista supone que la acción colectiva en todas sus formas desempeñe un papel más importante y que exista un equilibrio más adecuado entre el sector privado y la acción colectiva, que incluya al Gobierno en todos los niveles. El comunismo fue demasiado lejos en una dirección, el reaganismo y el tatcherismo fueron demasiado lejos en la otra, y la tercera vía de Clinton, Blair y Schröder supuso una corrección insuficiente. Adoptó el neoliberalismo, el materialismo y el libre mercado y no prestó suficiente atención a las cuestiones de justicia social, en un grado que no habría sido aceptable en un mundo en el que el comunismo y las economías de mercado estuvieran compitiendo por el corazón y la mente de la gente. De hecho, los tratados de libre comercio con acuerdos de inversión y la liberalización del mercado financiero experimentaron su apogeo durante la Administración Clinton. Y se redujeron los impuestos a las ganancias de capital, lo cual benefició sobre todo a los más ricos.[14]

La acción colectiva puede adoptar muchas formas. Algunos ejemplos son las ONG, los sindicatos, las congregaciones religiosas, las cooperativas de productores y consumidores, las demandas colectivas, las organizaciones conservacionistas y una plétora de otros grupos que trabajan para promover causas en las que creen.

He empezado el libro con una observación directa: *la libertad de una persona es la falta de libertad de otra*. Las externalidades son ubicuas y la gestión de estas externalidades —incluida la devastación medioambiental—, que son inevitablemente la consecuencia directa de los mercados desatados, requiere acciones públicas como las regulaciones. De hecho, cualquier juego necesita reglas y regulaciones. En estas páginas, he descrito la necesidad de contar con regulaciones que frenen la acumulación de poder y la explotación de unos a otros.

Otra observación clave es que las personas pueden lograr juntas lo que no pueden conseguir solas. Pero en muchos ámbitos de la acción colectiva surge el problema del gorrón, de modo que para obtener buenos resultados (eficientes) es necesario cierto grado de coerción, de un tipo que solo el Gobierno puede imponer adecuadamente. También puede ser conveniente fomentar la acción colectiva voluntaria, por ejemplo, mediante ayudas.

En el capítulo 11 he descrito muchos ámbitos en los que la acción colectiva era deseable porque los mercados, por sí solos, eran ineficientes o tenían algún otro tipo de fallo. En este punto, quiero insistir en que la conveniencia de la acción colectiva es más amplia.

Un componente clave de la acción colectiva es la mayor inversión pública en la infancia y su futuro, en investigación y, en general, en infraestructuras sociales y físicas. Estas inversiones no solo fomentarán el crecimiento, también ampliarán las oportunidades (las libertades) de los ciudadanos corrientes. La empatía natural hacia los demás debería hacernos rechazar el sistema actual, en el que la suerte de un niño depende mucho de los ingresos y la educación de sus padres.

Otro componente clave es la protección social contra las vicisitudes de la vida, incluidas las derivadas de los mercados, aun cuando estos estén atemperados y controlados.[15] La tecnología cambia constantemente, por lo que pocos trabajadores tienen el trabajo garantizado. Y nadie puede estar seguro de que no le sorprenda un problema de salud grave. La protección social es en sí misma liberadora. Libera a las personas para que puedan asumir riesgos que de otro modo no asumirían, por temor a fracasar y quedar en la indigencia. Por eso las sociedades con mejores sistemas de protección social pueden ser más innovadoras.

El fallo del Gobierno

Quienes critican esta visión que destaca el papel de la acción colectiva sugieren que esta no presta suficiente atención a los fallos del Gobierno. Afirman que, por muchos defectos que tengan los procesos económicos, los procesos políticos —la manera en que se toman las decisiones en el Gobierno— son peores. Y añaden que esto es así aunque la corrupción no sea total. Puede que las políticas y los gastos estén más motivados por los beneficios políticos a corto plazo que por los intereses de la sociedad a largo plazo.

Cualquier estadounidense que haya vivido la presidencia de Trump conoce los fracasos gubernamentales y políticos. No soy ingenuo. Sé que crear un Estado fuerte y eficaz que promueva el progreso económico y la justicia social —y no los intereses particulares— es difícil. Aunque también sé que, sin un Estado fuerte y eficaz, el progreso social y económico ha sido escaso o nulo. Durante los más de cincuenta años que me he dedicado a la economía, he visto algunos milagros económicos —por ejemplo, la renta per cápita se multiplicó por diez en los países de Asia Oriental— y estos éxitos estuvieron directamente relacionados con políticas gubernamentales. También he visto algunos fracasos y decepciones. No hemos gestionado la macroeconomía tan bien como podíamos o deberíamos haberlo hecho, pero la situación es mejor de lo que habría sido si de eso se hubiera ocupado el mercado.[16] No nos queda más opción que intentar que nuestra democracia funcione de una manera que promueva los intereses del conjunto de la sociedad. A veces, las sociedades lo han conseguido con un éxito considerable. Debemos aprender tanto de los éxitos como de los fracasos.

Dos de las cosas que hemos aprendido es que un desequilibrio de poder económico se traduce en un desequilibrio de poder político; y que las políticas dominadas por el dinero se corrompen inevitablemente. El dominio del neoliberalismo en tantos lugares tiene mucho que ver con los grupos de presión que se benefician de sus ideas y el poder político que ejercen esos grupos.

Sabemos, además, cuáles son algunas de las cosas que contribuyen al éxito de la economía y la sociedad: la apertura y la transparencia, las instituciones de aprendizaje adaptativo, los sistemas de controles y equilibrios —en los que participa una prensa activa y diversificada—, una sociedad civil activa con participación ciudadana y diversos mecanismos que dan voz a los ciudadanos.

MOLDEAR A LAS PERSONAS

Por último, el diseño de nuestro sistema económico, político y social debe ser consciente de cómo conforma a las personas. Como he destacado en la segunda parte, no nacemos completamente formados; nos moldean nuestros padres, el colegio y el entorno que nos rodea, que comprende el sistema económico, político y social en el que vivimos. Cuando intentemos conformar el sistema económico, debemos ser conscientes de estos efectos. Como he señalado, las instituciones cooperativas pueden estimular una conducta más cooperativa. El sistema neoliberal de la última mitad de siglo ha fracasado. No ha cumplido sus propias condiciones, al no producir la prosperidad compartida que prometía, pero lo que es más preocupante, además ha engendrado personas más egoístas y materialistas que son menos honestas y fiables. ¿Qué clase de mundo es este en el que es normal que los individuos ganen dinero aprovechándose de los demás y ni siquiera se sientan culpables?

En 1987, Margaret Thatcher dijo en una entrevista: «¿Quién es la sociedad? ¡No existe tal cosa!». Sin embargo, en ese mismo momento, como líder británica, estaba intentando moldear a su sociedad y sus ciudadanos. Articuló una visión que es la antítesis de la buena sociedad. El neoliberalismo consiguió con éxito dirigir a la sociedad en la dirección que proponía Thatcher, y ese puede ser su mayor fracaso.

Hay otra serie de argumentos que defienden un programa de justicia social que se centra en quiénes somos como individuos y como sociedad. Como también he señalado en la segunda parte, la desigualdad hace que los ciudadanos más ricos sientan que merecen privilegios y que los más pobres vivan desesperados, sin esperanza ni aspiraciones.

La aspiración más profunda del capitalismo progresista es construir una sociedad en la que haya más empatía, más cuidados, más creatividad y un esfuerzo sano, que esté compuesta por individuos menos egoístas y más honestos. Estos atributos darán lugar a una economía y una sociedad que funcionen mejor.[17] Creo que eso podría lograrse con la economía progresista que defiendo.

OBSERVACIONES FINALES

Algunos críticos se han preguntado: «¿Acaso el capitalismo puede ser progresista? ¿No se trata de un oxímoron?». El sistema que he descrito brevemente se desvía mucho del actual, aunque comparta el término «capitalismo». El «capital» que resulta esencial para el capitalismo progresista del siglo XXI no es solo físico o económico, incluye además el capital humano, el capital intelectual, el capital organizativo, el capital social y el capital natural; todos ellos constituyen la base de nuestra economía. De hecho, esta ampliación de lo que entendemos por capital es esencial y responde a la naturaleza cambiante de nuestra economía y nuestra sociedad.

Creo que es posible construir una economía y una sociedad basadas en los principios que he descrito. Aunque no consigamos crear una sociedad «ideal», podemos hacerlo mucho mejor que la versión actual del capitalismo.

14
DEMOCRACIA, LIBERTAD, JUSTICIA SOCIAL Y LA BUENA SOCIEDAD

Cualquier debate sobre la libertad debe comenzar con una aclaración sobre la libertad de quién estamos hablando. ¿La libertad de unos para perjudicar a otros o la libertad de los otros para no ser perjudicados? Con demasiada frecuencia, la ecuación no está bien equilibrada: los propietarios de armas frente a las víctimas de la violencia con armas; las empresas químicas frente a los millones de personas que sufren la contaminación tóxica; las farmacéuticas frente a los pacientes que mueren o cuya salud empeora porque no pueden permitirse comprar medicamentos. Sabemos de quién es la libertad que prevalece. La lista de injusticias es larga.

Resulta sorprendente que, a pesar de todos los fallos y las desigualdades del sistema actual, tanta gente sigue defendiendo la economía de libre mercado. Y que lo haga a pesar de la frustración cotidiana que supone tratar con las compañías de seguros médicos, las empresas de telefonía, los arrendadores o las compañías aéreas. Es asombroso que alguien que viva en el capitalismo del siglo XXI, y aún más si lee sobre sus innumerables abusos, pueda creer en los mercados desatados o en la inevitable eficiencia de la «libre» empresa.

Dicho sin rodeos, los ciudadanos corrientes de todo el mundo han sido engañados. Cuando ha habido un problema, se les ha dicho «dejad que se ocupe el mercado». Se les ha llegado a decir que el mercado puede resolver los problemas relacionados con las externalidades, la coordinación y los bienes públicos. Eso es una mera ilusión, como he explicado. Para que funcione bien, una sociedad necesita reglas, regulaciones, instituciones públicas y un gasto público financiado con impuestos.

La otra cara de este cuento de hadas, que nos habla de empresas privadas con ánimo de lucro que no pueden hacer daño y son perfectamente eficientes, es que el Gobierno es codicioso e ineficiente.

Muchas personas se han beneficiado de esta versión de la historia, entre ellas los consejeros delegados (y los accionistas), cuya libertad para explotar se ha ampliado. Sus bolsillos se llenaron y su poder aumentó, sobre todo con la privatización de los servicios públicos. Los ricos y poderosos controlan los medios de comunicación. Los líderes políticos a los que apoyaban repitieron y amplificaron el mensaje, algunos con frases memorables, como esta de Reagan: «El Gobierno no es la solución a nuestro problema; el Gobierno es el problema».[1]

Las mentalidades, una vez creadas, son difíciles de cambiar. Muchos estadounidenses siguen creyendo que Estados Unidos es la tierra de las oportunidades, y siguen creyendo en el sueño americano, a pesar de que durante décadas las estadísticas han descrito un panorama muy diferente. Por supuesto, Estados Unidos debe aspirar a ser una tierra de oportunidades, pero aferrarse a creencias que no están respaldadas por la realidad y que sostienen que los mercados son la solución a los problemas actuales, no ayuda. Los mercados desatados han creado muchos de los principales problemas a los que nos enfrentamos, como las desigualdades, la crisis climática y la crisis de los opioides en Estados Unidos. Y esos mismos mercados no pueden solucionar ninguno de ellos; no pueden gestionar los enormes cambios estructurales que estamos experimentando —el calentamiento global, la inteligencia artificial y el reajuste de la geopolítica, entre otros— sin dejar a muchas personas atrás. De hecho, el sector privado, por sí solo, es totalmente incapaz de abordar el cambio climático de forma adecuada, sobre todo con la urgencia necesaria y de una manera que distribuya equitativamente los costes de la transición verde.

Esta constatación puede ayudar a comprender las guerras culturales que están estallando en todo el mundo. ¿Por qué la derecha se resiste con tanta obstinación a adoptar las medidas necesarias para impedir el cambio climático? ¿Por qué se negó a llevar mascarilla y a vacunarse durante la pandemia de la COVID-19? La respuesta es que el cambio climático y las pandemias exponen verdades incómodas para la mentalidad de libre mercado. Si las externalidades son importantes, entonces la acción colectiva es importante, y no se puede depender solo de los mercados. Es mejor ignorar la realidad que cambiar de opinión. Pero tiene que cambiar, si queremos crear una sociedad que se corresponda más o menos con nuestras aspiraciones e ideales.

RESOLVER CONFLICTOS SOBRE LA LIBERTAD EN UNA SOCIEDAD DIVIDIDA

¿Qué ocurre si una sociedad examina en detalle de quién son los derechos considerados más importantes, debate ampliamente sobre ello y después la gente sigue sin ponerse de acuerdo? Casi por definición, una sociedad solo puede tener una asignación de derechos. Los ciudadanos deben ponerse de acuerdo sobre esa asignación mediante algún mecanismo de toma de decisiones colectivo.

También hay que adoptar colectivamente una decisión sobre las regulaciones que rigen nuestra sociedad. Necesitamos regulaciones medioambientales, de tráfico, urbanísticas y financieras; las necesitamos en todos los ámbitos que integran la economía. En la economía del siglo XXI, es imprescindible un conjunto de reglas y regulaciones complejo.

A todos nos gustaría vivir en una sociedad con personas de ideas afines a las nuestras que, cuando razonan juntas, responden de manera coherente a cuestiones fundamentales. También nos gustaría vivir en un mundo en el que todos los países compartieran nuestras ideas sobre los derechos humanos y la democracia. No es el caso.

Algunas comunidades pequeñas pueden alcanzar un amplio consenso (aunque suele estar lejos de la unanimidad). Pero las sociedades más grandes lo tienen más difícil. Muchos de los valores y las presunciones básicos son lo que los economistas, filósofos y matemáticos llaman *conceptos primitivos*, asunciones subyacentes que, si bien pueden debatirse, no pueden resolverse. Aun así, dada la importancia que tiene vivir juntos y la necesidad de adoptar como mínimo un número reducido de decisiones colectivas, debemos preguntarnos si hay algo que se pueda hacer para identificar puntos de encuentro. Para responder a esto, entender qué hace que surjan brechas sociales, y por qué estas se han ampliado, puede resultar útil.

El papel de la desigualdad de ingresos y de riqueza

Creo que la respuesta está muy relacionada con dos problemas del neoliberalismo sobre los que he llamado la atención: la creciente brecha en los ingresos y la riqueza que caracteriza al capitalismo neoliberal de los siglos xx y xxi y la polarización causada por los medios de comunicación. Para empeorar la situación, las reglas actuales permiten que los ricos y las élites tengan una voz desproporcionada en la conformación de las políticas y las narrativas sociales. Todo lo cual genera en quienes no son ricos una mayor sensación de que el sistema está amañado y es injusto, lo que dificulta aún más superar las diferencias.

Cuando crece la desigualdad de ingresos, las personas acaban viviendo en mundos diferentes y no interactúan. Hay numerosas pruebas que demuestran que la segregación económica está aumentando y tiene consecuencias, por ejemplo, en lo que cada parte piensa y siente acerca de la otra.[2] Los miembros más pobres de la sociedad piensan que el mundo está en su contra y renuncian a sus aspiraciones; los más ricos acaban creyéndose con derecho a tener privilegios y su riqueza contribuye a garantizar que el sistema *está* amañado. Pero estas opiniones individuales sobre la brecha económica no hacen sino aumentar la brecha social.

El papel divisivo de los medios de comunicación

Los medios de comunicación, incluidas las redes sociales, son otra fuente de división. Tienen un enorme poder para conformar las narrativas sociales y han desempeñado un papel relevante en la polarización de la sociedad. Como he señalado, el modelo de negocio de muchos medios implica avivar las divisiones. Fox News, por ejemplo, descubrió que era mejor tener una audiencia de derechas leal que se sentía atraída por su información tergiversada y *solo* veía la Fox, que tener una audiencia más amplia que buscara una información más equilibrada.

Las redes sociales han descubierto que la implicación a través de la crispación es rentable y que pueden desarrollar algoritmos para mejorar a quién dirigirse, aun cuando esta práctica genera polarización social, porque proporciona información diferente en función de quién sea el usuario.

El razonamiento como propósito

Una premisa de este libro es que el *razonamiento*, un valor esencial de la Ilustración, y el discurso basado en ese razonamiento nos permiten entender mejor la complejidad de lo que está en cuestión y ayudan a encontrar una base común para la búsqueda del bien común. Por ejemplo, al razonar sobre el significado y la naturaleza de la libertad se llega a la conclusión de que la visión del mundo de la derecha libertaria es esencialmente incoherente, porque no reconoce que la libertad de una persona es la falta de libertad de otra. He intentado ofrecer un análisis más coherente y significativo de las libertades en una sociedad moderna interdependiente.

Creo que existe un amplio consenso sobre cuáles son muchos de los elementos clave de una sociedad buena y decente y qué tipo de sistema económico sustenta esa sociedad. Una buena sociedad, por ejemplo, debe vivir en armonía con la naturaleza. En esto, el capitalismo actual ha fracasado; el capitalismo progresista, comprometido con la regulación medioambiental, pondría esto en primer plano.

Una buena sociedad permite que los individuos prosperen y desarrollen su potencial. El capitalismo actual está fallando a grandes sectores de la población. El capitalismo progresista aborda este problema a través de la predistribución y la redistribución.

Un buen sistema económico animaría a la gente a ser honesta y empática, a tener la capacidad de cooperar con los demás. El sistema capitalista actual fomenta con demasiada frecuencia la antítesis; el rico ecosistema de disposiciones institucionales del capitalismo progresista conseguiría un resultado mejor.

Además, cuando no existe consenso sobre cómo tomar ciertas decisiones clave, las tradiciones filosóficas de los utilitaristas y los benthamitas (que siguen las ideas del filósofo del siglo XIX Jeremy Bentham) y John Rawls pueden ayudarnos a reflexionar sobre qué conjunto de normas tiene sentido en una buena sociedad; también pueden proporcionar un marco para pensar en la suma total de las reglas que constituyen una sociedad.

La política consiste en moverse por un mundo en el que hay opiniones muy diferentes sobre lo que se debe hacer colectivamente. En algunos casos, se puede regatear, llegar a un acuerdo sobre un paquete general de resoluciones, de modo que algunos aceptan un conjunto de decisiones en un ámbito que consideran erróneo, o al menos no ideal, a cambio de que otros acepten decisiones en otro ámbito de las que no están convencidos. Hay armonía en el resultado global, insatisfacción en los detalles. Al final puede haber casi unanimidad y que los ciudadanos entiendan los beneficios de la cohesión social derivados de un acuerdo tan amplio.

Por desgracia, no suele ocurrir así. Hay quien sostiene que deberíamos reducir el espacio para la toma de decisiones colectiva precisamente porque hay diferencias que no pueden resolverse. Ya he explicado que esto supone un alto precio. Las acciones colectivas asociadas a bienes públicos como la investigación y el desarrollo, la educación y la sanidad, reportan beneficios enormes. Pero hay una razón más básica: no podemos evitar la toma de decisiones colectiva. Es necesario tener un conjunto de reglas común por el que regirse.

Estados Unidos y otros países son un ejemplo de lo que no funciona: quienes manejan las palancas del poder las utilizan para mantener, amplificar y extender su poder, mientras hacen un esfuerzo limitado por encontrar o crear un consenso político. El sistema político estadounidense, que se creó hace más de doscientos años, asigna un peso político desproporcionado a algunas partes del país y concede a los estados la capacidad de privar parcialmente a algunos ciudadanos del derecho al voto mediante la manipulación de las circunscripciones electorales y la supresión del voto. Desde hace mucho, la historia nos enseña que los Gobiernos y los sistemas políticos caracterizados por esas disparidades entre gobernantes y gobernados —aun cuando existe una fachada de democracia— no pueden sobrevivir. Es inevitable que la confianza en el Gobierno y la creencia en su legitimidad se debiliten con el tiempo.

Sigo creyendo que si pudiéramos sacar la discusión de los ámbitos de la ideología, la identidad y las posiciones absolutas y llevarla a un debate sano, surgiría un consenso, no en todos los asuntos, pero sí en una serie de cuestiones mucho más amplia, lo que nos permitiría avanzar con mayor facilidad hacia una buena sociedad.[3]

EL NEOLIBERALISMO Y EL MANTENIMIENTO DE LA DEMOCRACIA

Durante mucho tiempo, la derecha ha intentado monopolizar la invocación de la «libertad», casi como si fuera la titular de su marca registrada. Es hora de reprochárselo y recuperar la palabra.

Milton Friedman y Friedrich Hayek sostenían que las libertades económica y política están íntimamente relacionadas, y que la primera es necesaria para que exista la segunda. Pero yo he sostenido que el resultado de la evolución del sistema económico —muy influido por estos pensadores y otros parecidos— socava la democracia significativa y la libertad política. Solo puede garantizarse una libertad política significativa en el contexto de un sistema económico como el capitalismo progresista, que garantiza un mínimo de prosperidad compartida y en el que el poder —el dinero— no desempeña un papel inapropiado en los resultados.

El argumento de Friedman y Hayek implicaba que los mercados libres y desatados eran eficientes por sí solos. Si el Gobierno se mantiene a cierta distancia, sostenían, los mercados competitivos son mecanismos autosuficientes y necesarios para el buen funcionamiento de la democracia. Para impedir caer en la «servidumbre», es necesario que el Gobierno siga siendo pequeño, utilizarlo sobre todo para hacer cumplir los derechos de propiedad y los contratos, y alejarlo de la prestación de bienes públicos, la regulación o la redistribución.

He explicado por qué ambos (y muchos otros que comparten su visión) están equivocados. Los mercados, por sí solos, nunca son eficientes.

¿Es sostenible el libre mercado sin una democracia más fuerte? Por qué el capitalismo neoliberal se devora a sí mismo

Las economías neoliberales no solo son ineficaces, sino que el neoliberalismo, como sistema económico, no es sostenible. Hay muchas razones para creer que una economía de mercado neoliberal tiende a devorarse a sí misma. El funcionamiento de una economía de mercado se basa en la confianza. Adam Smith destacó la importancia de la confianza y se dio cuenta de que la sociedad no podría sobrevivir si la gente seguía imprudentemente su propio interés en lugar de los buenos códigos de conducta:

> La observancia de las reglas generales de conducta ya mencionadas es lo que recibe el apropiado nombre de sentido del deber, un principio de sobresaliente importancia en la vida humana y el único principio por el cual la mayoría de la humanidad puede orientar sus acciones [...]. De la tolerable observancia de esos deberes depende la existencia misma de la sociedad humana, que se desmoronaría hecha añicos si el género humano no tuviese normalmente grabado un respeto hacia esas importantes reglas de conducta.[4]

Por ejemplo, hay que respetar los contratos. El coste de hacer cumplir todos los contratos a través de los tribunales sería inasumible. Y sin confianza en el futuro, ¿por qué alguien iba a ahorrar? Los incentivos del capitalismo neoliberal se centran en el interés propio y el bienestar material, y han contribuido mucho a debilitar la confianza (como quedó muy claro en el caso del sector financiero durante el periodo previo a la crisis financiera de 2008). Sin una regulación adecuada, demasiadas personas que persiguen su propio interés se comportarán de manera poco fiable, acercándose al límite de lo legal y sobrepasando los límites de lo moral. También hemos visto que el neoliberalismo contribuye a crear personas egoístas y poco fiables. Un «hombre de negocios» como Donald Trump puede prosperar durante años, o décadas, aprovechándose de los demás.[5] Si Trump fuera la norma en lugar de la excepción, el comercio y la industria se paralizarían.

También necesitamos regulaciones y leyes que garanticen que no se produce una concentración de poder económico. Hemos visto que las empresas buscan la colusión y lo harían aún más si no hubiera leyes antimonopolio, pero incluso con las leyes actuales hay una fuerte tendencia a acumular poder. El ideal liberal de unos mercados libres y competitivos sería, sin la intervención del Gobierno, efímero.

Y también hemos visto que, con demasiada frecuencia, quienes tienen poder hacen todo lo posible por mantenerlo. Escriben las reglas para preservar y aumentar el poder, no para contenerlo o disminuirlo. Las leyes de competencia están inutilizadas y son incapaces de responder a las nuevas tecnologías y las nuevas formas que utilizan las empresas para conseguir y ejercer su poder de mercado. Su aplicación está debilitada. En el mundo del capitalismo neoliberal, la riqueza y el poder siempre ganan.

¿Es el neoliberalismo políticamente sostenible y coherente con una democracia sostenible?

El neoliberalismo no es económicamente sostenible y reduce la sostenibilidad de la democracia, justo lo contrario de lo que afirmaban Hayek y Friedman.

Hemos creado un círculo vicioso de desigualdad económica y política, que afianza una mayor libertad para los ricos y menos libertad para los pobres, al menos en Estados Unidos, donde el dinero desempeña un papel muy importante en la política. El poder económico se transforma en poder político de muchas maneras y socava el valor democrático fundamental de que cada persona tiene un voto. Lo cierto es que la voz de algunas personas es mucho más fuerte que la de otras. En algunos países, esto es tan burdo como comprar votos; los ricos tienen más dinero para comprar más votos. En los países avanzados, los ricos utilizan su influencia en los medios de comunicación y otros ámbitos para crear relatos, y su posición para hacer que estos se conviertan en una creencia generalizada es inmejorable. Por ejemplo, ciertas reglas y regulaciones e intervenciones del Gobierno que benefician a los ricos y poderosos son, según ellos, de interés nacional; y con demasiada frecuencia consiguen convencer a los demás de que esto es cierto.

El miedo es un instrumento clave que los poderosos esgrimen para convencer a los demás de que acepten su agenda: si no se rescata a los bancos, el sistema económico colapsará y *todo el mundo* saldrá perdiendo. Si no se reduce el tipo impositivo corporativo, las empresas se irán a otros lugares más favorables para el negocio.[6]

¿Acaso una sociedad libre es aquella en la que unos pocos dictan las condiciones del acuerdo?[7] ¿En la que unos pocos controlan los principales medios de comunicación y utilizan ese control para decidir qué noticias ve la gente? Los occidentales siempre han criticado la propaganda de los nazis y los comunistas, pero estamos inmersos en una pesadilla de propaganda murdochiana y cosas peores, incluidas las redes sociales controladas por Musk y Zuckerberg, que pueden hacer viral lo que quieran. Y, como resultado, hemos creado un mundo polarizado en el que diferentes grupos viven en universos distintos y no solo discrepan en los valores sino en los hechos.

Hay otra razón por la que una democracia fuerte no puede sostenerse con una economía neoliberal. El neoliberalismo ha originado enormes «rentas», beneficios monopolísticos que son una de las principales fuentes de la desigualdad actual. Es mucho lo que está en juego, sobre todo para una buena parte del 1 por ciento más rico, centrado en la enorme acumulación de riqueza que permite el sistema.

Para seguir siendo políticamente sostenible, la democracia tiene que llegar a acuerdos, pero en la polarizada sociedad actual se ha vuelto cada vez más difícil alcanzar soluciones intermedias. Y el neoliberalismo ha contribuido a generar esta situación de muchas maneras, sobre todo por las enormes brechas económicas que ha creado. También es difícil lograr un acuerdo cuando hay tanto poder económico y político en juego. No es de extrañar, pues, que la derecha haya adoptado la actitud de «el prisionero se lo lleva todo». Cuando los presidentes Bush y Trump llegaron al poder con una clara minoría de apoyo popular, cabía pensar que alentarían políticas algo a la derecha del centro. No fue así. Asumieron que las elecciones tienen consecuencias y que, a pesar de la supresión de votos, la manipulación de las circunscripciones electorales y un sistema electoral amañado, ganar les daba permiso para hacer todo lo que pudieran.[8] Eso supuso una reducción de impuestos para los ricos a costa de los ciudadanos corrientes, aun cuando se reconocía que la creciente desigualdad en el país era uno de sus principales problemas. Así como un intento de recortar la atención sanitaria —que fracasó a escala nacional pero tuvo éxito en muchos estados republicanos—, a pesar de que la esperanza de vida en el país es baja y está disminuyendo.

La falta de un acuerdo contribuye a que la política, las medidas políticas y los programas sean inestables, y eso tiene importantes consecuencias económicas y sociales. Dado que la gran brecha de ingresos se traduce fácilmente en grandes diferencias políticas, la ausencia de solidaridad social y la presencia de disenso político suelen dar lugar a políticas inestables, como el bloqueo de la reducción de la deuda estudiantil o el repentino cese de las ayudas covid para las familias pobres. Esta inconstancia de las políticas es de por sí perjudicial para la economía. La incertidumbre sobre el entorno económico (las regulaciones y los impuestos) desincentiva que las empresas hagan las inversiones necesarias para que el crecimiento sea robusto. Los economistas suelen criticar la oscilación pendular de estas políticas, aunque no se fijan en el problema de fondo. Si las divisiones sociales fueran menores, seguiría habiendo cambios en las políticas, pero su magnitud sería menor y, por lo tanto, tendrían menos consecuencias.

Barreras

Dicho de otro modo, la combinación de una economía neoliberal, competitiva y de libre mercado y una democracia liberal no constituye un equilibrio estable si no existen fuertes barreras y un amplio consenso social sobre la necesidad de reducir la desigualdad en la riqueza y limitar el papel que desempeña el dinero en la política. Este tipo de democracia fuerte es necesaria para sostener una economía libre y competitiva. Es cuestionable que en Estados Unidos el actual sistema político y económico cuente con suficientes salvaguardias para mantener unas libertades económicas y políticas significativas.

He hablado de algunos de los elementos que constituyen estas barreras imprescindibles, como las políticas de competencia que impiden la creación, el mantenimiento y el abuso del poder de mercado. Los controles y equilibrios son necesarios, y no solo en el Gobierno, como aprenden todos los alumnos estadounidenses, sino más en general en la sociedad. Una democracia fuerte, con una amplia participación, es otro de los requisitos, lo que implica trabajar para derogar las leyes dirigidas a reducir la participación democrática, como la legislación asociada a la supresión de votos.

Estas barreras y estos controles y equilibrios son una parte esencial del capitalismo progresista, que contiene el poder de mercado y la desigualdad excesiva y cuenta con una sólida diversidad de mecanismos institucionales. Sin duda, la presión para eliminar las barreras, debilitar los controles y equilibrios y permitir que aumenten las desigualdades será constante. Es algo evidente hoy en día hasta en las socialdemocracias más sólidas.

En Estados Unidos, las barreras parecen bastante inestables. Hay quienes, como Martin Wolf, el principal comentarista económico del *Financial Times*, están preocupados por que la situación sea tan mala que el país pronto deje de ser una democracia funcional.[9]

La conciencia de la amenaza que supone la dinámica de cualquier versión del capitalismo, en la que la riqueza, el poder y las desigualdades pueden agravarse, es parte de la respuesta a cómo puede mantenerse la democracia. Uno de los objetivos de este libro es aumentar esa conciencia.

El camino hacia el populismo

En nombre de la libertad, los neoliberales, y aún más la derecha radical, han defendido políticas que restringen las oportunidades y las libertades (tanto políticas como económicas) de muchas personas en beneficio de unas pocas. Todos estos fracasos económicos y políticos asociados al neoliberalismo han perjudicado a amplios sectores de la ciudadanía, y en muchas ocasiones su respuesta ha sido recurrir al populismo, atraídos por figuras autoritarias como Trump, Bolsonaro, Putin y Modi. Estos hombres buscan chivos expiatorios para explicar lo que ha ido mal y ofrecen respuestas simplistas a preguntas complejas.

No podemos evitar llegar a conclusiones opuestas a las de Friedman y Hayek. Ellos malinterpretaron la historia, sospecho que deliberadamente. Cuando Hayek y Friedman escribían, el mundo se estaba recuperando de un grave periodo de autoritarismo —Hitler, Mussolini, Stalin—, pero este no se debió a que los Gobiernos hubieran desempeñado un papel demasiado importante.[10] Por el contrario, estos regímenes atroces aparecieron como reacciones extremas al hecho de que el Gobierno no hiciera lo suficiente. Ni entonces, ni ahora, el autoritarismo surgió en Estados socialdemócratas con grandes Gobiernos, sino en países caracterizados por una desigualdad extrema y un alto nivel de desempleo, donde los Gobiernos habían hecho demasiado poco. Hemos visto que son las socialdemocracias —los países que más se aproximan a nuestra visión del capitalismo progresista— las que han mantenido las democracias más fuertes. Los países que han adoptado los principios del neoliberalismo se han desviado hacia el populismo y la servidumbre.

En resumen, Hayek y Friedman estaban equivocados. El capitalismo neoliberal y desatado es lo contrario a una democracia sostenible. En su famoso libro *Camino de servidumbre*, Hayek afirmaba que un Estado demasiado grande abría el camino a la pérdida de nuestra libertad. Hoy es evidente que los mercados libres y desatados defendidos por Hayek, Friedman y tantos otros representantes de la derecha nos han puesto en el camino hacia el fascismo, hacia una versión del siglo XXI del autoritarismo empeorada por los avances de la ciencia y la tecnología, un autoritarismo orwelliano en el que la vigilancia está a la orden del día y se ha sacrificado la verdad en aras del poder.

Con uno de los dos principales partidos tratando activamente de suprimir votos y haciendo lo que haga falta para alcanzar y mantener el poder, es comprensible que muchas personas piensen que en estos momentos el país se dirige hacia el fascismo. Por supuesto, es imposible saber si esta versión del siglo XXI adoptará el mismo giro desagradable que algunos de los peores fascismos del siglo XX. Lo que sí sabemos es que Trump y otros líderes del Partido Republicano han diseminado ideas nacionalistas extremas y han apelado de manera encubierta, y a veces casi manifiesta, al racismo y al autoritarismo.

Tal vez Estados Unidos sea el primero en seguir este camino, pero otros países no tardarán en hacerlo.

CAPITALISMO PROGRESISTA, SOCIALDEMOCRACIA Y JUSTICIA SOCIAL

He expuesto un camino alternativo porque, sencillamente, tenemos que dirigirnos a un sitio mejor que al que vamos ahora. Y esto me lleva de nuevo a los vínculos entre la libertad y el programa del capitalismo progresista (una socialdemocracia revitalizada), centrado en la igualdad, la justicia social y la democracia.

El papel liberador de una educación liberal

Los sistemas educativos —y, en general, el sistema de conocimiento, que incluye a las universidades dedicadas a la investigación y los *think tanks*— desempeñan un papel fundamental en la creación de sociedades libres y sostenibles, porque inculcan la clase de valores necesaria y ayudan a los individuos a liberarse de la coerción social y aumentar su autonomía. Las personas que nos rodean y las experiencias que vivimos influyen en el prisma a través del cual vemos el mundo aunque no solamos advertirlo. Una buena educación en artes liberales nos ayuda a entender estas fuerzas. Nos permite ver que no tenemos por qué asumir la función que nuestros padres y otros esperan que desempeñemos en la sociedad. Entender mejor cómo se conforman nuestras preferencias y cómo están influidas por la presión de grupo puede resultar liberador.

La educación también desempeña un papel importante en el desarrollo de nuestras preferencias y acciones. Podemos ser más cooperativos y fiables si comprendemos mejor la importancia de estos rasgos para que una sociedad funcione bien.

Una educación liberal nos permite además ver los fallos del sistema económico actual y entender por qué, por ejemplo, los mercados desatados son el problema y no la solución. Esta es la razón por la que los partidarios de mantener las normas actuales (como los roles de género restrictivos o la primacía de los mercados) con independencia de sus méritos luchan tan enérgicamente contra una educación liberal. Lo hacen hasta en Estados Unidos, cuyo éxito se fundamenta en avances del conocimiento que dependen de un sólido sistema educativo basado en los valores de la Ilustración.

La democracia

La parte del programa del capitalismo progresista (o la socialdemocracia revitalizada) que tiene que ver con la democracia es crucial, pero para que esta se renueve es necesario restaurar también la parte de la justicia social. Esto plantea cuestiones fundamentales. Además de limitar las desigualdades excesivas y el papel del dinero en la política y los medios de comunicación, ¿hay algo más que podamos hacer para impedir que los intereses de los capitalistas distorsionen nuestro sistema social, económico y político? ¿Hay algo que podamos hacer para que el capitalismo progresista democrático sea más sostenible o tenga más posibilidades de ser duradero? Aunque no existe una fórmula mágica, hay algunas cosas que podemos hacer. Podemos intentar inculcar más profundamente los valores democráticos, de modo que la gente desconfíe de la acumulación de cualquier tipo de poder. Podemos infundir un compromiso mayor con la libertad de prensa y la necesidad de una prensa y unos medios de comunicación diversificados, de modo que la influencia de los ricos no sea desproporcionada. Podemos reforzar los sistemas de controles y equilibrios en nuestra sociedad. No se trata solo de que una parte del Gobierno controle a las demás, sino de que las esferas privada, pública y de la sociedad civil se controlen mutuamente, y de que el cuarto poder las controle a todas.

Y, por supuesto, tenemos que asegurarnos de que tenemos una democracia. Si antes la preocupación era que una mayoría aplastara los derechos de las minorías, ahora, en Estados Unidos, la preocupación es que una minoría aplaste los derechos de la mayoría. La supresión de votos, la manipulación extrema de las circunscripciones electorales y otras muchas medidas antidemocráticas llevadas a cabo por los extremistas republicanos han puesto en peligro la democracia estadounidense.[11] Podrían realizarse muchas reformas de los procesos políticos que harían que nuestra democracia fuera más profunda y que sus probabilidades de supervivencia fueran mayores.

La excepcionalidad estadounidense

Tal vez no debería sorprendernos la situación en la que se encuentra Estados Unidos. El país está tan dividido que hasta una transición del poder pacífica es algo complicado; la esperanza de vida es la más baja entre las naciones avanzadas y no somos capaces de ponernos de acuerdo sobre qué es verdad o la mejor manera de establecer o verificar la verdad. Abundan las teorías de la conspiración y la Ilustración tiene que defenderse a diario.

Hay motivos para preocuparse por la sostenibilidad de esta versión estadounidense de sucedáneo de capitalismo y democracia defectuosa. Las incongruencias entre los nobles ideales y la cruda realidad son demasiado grandes. Se trata de un sistema político que en teoría valora la libertad por encima de todo, pero que en muchos aspectos está estructurado para negar o restringir las libertades de gran parte de su ciudadanía. El verdadero peligro es que el populismo, ocasionado por los fracasos del neoliberalismo, dé lugar a demagogos aún peores que los que ya han surgido.

No tenemos por qué seguir por este camino. Nos encontramos en un momento en el que los fallos del sistema actual son evidentes, en el que una mayoría reclama un cambio y en el que casi todo el mundo está de acuerdo con los valores, las políticas y los programas que conforman la base del capitalismo progresista.

Tanto la agenda del capitalismo progresista expuesta aquí como la recuperación progresiva del lenguaje de la libertad son realmente urgentes. El capitalismo progresista maximiza las libertades reales de los ciudadanos. Pero el tiempo no está de nuestro lado. La crisis climática no nos permitirá seguir ignorando la manera en que el capitalismo desatado nos ha empujado más allá de los límites medioambientales; y la crisis democrática, de desigualdad y de populismo no nos permitirá ignorar cómo se están desgarrando los ideales democráticos. La colisión de ambas circunstancias supone una amenaza única.

Cuando consigamos desmontar los mitos sobre la libertad que ha propagado la derecha y lleguemos a una visión más matizada y equilibrada, habremos dado el primer paso, y el más importante, para crear una buena sociedad, en la que se amplíe la libertad de los ciudadanos para prosperar, desarrollar su potencial y vivir en armonía entre ellos y con la naturaleza. El capitalismo progresista nos permitirá construir una democracia vibrante en la que las personas cooperen por el bien común. Es el sistema económico y político verdaderamente liberador.

AGRADECIMIENTOS

Este libro es fruto de toda una vida de estudios académicos sobre las cuestiones que nos ocupan, por lo que es imposible agradecer su contribución a todos los han ayudado a conformar mis ideas sobre estos temas.

Las externalidades y la acción colectiva centran la atención de cualquier economista que se dedique a la economía del sector público, y ese fue un campo que empecé a cultivar al principio de mi carrera, inspirado por una joven cohorte de académicos de lo que se llamó las Nuevas Finanzas Públicas, entre ellos Jim Mirrlees, Peter Diamond, Agnar Sandmo y mis alumnos Tony Atkinson, Richard Arnott y Geoff Heal, con los que además trabajé.

Muy pocos economistas han estado dispuestos a participar en el debate empleando términos como «libertad» y «derechos», y dos de ellos son amigos cuya influencia es evidente: Partha Dasgupta y Amartya Sen.

También he aprendido mucho de los abogados, de aquellos que se ocupan más directamente de las libertades, los derechos y los *trade-offs* que abordo en el libro. Cinco de ellos han contribuido especialmente a mi interpretación de las cuestiones tratadas aquí: Rob Howse, de la Universidad de Nueva York; David Kennedy, de la Universidad de Harvard; Nathalie Bernasconi-Osterwalder, del Instituto Internacional para el Desarrollo Sostenible, Lori Wallach de Rethink Trade, del Proyecto de Libertades Económicas Estadounidenses y Guido Calabresi, que estaba en la Universidad de Yale cuando yo daba clases allí. También debe quedar claro que los asuntos que trato aquí van mucho más allá de la economía estándar y tocan algunas cuestiones fundamentales de la ciencia política. Una vez más, estoy en deuda con muchos pensadores de este campo, entre ellos Anahí Wiedenbrüg, Edward Stiglitz, Michael Doyle y Jacob Hacker.

También me he beneficiado de largas conversaciones con Ravi Kanbur, que se ha enfrentado a muchas de estas mismas cuestiones. Y de las mantenidas con mi colega de la Universidad de Columbia Ned Phelps.

Quienes más han influido en la estructura de la segunda parte de este libro, en la que reviso los conceptos de libertad en el contexto de la coerción social y la conformación de los individuos por nuestro sistema económico, político y social son Karla Hoff y Allison Demeritt, con quienes he trabajado durante muchos años en este ámbito, sobre todo en cómo influye en el desarrollo (en un campo llamado economía del desarrollo conductual). En varias ocasiones me he referido a nuestro próximo libro, al que he recurrido ampliamente.

Estoy especialmente agradecido a Akeel Bilgrami y Jonathan R. Cole por invitarme a abordar estas cuestiones en su seminario sobre la libertad en la Universidad de Columbia, que facilitó la génesis del libro; a Akeel por sus detallados comentarios sobre un borrador previo; a la Universidad de Padua por darme la oportunidad de ampliar ese seminario en una conferencia de mayor envergadura que formó parte de un ciclo de conferencias sobre la libertad celebrado con motivo de su octingentésimo aniversario; y a la Universidad de Oxford y la Universidad Centroeuropea por permitirme testar estas ideas en ellas. También estoy en deuda con el Sanjaya Lall Memorial Trust y el All Souls College de Oxford por darme la oportunidad de pasar un mes en Oxford, donde había dado clases unos cuarenta y cinco años antes, y donde entablé muchas conversaciones filosóficas sobre cuestiones relacionadas con este libro. Las mantenidas allí con David Vines, John Vickers y Vincent Crawford fueron especialmente valiosas.

Como en todos mis libros, es evidente la influencia de Bruce Greenwald, mi colega de Columbia durante tantos años, sobre todo en las ideas sobre la omnipresencia de las externalidades y la necesidad de crear una sociedad del aprendizaje.

Estoy muy agradecido a la Universidad de Columbia por haberme proporcionado, durante el último cuarto de siglo, el apoyo y el entorno en el que poder desarrollarme. Las buenas universidades son necesarias para una sociedad libre, y Columbia es un ejemplo.

En Columbia también he encontrado estudiantes excepcionales e implicados con los que he podido debatir estas cuestiones. Varios de ellos han trabajado como asistentes de investigación en este proyecto, pero han sido algo más que eso: han debatido y discutido las ideas. Quiero destacar a Haaris Mateen, Parijat Lal y Ricardo Pommer Muñoz. Nikhil Basavappa y Gina Markov también han contribuido con tareas de investigación y redactando las notas finales.

Mi departamento en Columbia —Gabriela Plump, Marianna Palumbo y Caroline Feehan— me ha apoyado mucho en todos los sentidos. Quiero agradecer especialmente a Andrea Gurwitt, que ha sido mi editora jefa durante mucho tiempo, el entusiasmo y la dedicación que ha aportado al proyecto, sus perspicaces comentarios y su enorme trabajo de edición y repetida reedición de cada uno de los capítulos del libro.

Soy afortunado de tener editores, tanto en Reino Unido como en Estados Unidos, con los que he colaborado estrechamente durante más de cuatro décadas, y que han trabajado conmigo en las ideas a medida que se formulaban y en la escritura a medida que esta avanzaba. En Norton, he conseguido durar más que dos de mis editores (que también fueron presidentes de Norton), Don Lamm y Drake McFeeley. Durante la última década, he tenido el gran placer de trabajar con Brendan Curry, a quien las ideas de este libro le entusiasman tanto como a mí, y que ha implicado a su colaboradora, Caroline Adams. Juntos han cuestionado las ideas, mejorado la organización y afinado el lenguaje. Su insistencia en que me centrara en los principales mensajes del libro ha supuesto que montones de páginas hayan acabado en el suelo de una metafórica sala de montaje, pero espero y creo que el resultado es un libro mucho mejor. Gracias también a Laura Sewell por su excelente corrección. En Reino Unido, en Allen Lane, Stuart Proffitt ha vuelto a ser mi editor; su incisiva edición es de un detalle y una calidad que rara vez se ven hoy en día. También quiero dar las gracias a Fonie Mitsopoulou, que trabajó con él.

Como siempre, mi mayor deuda es con Anya, con quien discutí y debatí estas ideas mucho antes de que se convirtieran en un artículo para un seminario, luego en una conferencia y ahora en un libro. Ella me ha enseñado a escribir de manera accesible. Ambos creemos que estas ideas son importantes, que están en el centro de nuestra democracia y que, para que esta funcione, deben entenderse y aceptarse de manera generalizada. Si este libro ha logrado su objetivo, ha sido en gran medida gracias a ella. Leyó una y otra vez los borradores en cada fase y ayudó a afinar el mensaje.

La economía tiene que ver con *trade-offs*, y reflexionar sobre las libertades significa pensar en *trade-offs*. Ese es el mensaje central de este libro. Pero los *trade-offs* son algo básico cuando se escribe este o cualquier otro libro. Hay mucho que decir y muy poco tiempo y espacio para hacerlo. Un libro como este debe plantear preguntas tanto como resolverlas. He tenido que resistir la tentación de ahondar en todos los recovecos del tema, de matizar cada frase con las notas académicas a pie de página que distinguen a los buenos trabajos académicos. Sin embargo, en este caso, que los árboles no nos dejasen ver el bosque sería especialmente desastroso: de hecho, nos hemos aferrado al lenguaje de la libertad sin entender la verdadera magnitud de lo que está en juego. Y eso, por desgracia, ha tenido consecuencias.

NOTAS

PREFACIO

1. Que fue mi colega en el All Souls College cuando ocupé la cátedra Drummond en Oxford a finales de la década de 1970.
2. Isaiah Berlin, *Four Essays on Liberty*, Oxford, Oxford University Press, 1969. [Hay trad. cast.: *Cuatro ensayos sobre la libertad*, Madrid, Alianza, 2004].
3. En el capítulo 1 definiré con más precisión lo que entiendo por «la derecha».
4. George W. Bush, «President Bush Discusses Financial Markets and World Economy», 13 de noviembre de 2008, página web archivada de la Casa Blanca de George W. Bush, <https://www.archives.gov/presidential-records/research>.
5. Ronald Reagan, «Remarks Announcing America's Economic Bill of Rights», 3 de julio de 1987, Biblioteca y Museo Presidencial Ronald Reagan, <https://www.reaganlibrary.gov>.
6. En este punto, parece que afirma, sin pruebas, que estas libertades económicas fueron «contempladas por los estadounidenses que nos precedieron». Este es un ejemplo de cómo la derecha ha reescrito la historia y reinterpretado la Constitución al servicio de su agenda actual.
7. Ron Paul, «Concurrent Resolution on the Budget for Fiscal Year 2005», Registro del Congreso, vol. 150, n.º 39, 25 de marzo de 2004, H1561.
8. Rick Santorum, «Concurrent Resolution on the Budget for Fiscal Year 2005», Registro del Congreso, vol. 150, n.º 39, 9 de marzo de 2004, S2383.
9. Ted Cruz, «Five for Freedom», *National Review*, 11 de noviembre de 2015.

10 No es necesario detenerse en los detalles de muchos aspectos de esta desregulación. La desregulación permitió que los bancos comerciales realizaran el mismo tipo de actividades que los bancos de inversión, es decir, emitir acciones y bonos, algo que estaba prohibido desde la Gran Depresión.

11 Todos estos economistas se encontraban al principio de su carrera, pero sin duda puede considerarse que al final de esta habían superado claramente los límites de la economía. Aun así, la forma de pensar de esta disciplina influyó mucho en su pensamiento y argumentación, incluso cuando se convirtieron en filósofos, politólogos y activistas políticos. Decir que fueron más allá de la economía es un cumplido, no una crítica.

12 Más importante aún, estos temas se han tratado mucho en la literatura filosófica, pero no tanto, que yo sepa, desde el prisma de la economía. Véanse, por ejemplo, Robert Nozick, en *Philosophy, Science, and Method: Essays in Honor of Ernest Nagel*, Sidney Morgenbesser, Patrick Suppes y Morton White, eds., Nueva York, St. Martin's Press, 1969; e Isaiah Berlin, «Two Concepts of Liberty», en *Four Essays on Liberty*, y la extensa obra asociada a él. No tengo pretensión alguna de formar parte de esa literatura.

También existe una amplia literatura jurídica que aborda cómo conciliar derechos (libertades) en conflicto. Me refiero a la extensa bibliografía —por ejemplo, Ronald Dworkin, *Taking Rights Seriously*, Cambridge, Harvard University Press, 1977 [hay trad. cast.: *Los derechos en serio*, Barcelona, Ariel, 2012]; y Hurst Hannum, *Autonomy, Sovereignty, and Self-Determination: The Accommodation of Conflicting Rights*, Filadelfia, University of Pennsylvania Press, 1990— asociada al derecho constitucional en Estados Unidos y a los derechos humanos en general, que ha tratado estos temas de forma seria y profunda.

Con este libro tengo además otra aspiración: hacer que la disciplina de la economía sea una actividad cognitiva más amplia. Esto será más evidente en la introducción de la tercera parte.

13 Friedrich A. Hayek, *The Road to Serfdom*, Londres, Routledge, 1944. [Hay trad. cast.: *Camino de servidumbre*, Madrid, Alianza, 2011].

14 En el capítulo 1 daré una definición de neoliberalismo más amplia.

15 Milton Friedman, *Capitalism and Freedom*, Chicago, University of Chicago Press, 1962. [Hay trad. cast.: *Capitalismo y libertad*, Barcelona, Deusto, 2022].

16 Identificamos correctamente la gravedad del problema. Nuestro único error fue subestimar el ritmo al que se desarrollaría el cambio climático y la magnitud de sus consecuencias.
17 Ahora existe la Alianza para una Economía del Bienestar, más amplia, que es una alianza de organizaciones de la sociedad civil que promueven estas ideas.

1. INTRODUCCIÓN. *LA LIBERTAD EN PELIGRO*

1 Creo, además, que los regímenes autoritarios no pueden dar a los ciudadanos lo que desean de manera *sostenible*, aunque a corto plazo tengan algunos éxitos; es decir, aunque haya un dictador «benévolo» que logre mejorar el bienestar del país, no hay ninguna garantía de que su sucesor haga lo mismo, más bien lo contrario. Pero esta crítica a los regímenes autoritarios excedería el ámbito de este breve libro. Existe una amplísima bibliografía sobre el tema. Entre mis contribuciones están Raaj Sah y Joseph E. Stiglitz, «The Quality of Managers in Centralized versus Decentralized Organizations», *Quarterly Journal of Economics* 106, n.º 1, 1991, pp. 289-295, en el que se identifica la tendencia de los regímenes autoritarios a tener una sucesión problemática, y el libro que escribí mientras se hundía el imperio soviético, *Whither Socialism?*, Cambridge, MIT Press, 1994. Más adelante argumentaré con cierto detalle que el régimen neoliberal actual tampoco es sostenible.
2 «*Legum denique idcirco omnes servi sumus ut liberi esse possimus*», Marco T. Cicerón (66 a. C.), *Pro Cluentio*, trad. de W. Ramsay y G. Gilbert Ramsay, 3.ª ed., Oxford, Clarendon Press, 1876, p. 121.
3 O la caridad. Pero como explico a continuación, debido al problema del gorrón, no se puede contar con ella. Hay otras objeciones a que la libertad de una persona dependa de la caridad de otra, que van más allá del ámbito de este libro.
4 Y, sobre todo, quienes a veces se denominan libertarios de derechas, que en Estados Unidos se han apropiado de la etiqueta del libertarismo. La ambigüedad del término queda ilustrada por el hecho de que, aunque muchos libertarios estadounidenses se consideran seguidores de Ayn Rand (la influyente autora de *El manantial* y *La rebelión de Atlas*, entre cuyos seguidores estaba Alan Greenspan, presidente de la Reserva Federal entre 1987 y 2006), ella se distanció del liber-

tarismo y escribió (en *Ayn Rand Answers, the Best of Her Q & A*, Nueva York, New American Library, 2005): «Los libertarios mezclan el capitalismo y el anarquismo. Lo cual es peor que cualquier propuesta que haya hecho la Nueva Izquierda. Es una parodia de la filosofía y la ideología [...]. Los anarquistas son la escoria del mundo intelectual de la izquierda, que los ha abandonado. Así que la derecha recoge otro desecho de la izquierda. Ese es el movimiento libertario». A continuación, dice: «Los libertarios son una gente monstruosa y repugnante». En el texto, cuando utilizo los términos «libertarios» y «libertarismo», me refiero a la variante que predomina en Estados Unidos.

5   Existen muchas pruebas de que incluso los esclavistas del sur eran conscientes de la indignidad moral que suponía la esclavitud. Por ejemplo, en 1806, el presidente Jefferson, en su mensaje anual al Congreso, al hablar de la futura prohibición de la importación de esclavos, se refirió a «esas violaciones de los derechos humanos que durante tanto tiempo han seguido cometiéndose contra los inofensivos habitantes de África, las cuales la moralidad y la reputación hace tiempo que ansían proscribir, en beneficio de nuestro país».

6   La diferencia entre la información incorrecta y la desinformación es sencilla. Ambas son informaciones erróneas, pero en la desinformación, la información falsa es deliberada.

7   Los economistas llaman «opciones» a la especificación completa de, por ejemplo, el conjunto de bienes y servicios que podría disfrutar el individuo, *incluida una especificación completa de la calidad de esos bienes y servicios*. Véase también el análisis en las notas siguientes.

8   Isaiah Berlin y otros han diferenciado entre libertades positivas y negativas, siendo las primeras la libertad de *hacer*, y las segundas la libertad de no tener restringido *qué hacer*. Véase Isaiah Berlin, *Liberty*, Oxford, Oxford University Press, 2002. Pero ambas están tan entrelazadas que la utilidad de esta distinción es limitada. Muchas de las restricciones, como en los casos de coerción gubernamental, se justifican porque son necesarias para ampliar (o evitar que se limite) la libertad de los demás.

9   Muchos cambios afectan al conjunto de oportunidades de manera compleja, eliminando algunas posibilidades y abriendo otras. En esos casos, no podemos decir si hay más libertad de acción en un caso o en otro. Podemos evaluar las pérdidas en comparación con las ganan-

cias, para decir si el individuo está mejor en una situación o en la otra. A continuación, expongo una metodología para hacerlo de manera sistemática.

10 Muchos economistas también sostendrían que lo único que importa son los resultados, no los procesos mediante los cuales se llega a ellos. Los economistas conductuales modernos sugieren que no es así. Puede que a los individuos les importe si han sido ellos quienes han elegido un determinado conjunto de bienes o si ese conjunto de bienes se les ha dado. Pero también es posible que a los individuos les importe el proceso porque piensan que, si bien en este caso concreto los resultados son los mismos, es probable que, cuando cambien las circunstancias, si pueden elegir, los resultados serán mejores que si alguien lo hace por ellos. Además, está la cuestión de la agencia humana. Muchos sostendrán que tomar sus decisiones es algo intrínsecamente bueno y que una buena sociedad debería estar estructurada para permitir eso, aunque esté sujeto a las limitaciones que se señalan a lo largo del libro, como el daño causado a otras personas.

A algunos les preocupa que, si a un individuo se le da *aparentemente* la libertad de elegir, pero hay alguien, por ejemplo, un progenitor, que puede anular esa elección si no es de su agrado, o incluso imponer más restricciones en el futuro, como la privación del derecho a elegir, entonces la persona no es realmente libre de elegir. Este tipo de preocupaciones pueden incorporarse con facilidad a nuestro marco una vez que se admite (como suele hacer la teoría económica moderna) que no solo son relevantes las oportunidades en determinado momento, sino que lo son tanto las actuales como las futuras, y se reconoce que las elecciones de hoy pueden afectar al conjunto de oportunidades del futuro. Si se conocen las posibles consecuencias adversas de que el individuo haga una elección «equivocada», el conjunto de oportunidades de la persona las identifica. Su conjunto de oportunidades está más limitado de lo que estaría si no existiera esa posible intervención. Este análisis, a su vez, puede ampliarse a las consecuencias, cuando es *posible* que haya consecuencias adversas, pero no se sabe con certeza si las hay ni cuáles son.

La economía conductual moderna, que se aborda a fondo en la segunda parte, sostiene que esto no es del todo correcto: la forma en que se describe (o enmarca) una cuestión puede tener consecuencias reales. Véase, en particular, el artículo de revisión de Samuel Bowles,

«Endogenous Preferences: The Cultural Consequences of Markets and Other Economic Institutions», *Journal of Economic Literature* 36, n.º 1, 1998, pp. 75-11.

11 Por supuesto, la situación es más compleja de lo que sugiere este debate; en muchas de las cuestiones que se tratan a continuación, distintos libertarios podrían adoptar puntos de vista algo diferentes.

12 Los economistas radicales del «libre mercado» han sostenido que la economía es competitiva *por naturaleza*, que incluso cuando en un sector hay una única empresa, la competencia *por* el mercado es un sustituto efectivo de la competencia *en* el mercado. Pero estas afirmaciones, como muchos otros principios de la economía del «libre mercado», no han superado el escrutinio, como explico en el capítulo siguiente.

13 Por analogía, los ingresos que los individuos o las empresas obtienen de la generosidad del Gobierno, o mediante corrupción, ya sea privada o pública, al cobrar en un contrato público un precio superior al precio competitivo, o al obtener un recurso natural a un precio inferior al competitivo, también se consideran rentas. Y los esfuerzos dedicados a obtener estas rentas se denominan búsqueda de rentas. Esta inversión de tiempo y esfuerzo no solo es improductiva, sino que puede resultar perjudicial.

14 Aunque lo normal es que el explotador tenga mayores ingresos y más poder que el explotado. Pero nos molesta igualmente que un estafador pobre time a un anciano rico.

15 Y, en general, con cualquier criterio razonable de bienestar.

16 Garrett Hardin, «The Tragedy of the Commons», *Science* 162, n.º 3859, 1968, pp. 1243-1248.

17 Los economistas tradicionales suelen distinguir entre preferencias (que son «profundas» e inmutables) y creencias, que pueden cambiar según la información. Pero la economía conductual del siglo XXI insiste en que las preferencias —aquello que nos gusta y queremos— también pueden cambiar, no solo a causa de la «información», sino de las experiencias; incluso, por ejemplo, de la simple experiencia de ver una telenovela e identificarse con un personaje. Véase Karla Hoff, Allison Demeritt y Joseph E. Stiglitz, *The Other Invisible Hand* (próxima publicación) y los trabajos que se citan en él, entre ellos Eliana La Ferrara, Alberto Chong y Suzanne Duryea, «Soap Operas and Fertility: Evidence from Brazil», *American Economic Journal: Applied Economics* 4, n.º 4, 2012, pp. 1-31.

18 Existe una breve bibliografía económica sobre la persuasión no racional. Véase, por ejemplo, el artículo de revisión de Andrew Kosenko y Joseph E. Stiglitz, «Robust Theory and Fragile Practice: Information in a World of Disinformation», en *The Elgar Companion to Information Economics*, Daphne R. Raban y Julia Wlodarczyk, eds., Cheltenham, Edward Elgar Publishing, 2024.
19 Para un enfoque amplio, véase Demeritt, Hoff y Stiglitz, *The Other Invisible Hand*.
20 Véase Joseph E. Stiglitz y Bruce C. Greenwald, *Creating a Learning Society: A New Approach to Growth, Development, and Social Progress*, Nueva York, Columbia University Press, 2014 [hay trad. cast.: *La sociedad del aprendizaje*, Madrid, La esfera de los libros, 2016]; y Joel Mokyr, *The Enlightened Economy*, New Haven, Yale University Press, 2009.
21 Portugal, Italia, Irlanda, Grecia y España.
22 El reciente auge de los grupos populistas en Escandinavia tiene que ver con la percepción de que los Gobiernos no han hecho lo suficiente para proteger a sus ciudadanos de los inmigrantes y la delincuencia que algunos consideran una consecuencia de eso; de nuevo, la queja no es que el Gobierno haya hecho demasiado. Véase Jens Rydgren, «Radical Right-Wing Populism in Denmark and Sweden: Explaining Party System Change and Stability», *The SAIS Review of International Affairs* 30, n.º 1, 2010, pp. 57-71.

2. CÓMO REFLEXIONAN LOS ECONOMISTAS SOBRE LA LIBERTAD

1 Adam Smith, *The Wealth of Nations*, libro IV, II, 1776. [Hay trad. cast.: *La riqueza de las naciones*, Madrid, Alianza, 2011].
2 Smith, *La riqueza de las naciones*, libro I, X.
3 Por supuesto, Hobbes escribió para defender la necesidad de que hubiera un Gobierno que mantuviese el orden en una época previa a la regulación moderna y a John Maynard Keynes.
4 Las descripciones que Charles Dickens hizo de la Inglaterra industrial del siglo XIX sugerían que no todo iba bien, que al final los mercados no habían mejorado la situación de todos. Abundaban la pobreza, la mugre y la degradación medioambiental: «En el campo, la lluvia habría generado mil aromas deliciosos y cada gota se habría asociado con alguna hermosa forma de brote o de vida. En la ciudad, solo

producía olores rancios y era una aportación sucia, tibia y malsana a las cloacas» (*Little Dorrit*, Londres, Bradbury & Evans, 1857, pp. 30-31 [hay trad. cast.: *La pequeña Dorrit*, Barcelona, Alba, 2012]). Y: «Todas las características repulsivas de la pobreza, todas las muestras odiosas de la mugre, la podredumbre y la basura, decoran las orillas del Foso de la Locura» (*Oliver Twist*, Londres, Richard Bentley, 1838, p. 56 [hay trad. cast.: *Oliver Twist*, Barcelona, Penguin, 2016]).

5 John Stuart Mill fue uno de ellos; David Ricardo y William Stanley Jevons fueron otros dos influyentes economistas clásicos ingleses.

6 La política contuvo el gasto del New Deal, sobre todo después de 1936, de modo que la economía solo se recuperó plenamente con la Segunda Guerra Mundial y el gasto público que esta generó. La guerra también consiguió algo que el mercado, por sí solo, tenía dificultades para hacer: pasar de una economía rural y agraria a una urbana y manufacturera.

7 Como indicador aproximado, el crecimiento medido por el PIB real aumentó a una tasa anual del 3,9 por ciento durante el periodo 1950-1980, y la renta per cápita real creció un 2,5 por ciento (véase Oficina de Análisis Económico, «Real Gross Domestic Product», obtenido del FRED, el Banco de la Reserva Federal de San Luis; y Oficina de Análisis Económico, «Real Disposable Personal Income: Per Capita», obtenido del FRED, Banco de la Reserva Federal de San Luis). Sin embargo, diversas estimaciones sitúan la tasa de crecimiento de la renta per cápita en Estados Unidos durante el periodo 1800-1960 entre el 0,94 y 1,29 por ciento anual, es decir, la mitad o dos tercios de la cifra anterior. Véase Thomas Weiss, «U.S. Labor Force Estimates and Economic Growth, 1800-1860», en *American Economic Growth and Standards of Living Before the Civil War*, Robert E. Gallman y John Joseph Wallis, eds., Chicago, University of Chicago Press, 1992, pp. 19-78.

8 En PPA (paridad de poder adquisitivo), el tamaño de la economía china superó a la estadounidense en torno a 2015. Tal vez no sea casualidad que, desde entonces, las críticas de los dos principales partidos a China se hayan acelerado notablemente. Véase Joseph E. Stiglitz, «The Chinese Century», *Vanity Fair*, enero de 2015, para un análisis general sobre las diferentes reacciones dentro de China y de Estados Unidos ante la noticia de que Estados Unidos se había convertido —al menos según esta medida muy utilizada— en la segunda economía del mundo.

9 Esto resultó al mismo tiempo controvertido (como describí en el libro *El malestar en la globalización*) e inútil, porque antes de que pasaran dieciséis años de su privatización, la empresa privatizada se declaró en quiebra; eso, después de que la Comisión Reguladora Nuclear de Estados Unidos la investigara por «no controlar algunos componentes con depósitos de uranio; un mantenimiento, realización de pruebas y funcionamiento inadecuados de las válvulas de seguridad de los equipos; y por superar el límite de posesión de uranio enriquecido en más de un 20 por ciento» (comunicado de prensa de la Comisión Reguladora Nuclear de Estados Unidos, 29 de mayo de 1998).

10 Las razones de esto tienen que ver más con la política que con la economía. En Estados Unidos, los nuevos demócratas querían distanciarse del New Deal de Franklin D. Roosevelt, que parecía cosa del pasado. Tras los episodios inflacionistas de la década de 1970, los republicanos habían conseguido empañar esa marca, y con ella las ideas keynesianas. En Europa, el centro izquierda trataba de diferenciarse de los socialistas y los comunistas; el fracaso de la Unión Soviética había acabado con esa visión. A ambos lados del Atlántico, los partidos de centro izquierda trataron de encontrar una «tercera vía» entre los extremos del comunismo y el capitalismo desatado. Una importante corriente de la teoría económica apoyó esta iniciativa. Esta teoría sostenía que, en general, los resultados de los mercados eran eficientes. Había algunos casos, pocos, en los que no ocurría así, y entonces eran necesarias pequeñas intervenciones para corregir los fallos del mercado. Mi trabajo se basó en estas ideas, pero acabó demostrando que estos fallos del mercado eran mucho más generalizados y más difíciles de corregir.

11 Como señalo en la tercera parte, la agenda política impuesta a los países en desarrollo también incluía la apertura de sus mercados financieros (la liberalización del mercado de capitales), aun cuando existían pruebas de que esa liberalización fomentaba la inestabilidad y la desigualdad, pero no el crecimiento.

12 «Statement of Aims», Sociedad Mont Pelerin, <https://www.mont pelerin.org>.

13 Con los años, no solo Hayek y Friedman fueron sus líderes, también otros destacados economistas conservadores como George Stigler, Gary Becker, James Buchanan y John Taylor.

14 «Statement of Aims», Sociedad Mont Pelerin.

15 Véase Francis Fukuyama, *The End of History and the Last Man*, Nueva York, Free Press, 1992. [Hay trad. cast.: *El fin de la historia y el último hombre*, Barcelona, Planeta, 1992].

16 Robert Reich (secretario de Trabajo y ahora profesor en la Universidad de California, Berkeley) y yo representábamos al primer grupo; Robert Rubin y Larry Summers, al segundo. Pero las discrepancias eran complicadas: Rubin estaba en contra de la reforma del estado de bienestar propuesta y Summers era partidario de recortar el impuesto sobre las plusvalías, una medida que, se predijo acertadamente, aumentaría mucho la desigualdad. Para un relato más completo de esta historia, véase el libro que publiqué en 2003 sobre la Administración Clinton: *The Roaring Nineties: A New History of the World's Most Prosperous Decade*, Nueva York, W. W. Norton, 2003. [Hay trad. cast.: *Los felices noventa*, Madrid, Taurus, 2003].

17 El término lo utilizaron deliberadamente los primeros defensores de la idea, por ejemplo Milton Friedman en «Neo-Liberalism and Its Prospects», *Farmand*, 1951, pp. 89-93. Pero ahora son los críticos quienes más lo usan. Aquí lo empleo como una simple etiqueta descriptiva de un conjunto de ideas, aunque a continuación analizo las limitaciones de este enfoque.

18 La utilización del adjetivo «liberal» para describir a los demócratas progresistas de Estados Unidos contradice el uso predominante del término en el resto del mundo. En muchos países, el partido político «liberal» es el que defiende políticas más alineadas con el neoliberalismo, aunque suelen ser firmes defensores de las políticas de competencia y se distancian de los grupos de presión de las grandes empresas.

19 Es decir, las disfunciones del mercado que son muy evidentes cuando el desempleo es masivo están presentes, aunque en general son menos visibles, incluso cuando la economía se acerca al pleno empleo. Los problemas que plantean la coordinación del mercado, las asimetrías y las imperfecciones de la información, unos mercados de capitales y de riesgo imperfectos, etc., están siempre presentes.

20 Utilicé el término «fundamentalismo de mercado» en el libro *Globalization and Its Discontents*, que publiqué en 2002, por las razones que se expondrán en breve [hay trad. cast.: *El malestar en la globalización*, Madrid, Taurus, 2003]. Ya lo había utilizado mucho en escritos y discursos anteriores, entre ellos mi conferencia del Premio Nobel. Muchos autores habían usado el término antes, por ejemplo George

Soros. Véase Richard Kozul-Wright y Paul Rayment, en *The Resistible Rise of Market Fundamentalism: Rethinking Development Policy in an Unbalanced World*, Londres, Zed Books, 2008.

21 De hecho, los inicios se remontan a antes, por ejemplo, al movimiento de desregulación que empezó a finales de la década de 1970 con el presidente Carter en Estados Unidos.

22 Opportunity Insights, «National Trends», 2 de abril de 2018, <https://opportunityinsights.org/national_trends/>; *PBS NewsHour*, «Majority of Americans Doubt Young People Will Be Better Pff Than Their Parents, AP-NORC Polls Finds», 4 de octubre de 2022.

23 Para una visión general sobre los orígenes de la desigualdad y sus consecuencias, véase Joseph E. Stiglitz, *The Price of Inequality: How Today's Divided Society Endangers Our Future*, Nueva York, W. W. Norton, 2012. [Hay trad. cast.: *El precio de la desigualdad*, Madrid, Taurus, 2012].

24 Hay quienes han intentado defender las políticas del Consenso de Washington argumentando que los malos resultados de los países que adoptaron estas políticas antes del año 2000 se han visto compensados, al menos en parte, por los buenos resultados obtenidos a partir de entonces. Pero en muchos casos, el crecimiento que se produjo a principios de este siglo fue breve y se debió al alto precio de los recursos. En el momento en que este libro entra en imprenta, existe un amplio consenso en que estos países, sobre todo los del África subsahariana, han pagado un alto precio por la desindustrialización prematura que les impusieron las políticas del Consenso de Washington.

25 Un equipo de Harvard, elegido por el Gobierno estadounidense para ayudar en la transición, desempeñó un papel especialmente ingrato, por el cual su principal responsable tuvo que rendir cuentas ante un tribunal estadounidense. Para un relato más completo de esta historia, véase David Warsh, *Because They Could: The Harvard Russia Scandal (and NATO Enlargement) After Twenty-Five Years*, CreateSpace Independent Publishing Platform, 2018.

26 Se demostró que los mercados solo son eficientes si existe una competencia perfecta, es decir, si hay las suficientes empresas para que ninguna piense que puede influir en los precios. Si una empresa cobrara mucho más que el precio de mercado, perdería *todos* sus clientes. Hay pocos mercados en los que esto sea así. En la mayoría de los

ámbitos, el número de empresas es lo bastante reducido —la competencia está lo bastante limitada— como para que cualquier empresa grande pueda influir en los precios.

27 El artículo que presenté allí se publicó después como «On the Optimality of the Stock Market Allocation of Investment», *Quarterly Journal of Economics* 86, n.º 1, 1972, pp. 25-60. Luego los resultados se generalizaron en una serie de artículos, entre ellos, Joseph E. Stiglitz, «The Inefficiency of the Stock Market Equilibrium», *Review of Economic Studies* 49, n.º 2, 1982, pp. 241-261; y Bruce C. Greenwald y Joseph E. Stiglitz, «Externalities in Economies with Imperfect Information and Incomplete Markets», *Quarterly Journal of Economics* 101, n.º 2, 1986, pp. 229-264.

Curiosamente, cuando Michael Hirsh, columnista de *Foreign Policy Magazine*, le entrevistó en su madurez, Friedman estuvo de acuerdo conmigo en algunas de las cuestiones fundamentales. Por ejemplo, Hirsh cita a Friedman a propósito de las políticas rusas tras el comunismo: «Yo dije, privatizad, privatizad, privatizad. Estaba equivocado. Él [Joe] tenía razón». *Capital Offense: How Washington's Wise Men Handed America's Future over to Wall Street*, Hoboken, Wiley, 2010.

28 En el contexto de la economía, estas ideas fueron estudiadas en Karla Hoff y Joseph E. Stiglitz, «Modern Economic Theory and Development», en *Frontiers of Development Economics: The Future in Perspective*, Gerald Marvin Meier y Joseph E. Stiglitz, eds., Oxford, Oxford University Press, 2001, pp. 389-459.

29 Esta fue una idea clave del libro *Whither Socialism?* que publiqué en 1994. Véase también Joseph E. Stiglitz, *Selected Works of Joseph E. Stiglitz: Volume V, Rethinking Welfare Economics and the Economics of the Public Sector*, Oxford, Oxford University Press, de próxima publicación.

30 Esto lo vi claramente durante la crisis de Asia Oriental, sobre todo en las empresas coreanas que quebraron. Véase *El malestar en la globalización*. El influyente economista Joseph Schumpeter, en el libro *Capitalism, Socialism and Democracy*, Nueva York, Harper & Brothers, 1942, sostuvo que el proceso de destrucción creativa asociado a los ciclos empresariales fomentaba el crecimiento económico [hay trad. cast.: *Capitalismo, socialismo y democracia*, vols. I y II, Barcelona, Página Indómita, 2015]. La teoría y las pruebas han demostrado que Schumpeter estaba equivocado. Véase, por ejemplo, Joseph E. Stiglitz, «Endogenous Growth and Cycles», en *Innovation in Technology,*

Industries, and Institutions: Studies in Schumpeterian Perspectives, Yuichi Shionoya y Mark Perlman, eds., Ann Arbor, University of Michigan Press, 1994, pp. 121-156.

31 Sanford Grossman y yo demostramos teóricamente que los mercados no podían ser eficientes por lo que respecta a la información (Sanford J. Grossman y Joseph E. Stiglitz, «On the Impossibility of Informationally Efficient Markets», *American Economic Review* 70, n.º 3, 1980, pp. 393-408; y Sanford J. Grossman y Joseph E. Stiglitz, «Information and Competitive Price Systems», *American Economic Review* 66, n.º 2, 1976, pp. 246-253), un resultado confirmado empíricamente por Rob Schiller, que en 2009 recibió el Premio Nobel de Economía por su trabajo.

32 Un firme, y reciente, defensor de este punto de vista es Gregory Mankiw, profesor de Economía de Harvard (y presidente del Consejo de Asesores Económicos del presidente George W. Bush [2003-2005]), que escribió: «Las personas deberían recibir una compensación congruente con sus contribuciones. Si la economía se describiera mediante un equilibrio competitivo clásico sin externalidades o bienes públicos, entonces cada individuo obtendría el valor de su propio producto marginal y no habría necesidad de que el Gobierno alterara la distribución de ingresos resultante». Véase N. Gregory Mankiw, «Spreading the Wealth Around: Reflections Inspired by Joe the Plumber», *Eastern Economic Journal* 36, n.º 3, 2010, pp. 285-298; y N. Gregory Mankiw, «Defending the One Percent», *Journal of Economic Perspectives* 27, n.º 3, 2013, pp. 21-34.

33 A diferencia de, por ejemplo, el impuesto sobre la renta, en el que cuanto más trabaja una persona, mayores son sus ingresos y, por lo tanto, más impuestos paga.

34 Robert E. Lucas, «The Industrial Revolution: Past and Future», en *2003 Annual Report Essay*, Banco de la Reserva Federal de Minneapolis, <https://www.minneapolisfed.org/article/2004/the-industrial-revolution-past-and-future>. Lucas dice a continuación: «Para la vida de los pobres, el potencial de encontrar diferentes maneras de distribuir la producción actual no es nada comparado con el potencial aparentemente ilimitado de aumentar la producción». Pero no supo demostrar que lograr una mejor distribución de los ingresos fuera antitético al crecimiento, y un argumento clave de mi libro *El precio de la desigualdad*, y de un inmenso corpus de investigaciones poste-

riores, entre ellas la mencionada en la nota siguiente, es que sucede lo contrario: la excesiva desigualdad que hay en Estados Unidos es perjudicial para el crecimiento. Además, Lucas no demostró que muchos, o alguno, de los frutos del crecimiento que citó se hubieran «derramado» hacia los de abajo en un lapso de tiempo adecuado. En Estados Unidos, durante las últimas cuatro décadas, el crecimiento ha empeorado la situación de los más pobres.

35 Véase Federico Cingano, «Trends in Income Inequality and its Impact on Economic Growth», Documentos de trabajo de la OCDE sobre cuestiones sociales, empleo y migración n.º 163, Organización para la Cooperación y el Desarrollo Económicos, 2014; Jonathan D. Ostry, Andrew Berg y Charalambos G. Tsangarides, «Redistribution, Inequality, and Growth», Notas de debate del personal del FMI, 2014; y Jonathan D. Ostry, Prakash Loungani y Andrew Berg, *Confronting Inequality: How Societies Can Choose Inclusive Growth*, Nueva York, Columbia University Press, 2019.

La afirmación de que las cuestiones de distribución pueden separarse de las de eficiencia se conoce como el segundo teorema fundamental de la economía del bienestar y solo se cumple en condiciones muy restrictivas, que no se cumplen en ninguna economía del mundo real. (El primer teorema fundamental establece las condiciones muy restrictivas en las que una economía es eficiente).

36 Friedman, *Capitalismo y libertad*, p. 32.

37 En Estados Unidos se produjo un drástico descenso de la esperanza de vida asociado a la pandemia de la COVID-19, que reflejó tanto el mal estado de la sanidad pública como una respuesta deficiente. En 2023, los Centros para el Control y la Prevención de Enfermedades informaron de que la esperanza de vida en Estados Unidos había descendido hasta los 76,4 años, la menor en casi dos décadas. Para un análisis más completo, véase Escuela de Salud Pública de Harvard, «What's Behind "Shocking" U.S. Life Expectancy Decline – and What to Do About It», 13 de abril de 2023. Existe una amplia bibliografía que detalla el aumento de la desigualdad en la mayoría de los países avanzados. Un informe de 2020 del Centro de Investigación Pew resumía así la investigación sobre Estados Unidos: «La desigualdad de ingresos puede medirse de varias maneras, pero sea cual sea la medida, se observa que en Estados Unidos la desigualdad económica está aumentando» (Juliana Menasce Horowitz, Ruth Igielnik y Rakesh Kochhar, «Trends in Income and Wealth

Inequality», proyecto Tendencias Sociales y Demográficas del Centro de Investigación Pew, 9 de enero de 2020).

La OCDE detalla el aumento de la desigualdad en la mayoría de los países del mundo durante el cuarto de siglo que comienza a mediados de la década de 1980; Estados Unidos tiene el nivel más alto y ha experimentado uno de los mayores incrementos (OCDE, «Focus on Inequality and Growth – December 2014», 2014). Un par de estadísticas transmiten bien la magnitud de la desigualdad: el 1 por ciento más rico de Estados Unidos tiene alrededor del 20 por ciento de los ingresos y el 40 por ciento de la riqueza, y alguien que en 2020 se encontrara en el percentil 10 de ingresos tenía 13,53 veces los ingresos de una persona en el percentil 90. También hay grandes disparidades en la esperanza de vida.

3. LA LIBERTAD DE UNA PERSONA ES LA FALTA DE LIBERTAD DE OTRA

1 Definidos como sucesos en los que se mata a cuatro o más personas. Véase «Mass Shootings», Gun Violence Archive, <https://www.gunviolencearchive.org/mass-shooting>.
2 La mayor parte de la violencia con armas son suicidios y homicidios. Véase «Past Summary Ledgers», Gun Violence Archive, <https://www.gunviolencearchive.org/past-tolls>.
3 Para comparar la posesión de armas y las muertes por arma de fuego en Estados Unidos y en Reino Unido, véase Instituto de Métricas y Evaluación de la Salud, «Global Burden of Disease Database»; GOV.UK, «Statistics on Firearm and Shotgun Certificates, England and Wales: April 2020 to March 2021»; y Violence Policy Center, «Gun Ownership in America: 1973 to 2021», noviembre de 2021. Entre los países que el Banco Mundial clasifica como de ingresos altos, en 2021 Estados Unidos ocupaba el séptimo lugar en tasa de homicidios con arma de fuego y el primero entre los países con una población superior a los diez millones de habitantes; diecinueve veces más que Francia, que ocupaba el segundo lugar. La violencia con arma de fuego también es la responsable del 8 por ciento de las muertes de menores de veinte años en Estados Unidos, más del doble que en cualquier otro país de ingresos altos y más de

diez millones de habitantes. Véase «On Gun Violence, the United States Is an Outlier», Instituto de Métricas y Evaluación de la Salud, <https://www.healthdata.org/>.

4 En 2008, el caso Distrito de Columbia contra Heller, que supuso un fallo histórico del Tribunal Supremo, cambió interpretaciones anteriores, en las que el derecho a poseer armas de fuego estaba mucho más restringido. Véase Justia Law, Tribunal Supremo de Estados Unidos, «District of Columbia v. Heller, 554 U.S. 570 (2008)».

5 Lord Nicholas Stern, Charlotte Taylor y yo hemos hecho una crítica detallada de los análisis presentados por algunos economistas (como el premio Nobel William Nordhaus) que sugieren que deberíamos permitir que el cambio climático avance deprisa, siempre que mantengamos el aumento de la temperatura global por debajo de los 3,5 ºC. Nosotros explicamos por qué el consenso global, limitar el aumento a entre 1,5 y 2 ºC, es el correcto, sobre todo si se tiene en cuenta el riesgo. Véase Nicholas Stern, Joseph E. Stiglitz y Charlotte Taylor, «The Economics of Immense Risk, Urgent Action and Radical Change: Towards New Approaches to the Economics of Climate Change», *Journal of Economic Methodology* 29, n.º 3, 3 de julio de 2022, pp. 181-216.

6 «US & Allied Killed and Wounded», Costs of War, 2021, Instituto Watson de Asuntos Públicos e Internacionales, Universidad Brown.

7 Una cifra estimada entre 4,5 y 4,6 millones. Miriam Berger, «Post-9/11 Wars Have Contributed to Some 4.5 Million Deaths, Report Suggests», *The Washington Post*, 15 de mayo de 2023.

8 Véase Joseph E. Stiglitz y Linda J. Bilmes, *The Three Trillion Dollar War*, Nueva York, W. W. Norton, 2008. [Hay trad. cast.: *La guerra de los tres billones de dólares*, Madrid, Taurus, 2008].

9 Qi Zhao *et al.*, «Global, Regional, and National Burden of Mortality Associated with Non-Optimal Ambient Temperatures from 2000 to 2019: A Three-Stage Modelling Study», *Lancet Planetary Health* 5, n.º 7, 1 de julio de 2021, pp. e415-e425.

10 Véase, por ejemplo, David W. Eyre *et al.*, «Effect of Covid-19 Vaccination on Transmission of Alpha and Delta Variants», *New England Journal of Medicine* 386, n.º 8, 24 de febrero de 2022, pp. 744-756; y Stella Talic *et al.*, «Effectiveness of Public Health Measures in Reducing the Incidence of Covid-19, SARS-CoV-2 Transmission, and Covid-19 Mortality: Systematic Review and Meta-Analysis», *BMJ*

375, 18 de noviembre de 2021, p. e068302. Sin embargo, en la derecha muchos niegan la existencia de una relación entre estas prácticas y la incidencia de la enfermedad, al igual que niegan la relación entre los gases de efecto invernadero y el cambio climático. El mundo es complejo, y en ambos casos intervienen múltiples factores al mismo tiempo, por lo que no es fácil desenmarañar los efectos. Por ejemplo, quienes niegan el cambio climático señalan las olas de frío, pero eso ignora el hecho de que el calentamiento global está asociado a la *variabilidad* climática y, de hecho, algunos científicos del clima señalan que el calentamiento del Ártico contribuyó al vórtice que llevó un frío récord a Texas en 2021. Por otra parte, si bien hay innumerables factores que influyen en la propagación de la COVID-19, al tratarse de un virus que se transmite por el aire, la ventilación, las mascarillas y el distanciamiento social son importantes, *si lo demás se mantiene constante*, como demuestran los estudios citados.

11 En concreto el 74,3 por ciento, según la tabla 4 de «Population: 1790 to 1990», Conteo de población y unidades de vivienda, Oficina del Censo de Estados Unidos, Departamento de Comercio de Estados Unidos, agosto de 1993.

12 Naciones Unidas, Departamento de Asuntos Económicos y Sociales, División de Población, «2018 Revision of World Urbanization Prospects», 2019.

13 Sarah Manavis, «How a Lack of Zoning Messed Up Houston in More Ways Than One», *City Monitor*, 19 de junio de 2017, actualizado el 19 de julio de 2021.

14 Janet Currie y Reed Walker, «Traffic Congestion and Infant Health: Evidence from E-ZPass», *American Economic Journal: Applied Economics* 3, n.º 1, enero de 2011, pp. 65-90.

15 Con una institución financiera que, en la práctica, apostaba por la quiebra de sus rivales mediante algunos de estos complejos productos financieros, el sistema financiero acabó entrelazado en un mundo de tal complejidad que solo pudo entenderse gracias a recientes avances matemáticos (en una rama de las matemáticas llamada teoría de redes), que demostraron la fragilidad de los sistemas resultantes. Véase, por ejemplo, Stefano Battiston, Guido Caldarelli, Co-Pierre Georg, Robert May y Joseph E. Stiglitz, «Complex Derivatives», *Nature Physics* 9, n.º 3, marzo de 2013, pp. 123-125; y Stefano Battiston, Guido Caldarelli, Robert M. May, Tarik Roukny y Joseph E. Stiglitz, «The

Price of Complexity in Financial Networks», *Proceedings of the National Academy of Sciences* 113, n.º 36, 6 de septiembre de 2016, pp. 10031-10036. Para una explicación de cómo se desarrolló esto en 2008, véase Joseph E. Stiglitz, *Freefall: America, Free Markets, and the Sinking of the World Economy*, Nueva York, W. W. Norton, 2010 [hay trad. cast.: *Caída libre. El libre mercado y el hundimiento de la economía mundial*, Madrid, Taurus, 2010]. Mucho antes de la crisis, quienes trabajábamos en este ámbito avisamos de que esta interdependencia había hecho que el sistema financiero se volviera más frágil; había fragilidades sistémicas importantes. Sorprendentemente, excepto Andy Haldane y su equipo de investigación del Banco de Inglaterra, los banqueros centrales ignoraron este trabajo y se fijaron en modelos más convencionales que *asumían* que los banqueros actuarían en interés propio y ese comportamiento les llevaría a ser cautelosos, es decir, que en gran medida la autorregulación bastaría para proteger la economía. Véase Joseph E. Stiglitz y Bruce Greenwald, *Towards a New Paradigm in Monetary Economics*, Cambridge, Cambridge University Press, 2003.

16 Los economistas solían pensar que las externalidades pecuniarias, que hacen que las acciones de una persona o un grupo influyan en los precios (y a través de esta influencia en los precios afectan a los demás), no impedían la eficiencia del mercado. Una de las contribuciones del trabajo de 1986 de Greenwald y Stiglitz, «Externalities in Economies with Imperfect Information and Incomplete Markets», fue demostrar que estas externalidades pecuniarias sí provocaban, en general, ineficiencia.

17 Por supuesto, existen otras posibilidades: podrían aumentar los impuestos para financiar programas de salud pública o podrían desviarse recursos del tratamiento de otras enfermedades. En todos los casos, el aumento del tabaquismo tiene consecuencias para los demás, es decir, sigue habiendo externalidades.

18 Adam Smith, *La teoría de los sentimientos morales*, Madrid, Alianza, 2013.

19 Véase la introducción de Smith a *La teoría de los sentimientos morales*.

20 Estos hallazgos empíricos son coherentes con lo que sabemos acerca de cómo se propaga la enfermedad. Como dicen los Centros para el Control y la Prevención de Enfermedades: «La COVID-19 se propaga cuando una persona infectada exhala gotículas y partículas muy

pequeñas que contienen el virus. Otras personas pueden inhalar estas gotículas y partículas, o estas pueden caerle en los ojos, la nariz o la boca». Véase «COVID-19 and Your Health», Centros para el Control y la Prevención de Enfermedades, 11 de febrero de 2020, <https://www.usa.gov/agencies/centers-for-disease-control-and-prevention>.

En la derecha, muchos no quisieron aceptar estos descubrimientos científicos, quizá porque eso les habría obligado a reconocer que existían importantes externalidades.

21 También debatimos si un aborto es matar a un ser humano y, si es así, ¿en qué momento? ¿Desde la concepción o después, durante el embarazo?

22 Existen interacciones sutiles entre las variables financieras y las reales, pero exceden esta simple exposición. Por ejemplo, el aumento del endeudamiento público puede desplazar la inversión privada, dando lugar a un menor capital real. Existe entonces una externalidad intergeneracional, que está limitada por la magnitud de este desplazamiento.

23 Este es un ejemplo de externalidad macroeconómica, una noción que ya se ha abordado brevemente en este capítulo. La tendencia a un excesivo endeudamiento privado puede resultar particularmente grave porque, durante las crisis, los Gobiernos suelen rescatar a las empresas privadas. El FMI proporciona los dólares necesarios para pagar a los acreedores privados y se facilita que las personas y las corporaciones ricas saquen su dinero del país, lo que deja a este muy endeudado con el FMI, pero sin haber conseguido nada. Este patrón histórico, señalado en Stiglitz, *El malestar en la globalización*, se repitió a gran escala en 2019, cuando el FMI prestó a Argentina cuarenta y cuatro mil millones de dólares.

24 Aunque muchos de los economistas de la Universidad de Chicago pertenecían a la Escuela de Chicago (entre ellos Gary Becker, Robert Lucas y George Stigler, a los que me he referido antes), no todos los economistas de la universidad pertenecían a la Escuela de Chicago, y muchos economistas de la Escuela de Chicago se habían establecido en otros lugares.

25 Coase ganó el Premio Nobel de Economía en 1991. Su artículo, ya clásico, es R. H. Coase, «The Problem of Social Cost», *Journal of Law and Economics* 3, 1960, pp. 1-44.

26 Otra posibilidad es que una persona pudiera comprar todos los huertos de manzanos y todas las colmenas.

27 Es decir, aunque no sean *perfectamente egoístas*, como tienden a suponer los economistas, tampoco suelen dar tanta importancia al bienestar de los demás como al suyo.
28 Véase Hardin, «The Tragedy of the Commons».
29 Si bien no se quedaron las tierras sin más, sino que había una legislación que lo permitía. Quienes perdieron los derechos de uso de la tierra (en esencia, *sus* derechos de propiedad) no tuvieron voz en el proceso político.
30 Excepto que allí, quienes antes habían pastado en las tierras fueron expulsados de ellas por la fuerza. Véase la explicación posterior.
31 La respuesta de Coase (bastante irrelevante) podría haber sido que existían asignaciones alternativas de los derechos de propiedad —maneras de dividir las tierras comunales— que podrían haber sido eficientes y con las que todos habrían mejorado su situación.
32 Para que todo el mundo saliera beneficiado, habría que distribuir de manera adecuada las acciones de los monopolistas entre todos los habitantes del mundo.

El sistema *cap and trade* (límite y comercio) para las emisiones de carbono asigna *derechos de emisión de contaminación* comercializables; limita la contaminación a la cantidad deseada (el «límite») y garantiza que la contaminación se genera, por así decirlo, de manera eficiente. En ese sentido, puede considerarse como la implementación de un sistema coasiano de derechos de propiedad. Ha resultado más difícil de aplicar de lo que se pensó en un principio, en parte porque el valor de esos derechos de propiedad es de billones de dólares y, con tanto dinero en juego, es inevitable que la política desempeñe un papel importante.

33 No hay una forma sencilla de averiguar cuánto valora cada individuo el bien público, es decir, cuánto estaría dispuesto a pagar al propietario de la atmósfera para que el nivel de contaminantes se mantuviera bajo. Por eso, siempre que se trate de un bien público, de cuyos beneficios no se puede excluir al individuo, la solución de Coase no funcionará. Véase Joseph Farrell, «Information and the Coase Theorem», *Journal of Economic Perspectives* 1, n.º 2, diciembre de 1987, pp. 113-129; y Eric S. Maskin, «The Invisible Hand and Externalities», *American Economic Review* 84, n.º 2, 1994, pp. 333-337.

Por otro lado, en el marco regulador público que se aborda a continuación, el Gobierno puede realizar un análisis estadístico, por ejemplo, calcular los beneficios sociales derivados de la reducción de los costes sanitarios y el aumento de la esperanza de vida, sin tener que determinar las magnitudes para un individuo concreto.

34 El problema se atenúa en cierta medida si algunas personas son consideradas con las demás (es decir, tienen en cuenta el efecto de sus acciones sobre los otros), como ocurre con algunos, quizá muchos, individuos; aunque los razonamientos de Coase y los demás economistas de su escuela suponían unos individuos perfectamente egoístas. Con todo, mientras no todos los individuos sean perfectamente altruistas, habrá un problema del gorrón, al menos en cierta medida.

35 En general, los costes de transacción asociados a la solución de Coase pueden ser elevados; por ejemplo, la privatización tiene costes. En la práctica, muchas privatizaciones no han salido bien. Otras limitaciones se han analizado en Daniel Kahneman, Jack L. Knetsch y Richard H. Thaler, «Experimental Tests of the Endowment Effect and the Coase Theorem», *Journal of Political Economy* 98, n.º 6, 1990, pp. 1325-1348; y Robin Hahnel y Kristen A. Sheeran, «Misinterpreting the Coase Theorem», *Journal of Economic Issues* 43, n.º 1, 2009, pp. 215-238.

36 Debo aclarar que Friedman no fue el autor de esta idea (ni de muchas otras que promovió). La utilización de los precios para «corregir» externalidades se asocia con el economista de Cambridge A. C. Pigou en *The Economics of Welfare*, Londres, Macmillan, 1920 [hay trad. cast.: *La economía del bienestar*, 2 vols., Pamplona, Aranzadi, 2016]. William Baumol y Agnar Sandmo dieron las primeras explicaciones formales en William J. Baumol, «On Taxation and the Control of Externalities», *American Economic Review* 62, n.º 3, 1972, pp. 307-322, y Agnar Sandmo, «Optimal Taxation in the Presence of Externalities», *Swedish Journal of Economics* 77, n.º 1, 1975, pp. 86-98.

37 Milton Friedman, entrevista de Phil Donahue, *The Phil Donahue Show*, 1979.

38 Por ejemplo, con el racionamiento del crédito, algunos individuos ya no pueden pedir préstamos, y con unos mercados de riesgo imperfectos, los individuos no pueden comprar seguros para todos los riesgos a los que se enfrentan. No solo es obvio que estas imperfecciones existen y son importantes, sino que la teoría económica de los últimos cuarenta años ha explicado por qué es así. Véase, por ejemplo, Joseph E. Stiglitz y A. Weiss, «Credit Rationing in Markets with Imperfect Information», *American Economic Review* 71, n.º 3, 1981, pp. 393-410.

39 Martin Weitzman demostró esto de manera convincente en el contexto de un modelo sencillo con incertidumbre y mercados de riesgo incompletos: si un Gobierno tuviera que elegir entre una mera intervención de precios y una regulación cuantitativa, demostró que existía una amplia variedad de circunstancias en las que se prefería la regulación cuantitativa. En general, es preferible una combinación de precios y regulaciones cuantitativas. Véase M. Weitzman, «Prices vs. Quantities», *Review of Economic Studies* 41, n.º 4, 1974, pp. 477-491.

En el contexto del cambio climático, demostré esto en «Addressing Climate Change Through Price and Non-Price Interventions», *European Economic Review* 119, octubre de 2019, pp. 594-612.

40 Técnicamente, los economistas llaman a esto incertidumbre instrumental.

41 Véase, por ejemplo, Elinor Ostrom, *Governing the Commons: The Evolution of Institutions for Collective Action*, Cambridge, Cambridge University Press, 1990, pp. 90, 91-102. [Hay trad. cast.: *El gobierno de los bienes comunes*, México D. F., Fondo de Cultura Económica, 2015].

42 Las estimaciones sugieren que los cercamientos afectaron a alrededor de una sexta parte de la superficie de Inglaterra. Véase Gilbert Slater, «Historical Outline», en *The Land: The Report of the Land Enquiry Committee*, 3ª ed., vol. 1, Londres, Hodder and Stoughton, 1913. De hecho, «muchas [de las tierras comunales] se gestionaban según normas muy detalladas establecidas por un tribunal señorial local (*manorial court*), que regulaban la densidad ganadera, el abono, el control de las enfermedades, etc.; pero estas normas variaban bastante de un pueblo a otro», Simon Fairlie, «A Short History of Enclosure in Britain», Instituto Hampton, 16 de febrero de 2020. La conclusión de Fairlie sobre los cercamientos es desgarradora: «Fue un auténtico robo. A millones de personas que tenían acceso consuetudinario y legal a las tierras se les arrebató la base de un medio de subsistencia independiente a través de lo que a ellos les debió parecer un tribunal kafkiano».

Curiosamente, en Escocia (donde además de los cercamientos, los campesinos fueron desplazados a la fuerza de las tierras que tradicionalmente habían labrado o utilizado para el pastoreo, en lo que se denominó las expulsiones o *clearances*), en algunos casos el grado de pastoreo aumentó. Con independencia de si el nuevo conjunto de derechos de propiedad impuesto a los pobres por la fuerza aumentó o no la eficiencia, es evidente que incrementó las desigualdades.

43 Véase Megan Hernbroth, «IRA Costs Could Balloon over $1 Trillion», Axios, 30 de marzo de 2023; Leslie Kaufman, «A Year into Biden's Climate Agenda, the Price Tag Remains Mysterious», Bloomberg, 16 de agosto de 2023; y John Bistline, Neil Mehrotra y Catherine Wolfram, «Economic Implications of the Climate Provisions of the Inflation Reduction Act», *Brookings Papers on Economic Activity Conference Drafts*, primavera de 2023.

44 Todo esto depende, por supuesto, de la evolución de la tecnología. Ahora es relativamente fácil medir las emisiones de carbono de una central eléctrica o los contaminantes de un coche (por supuesto, siempre que los fabricantes de coches no los registren mal a propósito, como hizo Volkswagen hace unos años, dando lugar a lo que se llamó el escándalo Dieselgate).

45 Este fue, en 2017, el mensaje central de la Comisión de Alto Nivel sobre los Precios del Carbono, que copresidí con Nicholas Stern. Véase Joseph E. Stiglitz, Nicholas Stern, Maosheng Duan *et al.*, *Report of the High-Level Commission on Carbon Prices*, Banco Internacional de Reconstrucción y Fomento y Asociación para el Desarrollo Internacional/ Banco Mundial, 29 de mayo de 2019.

46 A escala mundial, surge una serie de cuestiones análogas: los países en desarrollo son reacios a aceptar los impuestos al carbono o regulaciones que puedan impedir su desarrollo; ellos hacen hincapié en la equidad e insisten en que, en gran parte, el aumento del nivel de carbono en la atmósfera es consecuencia de las acciones de los países avanzados y que estos son mucho más capaces de asumir el coste que implican los impuestos y las regulaciones sobre el carbono. Se han resistido a estas reglas globales, aunque se encuentran entre los que más sufrirán las consecuencias del calentamiento global. Un paquete similar al que acabamos de describir es la respuesta adecuada. El capítulo 12 profundiza en estas cuestiones internacionales.

4. LA LIBERTAD A TRAVÉS DE LA COERCIÓN: LOS BIENES PÚBLICOS Y EL PROBLEMA DEL GORRÓN

1 Una de las razones por las que el Gobierno desempeña un papel fundamental en inversiones transformativas como esta es el coste. Como dijo Michael Moyer, antiguo director de *Scientific American*:

«En realidad, ninguna empresa privada habría sido capaz de desarrollar un proyecto como internet, que requirió años de iniciativas de I+D diseminadas por muchas agencias distantes y necesitó décadas de inversión antes de empezar a tener éxito. Los proyectos de infraestructuras visionarios como este forman parte de lo que ha permitido a nuestra economía crecer tanto en el último siglo», en «Yes, Government Researchers Really Did Invent the Internet», *Scientific American*, 23 de julio de 2012. Véase también Mariana Mazzucato, *The Entrepreneurial State*, Londres, Anthem Press, 2013. [Hay trad. cast.: *El Estado emprendedor*, Madrid, Taurus, 2022].

2   Organización para la Cooperación y el Desarrollo Económicos (OCDE), «Life Expectancy at Birth», en *Health at a Glance 2023: OECD Indicators*, París, OECD Publishing, 2023.

3   BioNTech recibió una financiación de cuatrocientos cuarenta y cinco millones de dólares del Gobierno alemán para contribuir al desarrollo de la vacuna contra la COVID-19. Véase Hussain S. Lalani, Jerry Avorn y Aaron S. Kesselheim, «US Taxpayers Heavily Funded the Discovery of COVID-19 Vaccines», *Clinical Pharmacology and Therapeutics* 111, n.º 3, 2022, pp. 542-544.

4   Incluso si el Gobierno es necesario para mantener y pagar la recogida de aguas residuales, la pregunta es, ¿debería externalizar ese servicio a una empresa privada? Muchas veces, el resultado de la privatización y la contratación privada ha sido decepcionante y, en algunos casos, desastroso. Las prisiones estadounidenses son un buen ejemplo: el ahorro de costes, si lo hubo, fue mínimo, aumentó la reincidencia y el bienestar general de los presos se redujo como consecuencia de la búsqueda del ahorro de costes.

En algunos casos, varias décadas después de su privatización, los servicios vuelven a estar en manos del Gobierno, como una buena parte del sistema ferroviario británico.

5   No todos los bienes públicos son «puros», en el sentido de que no todo el mundo puede acceder plenamente a sus beneficios (sin coste); pero el argumento también es válido cuando la mayoría de los beneficios están muy disponibles. El concepto de bienes públicos puros lo formalizó por primera vez el economista Paul Samuelson en 1954. Véase Paul A. Samuelson, «The Pure Theory of Public Expenditure», *Review of Economics and Statistics* 36, n.º 4, 1954, pp. 387-389. Aunque la mayoría de los bienes de prestación pública no son puros en el sentido definido

por Samuelson, el resultado central de que, sin la intervención del Gobierno, la prestación será insuficiente sigue siendo cierto. Para un análisis de estos casos más generales, véase Anthony B. Atkinson y Joseph E. Stiglitz, *Lectures in Public Economics*, Nueva York, McGraw-Hill, 1980; Princeton, Princeton University Press, 2015.

6 Véase Joseph E. Stiglitz, «Toward a General Theory of Consumerism: Reflections on Keynes' *Economic Possibilities for Our Grandchildren*», en *Revisiting Keynes: Economic Possibilities for Our Grandchildren*, Lorenzo Pecchi y Gustavo Piga, eds., Cambridge, MIT Press, 2008, pp. 41-87.

7 El término «dilema del prisionero» se refiere a uno de los primeros escenarios en los que se estudió este fracaso de la cooperación. Pensemos en dos delincuentes que han cometido un delito juntos. Si ambos guardan silencio, permanecerán en la cárcel seis meses, hasta el juicio, pero no serán condenados. Sin embargo, el fiscal les ofrece a ambos un trato: si confiesas, te dejaré salir ahora mismo, si puedo utilizar tu declaración para condenar al otro (es decir, si el otro preso no confiesa). En ese caso, al preso que no se chiva le caen diez años. Si ambos confiesan, los dos pasarán dos años en prisión. Lo mejor para ambos sería guardar silencio, pero eso no es un equilibrio. Si un preso cree que el otro va a guardar silencio, se chiva. Pero si se chiva y el otro no lo hace, este último será castigado de verdad, así que es mejor que el otro preso también se chive. Así que los dos se chivan y van a la cárcel durante dos años.

8 En algunas circunstancias, podría haber un equilibrio mejor en el que las tiendas que abren el domingo cobraran un precio más alto ese día, para compensar a sus propietarios por tener que trabajar el domingo. Pero tal vez esto sea imposible: cambiar las etiquetas con los precios puede resultar costoso o a los clientes les puede parecer injusto, una forma de inflar los precios que perjudica a quienes tienen que comprar en domingo. En general, un equilibrio de mercado descentralizado no será eficiente y cierta intervención del Gobierno para regular qué tiendas están abiertas puede mejorar el bienestar. Un ejemplo son las farmacias que, en algunos países europeos, se turnan para abrir el domingo.

9 En otra ocasión demostré que las transacciones relámpago (*flash trading*) en el mercado bursátil —cuando los especuladores tratan de obtener información un microsegundo antes que los demás y para eso gastan millones de dólares en conseguir esta ventaja informativa— adoptan precisamente esta forma, como puede verse en Michael

Lewis, *Flash Boys: A Wall Street Revolt*, Nueva York, W. W. Norton, 2015 [hay trad. cast.: *Flash Boys. La revolución de Wall Street contra quienes manipulan el mercado*, Barcelona, Deusto, 2014]. Hay un análisis más formal en Joseph E. Stiglitz, «Tapping the Brakes: Are Less Active Markets Safer and Better for the Economy?», presentado en la Conferencia sobre Mercados Financieros del Banco de la Reserva Federal de Atlanta, Tuning Financial Regulation for Stability and Efficiency, 15 de abril de 2014.

10 Podría suceder que, aun con una provisión pública óptima, los especuladores intentaran aprovecharse de los demás, en cuyo caso habría que adoptar alguna medida coercitiva adicional contra la especulación.

Esta exposición de situaciones en las que la cooperación es beneficiosa pero no puede mantenerse sin una intervención pública no pretende ser exhaustiva. Por ejemplo, hay una categoría importante de situaciones conocida como la caza del ciervo. En resumen: un cazador puede cazar una liebre o un ciervo. Los ciervos son mucho más valiosos, pero se supone que su caza requiere cooperación. Sin esta, los cazadores tendrán que conformarse con una liebre. Pero si no existe cooperación forzada, a cualquier cazador puede preocuparle que el otro cazador, que no está seguro de si el ciervo llegará, se apresure a matar una liebre porque algo es mejor que nada, ahuyentando así a cualquier ciervo en las inmediaciones. En ausencia de un alto grado de confianza, la cooperación forzada (coerción) puede beneficiar a ambos.

11 Véase Kenneth J. Arrow, «An Extension of the Basic Theorems of Classical Welfare Economics», en *Proceedings of the Second Berkeley Symposium on Mathematical Statistics and Probability*, Jerzy Neyman, ed., Berkeley, University of California Press, 1951, pp. 507-532; Kenneth J. Arrow, «The Role of Securities in the Optimal Allocation of Risk-Bearing», *Review of Economic Studies* 31, n.º 2, 1964, pp. 91-96; Gérard Debreu, «Valuation Equilibrium and Pareto Optimum», *Proceedings of the National Academy of Sciences* 40, n.º 7, 1954, pp. 588-592; y Gérard Debreu, *The Theory of Value*, New Haven, Yale University Press, 1959 [hay trad. cast.: *Teoría del valor*, Barcelona, Antoni Bosch, 2013].

12 Como he señalado en el capítulo 2, el fundamentalismo de mercado hace referencia a la creencia casi religiosa de que los mercados son eficientes; una creencia inquebrantable incluso en presencia de prue-

bas y teorías que demuestran lo contrario. Véase la nota 20 del capítulo 2 para una explicación de la historia del uso del término.

13 Arrow y Debreu habían presentado las condiciones *suficientes* para la eficiencia de los mercados. Después, hubo un largo e infructuoso intento de encontrar condiciones más débiles. Por ejemplo, ellos habían supuesto un conjunto completo de mercados de riesgo. Los estudios citados antes, en la nota 27 del capítulo 2 y en la nota 15 del capítulo 5, demostraron que en ausencia de un conjunto completo de mercados de riesgo, la economía nunca era eficiente. La situación era incluso peor de lo que Arrow y Debreu habían imaginado. Habían supuesto una información perfecta. Greenwald y yo demostramos que siempre que la información fuera imperfecta o asimétrica, los mercados no serían eficientes. Véase Greenwald y Stiglitz, «Externalities in Economies with Imperfect Information and Incomplete Markets». Asimismo, demostramos que, en general, las economías en las que la innovación es endógena no son eficientes. Véase Stiglitz y Greenwald, *La sociedad del aprendizaje*.

14 Dejando de lado, por el momento, el hecho de que los mercados no suelen ser competitivos, en particular de la manera que asumieron estos teóricos, lo cual se aborda en el capítulo 7.

15 Esto lo confirman multitud de experimentos de la economía conductual, y se analiza con más detalle en la segunda parte.

16 Véase la explicación en el capítulo 3.

17 Administración Tributaria finlandesa, «Finnish Citizens Understand the Significance of Paying Taxes – Young People Are a Bit Divided», *Tax Administration Bulletin*, 11 de mayo de 2021.

18 Del mismo modo que un bien público nacional beneficia a cualquier persona del país, los bienes públicos globales (o internacionales) benefician a cualquier persona del mundo. Introduje por primera vez esta idea, ahora muy utilizada, en «The Theory of International Public Goods and the Architecture of International Organizations», Documento de antecedentes n.º 7, 3.ª reunión, Grupo de Alto Nivel sobre Estrategia de Desarrollo y Gestión de la Economía de Mercado, UNU-WIDER, Helsinki, Finlandia, 8-10 de julio de 1995, y luego, durante los años posteriores, la desarrollé en una serie de artículos: «IFIs and the Provision of International Public Goods», *Cahiers Papers* 3, n.º 2, Banco Europeo de Inversiones, 1998, pp. 116-134; «Knowledge as a Global Public Good», en *Global Public Goods: Inter-*

national Cooperation in the 21st Century, Inge Kaul, Isabelle Grunberg y Marc Stern, eds., Programa de las Naciones Unidas para el Desarrollo, Nueva York, Oxford University Press, 1999, pp. 308-325; y «Global Public Goods and Global Finance: Does Global Governance Ensure That the Global Public Interest Is Served?», en *Advancing Public Goods*, Jean-Philippe Touffut, ed., Cheltenham, Edward Elgar Publishing, 2006, pp. 149-164.

El concepto es un análogo natural de otro que había estudiado un par de décadas antes: los bienes públicos cuyos beneficios se limitaban a una pequeña localidad, llamados bienes públicos locales, que habían sido investigados por primera vez por Charles Tiebout. Véase Joseph E. Stiglitz, «Theory of Local Public Goods», en *The Economics of Public Services*, Martin S. Feldstein y Robbert P. Inman, eds., Londres, Macmillan, 1977, pp. 274-333; y Charles Tiebout, «A Pure Theory of Local Expenditures», *Journal of Political Economy* 64, n.º 5, 1956, pp. 416-442.

19 El hecho de que se comprometieran voluntariamente en la reunión de París demuestra que los países no siempre se comportan como gorrones, tal como sugiere la teoría económica estándar. Sin embargo, obsérvese que muchos países no han cumplido los compromisos adquiridos en París.

20 Departamento de Estado de Estados Unidos, Oficina de Calidad Medioambiental, «The Montreal Protocol on Substances That Deplete the Ozone Layer», <https://www.state.gov>.

5. LOS CONTRATOS, EL CONTRATO SOCIAL Y LA LIBERTAD

1 Muchos de los primeros debates sobre los contratos sociales lo planteaban en términos de la relación entre el soberano (rey) y su súbdito. La acepción moderna piensa en el contrato social de forma más amplia: la relación entre los ciudadanos, unos con otros, cuando consideran qué poderes delegar en su Gobierno.

2 Adam Smith, *La teoría de los sentimientos morales*.

3 El problema, por supuesto, es que cuando los individuos votan políticas, saben cuál es o podría ser su posición en la sociedad. Aun así, al plantearse qué es una sociedad justa, podrían razonar en la línea propuesta por Rawls.

Rawls combinó este enfoque, evaluar la justicia detrás del velo de la ignorancia, con un criterio más estricto, el de que una distribución justa de los ingresos y la riqueza debería maximizar el bienestar del individuo más desfavorecido. Esta idea no goza de demasiada aceptación.

Estoy de acuerdo con Rawls en que buscar una solución justa y equitativa exige reflexionar sobre esas cuestiones tras un velo de ignorancia. Hay muchos matices en esta idea que no podremos desarrollar aquí. Detrás del velo de la ignorancia, puede que los individuos no solo desconozcan cuál es su dotación (si serán ricos o pobres), sino también lo que les gustará o lo reacios que serán al riesgo, lo cual puede dar lugar a diferencias de opinión sobre cuáles son los acuerdos sociales deseables. La situación se complica aún más en la segunda parte del libro, en la que las preferencias son endógenas.

4 No es necesario ir tan lejos como Rawls y sostener que solo deberíamos aceptar las desigualdades en la medida en que mejoren el bienestar del individuo más desfavorecido (por ejemplo, unos tipos impositivos más bajos para los ricos solo pueden justificarse si recaudan ingresos adicionales, que pueden utilizarse para mejorar el bienestar del individuo más desfavorecido) para aceptar la noción de que, cuando se diseñan reglas, su efecto en la distribución de los ingresos, la riqueza y el poder debería ser una preocupación central.

Incluso detrás del velo de la ignorancia, no podemos estar seguros de que vaya a haber unanimidad, salvo en algunas circunstancias especiales; pero al menos es probable que se reduzca la magnitud de las diferencias.

5 Smith, *La riqueza de las naciones*, libro I, x.
6 Smith, *La riqueza de las naciones*, libro I, VIII.
7 «Justice Department Requires Six High Tech Companies to Stop Enter into Anticompetitive Employee Solicitation Agreements», Departamento de Justicia de Estados Unidos, Oficina de Asuntos Públicos, 24 de septiembre de 2010.
8 Por ejemplo, con disposiciones legales que limitan la responsabilidad de los accionistas en caso de quiebra. Durante las dos últimas décadas, los *trade-offs* entre libertades se han traducido en una disminución de la libertad de los deudores, mientras la de los acreedores se ampliaba, y la de algunos acreedores más que la de otros. Se dio prioridad a los derivados sobre otros solicitantes, una especie de «ayuda» oculta a los bancos que emitían derivados a expensas de otros acreedores.

Los préstamos a estudiantes no podían condonarse, aunque las escuelas no consiguieran darles una educación que mejorara sus perspectivas vitales. Las disposiciones de la ley de bancarrota de 2005 promovida por los bancos, llamada, irónicamente, Ley de Prevención del Abuso de Bancarrota y Protección al Consumidor, introdujeron una forma de servidumbre por contrato, porque permitió a los bancos embargar una cuarta parte del salario de un trabajador y cobrar tasas tan usurarias sobre el saldo restante que, por mucho que el trabajador se esforzara, su endeudamiento aumentaba con el tiempo.

9 A través de las llamadas demandas colectivas. Véase el análisis a continuación.

10 Debería resaltar que la derecha no suele utilizar el lenguaje que empleo aquí. Hacen estas afirmaciones como si se basaran en alguna ley natural, o como si fueran una consecuencia de (su lectura de) la Constitución. A veces, sus afirmaciones se basan en un mal análisis económico que dice que esas normas son necesarias para que la economía funcione, o funcione bien.

11 Por ejemplo, cuando la producción pública directa es preferible a la contratación pública de empresas privadas o a una asociación público-privada. Por desgracia, estas asociaciones suelen distinguirse por una estructura en la que el Gobierno asume las pérdidas y las partes privadas reciben las ganancias.

12 Richard M. Titmuss, *The Gift Relationship: From Human Blood to Social Policy*, Londres, George Allen and Unwin, 1970.

13 El libro y la película *He Said, She Said* [la película se tradujo como *Él dijo, ella dijo*. (*N. de la T.*)] ofrecen una vívida descripción de cómo funcionan estos acuerdos de confidencialidad.

14 Un libro reciente que describe esta clase de discriminación es Emily Flitter, *The White Wall: How Big Finance Bankrupts Black America*, Nueva York, Atria/One Signal Publishers, 2022.

15 Kenneth Arrow y Gérard Debreu, en su demostración pionera de que los mercados competitivos eran eficientes, *supusieron* que había un seguro para cada riesgo. Era una *condición suficiente* para la eficiencia del mercado. No pudieron establecer si, en general, los mercados eran o no eficientes cuando los mercados de seguros eran incompletos. Durante el siguiente cuarto de siglo, se debatió si eso era necesario; es decir, si los mercados podían, en condiciones verosímiles, seguir siendo eficientes aunque no existiera un conjunto completo de mer-

cados de riesgo. Luego, en 1986, John Geanakoplos y Heracles M. Polemarchakis, y Bruce C. Greenwald y yo, demostramos por separado que, sin un conjunto completo de mercados de seguros, los mercados nunca eran eficientes. Véase John Geanakoplos y Heracles M. Polemarchakis, «Existence, Regularity, and Constrained Suboptimality of Competitive Allocations When the Asset Structure Is Incomplete», en *Uncertainty, Information and Communication: Essays in Honor of K. J. Arrow*, vol. 3, W. P. Hell, R. M. Starr y D. A. Starrett, eds., Nueva York, Cambridge University Press, 1986, pp. 65-95; y Greenwald y Stiglitz, «Externalities in Economies».

16 Veamos un riesgo importante al que se enfrentan los inversores estadounidenses que contemplan invertir dinero en China para producir bienes que se exportarán a Estados Unidos. Cualquier inversor atento, consciente de los caprichos de la política, podría querer un seguro para el riesgo de que su país adopte una postura antichina e imponga aranceles; algo que de hecho ocurrió durante la Administración Trump. Por ejemplo, en el caso de un inversor que en 1985 hubiera querido ese seguro para una inversión a largo plazo, el seguro tendría que haber cubierto el riesgo de ese arancel hasta un futuro relativamente lejano. La teoría estándar exige que este tipo de seguro exista. Sin embargo, no se ofrece, así que es uno más de los múltiples riesgos que los inversores tienen que asumir solos y que no pueden transferirse a una aseguradora. El hecho de que los inversores deban asumir estos riesgos porque no existe un seguro tiene, obviamente, consecuencias reales.

17 En un trabajo previo con Andrew Weiss —véase Stiglitz y Weiss, «Credit Rationing in Markets with Imperfect Information»— se explicaba por qué es así. Ahora ese análisis está aceptado y, más de cuarenta años después de presentarlo, no se le ha descubierto ningún fallo. La literatura empírica también ha aportado un respaldo abrumador. Pero la derecha ignora esta realidad y sus profundas implicaciones.

18 La teoría general que establece que ocurre así se expuso en dos artículos míos anteriores, escritos con Michael Rothschild. Véase Michael Rothschild y Joseph E. Stiglitz, «Increasing Risk: I. A Definition», *Journal of Economic Theory* 2, n.º 3, 1970, pp. 225-243, y Michael Rothschild y Joseph E. Stiglitz, «Increasing Risk II: Its Economic Consequences», *Journal of Economic Theory* 3, n.º 1, 1971, pp. 66-84.

19 Véase Jacob Hacker, «Economic Security», en *For Good Measure: Advancing Research on Well-Being Metrics Beyond GDP*, Joseph E. Stiglitz, Jean-Paul Fitoussi y Martine Durand, eds., París, OECD Publishing, 2018.

20 Y debido a la falta de ingresos, muchas veces los individuos se ven obligados a aceptar casi cualquier trabajo que se les ofrezca, aunque si hubieran seguido buscando, podrían haber encontrado uno mucho mejor que se adaptara a sus capacidades. Así, la falta de un seguro de desempleo adecuado contribuye a la ineficiencia.

A la derecha le preocupa que la prestación del seguro de desempleo contribuya a otra ineficiencia: que los individuos se dediquen a no hacer nada y cobrar prestaciones de desempleo en lugar de trabajar. Cuando se opuso a la mejora de las prestaciones de desempleo durante la pandemia de la COVID-19, este fue uno de sus argumentos centrales. La pandemia supuso una buena oportunidad para evaluar la importancia de este efecto, porque los estados adoptaron distintas decisiones respecto a la concesión de prestaciones de desempleo. En general, la conclusión es inequívoca: la desincentivación del trabajo es escasa o nula. Véase Kyle Coombs, Arindrajit Dube, Calvin Jahnke, Raymond Kluender, Suresh Naidu y Michael Stepner, «Early Withdrawal of Pandemic Unemployment Insurance: Effects on Employment and Earnings», *AEA Papers and Proceedings* 112, mayo de 2022, pp. 85-90.

21 Parte de la razón por la que los costes de transacción son tan bajos es que estos programas son *universales*; el Gobierno no tiene que gastar dinero en publicidad. Y tampoco necesita obtener un beneficio exorbitante. Además, las cotizaciones a la Seguridad Social pueden recaudarse con los impuestos, por lo que los costes administrativos incrementales son notablemente bajos.

22 Existe una amplia, y algo controvertida, bibliografía que aborda la eficiencia del sector público. El programa de préstamos para estudiantes de Australia es mucho más eficiente que cualquier programa privado de cualquier país, tiene mejores prestaciones y se adapta mejor a las necesidades de los prestatarios.

Si bien existen muchos ejemplos de programas gubernamentales ineficientes, el programa de préstamos para estudiantes de Australia y el programa de jubilación de Estados Unidos demuestran que puede haber programas gubernamentales eficientes. Y hay muchos ejemplos de ineficiencia en el sector privado. Las pérdidas derivadas de la mala asignación de capital en el periodo previo a la crisis financiera

de 2008, y las pérdidas de esa crisis inducida por el sector privado, fueron enormes.
23 Por supuesto, a algunos individuos tal vez les gustaría ahorrar menos de lo que les exigen los programas públicos, o preferirían poner su dinero en un activo financiero de alto riesgo y mucha rentabilidad. Su pérdida de libertad debe compararse con el aumento de libertad del resto. Y hay otro aspecto: cuando estos individuos se jubilen, existe un riesgo real de que no tengan suficientes ingresos para tener una vida decente; estarían por debajo del umbral de la pobreza. Una sociedad decente no puede permitir que eso ocurra. Así que, tras el velo de la ignorancia, una buena sociedad debe garantizar que todos sus miembros han reservado dinero suficiente, y lo han invertido de manera segura, para vivir su jubilación con un mínimo de decencia.
24 En 2009, durante la campaña para impulsar Obamacare, el presidente Obama dijo en un ayuntamiento: «Y el otro día recibí la carta de una mujer que decía, no quiero una sanidad pública, no quiero una medicina socializada y no toquen mi Medicare». («Remarks by the President in AARP Tele-Town Hall on Health Care Reform», 28 de julio de 2009). Katrina vanden Heuvel en su artículo «Keep Your Hands Off My Medicare!», *The Nation*, 3 de mayo de 2011, describe cómo el congresista Daniel Webster (republicano de Florida) llega a su ayuntamiento y es recibido con carteles que dicen: «Quiten las manos de Medicare».
25 En un momento dado, los responsables políticos solo cuentan con algunas palancas que pueden accionar. Es obvio que es imposible transformar todo al mismo tiempo, aunque deberíamos pensar en una secuencia de cambios relacionados y considerar cómo los que hacemos hoy afectarán al futuro rumbo del país, incluida la posibilidad de futuros cambios en las políticas.
26 Smith, *La riqueza de las naciones*, libro I, XI.

6. LA LIBERTAD, UNA ECONOMÍA COMPETITIVA Y LA JUSTICIA SOCIAL

1 Nassau William Senior fue el primer titular de la Cátedra Drummond de Economía del All Souls College de Oxford, en 1825. En 1976 me convertí en el decimoquinto titular de la cátedra. Senior escribió contra Karl Marx.

2 En la mayoría de los países, tras abolirse la esclavitud, primaron los «derechos de propiedad» de los esclavistas —aunque sus propiedades pudieran considerarse, con razón, robadas— y no las de los esclavizados. Cuando Reino Unido abolió la esclavitud, compensó generosamente a los esclavistas con una emisión de deuda de veinte millones de libras, el equivalente a alrededor del 5 por ciento del PIB del país; no se dispuso ninguna compensación para los antiguos esclavizados. Véase Michael Anson y Michael D. Bennett, «The Collection of Slavery Compensation, 1835-43», Documento de trabajo interno del Banco de Inglaterra n.º 1006, noviembre de 2022. Cifras del PIB de Gregory Clark, «Debt, Deficits, and Crowding Out: England, 1727-1840», *European Review of Economic History* 5, n.º 3, 2001, pp. 403-436.

En Estados Unidos, lo prometido era mejor —cuarenta acres y una mula—, pero nunca se cumplió. Véase William A. Darity Jr. y A. Kirsten Mullen, *From Here to Equality: Reparations for Black Americans in the Twenty-First Century*, 2.ª ed., Durham, University of North Carolina Press, 2022.

3 Muchos pueblos indígenas también creían que si alguien no estaba utilizando una determinada tierra, *por supuesto* se la dejaría a otra persona que quisiera usarla, dando por hecho que si necesitaba la tierra, se le devolvería. Los colonos no entendían este tipo de magnanimidad.

4 Muchos otros aspectos de nuestro sistema legal contribuyen a definir y limitar los derechos de propiedad y definen los derechos de unos en relación con los demás. La ley concursal especifica qué demandantes cobran cuando un deudor no puede satisfacer plenamente sus obligaciones de deuda, así como las condiciones en las que los deudores pueden desentenderse de las deudas. Los cambios en esa ley pueden reforzar los derechos de propiedad de algunas personas, pero debilitar los de otras, como ya he señalado en la nota 8 del capítulo anterior. Las leyes de gobierno corporativo suelen proteger a los accionistas minoritarios, al restringir lo que pueden hacer los accionistas mayoritarios.

5 Hay otras complejidades que no son tan importantes para el contenido de este libro, pero ilustran bien el sentido en que los derechos de propiedad son construcciones sociales. Normalmente, pensamos que la propiedad de un bien conlleva derechos de control (derechos sobre

cómo utilizar el bien) y derechos de renta (el derecho a los ingresos que se derivan del bien), pero a veces estos son independientes. Por ejemplo, algunas empresas venden acciones con las que se obtiene una parte asignada de los beneficios, pero con derechos de control limitados o nulos.

6. Basado en un estudio de 2020 realizado por la Corporación RAND: «El estudio reveló que el precio de fabricante de cualquier tipo de insulina era de media entre cinco y diez veces más alto en Estados Unidos (98,70 dólares) que en el resto de los países de la OCDE (8,81 dólares de media)». Véase Andrew W. Mulcahy, Daniel Schwam y Nathaniel Edenfield, «Comparing Insulin Prices in the United States to Other Countries: Results from a Price Index Analysis», Corporación RAND, 6 de octubre de 2020.

7. No es de extrañar que los terratenientes se resistan a la redistribución alegando que se adquirió de manera legal, que el robo ha prescrito, etc.

8. Véase, por ejemplo, Foro Económico Mundial, *The Global Social Mobility Report 2020*, y Stiglitz, *El precio de la desigualdad* y las referencias allí citadas.

9. OCDE, *A Broken Social Elevator? How to Promote Social Mobility*, París, OECD Publishing, 2018.

10. Véase Michael Sandel, *The Tyranny of Merit: What's Become of the Common Good?*, Nueva York, Farrar, Straus and Giroux, 2020 [hay trad. cast.: *La tiranía del mérito. ¿Qué ha sido del bien común?*, Barcelona, Debate, 2020]; y Daniel Markovits, *The Meritocracy Trap: How America's Foundational Myth Feeds Inequality, Dismantles the Middle Class, and Devours the Elite*, Nueva York, Penguin Press, 2019.

11. Describir este círculo vicioso fue una de las principales aportaciones de mi libro *El precio de la desigualdad*. Una de sus implicaciones es que las sociedades pueden quedar atrapadas en un mal equilibrio: una gran desigualdad económica y política.

12. Lograr una mejor distribución general de los ingresos mediante el aumento de la igualdad de los ingresos del mercado se denomina predistribución. Véase, en particular, Stiglitz, *El precio de la desigualdad*, y Jacob S. Hacker y Paul Pierson, *Winner-Take-All Politics: How Washington Made the Rich Richer – and Turned Its Back on the Middle Class*, Nueva York, Simon & Schuster, 2011. Dirigí dos proyectos, uno en Europa y otro en Estados Unidos, que planteaban cómo podrían reescribirse las reglas y regulaciones para producir resultados más

equitativos (y en muchos casos más eficientes). Véase Joseph E. Stiglitz, con Nell Abernathy, Adam Hersh, Susan Holmberg y Mike Konczal, *Rewriting the Rules of the American Economy: An Agenda for Growth and Shared Prosperity*, Nueva York, W. W. Norton, 2015; y Joseph E. Stiglitz, con Carter Daugherty y la Fundación de Estudios Progresistas Europeos, *Rewriting the Rules of the European Economy: An Agenda for Growth and Shared Prosperity*, Nueva York, W. W. Norton, 2020 [hay trad. cast.: *Reescribir las reglas de la economía europea*, Barcelona, Antoni Bosch, 2021].

13 El país de nacionalidad explica casi el 60 por ciento de la variabilidad en los ingresos globales. Combinadas, la ciudadanía y la clase de los padres según los ingresos explican cerca del 80 por ciento. Véase Branko Milanovic, *The Haves and Have-Nots: A Brief and Idiosyncratic History of Global Inequality*, Nueva York, Basic Books, 2010 [hay trad. cast.: *Los que tienen y los que no tienen. Una breve y singular historia de la desigualdad global*, Madrid, Alianza, 2012]. En cambio, algunas personas que con las reglas actuales tienen ingresos bajos, podrían haber tenido ingresos más altos si hubieran nacido en un entorno alternativo; sus fortalezas relativas podrían haberse visto mejor recompensadas.

14 Y, de nuevo, más aún cuando proviene de herencias que se basaban en la explotación y las ventajas del privilegio y el poder.

15 Rawls sostenía que las desigualdades solo estaban justificadas en la medida en que mejoraran los ingresos o el bienestar de los individuos más desfavorecidos, es decir, el impuesto a los ricos debía maximizar los ingresos recaudados para redistribuir (o para gastar en bienes públicos que pudieran beneficiar a los pobres). Incluso con esta fiscalidad, puede haber desigualdades. Mi punto de vista es algo menos extremo.

16 La cuestión de si los impuestos reducen el ahorro o el trabajo es muy controvertida. La derecha afirma que los efectos son importantes y los progresistas sugieren que son, en el mejor de los casos, limitados. Durante la presidencia de Reagan, los llamados defensores de la economía de la oferta afirmaron que los impuestos eran tan altos que bajárselos a los ricos permitiría ayudar *más* a los pobres. Estaban empíricamente equivocados. Por ejemplo, las investigaciones sobre la capacidad de respuesta que tiene la oferta de trabajo ante los impuestos sugiere que, según evaluaciones «razonables» de las ganancias de

los pobres frente a las pérdidas de los ricos, en la parte superior de la escala económica debería haber un alto tipo impositivo marginal sobre la renta. Para una explicación de la naturaleza de los *trade-offs* en un modelo sencillo con un impuesto de la renta lineal, véase Joseph E. Stiglitz, «Simple Formulae for Optimal Income Taxation and the Measurement of Inequality», en *Arguments for a Better World: Essays in Honor of Amartya Sen*, vol. I, *Ethics, Welfare, and Measurement*, Kaushik Basu y Ravi Kanbur, eds., Oxford, Oxford University Press, 2009, pp. 535-566. Para los tipos impositivos marginales óptimos en la parte superior, véase Emmanuel Saez, «Using Elasticities to Derive Optimal Income Tax Rates», *Review of Economic Studies* 68, 2001, pp. 205-229; y Peter Diamond y Emmanuel Saez, «The Case for a Progressive Tax: From Basic Research to Policy Recommendations», *Journal of Economic Perspectives* 25, n.º 4, otoño de 2011, pp. 165-190.

17 Es decir, las pérdidas de un año pueden utilizarse para compensar los beneficios de otro.

18 El argumento original es de Evsey Domar y Richard Musgrave (uno de los grandes economistas expertos en finanzas públicas de mediados del siglo XX) en su famoso artículo de 1944, «Proportional Income Taxation and Risk-Taking», *Quarterly Journal of Economics* 58, n.º 3, 1944, pp. 388-422. En un artículo previo desarrollé una formulación más general: «The Effects of Income, Wealth and Capital Gains Taxation on Risk-Taking», *Quarterly Journal of Economics* 83, n.º 2, 1969, pp. 263-283.

19 La teoría y las pruebas demuestran que el efecto de los tipos impositivos en los beneficios empresariales influye poco en la inversión, el empleo o la innovación. La rebaja del impuesto de sociedades en 2017 es emblemática: solo han aumentado los dividendos, la recompra de acciones y la remuneración de los consejeros delegados.

20 Véase Cingano, «Trends in Income Inequality and Its Impact on Economic Growth»; Ostry, Berg y Tsangarides, «Redistribution, Inequality, and Growth»; y Ostry, Loungani y Berg, *Confronting Inequality: How Societies Can Choose Inclusive Growth*.

21 En la segunda parte se analiza con más detalle cómo la naturaleza de la economía conforma a los individuos.

22 Siete estudios distintos realizados en Berkeley, por ejemplo, demostraron que los niños procedentes de familias ricas son «más propensos a infringir la ley y las costumbres sociales». Yasmin Anwar, «Affluent

People More Likely to be Scofflaws», *Greater Good Magazine*, 28 de febrero de 2012.
23 Sobre todo si se cree que todo el mundo tiene el derecho moral a disponer de ingresos suficientes para cubrir sus necesidades básicas. Tras el velo de la ignorancia, la mayoría estaría de acuerdo con esto.
24 En la actualidad, tanto los residentes de Puerto Rico como los de Washington D. C. se enfrentan a los impuestos sin representación. A quienes visitan Washington se les recuerda esto constantemente, porque la mayoría de las matrículas de la ciudad llevan la frase «Impuestos sin representación».

7. LA LIBERTAD DE EXPLOTACIÓN

1 Véase, por ejemplo, Gustavo Grullon, Yelena Larkin y Roni Michaely, «Are US Industries Becoming More Concentrated?», *Review of Finance* 23, n.º 4, 2019, pp. 697-743; David Autor, David Dorn, Lawrence F. Katz, Christina Patterson y John Van Reenen, «The Fall of the Labor Share and the Rise of Superstar Firms», *Quarterly Journal of Economics* 135, n.º 2, 2020, pp. 645-709; y Thomas Philippon, *The Great Reversal: How America Gave Up on Free Markets*, Cambridge, Belknap Press, 2019.
2 Mike Konczal, «Inflation in 2023: Causes, Progress, and Solutions», testimonio ante el Comité de Supervisión y Responsabilidad de la Cámara, Subcomité de Atención Médica y Servicios Financieros, 9 de marzo de 2023; y Mike Konczal y Niko Lusiani, *Prices, Profits, and Power: An Analysis of 2021 Firm-Level Markups*, Nueva York, Roosevelt Institute, 2022.
3 En San Francisco, el Tribunal de Apelación del Noveno Circuito «aprobó un acuerdo por valor de 25 millones de dólares [...] con los estudiantes que dijeron haber sido engañados por Donald Trump y su desaparecida Universidad Trump». Tom Winter y Dartunorro Clark, «Federal Court Approves $25 Million Trump University Settlement», NBC News, 6 de febrero de 2018.
4 Tras la crisis financiera global, una serie de demandas contra los grandes bancos demostró la existencia de patrones sistemáticos de fraude. Las empresas que creaban las hipotecas y se las pasaban a otras solían emitir una especie de «garantía de devolución del dinero», según la cual

si la hipoteca no era como se describía (por ejemplo, era una propiedad alquilada en lugar de estar ocupada por el propietario) o si el proceso de generación de la hipoteca no era como se describía (por ejemplo, que se habían hecho una serie de comprobaciones para garantizar que la información sobre la hipoteca era exacta y que la hipoteca cumplía ciertos estándares), entonces el creador o «titulizador» (el banco de inversión que hacía un paquete con las hipotecas) cubriría cualquier pérdida o sustituiría la hipoteca por otra equivalente pero «buena». Los bancos incumplieron de manera sistemática estos contratos. En casi todos los casos, los bancos fueron declarados culpables (o llegaron a un acuerdo) y pagaron decenas de miles de millones de dólares. Véase, por ejemplo, Matthew Goldstein, «UBS to Pay $1.4 Billion to Settle Financial-Crisis Fraud Case», *The New York Times*, 14 de agosto de 2023; y «Bank of America to Pay $16.65 Billion in Historic Justice Department Settlement for Financial Fraud Leading Up to and During the Financial Crisis», Oficina de Asuntos Públicos, Departamento de Justicia de Estados Unidos, 21 de agosto de 2014.

5   Véase, por ejemplo, Liza Featherstone, *Selling Women Short: The Landmark Battle for Workers' Rights at Wal-Mart*, Nueva York, Basic Books, 2009.

6   Fueron las llamadas guerras del Opio (1839-1842; 1856-1860). Para un estudio sobre aquellos que hicieron fortuna con este comercio, véase Amitav Ghosh, *Smoke and Ashes: Opium's Hidden Histories*, Nueva York, Farrar, Straus and Giroux, 2023.

7   La economía era sencilla: Occidente quería té, porcelana y otros bienes producidos por China; China quería poco de lo que producía Europa. Había un déficit comercial. El comercio del opio «resolvió» ese problema: Reino Unido, que controlaba India, podía exportar opio desde allí a China.

8   «Inflation-Adjusted Earnings in Motor Vehicles and Parts Industry Down 17 Percent from 1990 to 2018», Oficina de Análisis Económico, 6 de enero de 2020.

9   En Ceilán, las autoridades coloniales impusieron un impuesto de capitación y si la gente no ganaba lo suficiente para pagar el impuesto, tenía que trabajar para el Gobierno durante un día.

10 Véase Jonathan Crush, «Migrancy and Militance: The Case of the National Union of Mineworkers of South Africa», *African Affairs* 88, n.º 350, 1989, pp. 5-23.

11 Algunos apologistas de las empresas farmacéuticas dicen que los elevados beneficios son indispensables para inducir la investigación necesaria para la innovación. Pero en Estados Unidos se permiten estos beneficios exorbitantes incluso cuando no existe esa justificación «innovadora»; por ejemplo, cuando ni siquiera hay una patente de por medio. Y hay pocas pruebas de que los beneficios exorbitantes tengan un efecto significativo en la innovación, aunque sí pueden tenerlo en la salud de las personas que no pueden adquirir el medicamento.

12 Existe una posible explicación racional de «mercado»: los actores del mercado no esperaban que la guerra durara mucho y supusieron que los precios bajarían pronto. Pero tras los primeros meses del conflicto, parecía más probable que se prolongara. Los precios futuros solo reflejan descensos modestos.

13 En un mercado competitivo, cada pequeña empresa asumiría el precio como dado y no se produciría este efecto. Pero como hemos visto, los mercados distan mucho de ser perfectamente competitivos. La empresas entendieron, conjuntamente, que la rápida ampliación de la producción reduciría esos beneficios. Véase Anton Korinek y Joseph E. Stiglitz, «Macroeconomic Stabilization for a Post-Pandemic World», Documento de trabajo del Centro Hutchins n.º 78, Institución Brookings, agosto de 2022, para una breve explicación del papel que desempeñó la colusión tácita en el contexto de inflación posterior a la pandemia.

Por supuesto, existen notables diferencias en la rapidez con la que pueden ampliarse distintos tipos de producción, sobre todo si se tienen en cuenta las limitaciones de las infraestructuras. Pero según casi todas las informaciones, había grandes oportunidades para ampliar, por ejemplo, la fracturación hidráulica en algunos lugares de Estados Unidos. No resulta sorprendente que las empresas petroleras aprovecharan la coyuntura de precios altos para presionar y obtener más arrendamientos a largo plazo, que provocarán un aumento del petróleo y el gas que probablemente aparecerá mucho después de que acabe el repunte temporal del precio de la energía.

14 De hecho, esto suele ocurrir en tiempos de crisis: los mercados responden con demasiada lentitud. En 1950, el Gobierno estadounidense promulgó la Ley de Producción de Defensa (DPA, por sus siglas en inglés) para requisar recursos en momentos críticos. La Administración Trump invocó esta ley durante la pandemia. Otros países

tienen leyes parecidas, que también utilizaron en la pandemia. Estados Unidos podría haber invocado la DPA, y posiblemente debería haberlo hecho, en respuesta a la escasez provocada por la guerra en Ucrania.

Otra medida, más limitada, podría haber resultado efectiva: garantizar el precio del petróleo o el gas durante unos años, eliminando así el riesgo de que la guerra durara poco y los precios volvieran a niveles más normales.

15 Expuse este caso hace medio siglo en «Taxation, Corporate Financial Policy and the Cost of Capital», *Journal of Public Economics* 2, 1973, pp. 1-34, y más adelante publiqué una versión del argumento menos matemática y más accesible en «The Corporation Tax», *Journal of Public Economics* 5, 1976, pp. 303-311. La idea es sencilla: dado que el coste del capital es deducible (bien sea directamente en el momento de hacer la adquisición [*expensing*], como sucede ahora en Estados Unidos, o indirectamente, mediante amortizaciones), el impuesto es en esencia un impuesto sobre los beneficios *puros* (por ejemplo, los rendimientos del monopolio), y lo que haga una empresa para maximizar eso es lo mismo que lo que hace para maximizar (1-t) veces eso, donde t es el tipo impositivo para sociedades. La única situación en la que el impuesto puede ser distorsionador es aquella en la que las empresas tienen restricciones de capital, es decir, su inversión está limitada por la falta de fondos. Pero en el caso de un impuesto sobre los beneficios inesperados, las empresas petroleras y de gas no han estado tan limitadas: han pagado decenas de miles de millones de dólares a los accionistas. Además, el sistema fiscal puede diseñarse para permitir la deducción de *nuevas* inversiones. Puede diseñarse incluso para desincentivar las subidas de precios inflacionarias, gravando con un tipo más alto a quienes aumenten sus márgenes de beneficio.

16 Hay muchas razones que explican esto y la capacidad de estas empresas de mantener su poder dominante durante mucho tiempo. En algunos casos, por ejemplo, existen externalidades de red, es decir, cuantos más individuos haya en una red (utilizando una plataforma), más valioso es para un individuo unirse a ella. Cuando una red se ha consolidado, puede ser difícil desbancarla.

17 Solo un número limitado de empresas puede permitirse estos costes iniciales, y entre ellas no están los pequeños competidores potenciales. Además, teniendo en cuenta los grandes costes iniciales, puede

ser deseable que haya pocas empresas, como en el caso de un monopolio natural, en el que la eficiencia implica que exista una única empresa (por ejemplo, una sola compañía eléctrica).

En este relato surgen algunas complejidades significativas: la computación en la nube —que beneficia a las *startups* porque no tienen que construir sus propios centros de datos— ha reducido paradójicamente los gastos generales de las *startups* al tiempo que ha dado más poder a Amazon, Google y Microsoft.

18 Fui testigo-perito en un caso contra Sabre, el sistema de reservas de aerolíneas dominante en Estados Unidos, en el que el jurado lo declaró culpable de monopolización mediante una amplia variedad de técnicas que incluían mentir sobre la disponibilidad de asientos en las aerolíneas que intentaban desafiar su poder monopolístico. Véase Justia Law, «US Airways, Inc, for American v. Sabre Holdings Corporation, 938 F.3d 43 (2d Cir. 2019)».

19 Esta doctrina se denominó «contestabilidad». Véase William J. Baumol, «Contestable Markets: An Uprising in the Theory of Industry Structure», *American Economic Review* 72, n.º 1, 1982, pp. 1-15. Pero incluso con unos costes hundidos fijos arbitrariamente pequeños, la competencia potencial no podría sustituir a la competencia existente. Véase Stiglitz, «Technological Change, Sunk Costs, and Competition»; y Stiglitz y Greenwald, *La sociedad del aprendizaje*.

20 Véase Partha Dasgupta y Joseph E. Stiglitz, «Uncertainty, Industrial Structure and the Speed of R&D», *Bell Journal of Economics* 11, n.º 1, 1980, pp. 1-28. Si la empresa establecida se limitara a garantizar que igualará el precio de cualquier competidor —mejor aún, más que igualarlo, lo abaratará un 5 por ciento—, cualquier nuevo competidor sabría que intentar hacerse con una cuota de mercado reduciendo los precios no funcionaría.

21 John Kenneth Galbraith, *American Capitalism: The Concept of Countervailing Power*, Boston, Houghton Mifflin, 1952. [Hay trad. cast.: *El capitalismo americano*, Barcelona, Ariel, 1972].

22 Véase «AT&T Mobility LLC v. Concepcion, 563 U.S. 333 (2011)»; «Epic Systems Corp. v. Lewis, 584 U.S. (2018)»; «Am. Express Co. v. Italian Colors Rest., 570 U.S. 228 (2013)»; «Lamps Plus, Inc. v. Varela, 587 U.S., 139 S. Ct. 1407; 203 L. Ed. 2d 636 (2019)».

23 Un ejercicio igualmente injusto del poder de mercado, y en muchos sentidos aún más corrosivo para la sociedad, son las cláusulas de con-

fidencialidad que se incluyen en los contratos, abordadas en el capítulo anterior.
24 En su testimonio ante el Congreso después de la crisis financiera, pareció que Blankfein no veía nada malo en que Goldman no revelara lo que había hecho, en una mención clásica al *caveat emptor*, la diligencia del comprador. Aunque la empresa afirmó que no había hecho nada malo, tras una demanda de la Comisión de Bolsa y Valores admitió que había cometido un «error» y pagó lo que, en aquel momento, fue una multa récord para una empresa de Wall Street.
25 Esta idea es parecida a una de Guido Calabresi, que sostenía que el sistema de responsabilidad más eficiente (por ejemplo, la responsabilidad en caso de accidente) es poner la carga sobre el «evasor de accidentes con menor coste». Véase Guido Calabresi, *The Costs of Accidents: A Legal and Economic Analysis*, New Haven, Yale University Press, 1970. [Hay trad. cast.: *El coste de los accidentes*, Barcelona, Ariel, 1984].
26 James Boyle, *The Public Domain: Enclosing the Commons of the Mind*, New Haven, Yale University Press, 2008. Para un análisis más extenso, véase Joseph E. Stiglitz, *Making Globalization Work*, Nueva York, W. W. Norton, 2006; y Joseph E. Stiglitz, «The Economic Foundations of Intellectual Property», sexta conferencia anual Frey sobre propiedad intelectual, Universidad Duke, 16 de febrero de 2007; *Duke Law Journal* 57, n.º 6, 2008, pp. 1693-1724.
27 Justia Law, «Association for Molecular Pathology v. Myriad Genetics, Inc., 133 S. Ct. 2107 (2013)»; véase también Regulatory Transparency Project, podcast, Roger D. Klein y Chayila Kleist, «Explainer Episode 55 –10 Years On: The Impact and Effects of AMP vs. Myriad», 12 de junio de 2023, para un análisis de las consecuencias más generales del veredicto. Quienes defienden estas patentes afirman que, sin ellas, el conocimiento nunca se habría generado. En este caso, eso es claramente falso: el Proyecto Genoma Humano estaba analizando *todos* los genes humanos. Como mucho, el conocimiento se habría generado unos meses más tarde.
28 Michael Cavna, «Mickey Mouse Is Finally in the Public Domain. Here's What That Means», *The Washington Post*, 1 de enero de 2024.
29 En el capítulo 6 he sostenido que los ingresos y la riqueza carecen de una legitimidad moral inherente, aunque se generen en una economía competitiva que funcione bien. Hay quienes han defendido que los

innovadores son una excepción, y afirman que es justo recompensarles por sus enormes contribuciones. Pueden ponerse muchas objeciones a este enfoque, pero incluso si se cree que deberían ser recompensados, el argumento no dice nada de la magnitud. En concreto, no hay ninguna razón filosófica o económica que justifique el derecho a ejercer el poder de monopolio sobre la innovación durante veinte años. La justificación, si es que la hay, está relacionada con el equilibrio entre los costes sociales del monopolio y los beneficios sociales derivados de la innovación inducida.

Además, es difícil determinar la contribución marginal de un inventor concreto. Como dijo Isaac Newton: «Si he podido ver más allá, es porque me he subido a hombros de gigantes». Establecer quién debe recibir el mérito por la vacuna contra la COVID-19 es un buen ejemplo de esto: en la lista que se suele citar están Katalin Kariko y Drew Weisman, de la Universidad de Pensilvania; Paul Krieg, Douglas Melton, Tom Maniatis y Michael Green, de la Universidad de Harvard; y Robert Malone, del Instituto Salk de Estudios Biológicos. Véase, por ejemplo, Elie Dolgin, «The Tangled History of mRNA Vaccines», *Nature* 597, n.º 7876, 14 de septiembre de 2021, pp. 318-324. Por supuesto, ninguno de ellos recibió ninguna recompensa económica, que fue para Pfizer y Moderna.

30 Para un análisis más completo del premio y otros sistemas de motivación y financiación de la innovación, véase Stiglitz, *Making Globalization Work*.

SEGUNDA PARTE. LIBERTAD, CREENCIAS Y PREFERENCIAS, Y LA CREACIÓN DE LA BUENA SOCIEDAD

1 Como es bien sabido, el filósofo David Hume distinguió entre preferencias y cognición (o creencias). Estas últimas, sostenía, están sujetas a la razón; aunque (utilizando una terminología moderna) si el mundo se encuentra en constante cambio, tal vez no podamos estar seguros de que nuestros juicios sobre las frecuencias relativas sean «correctos». Sostuvo también que, sin embargo, las preferencias no lo están. Como argumentaron George J. Stigler y Gary S. Becker, en «De Gustibus Non Est Disputandum», *American Economic Review* 67, n.º 2, 1977, pp. 76-90, siguiendo a Hume: las preferencias vienen dadas, no están

sujetas a la razón. El famoso eslogan de Hume era «La razón es esclava de las pasiones», una idea que no es incompatible con las teorías conductistas modernas sobre el sesgo de confirmación, ni con su implicación, las «ficciones de equilibrio». Véase Karla Hoff y Joseph E. Stiglitz, «Equilibrium Fictions: A Cognitive Approach to Societal Rigidity», *American Economic Review* 100, n.º 2, mayo de 2010, pp. 141-146. Pueden mantenerse creencias que son *objetivamente* falsas porque descartamos la información que las contradice y buscamos solo la que es coherente con ellas. En parte, esto es lo que hace que una sociedad se polarice, un tema que analizo más adelante.

2 No es que los economistas *descubrieran* esta realidad; como ya he sugerido, es casi obvia. Es que, por fin, empezaron a incorporar esta idea a sus análisis.

3 Véase Robert H. Frank, Thomas Gilovich y Dennis T. Regan, «Does Studying Economics Inhibit Cooperation?», *Journal of Economic Perspectives* 7, n.º 2, 1993, pp. 159-171. El trabajo, más reciente, de Ifcher y Zarghamee apoya esta relación en el contexto de una breve exposición en laboratorio. Véase John Ifcher y Homa Zarghamee, «The Rapid Evolution of Homo Economicus: Brief Exposure to Neoclassical Assumptions Increases Self-Interested Behavior», *Journal of Behavioral and Experimental Economics* 75, 2018, pp. 55-65. Por otro lado, una investigación llevada a cabo en la Universidad de Massachusetts Amherst sugiere que, si bien quienes estudian economía son más conservadores, estudiar economía no los hace más egoístas. Puede que esto tenga que ver con la manera en que se enseña economía en esa universidad, que tiene fama de contar con un Departamento de Economía muy progresista, lo que sugiere que puede que no sea inevitable que estudiar economía te vuelva más conservador. Véase Daniele Girardi, Sai Madhurika Mamunuru, Simon D. Halliday y Samuel Bowles, «Does Economics Make You Selfish?», Documento de trabajo del Departamento de Economía n.º 304, 2021, Universidad de Massachusetts Amherst.

4 El artículo técnico que resultó pionero se publicó en 1979, pero llevaba años circulando. Daniel Kahneman y Amos Tversky, «Prospect Theory: An Analysis of Decision Under Risk», *Econometrica* 47, n.º 2, 1979, pp. 263-291. Tuve la suerte de iniciar los debates sobre estos asuntos en 1973, tras un seminario del Consejo de Investigación de Ciencias Sociales de la Universidad de Michigan.

5   Daniel Kahneman, *Thinking, Fast and Slow*, Nueva York, Farrar, Straus and Giroux, 2011. [Hay trad. cast.: *Pensar rápido, pensar despacio*, Barcelona, Debate, 2012].
6   Hay un aspecto en el que las limitaciones cognitivas son importantes para nuestro enfoque analítico: elegir es más difícil cuando se dispone de un conjunto de oportunidades más amplio y, en consecuencia, algunos individuos prefieren uno más restringido (lo cual contradice nuestra idea de que ampliar el conjunto de oportunidades, dando a los individuos más libertad de elección, es siempre mejor). Por supuesto, lo que realmente quiere un individuo es que un restaurante o una tienda conozca las preferencias de la gente como él y que, por lo tanto, haya eliminado aquello que nunca será elegido, reduciendo así los costes de decisión.

    Hay otra complejidad, relacionada con lo que los economistas llaman consistencia temporal, que puede surgir incluso en situaciones en las que los individuos tienen preferencias fijas. Hoy sé que mañana tendré la tentación de comer demasiado o consumir una droga adictiva, así que quiero que mi conjunto de opciones futuro se reduzca, que me obligue a actuar mañana de una manera coherente con mis preferencias de hoy. Ulises atándose al mástil para resistir a las sirenas es un ejemplo precoz. Este libro no profundiza en ninguna de estas complejidades.
7   Véase Demeritt, Hoff y Stiglitz, *The Other Invisible Hand*.

8. COERCIÓN SOCIAL Y COHESIÓN SOCIAL

1   Esto lo destacó, por ejemplo, el sociólogo francés Émile Durkheim.
2   El capital humano era un elemento central en el debate tradicional de los economistas sobre el papel de la educación. Y las escuelas hacen algo más que filtrar y señalar habilidades, como se insiste en la bibliografía más reciente. En el enfoque convencional, este papel en la conformación de los individuos se ignoraba, porque el modelo estándar de los economistas simplemente *asumía* que las preferencias de los individuos eran fijas e innatas.
3   Antes he señalado que, al parecer, la economía también atrae a quienes son desproporcionadamente egoístas y que, cuanto más tiempo estudian economía, más egoístas se vuelven los estudiantes. Véase la nota 3 de la introducción a esta parte.

4   Akeel Bilgrami, «The Philosophical Significance of the Commons», *Social Research: An International Quarterly* 88, n.º 1, 2021, pp. 203-239.
5   Smith reconoció que había algo casi milagroso en eso, y describió lo sucedido como si lo hubiera hecho una mano invisible. En algunas interpretaciones de la obra de Smith, esa mano invisible adquiere un significado teológico. Sin embargo, como he señalado en la primera parte, la economía moderna ha explicado la hipótesis de que la búsqueda del interés propio no conduce al bienestar del conjunto de la sociedad. Los precios son un mecanismo de coordinación que funciona, aunque de manera imperfecta.
6   Véase Demeritt, Hoff y Stiglitz, *The Other Invisible Hand*.
7   Sostuvo esto en un famoso artículo publicado en 1970 en *The New York Times Magazine*: «The Social Responsibility of Business Is to Increase Its Profits», 13 de septiembre de 1970.
8   Uri Gneezy y Aldo Rustichini, «A Fine Is a Price», *Journal of Legal Studies* 29, n.º 1, 2000, pp. 1-17.
9   Véase, para una revisión, Haesung Jung *et al.*, «Prosocial Modeling: A Meta-Analytic Review and Synthesis», *Psychological Bulletin* 146, n.º 8, 2020, pp. 635-663.
10 Gary S. Becker, *The Economics of Discrimination*, Chicago, University of Chicago Press, 2010.
11 La moderna teoría de juegos ha demostrado que pueden mantenerse esos equilibrios, en los que se favorece a un grupo a costa de otros. Para un análisis del capital social y una crítica de algunas de sus repercusiones, véase Ismail Serageldin y Partha Dasgupta, eds., *Social Capital: A Multifaceted Perspective*, Washington D. C., World Bank Publications, 2001, incluido el capítulo de Joseph E. Stiglitz, «Formal and Informal Institutions», pp. 59-68.
12 Como ilustra el famoso caso de la guerra de Singapur contra el chicle.
13 Demeritt *et al.*, en *The Other Invisible Hand*, analizan el modo en que las normas establecidas dan lugar a rigideces sociales, al dificultar la capacidad de adaptarse a circunstancias cambiantes y, en ocasiones, al mantener prácticas sociales disfuncionales como el vendado de los pies. También estudian cómo cambian y pueden cambiarse las normas, y cómo, al menos en algunos casos, quedan establecidas desde el principio. Se trata de cuestiones importantes, sobre todo si se tienen en cuenta los efectos de la coerción social en la libertad de los individuos, aunque no es posible abordarlas en este libro.

14 La novela de Dave Eggers, *The Circle*, Nueva York, Knopf, 2013, describe una distopía corporativa orwelliana dentro de la mayor empresa de internet del mundo. [Hay trad. cast.: *El círculo*, Barcelona, Random House, 2014].

15 O al menos la mayoría de nosotros lo somos. Cabe preguntarse por las personas con capacidades cognitivas limitadas y trastornos sociales, como los sociópatas.

16 Amartya Sen, en *The Idea of Justice*, Cambridge, Harvard University Press, 2009, sostiene que no solo tenemos la capacidad de razonar sobre estas cuestiones, sino que poseemos una empatía y una comprensión de la justicia innatas que se incorporan a nuestro razonamiento. Pero aun así, esto no resuelve por completo el problema del gorrón. [Hay trad. cast.: *La idea de la justicia*, Madrid, Taurus, 2010].

17 Correspondencia personal.

18 Esta es una crítica importante que hacemos Karla Hoff y yo en «Equilibrium Fictions: A Cognitive Approach to Societal Rigidity» a, por ejemplo, el trabajo de quienes consideran en sus modelos que los individuos eligen un conjunto de preferencias o creencias, o una identidad, que maximiza una función de metautilidad, como Roland Bénabou y Jean Tirole, «Incentives and Prosocial Behavior», *American Economic Review* 96, n.º 5, 2006, pp. 1652-1678; y Roland Bénabou y Jean Tirole, «Identity, Morals, and Taboos: Beliefs as Assets», *Quarterly Journal of Economics* 126, n.º 2, 2011, pp. 805-855.

19 Este escepticismo sobre la capacidad para trascender nuestro prisma se ve reafirmado por investigaciones recientes que demuestran que mantener la introspección necesaria para entender la formación del prisma le resulta difícil incluso a quienes tienen más capacidad para hacerlo. Mohsen Javdani y Ha-Joon Chang, «Who Said or What Said? Estimating Ideological Bias in Views Among Economists», *Cambridge Journal of Economics* 47, n.º 2, marzo de 2023, pp. 309-339, descubrieron mediante un ensayo controlado aleatorio que cambiar la atribución de las fuentes y pasar de unas fuentes más convencionales a otras menos convencionales reduce el acuerdo declarado de los economistas con las afirmaciones (con variaciones significativas según el género, el área de investigación y la carrera universitaria; lo cual es coherente con el sesgo ideológico), a pesar de que el 82 por

ciento declara que solo se debería prestar atención al contenido. El hallazgo parece reflejar sesgos subconscientes que los participantes no reconocen.

20 Si bien *algunos* individuos dentro de un grupo son capaces de llegar a entender que el prisma a través del cual ven el mundo les ha sido dado, y deciden aceptarlo o no aceptarlo, a muchos otros les resulta inconcebible pensar al margen de ese prisma; este forma parte de su identidad, y tener otra identidad es algo impensable.

21 Aunque (con alguna excepción) los bancos no fueron «condenados», se firmaron muchos acuerdos extrajudiciales por los que las instituciones financieras pagaron multas que a veces alcanzaron los cientos de millones. Véase Sewell Chan y Louise Story, «Goldman Pays $550 Million to Settle Fraud Case», *The New York Times*, 15 de julio de 2010; y Charlie Savage, «Wells Fargo Will Settle Mortgage Bias Charges», *The New York Times*, 12 de julio de 2012.

22 Véanse, para un análisis más amplio, Wenling Lu y Judith Swisher, «A Comparison of Bank and Credit Union Growth Around the Financial Crisis», *American Journal of Business* 35, n.º 1, 1 de enero de 2020, y Stiglitz, *Caída libre*.

23 Brian M. Stecher *et al.*, «Improving Teaching Effectiveness. Final Report: The Intensive Partnerships for Effective Teaching Through 2015-2016», Corporación RAND, 21 de junio de 2018. Una popular encuesta, más reciente, sintetizó unos resultados parecidos, pero era más optimista respecto a los programas que combinaban el pago de incentivos con otras opciones. Véase Matthew Stone y Caitlynn Peetz, «Does Performance-Based Teacher Pay Work? Here's What the Research Says», *EducationWeek*, 12 de junio de 2023.

24 Cuatro de los cinco estados con mejores sistemas educativos (New Jersey, Connecticut, Vermont y Massachusetts) también se encuentran entre los diez estados con una mayor tasa de sindicación entre los profesores de las escuelas públicas. Para las clasificaciones educativas, véase Scholaroo, «States Ranked by Education – 2023 Rankings», 23 de enero de 2023, y para las tasas de sindicación, véase «Public School Teacher Data File, 2017-18», Encuesta Nacional a Profesores y Directores, Centro Nacional de Estadísticas Educativas, Departamento de Educación de Estados Unidos.

25 Existe una amplia bibliografía sobre el tema de este subapartado. Véase Yann Algan, «Trust and Social Capital», cap. 10, en Stiglitz,

Fitoussi y Durand, *For Good Measure: Advancing Research on Well-Being Metrics Beyond GDP*.

26 Así, como he señalado antes, los padres y los colegios intentan conformar a los individuos de esta manera, en general con cierto éxito. Recordamos hasta qué punto lo logran cuando nos encontramos con alguien como Donald Trump, a quien no se lo han inculcado tanto.

27 Como decimos Stefano Battiston, de la Universidad de Zúrich, y yo en el título de un reciente documento de trabajo (de próxima publicación), «Unstable by Design».

28 Los defensores del capitalismo neoliberal sostienen que existen fuerzas correctoras, como la reputación, que frenan estos excesos y garantizan la viabilidad del sistema a largo plazo. En el capítulo 11 explicaré por qué, si bien están presentes, son demasiado débiles.

9. LA CONFORMACIÓN COORDINADA DE LOS INDIVIDUOS Y SUS CREENCIAS

1 Por ejemplo, se han opuesto ruidosamente a la derogación de las disposiciones vigentes que les otorgan un trato preferente en relación a la responsabilidad por lo que transmiten a través de sus plataformas, en comparación con otros medios de comunicación (véase el análisis subsiguiente). A veces, adoptan una postura deshonesta respecto a la moderación de contenidos en su plataforma y sugieren que corresponde al Gobierno definir los estándares, aunque al mismo tiempo presionan discretamente contra la imposición de cualquier norma.

2 Este apartado toma prestadas algunas ideas de Anya Schiffrin y Joseph E. Stiglitz, «Facebook Does Not Understand the Marketplace of Ideas», *Financial Times*, 17 de enero de 2020; y Joseph E. Stiglitz y Andrew Kosenko, «Robust Theory and Fragile Practice: Information in a World of Disinformation», en *The Elgar Companion to Information Economics*, Daphne R. Raban y Julia Włodarczyk, eds., Northampton, Edward Elgar Publishing, 2024.

3 Quienes cometen este error no están solos: uno de los primeros investigadores en este campo, George Stigler, de la Universidad de Chicago, también lo cometió. Quería creer que los mercados de información eran como los mercados ordinarios y, al igual que pensaba (equivocadamente) que estos últimos eran eficientes, creía que también lo eran los pri-

meros. Véase, por ejemplo, George J. Stigler, «The Economics of Information», *Journal of Political Economy* 69, n.º 3, 1961, pp. 213-225.

4   Hay otra razón por la que la competencia es imperfecta en los mercados de información. Cuando hay información imperfecta, los mercados suelen ser imperfectamente competitivos. Los mercados de información se caracterizarán inherentemente por imperfecciones en la información. Pero sabemos que los mercados que no son perfectamente competitivos tampoco son, en general, eficientes.

5   En los modelos sencillos en los que la adquisición, la difusión y el procesamiento de información no tienen coste y los consumidores son perfectamente racionales, las empresas tienen incentivos para ser honestas y los requisitos de divulgación serían innecesarios. Pero estos supuestos nunca se cumplen; por ejemplo, cuando la verificación es costosa, y la mayoría de los Gobiernos que funcionan bien imponen al menos algunos requisitos de divulgación. Los análisis teóricos originales son de Stiglitz (1975) y Milgrom (1981). Véase Joseph E. Stiglitz, «The Theory of "Screening", Education, and the Distribution of Income», *American Economic Review* 65, n.º 3, 1975, pp. 283-300; y P. R. Milgrom, «Good News and Bad News: Representation Theorems and Applications», *Bell Journal of Economics* 12, n.º 2, 1981, pp. 380-391.

6   La Oficina para la Protección Financiera del Consumidor también exige a los prestamistas que expongan sus condiciones de manera transparente.

7   Véase, por ejemplo, Jack Ewing, «Inside VW's Campaign of Trickery», *The New York Times*, 6 de mayo de 2017.

8   Véase, entre otros, Shlomo Benartzi y Richard Thaler, «Heuristics and Biases in Retirement Savings Behavior», *Journal of Economic Perspectives* 21, n.º 3, 2007, pp. 81-104.

9   Incluso cuando surgen empresas para revisar la calidad de la información, hacerlo tiene un coste que alguien debe asumir.

10 Aunque exista un problema del gorrón, puede que se realicen *algunos* esfuerzos para proporcionar información que compense la desinformación y la información errónea, pero no serán suficientes. NewsGuard es un intento comercial de proporcionar «herramientas transparentes para contrarrestar la desinformación dirigido a los lectores, las marcas y las democracias». Véase «About NewsGuard», <https://www.newsguardtech.com/about-newsguard>. Su éxito ha sido menor del que en un principio se esperaba.

11 Por supuesto, puede haber grandes ámbitos en los que no suceda así; cuestiones metafísicas en las que son fundamentales los principios de tolerancia que se abordan en el siguiente capítulo.

12 Por supuesto, esto es incoherente con la opinión de muchos miembros de la derecha, que insisten en su derecho a hacer *su* interpretación de los hechos, incluso dentro de la ciencia, para afirmar, por ejemplo, que el cambio climático no es real.

13 Esta lectura de la historia quizá sea demasiado limitada: hace mucho que se producen esfuerzos episódicos para socavar el poder judicial independiente, y en algunos círculos para cuestionar el conocimiento, que a veces provienen de instituciones educativas y de investigación. Con Trump, estos esfuerzos se alentaron y generalizaron.

14 Ocurre lo mismo con los trabajadores que tienen un conflicto con sus empleadores cuando no hay sindicatos. Para empeorar las cosas, el Tribunal Supremo ha reducido la capacidad de los individuos para implicarse en demandas colectivas, lo que dificulta aún más las compensaciones que afectan a las empresas, como hemos visto en el capítulo 7. El Tribunal Supremo conservador ha participado en un sutil proceso de reescritura de las reglas de la economía que favorece a las empresas a expensas de los trabajadores y los consumidores.

15 Schiffrin y Stiglitz, «Facebook Does Not Understand the Marketplace of Ideas».

16 A veces, sus beneficios proceden de actividades explícitamente indecentes, como el clic fraudulento, en el que las plataformas obtienen dinero de otras empresas sin aportar nada.

17 En un mercado perfectamente competitivo, los precios transmiten toda la información relevante. Oficialmente, los economistas dicen que los precios son un estadístico suficiente para toda la información relevante.

18 Esto se denomina el primer teorema del bienestar. Si bien una segmentación de precios *perfecta* también puede mantener la eficiencia, la información generada por las plataformas y empleada por las empresas que discriminan precios dista mucho de ser suficiente para permitir una discriminación de precios perfecta (aunque los algoritmos modernos permiten acercarse mucho más que en el pasado). En Joseph E. Stiglitz, «Monopoly, Non-Linear Pricing and Imperfect Information: The Insurance Market», *Review of Economic Studies* 44, n.º 3, 1977, pp. 407-430, demostré que, si hay información imperfecta, se

producen grandes pérdidas de bienestar asociadas al monopolio derivado del intento de realizar una segmentación de precios imperfecta.

19 Esto es cierto aunque, indirectamente, pueda haber beneficios colaterales derivados del intento de hacer, por ejemplo, que la publicidad en buscadores sea mejor para extraer más beneficios de los consumidores. Ha sido un importante estímulo para la inteligencia artificial. Sin embargo, el incesante afán por aumentar los beneficios se traduce una y otra vez en la degradación de la calidad de los productos, como ya he señalado.

20 La investigación ha demostrado que las plataformas tienen incentivos para mostrar contenido tóxico (que suele ser polarizante) porque eso aumenta el consumo de anuncios y contenidos. Véase George Beknazar-Yuzbashev, Rafael Jiménez Durán, Jesse McCrosky y Mateusz Stalinski, «Toxic Content and User Engagement on Social Media: Evidence from a Field Experiment», 1 de noviembre de 2022, <http://dx.doi.org/10.2139/ssrn.4307346>.

21 Aunque los individuos sean plenamente racionales puede haber polarización, y esta puede aumentar como consecuencia de la información que den los medios de comunicación y cómo lo hagan. En nuestro mundo fragmentado, los individuos tienen diferentes opiniones sobre la exactitud de la información proporcionada por los distintos medios. Dada la escasez de tiempo, incluso si la información fuera gratuita, los ciudadanos recurrirían a los proveedores de información que, según ellos, son «mejores». Esto refuerza la polarización social. Y aunque no hubiera informaciones diferentes, varios individuos *racionales* expuestos a la misma información —pero con distintas visiones del mundo— interpretarán esa información de manera diferente.

22 O que habían hecho deliberadamente que fuera más adictivo, o que varios hombres Marlboro habían muerto de cáncer de pulmón.

23 Véase, por ejemplo, Karla Hoff y Joseph E. Stiglitz, «Striving for Balance in Economics: Towards a Theory of the Social Determination of Behavior», *Journal of Economic Behavior and Organization* 126, parte B, 2016, pp. 25-57; y Demeritt, Hoff y Stiglitz, *The Other Invisible Hand*.

24 La literatura sobre polarización es polifacética y compleja. Por ejemplo, hay algunas pruebas de que estar expuesto a otros puntos de vista también aumenta la polarización. Véase Christopher A. Bail, Lisa P. Argyle, Taylor W. Brown, John P. Bumpus, Haohan Chen,

M. B. Fallin Hunzaker, Jaemin Lee, Marcus Mann, Friedolin Merhout y Alexander Volfovsky, «Exposure to Opposing Views on Social Media Can Increase Political Polarization», *Proceedings of the National Academy of Sciences* 115, n.º 37, 2018, pp. 9216-9221.

25 Véase, por ejemplo, Kevin Quealy, «The More Education Republicans Have, the Less They Tend to Believe in Climate Change», *The New York Times*, 14 de noviembre de 2017.

26 Dado que la gente es la «propietaria» de las ondas de radio, se pensaba (con razón) que tenía derecho a asegurarse de que estas se utilizaban de un modo que mejorara el bienestar de la sociedad y que no condujeran a una polarización como la actual. La opinión generalizada era que la doctrina de la imparcialidad no solo era constitucional, sino esencial para la democracia. En el caso del Tribunal Supremo de 1969 que defendió la doctrina, el juez Byron White sostuvo: «Lo primordial es el derecho de los espectadores y los oyentes, no el derecho de las emisoras». Véase Justia Law, «Red Lion Broadcasting Co., Inc. v. FCC, 395 U.S. 367 (1969)».

27 Dan Fletcher, «A Brief History of the Fairness Doctrine», *Time*, 20 de febrero de 2009. Véase también Victor Pickard, «The Fairness Doctrine Won't Solve Our Problems – But It Can Foster Needed Debate», *The Washington Post*, 4 de febrero de 2021. Para un análisis más amplio de estas cuestiones, véase Victor Pickard, *America's Battle for Media Democracy: The Triumph of Corporate Libertarianism and the Future of Media Reform*, Cambridge, Cambridge University Press, 2014.

28 Hace tiempo que se sabe que existe una correlación entre ver medios de comunicación conservadores y tener creencias conservadoras, pero la dirección de la causalidad no está clara. ¿Es cierto que ver Fox News hace que los individuos se vuelvan más conservadores? Esta pregunta se ha respondido en algunos experimentos naturales que han identificado el efecto Fox News como significativamente causal. Véase Stefano DellaVigna y Ethan Kaplan, «The Fox News Effect: Media Bias and Voting», *Quarterly Journal of Economics* 122, n.º 3, 2007, pp. 1187-1234.

29 En Estados Unidos se ha logrado convencer, con bastante éxito, a los individuos de que los impuestos sobre las herencias son impuestos a la muerte, y no un medio para impedir que se perpetúe la desigualdad de la riqueza.

30 Nos adentramos aquí en un terreno filosófico difícil que se ha abordado brevemente en el capítulo anterior. Los individuos tienen agencia humana; no tienen por qué dejarse «engañar» por los medios de comunicación, no tienen por qué confiar en Fox News. Ante las pruebas de que Fox News difunde mentiras, cabría pensar que aumentaría la prudencia a la hora de dar crédito a esa cadena. Pero la realidad, revelada por la ciencia conductual, es que los individuos *están* influenciados y que los medios conforman el prisma a través del cual una parte significativa de la población ve el mundo.

31 Como se ha explicado en capítulos anteriores, nuestra percepción de las leyes y las regulaciones está influida por ese prisma. Por ejemplo, los derechos de propiedad y la libertad de contratación son construcciones sociales y cada sociedad define y limita esos derechos, y es de esperar que lo haga de una manera que promueva el bienestar social. No se basan en ninguna «ley natural». La metanarrativa a través de la cual se consideran las repercusiones de unas reglas alternativas que regirían la propiedad y los contratos afecta obviamente a las reglas que adoptamos.

32 Como he señalado en el capítulo 1, considerar que nuestra particular ideología compartida (una visión del mundo compartida) es necesaria tanto para el buen funcionamiento de la sociedad como para mantener el poder de las élites tiene una larga tradición (véase la referencia a Antonio Gramsci en el prefacio).

33 A veces, las plataformas de redes sociales afirman que ellas son un mero transmisor neutral de información (o desinformación) procedente de otros. Pero no es cierto. Sus algoritmos determinan cómo se recibe la información e influyen en la medida en que distintos individuos puede ver cosas diferentes. Obviamente, los medios tradicionales ejercen un papel más activo en la creación de historias.

34 Insisto: nuestra disfunción actual no es el resultado del distorsionado panorama mediático que tenemos ahora. Por ejemplo, no se le puede atribuir el auge del neoliberalismo, hace medio siglo. Hay otras fuerzas implicadas. El populismo podría haber aumentado aunque se hubieran hecho hace tiempo las reformas necesarias para que los medios de comunicación fueran más democráticos y responsables.

35 Apenas dos años después del préstamo, los financieros se dieron cuenta de que Argentina no podría pagar lo que debía. El capital huyó del país. Macri acudió al FMI y obtuvo un préstamo de cuarenta y cuatro

mil millones de dólares en un vano intento de sostener la economía, pero los dólares solo sirvieron para facilitar la fuga de capitales, lo que dejó al país muy endeudado y sin nada.

36 Para una definición de poder mediático y una aplicación al caso de Estados Unidos, véase Andrea Prat, «Media Power», *Journal of Political Economy* 126, n.º 4, agosto de 2018, pp. 1747-1783.

37 Hay quien afirma que lo único que se necesita es un consentimiento «informado». Pero no es suficiente por dos razones: en general, los individuos no son plenamente conscientes de las consecuencias de su consentimiento (una parte de las limitaciones de la información y la racionalidad señaladas en otros apartados de este libro) y las empresas presentan las opciones de manera que sesgan los resultados. Estuve en una cena en la que el director de una de las grandes empresas de telecomunicaciones alardeaba de que podía obtener el consentimiento informado por una miseria, una pequeña cantidad comparada con los beneficios derivados de la información obtenida.

38 De hecho, hasta hace poco, los negociadores comerciales de Estados Unidos intentaban obligar a otros Gobiernos a adoptar regulaciones favorables a la tecnología. Esto era tan habitual que en las negociaciones comerciales, el Gobierno estadounidense (en particular, el representante comercial de Estados Unidos) reflejaba los intereses del productor y no los del conjunto del país; uno de los mensajes centrales de mis libros *El malestar en la globalización* y *El malestar en la globalización. Revisitado* [Madrid, Taurus, 2018], así como del que escribí con Andrew Charlton, *Fair Trade for All*, Oxford: Oxford University Press, 2005 [hay trad. cast.: *Comercio justo para todos*, Madrid, Taurus, 2007].

39 En concreto, el Reglamento General de Protección de Datos (RGPD) de 2018 que intenta proteger la privacidad y la Ley de Servicios Digitales de 2022.

40 Véase Stiglitz, *El precio de la desigualdad* y *People, Power, and Profits: Progressive Capitalism for an Age of Discontent*, Nueva York, W. W. Norton, 2020 [hay trad. cast.: *Capitalismo progresista. La respuesta a la era del malestar*, Madrid, Taurus, 2020].

41 Por ejemplo, el monopolio del petróleo se combatió deshaciéndolo. Pero cuando hay importantes externalidades de red, puede que esta no sea una buena solución. Regular un gran número de plataformas para garantizar que moderan los contenidos de manera adecuada y

no causan daños sociales puede ser más difícil que regular unas pocas. Aun así, una aplicación más estricta de la regulación vigente sería de gran ayuda para evitar, por ejemplo, que las plataformas lleven a cabo prácticas anticompetitivas (como han intentado hacer la Unión Europea y la Comisión Federal de Comercio con Google y Amazon) e impedir las fusiones y adquisiciones que reduzcan la competencia ahora o en un futuro próximo (muy probablemente, la adquisición de Instagram por Meta (Facebook) debería haberse bloqueado).

42 No es sorprendente que quienes intentan hacer magia financiera no se esfumen cuando un elixir mágico —la titulización— demuestra ser fallido; buscan otro: esta vez, el bitcoin y otras criptomonedas. El colapso de FTX demuestra que los avances tecnológicos pueden combinarse con las finanzas para producir resultados cada vez más fraudulentos.

10. TOLERANCIA, SOLIDARIDAD SOCIAL Y LIBERTAD

1 Existe un efecto indirecto: *saber* que hay otros que están actuando de determinada manera puede influir en el bienestar de un individuo. La noción de tolerancia que se aborda en este apartado no considera este aspecto, como se aclara en el siguiente párrafo.

2 En este ámbito, el punto de vista de la Ilustración no suele predominar, ni siquiera en sociedades aparentemente ilustradas, ya que muchos países cuentan con leyes estrictas que especifican lo que es inaceptable e imponen castigos severos.

3 Otros países han introducido rasgos institucionales parecidos para ayudar a garantizar el laicismo del Estado; en Francia, esto se integra en un conjunto de principios denominados *laïcité* e incluye la prohibición de los símbolos religiosos (como el velo) en las escuelas.

4 Véase Will E. Edington, «House Bill N.º 246, Indiana State Legislature, 1897», *Proceedings of the Indiana Academy of Science* 45, 1935, pp. 206-210. El proyecto de ley se aprobó en la Cámara de Representantes de Indiana, pero fue rechazado en el Senado de Indiana.

5 Se podría justificar esta intolerancia a los pensamientos con el argumento de que el hecho de tenerlos aumenta la probabilidad de acciones que provocan daños sociales (análogo al argumento del capítulo anterior de que lo que se difunde por internet puede provocar daños

sociales). La Biblia es explícita al advertir sobre ser «enredado». En este caso, el razonamiento es similar al presentado antes en el ejemplo del control de armas: permitir las armas aumenta la probabilidad de que un individuo reciba un disparo. La derecha suele responder que «quienes matan son las personas, no las armas», es decir, que siempre está implicada la «agencia» humana, y si los individuos *eligen* ejercer esa agencia disparando y matando a alguien, no se debe culpar al arma, sino al individuo; y no se debe reducir la libertad para portar un arma de aquellos que actúan con responsabilidad porque haya gente que no puede controlarse debidamente. Pero hay una diferencia obvia entre adoptar ese parecer en el caso de las armas y la idea de que no se debe *pensar* en cometer ciertos actos. Las armas proporcionan un *instrumento* para causar daño.

6   Por supuesto, solo es posible conocer los pensamientos de una persona observando sus acciones, o su discurso; y como señalé en el capítulo anterior, incluso el discurso puede considerarse una «acción», sobre todo cuando está dirigido a influir en las acciones de los demás.

7   Aunque, de nuevo, en cada uno de estos casos existen importantes externalidades.

8   Por ejemplo, una sociedad compasiva no permitirá que una persona mayor se quede sin hogar o pase hambre porque no ha ahorrado suficiente. Por lo tanto, si un individuo no reserva lo que necesita para su jubilación, se imponen costes a los demás: una externalidad.

9   Así, la tolerancia de los negacionistas del cambio climático también parece limitada: en algunos lugares de Estados Unidos se prohíbe enseñar ciencia del clima, presumiblemente porque les preocupa que esa enseñanza dé lugar a acciones (en la próxima generación) contrarias a sus creencias.

10 Por ejemplo, las políticas fiscales que los Gobiernos utilizan para recortar el gasto son contractivas, de modo que la renta nacional disminuye. Esto ha ocurrido así casi *siempre*, por lo que estoy bastante convencido de ello. Pero a veces sucede algo más: por ejemplo, las exportaciones aumentan debido al crecimiento de una economía vecina, y entonces hay que separar ambos efectos. A pesar de la solidez de las pruebas en este ámbito, hay discrepancias. Algunos economistas conservadores afirman que la reducción del déficit derivada del recorte de gasto aumentará la confianza en el crecimiento de la economía, algo que se llama —con un término aparentemente contradictorio— contracción expan-

siva. Esto no es cierto. La reducción del déficit presupuestario, la *contracción* del gasto, siempre es contractiva. Una idea errónea da lugar a políticas erróneas —de austeridad— con grandes perjuicios para la economía y sobre todo para los trabajadores no cualificados.
11 «The Codrington Legacy», All Souls College, Universidad de Oxford, <https://www.asc.ox.ac.uk/codrington-legacy>.
12 Y por eso es un error evaluar el poder de mercado en los medios de comunicación fijándose únicamente en el poder de mercado en el mercado de la publicidad.

TERCERA PARTE. ¿QUÉ TIPO DE ECONOMÍA PROMUEVE UNA SOCIEDAD BUENA, JUSTA Y LIBRE?

1 Esta agenda estaba muy relacionada con una corriente de pensamiento filosófico más amplia, que se remonta como mínimo a Auguste Comte. En general, ahora estas ideas están desacreditadas. Las han desautorizado incluso algunos de sus defensores iniciales, como Ludwig Wittgenstein. El físico Werner Heisenberg lo expresó bien: «Los positivistas tienen una solución sencilla: el mundo debe dividirse entre lo que podemos decir con claridad y lo demás, que es mejor pasar por alto en silencio. Pero ¿cabe concebir una filosofía más inútil, teniendo en cuenta que lo que podemos decir con claridad equivale a casi nada? Si omitiéramos todo lo que no está claro, es probable que nos quedáramos con tautologías completamente triviales y carentes de interés». Véase Werner Heisenberg, «Positivism, Metaphysics and Religion», en *Physics and Beyond: Encounters and Conversations*, trad. de Arnold J. Pomerans, Nueva York, Harper & Row, 1971, p. 213. Mi director de tesis, Paul Samuelson, desempeñó un papel fundamental en el fomento de la agenda positivista dentro de la economía.
2 Los utilitaristas del siglo XIX, como Jeremy Bentham, sostenían que la sociedad debía organizarse de modo que se maximizara la suma de las utilidades de todos los individuos. Los positivistas decían que eso carecía de sentido, puesto que no había manera de medir objetiva o científicamente el grado de utilidad de cada persona, de comparar las utilidades. No había forma de evaluar si el disfrute que alguien obtenía al comerse una fresa era mayor o menor que el que obtenía otra

persona. Así, los positivistas se centraron en el concepto de eficiencia de Pareto.

3. Los economistas podían aconsejar sobre *cómo* gestionar mejor cualquier redistribución necesaria, pero incluso entonces había una renuncia a la responsabilidad, ya que hablaban de redistribuciones únicas, ficticias y no distorsionadoras. Afirmaban que, con estas redistribuciones, se podía seguir confiando en el mercado y que, en cualquier caso, no se debía interferir en la eficiencia económica. A esto se le llamó el segundo teorema fundamental de la economía del bienestar. En general, cuando la información es imperfecta esto no es cierto, algo que demostré en una serie de artículos. Para una exposición accesible, véase Stiglitz, *Whither Socialism?*

En un mundo en el que no había redistribuciones únicas, el análisis preciso de los *trade-offs* entre eficiencia y distribución fue uno de los avances importantes de la economía durante la segunda mitad del siglo xx.

4. A veces, los economistas se centran en reformas tales que las ganancias económicas de los ganadores son lo bastante grandes para compensar a los perdedores, de modo que todos *podrían* estar mejor; pero lo normal es que esas compensaciones no se lleven a cabo. Que esos cambios supongan un aumento del bienestar depende fundamentalmente de quiénes sean los ganadores y quiénes los perdedores.

5. No importa si esas intervenciones supusieron una mejora de Pareto.

6. En la práctica, la negativa de los economistas tecnócratas a adoptar posturas y juicios morales es una farsa: suelen adoptar posturas morales implícitas cuando se dedican a las políticas públicas, pero las ocultan tras el brillo de la «imparcialidad técnica».

7. La endogeneidad de las preferencias —el hecho de que sean variables— plantea un reto tanto para el marco utilitarista como para el rawlsiano. Con preferencias *dadas* e individuos reacios al riesgo, reflexionar detrás del velo de la ignorancia sobre qué sería una buena sociedad nos ayuda a pensar por qué es deseable una sociedad igualitaria. Pero ¿y si creáramos una sociedad de jugadores que adoran el riesgo, que estarían dispuestos a hacer una apuesta injusta que implicara una pequeña posibilidad de ganar mucho y una alta probabilidad de vivir en la pobreza? Si esa fueran la naturaleza de todo el mundo, entonces, tras el velo de la ignorancia, los acuerdos económicos y sociales elegidos generarían una mayor desigualdad.

La economía del siglo XX presuponía que no podemos afirmar nada sobre los méritos relativos de dos sociedades en las que las preferencias son distintas. Solo podemos determinar lo bueno que es un sistema económico a la hora de proporcionar bienestar *dadas esas preferencias*. Creo que esto es erróneo. Si bien las preferencias endógenas hacen que realizar afirmaciones inequívocas sobre el bienestar individual sea más difícil que en el caso de las preferencias fijas, aún se pueden decir algunas cosas sobre la conducta de un individuo en relación con el bienestar final. Se puede establecer, por ejemplo, si determinadas acciones son coherentes con los objetivos declarados; si, por ejemplo, ciertas acciones, que parecen reflejar nuestras preferencias *actuales*, son coherentes con nuestro bienestar aparente a largo plazo; del mismo modo se podrían descubrir otros casos de posibles disonancias. La inconsistencia temporal (que significa que si hoy alguien planifica, por ejemplo, el ahorro y el consumo para los próximos años, cuando llegue el año próximo querrá comportarse como preveía el plan y consumir y ahorrar las cantidades establecidas en el plan) ha sido, de hecho, uno de los principales temas de la economía conductual. Pero incluso en este caso existe cierta ambigüedad. Aunque en el futuro nos arrepintamos de no haber ahorrado en el pasado tanto como *hoy* nos gustaría haberlo hecho, actuar según nuestros gustos (preferencias) *como eran entonces* no está mal en ningún sentido. En cierto sentido, ni siquiera deberíamos sentir arrepentimiento. Podemos saber que en el futuro tendremos preferencias diferentes. Con todo, hoy actuamos en función de lo que ahora nos produce placer, y eso bien puede tener en cuenta «racionalmente» cierta noción de arrepentimiento futuro por no haber tenido un comportamiento diferente hoy. Solo si no somos plenamente conscientes de lo que ocurre puede decirse que no somos racionales. (Podría y debería decirse mucho más sobre estos temas, pero abordarlos de manera adecuada excede los límites de este libro).

8   Para más información y referencias, véanse los capítulos 3 y 4.
9   No digo que adopten la misma forma en todas las sociedades, ni que se les dé la misma importancia. Por lo tanto, no apoyo el modelo universalista, según el cual existe un único conjunto de valores naturales, a la espera de ser descubierto. Al mismo tiempo, como deberían dejar claro las observaciones anteriores, aunque reconozco que pueden surgir sociedades con valores diferentes, soy escéptico con la postura

relativista extrema, que dice que todo vale. Esto se debe, en parte, a los argumentos expuestos en el capítulo 10: una buena sociedad necesita tener cierto grado de cohesión social y hay algunas visiones (valores, reglas y regulaciones) que son antitéticas a la posibilidad de que eso ocurra. Sin embargo, insisto en que estoy adoptando un enfoque pragmático: dada la situación actual de nuestra sociedad, los valores que he enumerado son aquellos sobre los que existe un acuerdo general; son los que deberían fomentarse.

11. EL CAPITALISMO NEOLIBERAL: POR QUÉ HA FRACASADO

1. El presidente Reagan propuso a Robert Bork para formar parte del Tribunal Supremo, pero la candidatura fue rechazada por sus opiniones extremas. Ese rechazo dio lugar a la palabra «borkeado». Bork explicó sus opiniones sobre la competencia en *The Antitrust Paradox*, Nueva York, Free Press, 1978.
2. En el capítulo 2 se explica por qué es así.
3. Véase, por ejemplo, el trabajo de Ed Prescott, que recibió el Premio Nobel en 2004.
4. Mariana Mazzucato lo describe bien en su esclarecedor libro *El Estado emprendedor*.
5. En *La sociedad del aprendizaje*, Bruce Greenwald y yo explicamos por qué los mercados desvían los recursos para la innovación. Véase también Daron Acemoglu, «Distorted Innovation: Does the Market Get the Direction of Technology Right?», *AEA Papers and Proceedings* 113, mayo de 2023, pp. 1-28.
6. Hay pruebas considerables de que las percepciones equivocadas sobre los demás son generalizadas; y de que esto es relevante. Véase Leonardo Bursztyn y David Y. Yang, «Misperceptions About Others», *Annual Review of Economics* 14, agosto de 2022, pp. 425-452.
7. Por ejemplo, cuando estas disposiciones provocaron la segregación de las vacunas y una gran parte de la población mundial se vio privada del acceso a ellas. Véase el análisis en el siguiente capítulo.
8. Por lo tanto, muchas de las rigideces sociales están asociadas a creencias y preferencias, que a su vez están influidas por las creencias y preferencias de otros; uno de los principales mensajes de la segunda parte de este libro y de Demeritt *et al.*, *The Other Invisible Hand*.

9   Aunque, para ser justos, esto parece más una treta que un principio jurídico, porque sus referencias a la precedencia histórica y la interpretación parecen muy selectivas. Desechan el principio cuando resulta inconveniente.
10 Como he señalado antes al hablar del fundamentalismo de mercado, en parte lo considero una religión porque esa creencia en el libre mercado se mantiene a pesar de las pruebas y las teorías en su contra. Para quienes se aferran a ella, resulta difícil, si no imposible, cuestionarla.
11 Véase, por ejemplo, el trabajo de Joseph Henrich, Robert Boyd, Samuel Bowles, Colin Camerer, Ernst Fehr, Herbert Gintis y Richard McElreath, «In Search of Homo Economicus: Behavioral Experiments in 15 Small-Scale Societies», *American Economic Review* 91, n.º 2, mayo de 2001, pp. 73-78; y un primer resumen de la bibliografía pertinente en los volúmenes 1 y 2 del *Handbook of the Economics of Giving, Altruism and Reciprocity*, Serge-Christophe Kolm y Jean Mercier Ythier, eds., Ámsterdam, Elsevier, 2006.
12 Para más información sobre los debates al respecto en la literatura de las ciencias políticas, véase, por ejemplo, Elizabeth Rigby y Gerald C. Wright, «Political Parties and Representation of the Poor in the American States», *American Journal of Political Science* 57, n.º 3, enero de 2013, pp. 552-565; y Matt Grossman, Zuhaib Mahmood y William Isaac, «Political Parties, Interest Groups, and Unequal Class Influence in American Policy», *Journal of Politics* 83, n.º 4, octubre de 2021.
13 El hecho de que la Constitución estadounidense, al otorgar a cada estado dos senadores, infravalore el poder político de unos y sobrevalore el de otros empeora aún más la situación.
14 Al mismo tiempo, no es necesaria una crisis para que se produzcan innovaciones y reformas sociales positivas. La prestación de asistencia sanitaria a los mayores (Medicare), de 1965, se introdujo en una época de relativa prosperidad. Véase Robert Haveman, «Poverty and the Distribution of Economic Well-Being Since the 1960s», en *Economic Events, Ideas, and Policies: The 1960s and After*, George L. Perry y James Tobin, eds., Washington D. C., Brookings Institution Press, pp. 243-298.
15 Anne Case y Angus Deaton, *Deaths of Despair and the Future of Capitalism*, Princeton, Princeton University Press, 2020. [Hay trad. cast.: *Muertes por desesperación y el futuro del capitalismo*, Barcelona, Deusto, 2020].

16 En algunos de estos casos, no se trataba solo de una «corriente intelectual» que recorría el mundo. Estados Unidos intervino directamente en algunos países para que avanzaran en la dirección que él quería. En otros casos, sin embargo, nuestro poder blando ha desempeñado un papel más importante.

17 En Estados Unidos, la movilidad absoluta ha experimentado un fuerte descenso. Más del 90 por ciento de los estadounidenses nacidos en 1940 acabaron ganando más, en términos reales, que sus padres, pero para los nacidos en 1984, esta cifra ha caído hasta el 50 por ciento. La movilidad intergeneracional relativa también es mucho menor en Estados Unidos que en otras economías avanzadas similares. La probabilidad de que un niño nacido de padres que se encuentran en el quintil inferior de la distribución de ingresos alcance el quintil superior es del 7,5 por ciento, poco más de la mitad que en Canadá. Además, en Estados Unidos esta tasa no ha mejorado y se mantiene bastante estable para los estadounidenses nacidos entre 1970 y 1986.

Para más información sobre estas tendencias, véanse los trabajos de Raj Chetty, Nathaniel Hendren, Patrick Kline, Emmanuel Saez y Nicholas Turner, «Is the United States Still a Land of Opportunity? Recent Trends in Intergenerational Mobility», *American Economic Review* 104, n.º 5, mayo de 2014, pp. 141-147; Raj Chetty, Nathaniel Hendren, Patrick Kline y Emmanuel Saez, «Where is the land of Opportunity? The Geography of Intergenerational Mobility in the United States», *The Quarterly Journal of Economics* 129, n.º 4, noviembre de 2014, pp. 1553-1623; Raj Chetty, David Grusky, Maximilian Hell, Nathaniel Hendren, Robert Manduca y Jimmy Narang, «The fading American dream: Trends in absolute income mobility since 1940», *Science* 356, n.º 6336, abril de 2017, pp. 398-406; y Miles Corak y Andrew Heisz, «The Intergenerational Earnings and Income Mobility of Canadian Men: Evidence from Longitudinal Income Tax Data», *Journal of Human Resources* 34, n.º 3, verano de 1999, pp. 504-533.

18 Pero, por echar algo de agua fría sobre esta nota ligeramente optimista, algunas elecciones recientes, como las de Suecia, han puesto de manifiesto que un gran número de jóvenes vota a partidos de extrema derecha.

12. LIBERTAD, SOBERANÍA Y COERCIÓN ENTRE ESTADOS

1. Véase, por ejemplo, Stiglitz, *El malestar en la globalización*, *El malestar en la globalización. Revisitado*, y *Making Globalization Work*; y Charlton y Stiglitz, *Comercio justo para todos*.
2. Se debate mucho por qué el FMI ha impulsado esas políticas, sobre todo cuando la inflación no está causada por un exceso de demanda agregada, por lo cual es poco probable que se solucione con tipos de interés más altos, aparte de que tiene consecuencias desastrosas para la producción y el empleo. Los tipos de interés altos benefician a los intereses de los mercados financieros, y estos se reflejan claramente en el Tesoro estadounidense, cuyo enfoque ha dominado tradicionalmente en el FMI.
3. Oficialmente, el tipo era del 15 por ciento, pero se espera que los procesos de escisión parcial (*carve-out*) que llevan a cabo estas corporaciones reduzcan sustancialmente los ingresos.
4. Parte del problema era que la fórmula que se utilizó para asignar los «derechos» fiscales recogía los intereses de los países desarrollados. Véase Julie McCarthy, «A Bad Deal for Development: Assessing the Impacts of the New Inclusive Framework Tax Deal on Low- and Middle-Income Countries», Brookings Global Working Paper #174, mayo de 2022; y Comisión Independiente para la Reforma de la Fiscalidad Corporativa Internacional, «ICRICT Response to the OECD Consultation on the Pillar One and Pillar Two Blueprints», 13 de diciembre de 2020.
5. Véase, por ejemplo, Joanna Robin y Brenda Medina, «UN Votes to Create "Historic" Global Tax Convention Despite EU, UK Moves to "Kill" Proposal», Consorcio Internacional de Periodistas de Investigación, 22 de noviembre de 2023, <https://www.icij.org>.
6. El hecho de que las cárceles para deudores fueran una costumbre aceptable debería recordarnos que las opiniones sociales sobre lo que es aceptable y deseable cambian mucho con el tiempo. Las injusticias de este sistema parecen evidentes, pero se justificaba como una advertencia a los individuos para que no se endeudaran demasiado. Y favorecía los intereses de los financieros: la amenaza de cárcel les permitía extraer dinero de los familiares del deudor.
7. La Junta de PROMESA (las siglas en inglés de la Ley de Estabilidad Económica, Administración y Supervisión de Puerto Rico) fue nom-

brada por el Gobierno federal, que negó a la isla el derecho a tener su propio proceso de quiebra.
8. Eso significa que los «enfoques contractuales» —el diseño de contratos que permiten una rápida resolución de las quiebras— son aún más difíciles. En un momento dado, a principios de siglo, muchos pensaron con optimismo que estos enfoques contractuales servirían para la deuda soberana, aunque ningún país confiara internamente en ellos. Con la crisis de Argentina, quedó claro que tener mejores contratos ayudaba, pero no resolvía por completo los problemas de la resolución de la deuda.
9. En capítulos previos se ha mostrado el papel desempeñado por el miedo en la adopción de la agenda neoliberal a escala nacional.
10. Esta dureza inhumana se mezcló con cierta dosis de humanidad, demostrada, por ejemplo, con la Iniciativa para los Países Pobres Muy Endeudados, que suponía importantes condonaciones de deuda por parte del FMI y de donantes multilaterales y bilaterales para restablecer la sostenibilidad de la deuda. Los países debían cumplir una serie de condicionalidades. Se puso en marcha en 1996 y el valor actual estimado de las condonaciones de deuda fue de setenta y seis mil millones de dólares. Pero un cuarto de siglo después, el problema de la deuda ha vuelto. Véase Fondo Monetario Internacional, «Debt Relief Under the Heavily Indebted Poor Countries (HIPC) Initiative», <https://www.imf.org/en/About/Factsheets/Sheets/2023/Debt relief-under-the-heavily-indebted-poor-countries-initiative-HIPC>.
11. Al final, la disfuncionalidad política de Argentina agravó los problemas. En el momento en que este libro entra en imprenta, no está claro cómo va a pagar el país las deudas *reestructuradas*; es casi inevitable que haya otra reestructuración.
12. Sin duda, los motivos «oficiales» eran otros y había muchas cuestiones involucradas. Los esfuerzos parecían estar encabezados por Estados Unidos. Véase mi artículo de opinión, «A Coup Attempt at the IMF», Project Syndicate, 27 de septiembre de 2021, <https://www.project-syndicate.org/commentary/coup-attempt-against-imf-managing-director-georgieva-by-joseph-e-stiglitz-2021-09>.
13. Seguramente, la propia titulización de la deuda ha agravado el problema de la deuda, al igual que hizo en la crisis financiera de 2008 que se inició en Estados Unidos. Los bancos y los banqueros obtienen recompensas por la originación de préstamos y no prestan suficiente atención a la capacidad de los países para devolverlos.

14 A través de lo que se denominó permuta de incumplimiento crediticio (CDS, por sus siglas en inglés), un tipo especial de derivado que funciona como una póliza de seguro que el acreedor cobra si, y solo si, el deudor impaga. Estas desempeñaron un papel importante en la crisis financiera de 2008.

15 Diwan y Wei utilizan la base de datos International Debt Statistics (IDS) del Banco Mundial para estimar que, en 2020, China poseía el 15,1 por ciento del total del stock de deuda externa a largo plazo (pública y con garantía pública) de los países de ingresos bajos y el 9,4 por ciento del de los países de ingresos medios-bajos. Ishac Diwan y Shang-Jin Wei, «China's Developing Countries Debt Problem: Options for Win-Win Solutions», Finance for Development Lab, documento de política n.º 3, diciembre de 2022. Horn *et al.* utilizan datos brutos basados en compromisos públicos para estimar los *stocks* de deuda y descubren que, tras considerar la deuda «oculta» (es decir, los compromisos de préstamo chinos no comunicados al Banco Mundial), China poseía más del 30 por ciento de la deuda externa de los cincuenta países más endeudados con China en 2016. Véase Sebastian Horn, Carmen M. Reinhart y Christoph Trebesch, «China's Overseas Lending», *Journal of International Economics* 133, noviembre de 2021, pp. 1-32. En un artículo de *Forbes*, Katharina Buchholz afirma que «en 2022, el 37 por ciento de los pagos del servicio de la deuda de los países de renta baja fueron para China». «The Countries Most in Debt to China», *Forbes*, 19 de agosto de 2022.

16 En algunos casos, hasta ha utilizado una retórica comparable, al afirmar que, de hecho, tiene un deber fiduciario para con sus ciudadanos de recaudar tanto como pueda, al igual que las instituciones financieras afirman que hacen en nombre de sus inversores.

17 Debido a su política interna, parece difícil que China se limite a condonar la deuda; es más fácil que la reestructure y permita el aplazamiento de los pagos de una manera que reduzca el valor actual descontado de lo que se debe; en la práctica, un recorte. Pero comparar esta forma de reducción de la deuda con una reducción más directa es difícil, en parte debido a la controversia sobre el tipo de descuento adecuado que debe utilizarse para evaluar el valor del aplazamiento de la deuda.

18 Para un relato completo de esta historia, véase Stiglitz, *El malestar en la globalización*. Para un análisis de las consecuencias, véase Stiglitz, *El malestar en la globalización. Revisitado.*

19 El Consenso de Washington fue un acuerdo entre el Banco Mundial, el FMI y el Tesoro de Estados Unidos (las tres instituciones situadas entre las calles Quince y Diecinueve de Washington D. C.), no un consenso sobre las políticas de desarrollo entre el resto del mundo, sobre qué reformas debían llevar a cabo los países para poder crecer. La liberalización del mercado de capitales no formaba parte de los principios originales, según los enuncia John Williamson en su resumen del marco político impulsado por las instituciones de Bretton Woods en América Latina: «What Washington Means by Policy Reform», en John Williamson, ed., *Latin American Readjustment: How Much Has Happened*, Washington D. C., Instituto Peterson de Economía Internacional, 1989, pero enseguida pasó a formar parte del paquete estándar impuesto a los países en desarrollo y los mercados emergentes. Para un análisis más amplio de estas cuestiones, véase el volumen editado por Narcís Serra y Joseph E. Stiglitz, *The Washington Consensus Reconsidered: Towards a New Global Governance*, Nueva York, Oxford University Press, 2008.

20 Véase Bruce Greenwald y Joseph E. Stiglitz, «A Modest Proposal for International Monetary Reform», *Time for a Visible Hand: Lessons from the 2008 World Financial Crisis*, Stephany Griffith-Jones, José A. Ocampo y Joseph E. Stiglitz, eds., Initiative for Policy Dialogue Series, Oxford, Oxford University Press, 2010, pp. 314-344; y «Towards a New Global Reserves System», *Journal of Globalization and Development* 1, n.º 2, 2010, artículo 10.

21 Aunque, incluso entonces, abogaron por limitar tanto las herramientas como las circunstancias en las que se emplearían estos. Los fundamentos analíticos y las pruebas empíricas para su duradera oposición a los controles de capital eran, a lo sumo, débiles. En Joseph E. Stiglitz, «Capital Market Liberalization, Globalization, and the IMF», en *Capital Market Liberalization and Development*, José Antonio Ocampo y Joseph E. Stiglitz, eds., Oxford, Oxford University Press, 2008, pp. 76-100, demostré cómo los controles de capital pueden mejorar la estabilidad económica y el bienestar. Véase también Jonathan D. Ostry, Atish R. Ghosh y Mahvash Saeed Qureshi, *Capital Controls*, Cheltenham, Edward Elgar Publishing, 2015. (Ostry fue subdirector de investigación del FMI).

22 Esa teoría suponía que los mercados eran perfectamente competitivos, incluidos los mercados laborales. Pero no lo son, y la globalización

redujo el poder de negociación de los trabajadores, empeorando su situación aún más de lo que había previsto la teoría estándar.
23 Si Estados Unidos ha debilitado el sistema internacional basado en reglas es una cuestión independiente de si, en términos netos, la Ley de Reducción de la Inflación ha sido positiva, dada la importancia de las actuaciones que indujo para reducir las emisiones de gases de efecto invernadero.
24 Véase, en concreto, la nota 44 del capítulo 3.
25 Una importante excepción a la acumulación de propiedad intelectual y productos relacionados con la COVID-19 fue la vacuna de AstraZeneca, desarrollada conjuntamente con la Universidad de Oxford. Existía el compromiso de ponerla a disposición de los países en desarrollo, y hacerlo sin ánimo de lucro. Por desgracia, su seguridad y eficacia se establecieron más tarde que en el caso de las vacunas de ARNm de Pfizer y Moderna, y resultó menos efectiva. Algunos países en desarrollo rechazaron la vacuna y alegaron que se les estaba endosando un producto de segunda categoría.
26 En buena medida, Estados Unidos ha formulado sus acciones como una respuesta a China por no seguir las reglas, pero esto es algo hipócrita. Para una articulación de la postura estadounidense según Jake Sullivan, consejero de Seguridad Nacional, véase «Remarks by National Security Advisor Jake Sullivan on Renewing American Economic Leadership at the Brookings Institution», La Casa Blanca, 27 de abril de 2023.
27 Desarrollo algunas de las ideas de este apartado en Joseph E. Stiglitz, «Regulating Multinational Corporations: Towards Principles of Cross-Border Legal Frameworks in a Globalized World Balancing Rights with Responsibilities», *American University International Law Review* 23, n.º 3, 2007, pp. 451-558, Conferencia Grotius presentada en la 101.ª Reunión Anual de la American Society for International Law, Washington D. C., 28 de marzo de 2007; y Joseph E. Stiglitz, «Towards a Twenty-first Century Investment Agreement», prefacio de *Yearbook on International Investment Law and Policy 2015-2016*, Lise Johnson y Lisa Sachs, eds., Oxford, Oxford University Press, 2017, pp. XIII-XXVIII.
28 Kyla Tienhaara, Rachel Thrasher, B. Alexander Simmons y Kevin P. Gallagher, «Investor-State Disputes Threaten the Global Green Energy Transition», *Science* 376, n.º 6594, 13 de mayo de 2022, pp. 701-703.
29 Otro ejemplo: el precio del petróleo puede dispararse y generar beneficios imprevistos. El país podría querer legítimamente poner un

impuesto a los beneficios imprevistos, pero debido al acuerdo de inversión quizá no pueda hacerlo. Un contrato bien diseñado no habría permitido que una empresa petrolera extranjera se llevara toda la bonanza, aunque los contratos no suelen estar bien diseñados ni pueden anticipar por completo el futuro.

30 Véase, por ejemplo, Malena Castaldi y Anthony Esposito, «Philip Morris Loses Tough-on-Tobacco Lawsuit in Uruguay», Reuters, 9 de julio de 2016.

31 Las disposiciones del capítulo 11 del Tratado de Libre Comercio de América del Norte.

32 Lo que Dani Rodrik ha llamado «desindustrialización prematura». Véase Dani Rodrik, «Premature Deindustrialization», *Journal of Economic Growth* 21, n.º 1, 2016, pp. 1-33.

33 Esto concuerda con el espíritu de la visión clásica de la libertad, defendida por Mill. Mi análisis en capítulos anteriores ha destacado que las externalidades son mucho más frecuentes de lo que Mill sugería, y lo mismo ocurre con las situaciones en las que la acción colectiva podría mejorar el bienestar de todos. Como he señalado antes, existen importantes externalidades derivadas de la acción de *grandes* países como Estados Unidos y sería deseable una regulación de su conducta que les hiciera tener en cuenta las consecuencias de sus externalidades.

34 Por ejemplo, las regulaciones del mercado de capitales que restringen la entrada de capital extranjero. En Estados Unidos, los capitalistas solo se ven perjudicados en la medida en que se les niega la oportunidad de invertir (o explotar), y esto no debería ser motivo suficiente para interferir. Por supuesto, Occidente adoptó la postura contraria durante las guerras del Opio; creo que es un error y que ha tenido efectos nocivos y duraderos en las relaciones entre Occidente y China.

35 Casi con seguridad, su firme defensa de la liberalización del mercado de capitales tenía más que ver con la creencia de que abriría nuevas y enormes oportunidades de beneficios que con su profunda preocupación por el bienestar de los países en desarrollo.

36 También podemos abordar estas cuestiones desde la perspectiva del «espectador imparcial» de Smith.

El propio Rawls fue reacio a aplicar su marco analítico a un contexto transcultural de este tipo. Describió una visión de la equidad en un contexto global en «The Law of Peoples», *Critical Inquiry* 20, n.º 1, 1993, pp. 36-68. Sin embargo, estos intentos desencadenaron críticas bien argumentadas que le acusaban de relativismo cultural. Véase Patrick Hayden, «Rawls, Human Rights, and Cultural Pluralism: A Critique», *Theoria: A Journal of Social and Political Theory*, n.º 92, 1998, pp. 46-56. Se ha producido una extensa literatura sobre estas cuestiones, demasiado amplia para poder ahondar en ella aquí, que plantea cuestiones análogas a las tratadas en la nota 3 del capítulo 5, la nota 10 del capítulo siguiente y las notas 7 y 9 de la introducción a la tercera parte. Por ejemplo, detrás del velo de la ignorancia, no sabemos hasta qué punto seremos reacios al riesgo y, sin saber eso, no podemos evaluar bien situaciones de riesgo alternativas. Al examinar aquí los acuerdos *económicos* internacionales, planteo menos exigencias teóricas que las que planteó Rawls, es decir, no discuto cuestiones de derechos humanos ni las obligaciones internacionales de los países ricos de prestar ayuda a los pobres.

13. EL CAPITALISMO PROGRESISTA, LA SOCIALDEMOCRACIA Y LA SOCIEDAD DEL CONOCIMIENTO

1 Es decir, un cambio en el conocimiento, e incluso en las creencias, sobre cómo funciona la economía influye en el funcionamiento de la economía. Ocurre así tanto si esas creencias son ciertas como si no. El neoliberalismo era un conjunto de ideas (equivocadas) sobre cómo funcionaba la economía; pero a medida que las ideas neoliberales se propagaron, las leyes y la conducta cambiaron, y con ellas también lo hizo el sistema económico. Las ideas son relevantes. En ese caso, lo fueron para peor.

2 Para un análisis más amplio de lo que implica una sociedad del aprendizaje, véase Stiglitz y Greenwald, *La sociedad del aprendizaje*.

3 He descrito exhaustivamente cómo el neoliberalismo nos ha empujado en la dirección contraria. Aunque sus partidarios defendieron la manera en que impulsaba los cambios tecnológicos y unas políticas que fomentarían el crecimiento, su capacidad para crear mecanismos que facilitasen a los perjudicados enfrentarse a estos cambios era escasa, lo cual ha dado lugar al crecimiento del populismo entre las poblaciones afectadas. La reacción contraria a «avances» como la liberalización del comercio, e incluso la ciencia y las universidades, que se observa en tantas partes del mundo sugiere que hasta la velocidad del cambio tecnológico y del nivel de vida, definidos en un sentido más estricto, puede ralentizarse.

4 Véase, por ejemplo, la siguiente cita de *La riqueza de las naciones*: «Nuestros comerciantes e industriales se quejan mucho de los efectos perjudiciales de los altos salarios, porque suben los precios y por ello restringen la venta de sus bienes en el país y en el exterior. Nada dicen de los efectos dañinos de los beneficios elevados. Guardan silencio sobre las consecuencias perniciosas de sus propias ganancias. Solo protestan ante las consecuencias de las ganancias de otros».

5 Existen muchas explicaciones para esto. Véase Joseph E. Stiglitz, «Technological Change, Sunk Costs, and Competition», Brookings Papers on Economic Activity, Programa de Estudios Económicos, Institución Brookings, vol. 1987, n.º 3, 1987, pp. 883-947. En él analizo cómo unos costes hundidos pequeños posibilitan la persistencia de unos beneficios de monopolio elevados; lo que importa para la entrada de otros actores no son los beneficios actuales, sino cuáles serán los beneficios si esta entrada se produce. Las empresas establecidas y con beneficios pueden tomar medidas para dejar claro que la competencia posterior será dura y los beneficios bajos. Existen diversas estrategias para disuadir la entrada de competidores. Aun sin medidas de disuasión activas, el importante coste económico de la entrada puede desalentarla.

6 Friedman pensaba que, si había externalidades, el Gobierno debería haber hecho algo para atenuarlas (no le gustaban las regulaciones, prefería la intervención de precios). Creía que era un error que las empresas asumieran cualquier responsabilidad por las externalidades si el Gobierno no había sido capaz de hacerlo. Pero esto implicaba una profunda incoherencia intelectual. La maximización del valor para los accionistas por parte de empresas poderosas que ejercen presión contra las regulaciones da lugar a políticas públicas inadecuadas.

7 Friedman, «The Social Responsibility of Business Is to Increase Its Profits».

8 Véase Joseph E. Stiglitz, «On the Optimality of the Stock Market Allocation of Investment», *Quarterly Journal of Economics* 86, n.º 1, 1972, pp. 25-60 (presentado en la Far Eastern Meetings de la Econometric Society, junio de 1970, Tokio); Sandy Grossman y Joseph E. Stiglitz, «On Value Maximization and Alternative Objectives of the Firm», *Journal of Finance* 32, n.º 2, 1977, pp. 389-402; y Sandy Grossman y Joseph E. Stiglitz, «Stockholder Unanimity in the Making of Production and Financial Decisions», *Quarterly Journal of Economics* 94, n.º 3, 1980, pp. 543-566.

9. Los costes de transacción, que los análisis económicos suelen ignorar, pueden influir mucho en el funcionamiento del sistema económico y en la existencia y persistencia de las relaciones de poder. La razón por la que las demandas colectivas son tan importantes es que el coste que supone para un solo individuo obtener una compensación por una acción ilícita de una empresa es prohibitivo.

    Como he señalado antes, en las últimas décadas, los avances en la teoría económica han demostrado que hasta los costes muy pequeños pueden cambiar de manera radical los resultados.

10. Tales como que, detrás del velo de la ignorancia, no sabemos hasta qué punto seremos reacios al riesgo. Sin saber eso, no podemos evaluar bien las situaciones de riesgo alternativas. Sin duda, podríamos enfocar este problema como si estuviéramos detrás del velo de la ignorancia; asumiendo, por ejemplo, que nuestra probabilidad de tener funciones de utilidad con diferentes grados de aversión al riesgo es la misma. Aquí, ignoramos esta y otras sutilezas relacionadas del análisis. Véase también la nota 3 del capítulo 5, la nota 36 del capítulo anterior y las notas 7 y 9 de la introducción a la tercera parte.

11. Esa declaración reconocía muchos otros derechos y atributos de una buena sociedad, que son el tema de este libro. Fue un acuerdo global sobre un «ideal común por el que todos los pueblos y naciones deben esforzarse».

    Por desgracia, durante mucho tiempo los Gobiernos conservadores han financiado insuficientemente el Servicio Nacional de Salud de Reino Unido, lo que ha afectado a su capacidad para prestar los servicios sanitarios necesarios.

12. Hay muchos otros ámbitos en los que la opción pública podría enriquecer la elección y la competencia; por ejemplo, en la provisión de hipotecas o rentas de jubilación. La opción pública parece especialmente pertinente en un país como Estados Unidos, en el que mucha gente sigue aferrada a la idea de que el sector privado es más eficiente y responde mejor a las necesidades y deseos individuales. En la medida en que eso sea cierto, la opción pública no será aceptada; en la medida en que no lo sea, sí lo será.

13. La opción pública ejemplifica que los detalles de las estructuras institucionales y legales que definen el capitalismo progresista diferirán de un país a otro, en función de su historia y cultura. No existe una

única forma de capitalismo progresista. El desarrollo de estos detalles también ilustra la magnitud del reto que tenemos por delante.

14 La Administración Clinton intentó adoptar medidas enérgicas contra el cambio climático y reformar el sistema de salud para mejorar el acceso a la atención sanitaria, pero estos esfuerzos fueron rechazados. Por otra parte, siguió la ortodoxia neoliberal, al hacer hincapié en el equilibrio presupuestario —logró un superávit— y la desregulación del mercado financiero. Para un relato completo, véase mi libro *Los felices noventa*, o Nelson Lichtenstein y Jill Stein, *A Fabulous Failure: The Clinton Presidency and the Transformation of American Capitalism*, Princeton, Princeton University Press, 2023.

15 Este es el ejemplo de un ámbito en el que la presunción de que los mercados son eficientes tiene que invertirse: debería ser obvio que los mercados no proporcionan seguros contra muchos de los riesgos más importantes a los que se enfrentan los individuos.

16 Y, de hecho, los propios fracasos macroeconómicos se debieron en gran medida a la idea de que los mercados se autocorregían, así que no era necesaria una regulación bancaria fuerte.

17 Quiero subrayar, sin embargo, que el éxito del capitalismo progresista no depende de ninguna fantasía optimista en la que todos los individuos se transforman. Más bien parte de una realidad: que los individuos conforman el sistema económico y a su vez son conformados por él. Tiene que haber cierta congruencia, y no solo en un mítico «equilibrio a largo plazo», si es que eso puede lograrse. Debe ser alcanzable, *dado donde nos encontramos hoy*, a través de un proceso evolutivo. El capitalismo progresista funciona bien incluso si los individuos son tan egoístas como asume la economía estándar; pero funciona mejor si más personas son más consideradas con los demás.

14. DEMOCRACIA, LIBERTAD, JUSTICIA SOCIAL Y LA BUENA SOCIEDAD

1 Lo que dijo en su discurso de investidura, en 1981, estaba un poco más circunscrito: «*En esta crisis actual*, el Gobierno no es la solución a nuestro problema; el Gobierno es el problema» (la cursiva es mía); pero su mensaje pretendía ser más amplio.

2 Véase Jonathan J. B. Mijs y Elizabeth L. Roe, «Is America coming apart? Socioeconomic segregation in neighborhoods, schools, workplaces, and social networks, 1970-2020», *Sociology Compass* 15, e12884, 2021.

3 Al final, cuando los desacuerdos básicos sobre las reglas que constituyen una buena sociedad son lo bastante profundos e importantes, es difícil que una sociedad funcione bien, si es que funciona. Si existe una correlación importante entre la geografía y las creencias, puede ser deseable proporcionar cierto grado de autonomía para que cada uno establezca sus reglas, o incluso considerar la separación política.

Hace tiempo que la cuestión de las fronteras de los países y las ventajas de la descentralización del poder es objeto de investigación entre los economistas y los politólogos. Véase, por ejemplo, Alberto Alesina y Enrico Spolare, «On the Number and Size of Nations», *Quarterly Journal of Economics* 112, n.º 4, 1997, pp. 1027-1056; y Joseph E. Stiglitz, «Devolution, Independence, and the Optimal Provision of Public Goods», *Economics of Transportation* 4, 2015, pp. 82-94, escrito en pleno debate sobre la independencia de Escocia.

4 Véase Adam Smith, *La teoría de los sentimientos morales*, parte III, v. Esta cita puede parecer incoherente con su afirmación más conocida sobre las virtudes de la búsqueda del interés propio. En parte, la clave de esta contradicción está en la «reputación»: no redundaría en el interés propio de un individuo actuar de manera poco fiable. Pero la idea de Smith es más que eso: hay (utilizando un lenguaje actual) externalidades asociadas a actuar de manera poco fiable, porque eso da lugar a una sociedad en la que falta la confianza, lo cual perjudica a una economía de mercado. Smith subraya que en una buena sociedad, los individuos han interiorizado esta externalidad y actúan en consecuencia. Para una excelente exposición, véase Jerry Evensky, «Adam Smith's Essentials: On Trust, Faith, and Free Markets», *Journal of the History of Economic Thought* 33, n.º 2, 2011, pp. 249-267.

5 La economía tradicional dice que los mecanismos de reputación sirven de control frente a esta conducta oportunista, pero es evidente que este es parcial. El control más importante frente a este comportamiento aberrante son las normas sociales: tenemos que inculcar un comportamiento «decente». La crítica que se hace a los modelos económicos y sociales actuales es que hacen mal esto.

6 En los países en desarrollo y los mercados emergentes, la situación es peor. Como hemos visto en el capítulo 12, bajo la influencia del FMI los países «liberalizaron» sus mercados de capitales, con consecuencias negativas para su economía y su democracia. Estos países temen una pérdida de capital si desarrollan políticas que disgusten a los mercados financieros internacionales, entre ellas la anulación de la política de liberalización del mercado de capitales.

7 Aunque existe una extensa literatura coherente con esta idea, en la derecha hay quienes sugieren que el problema es que no tienen suficiente influencia. Si la tuvieran, Trump, un populista, nunca habría sido elegido. Está claro, sin embargo, que una vez elegido, sus políticas favorecieron a los muy ricos, como demostró el recorte de impuestos de 2017. Véase el blog de Greg Mankiw, «Who Is the Prototypical Rich Person?», 23 de enero de 2019, <https://gregmankiw.blogspot.com/2019/01/who-is-prototypical-rich-person.html>.

8 En cierto modo, quizá la extrema disensión sea comprensible: dado que la agenda de la derecha contaba con el apoyo de una clara minoría, tenían que hacer lo que pudieran mientras estuvieran en el poder, y hacer lo que pudieran para asegurarse de que su minoría controlaba las palancas del poder tanto tiempo como pudieran alargarlo.

9 Martin Wolf, *The Crisis of Democratic Capitalism*, Nueva York, Penguin Press, 2023.

10 Este es, por supuesto, solo uno de los muchos ejemplos de malinterpretación de la historia. El ascenso de Hitler se suele atribuir a la inflación y ese «hecho» se utiliza a menudo como explicación de la obsesión de Alemania por la inflación. El ascenso de Hitler tuvo mucho más que ver con el desempleo y la Gran Depresión.

11 El hecho de que la supervivencia de la democracia estadounidense se haya convertido en una preocupación real, que se refleja en libros de gran éxito como *Cómo mueren las democracias*, dice mucho de dónde se encuentra hoy Estados Unidos. Véase Steven Levitsky y Daniel Ziblatt, *How Democracies Die*, Nueva York, Crown, 2019. [Hay trad. cast.: *Cómo mueren las democracias*, Barcelona, Ariel, 2018].

ÍNDICE ALFABÉTICO

acción colectiva
: creencias sobre la, 201-203
: grupos de, 284
: tolerancia y, 214-217

accionistas, capitalismo de los, 280

acuerdos de inversión, 264-268, 272, 284
: demanda de Philip Morris contra Uruguay, 266
: eliminación en Estados Unidos, 267

ADN, investigación sobre el, 93

ADPIC (Aspectos de los Derechos de Propiedad Intelectual relacionados con el Comercio), 157

África, proceso de desindustrialización en, 55, 268
: *véase también* colonialismo

afroamericanos, falta de libertad económica de, 12

agrícolas, ayudas, 263

Alemania
: durante la pandemia de la COVID-19, 252
: hiperinflación en la década de 1920, 47
: liberalización comercial y financiera, 48
: programa de seguridad social (1889) en, 117

Alemania nazi, 175
: ascenso al poder de Hitler en, 16, 244, 300, 384 n.
: Holocausto en, 205

algoritmos
: como mecanismos editoriales, 217
: de las plataformas de redes sociales, 363 n.

Alianza para una Economía del Bienestar, 311 n.

alimentarias, empresas, 176

All Souls College
: biblioteca del, 219
: Cátedra Drummond de Economía, 341 n.

Amazon, 194
: acusaciones de abuso de poder de mercado, 142, 150, 232
: impuestos digitales a, 253

América Latina
: crisis de la deuda de, 251

década perdida en, 55, 268
dictaduras militares en, 245
anticompetitivo, comportamiento, 142, 143
antivacunas, 37, 197
Apple, 110
aprendizaje
	institucional, 275
	sociedad de, 275
aranceles
	a los productos textiles, 263
	estructura de los, 262
arbitraje entre Estado e inversor, acuerdos privados de, 266
Argentina
	megaimpago de la deuda de, 202-203, 256
	préstamo del FMI, 257, 363 n.
ARN mensajero (ARNm), investigación sobre el, 93, 159
Arnault, Bernard, 135
Arrhenius, Svante, 69
Arrow, Kenneth, 99, 335 n., 338 n.
Asia Oriental
	crecimiento económico en, 46-47, 285
	deudas durante la crisis de 1997-1998, 258, 259
Asociación de Gobiernos para una Economía del Bienestar (WEGo), 21
Astra-Zeneca, vacuna de, 377 n.
atención sanitaria, 298
	y la justicia social, 283
Australia
	programa de préstamos para estudiantes, 119-120
	pueblos indígenas de, 128

autocorrección, mecanismos de, 239, 241
autonomía individual, presión de grupo y, 177
autoritarismo
	auge del, 300
	neoliberalismo y la ola de, 62

Banco de Inglaterra, 326 n.
Banco Mundial, 20, 48, 251, 259, 268
	informe *Doing Business*, 269
bancos
	colapso del sistema estadounidense, 71
	demandas contra los grandes, 346 n.
	desregulación de los, 13, 51
	libertad de los, 12
	prácticas crediticias de, 181, 187-188
	rescate de los, 12, 51
Becker, Gary, 317 n., 327 n.
	The Economics of Discrimination, 174
Bentham, Jeremy, 293, 367 n.
Berlin, Isaiah: sobre la libertad, 9, 67-68
Bernanke, Ben, presidente de la Reserva Federal, 275-276
Bezos, Jeff, 92, 138, 226
Biden, Joe, presidente, 263
bienes comunales
	privatización de los, 87, 127
	tragedia de los, 83-84, 85
bienes públicos
	globales y coordinación global, 103-105
	puros, 332 n.

y el problema del gorrón, 94-95
Bilgrami, Akeel, 177, 212, 306
BioNTech SE, empresa alemana, 93
Bismarck, Otto von, canciller, 117
Blair, Tony, primer ministro, 48, 53
  tercera vía de, 283
Blankfein, Lloyd, y la venta de valores de Goldman Sachs, 153, 351 n.
Bolsonaro, Jair, presidente brasileño, 244, 245, 299
Boric, Gabriel, presidente chileno, 274
Bork, Robert, 231, 370 n.
Boyle, James, 155
Brasil
  Gobierno populista en, 41
  prosperidad económica en, 259
  véase también Bolsonaro, Jair
Buchanan, James, 317 n.
burbujas inmobiliarias, 82
Bush, George W., presidente, 297
  sobre el crecimiento económico, 10

Caimán, Islas, evasión de impuestos en, 251
Calabresi, Guido, 351 n.
cambio climático, 62, 68-69, 75, 81, 241, 289
  bien público global y, 104
  efecto de las regulaciones, 86, 89
  negacionistas del, 214, 242, 366 n.

Protocolo de Montreal (1987), 104, 105
Canadá, pueblos indígenas de, 128
capa de ozono, restauración de la, 104
capital
  acumulación de, 124
  tipos de, 287
capital humano, 354 n.
capital social, como elemento esencial, 175
capitalismo
  darwiniano, 182
  neoliberal, 26, 103, 166, 182, 183, 207-208, 230-247, 268, 358 n.
  de los accionistas, 280
  desatado, 16, 32, 40, 42, 181
  véase también capitalismo progresista
capitalismo progresista, 26, 42, 233-235, 236, 237, 274-287, 292, 299
  bases de un, 63
  relacionado con la democracia, 302, 304
  vínculos entre la libertad y, 301
  y las libertades de los ciudadanos, 303
carbono, emisiones de, 86, 88, 89, 238, 328 n., 331 n.
Carter, Jimmy, presidente, 319
caveat emptor, sistema económico basado en el, 153, 186, 187
Ceilán, impuesto de capitación en, 347 n.

cercamientos de tierras, en el Reino Unido, 84, 87
Chapman, Bruce, sobre los préstamos para estudiantes australianos, 119-120
Chicago, Escuela de, 83, 231, 327 n.
Chile
- golpe militar en, 27
- neoliberalismo en, 274

China, 92, 239
- comercio de opio, 143, 250
- como acreedor de países en desarrollo, 258, 375 n.
- crecimiento económico de, 47
- paridad de poder adquisitivo (PPA), 316 n.
- sistema de crédito social, 175
- transformación en una economía de mercado, 50

CIA, implicación en golpes militares, 27
Cicerón, sobre la libertad, 25
Clinton, Administración, 50, 284, 382 n.
Clinton, Bill
- Consejo de Asesores Económicos de, 13, 20
- liberalización del comercio y, 48, 53
- sobre la libertad de los bancos, 12
- tercera vía de, 283

clorofluorocarburos (CFC), utilización de, 104, 105
Coase, Ronald, 83, 84, 327 n.
Coase, teorema de, 233, 329 n.
Codrington, Christopher, esclavista, 219

coerción
- lenguaje de la, 18-19
- libertad a través de la, 91-92
- mutua como necesaria, 34
- restricción de la explotación y, 33
- y el aumento de la libertad de todos, 33

coerción económica, 249
coerción social, 37
- del pensamiento, 240
- papel de la, 15
- y la pérdida de libertad, 178

cohesión social, 37, 41, 169
- en la Revolución francesa, 218
- más allá de la internalización de las externalidades, 170

colonialismo, 123, 128, 249
- persistencia de los patrones comerciales del, 262

comercio, liberalización del, 48, 53, 260
comercio internacional
- defensores del libre comercio, 261
- negociaciones desarrolladas en «rondas», 262
- neoliberal, 263
- reglas que rigen, 260
- Ronda de Uruguay (1986-1994), 262-263
- Ronda del Desarrollo en Doha (2001), 263
- tratados de libre comercio, 261-262

Comisión de Bolsa y Valores, 187, 351 n.

Comisión Internacional sobre la Medición del Rendimiento Económico y el Progreso Social, 21
Comisión Reguladora Nuclear de Estados Unidos, 317 n.
competencia imperfecta en las plataformas, 194-195
Comte, Auguste, 367 n.
comunismo, sistema económico del, 225, 283
concentración de poder económico, 295-296
conceptos primitivos, 290
confianza, importancia en las economías de mercado, 180-181, 295
confirmación, sesgo de, 197, 240, 353 n.
congregaciones religiosas, 284
Consejo de Asesores Económicos, 13, 157
Consenso de Washington, 48, 258, 319 n., 376 n.
　políticas en África del, 55
consistencia temporal, 354 n.
Constitución estadounidense, 134, 371 n.
　derecho de expropiación y, 25
　interpretada por el Tribunal Supremo, 241
　libertad de expresión en, 185
　sistema electoral consagrado en la, 134
　sobre la concesión de patentes, 154
　sobre las libertades fundamentales de los individuos, 26

contaminación, regulaciones para controlar la, 87-88
contratación, libertad de, 152, 189
contrato social, 35, 336 n.
　concepto de, 107
　cumplimiento según la derecha, 111
　diferencia entre contrato ordinario y, 107
　elementos del diseño del, 120-121
　protección social en el, 114-115
　redactar el, 107-108
　visión de la derecha sobre, 110-111
contratos
　acuerdos de confidencialidad (ADC), 113
　de crédito, 106
　laboral explotador, 106
　privados y sociales, 35, 106
　véase también acuerdos de inversión
contribución marginal, 124-125
cooperativas de crédito, 179, 278
cooperativas de productores y consumidores, 284
coordinación
　beneficios de la coerción en la, 95-96
　de las vacaciones familiares, 96
　problema del dilema del prisionero, 96-97
　sistémica, 98-100
coste marginal de producción, 148
COVID-19, pandemia de la, 62, 70, 75, 93, 114, 141, 196, 213,

237, 241, 246, 276, 326 n.
negacionistas de la, 289
producción de vacunas contra, 156-157, 252, 263
crédito social, sistema de, en China, 175
crisis del euro de 2010, 39, 238
crisis del precio del petróleo en la década de 1970, 47
crisis financiera de 2008, 10, 12, 51, 52, 54, 62, 71, 121, 142, 179, 181, 207-208, 238, 275, 295
Crow, Jim, régimen racista de, 173
rechazo de las leyes, 174
Cruz, Ted, senador, sobre la coacción de la libertad, 11

daños sociales, generados en las redes sociales, 206, 214-215, 216
Darwin, Charles, y los procesos evolutivos, 57
Debreu, Gérard, 99, 335 n., 338 n.
Declaración Universal de los Derechos Humanos, 283
demandas colectivas, 284
Demeritt, Allison, 171
democracia, relación con el capitalismo progresista, 302
derecha
mitos sobre la libertad de la, 304
sobre la santidad de los contratos, 112
visión sobre el contrato social, 110-111
derecho de explotación, 158
derecho de uso, para utilizar un terreno, 130

derechos de emisión de contaminación, 328 n.
derechos de propiedad, 25, 110
como construcción social, 111, 127-129
como una restricción para los demás, 34
intelectual, 157, 263
legitimidad moral de los, 17
libertad y, 126, 129-131
tipos de, 34
desempleo, seguro de, 117, 340 n.
desigualdades, 138-139, 226
de ingresos y de riqueza, 291
legitimidad moral de las, 59-60, 61
desindustrialización
en Estados Unidos, 12, 244, 261
neoliberalismo y la aceleración de la, 17
desinformación, éxito de la, 197, 205
desregulación de los bancos, 13, 51, 310 n.
deuda privada, 254, 255
deuda pública, 81-82, 211-212, 255-258
reestructuración de la, 258
véase también Argentina; China; Fondo Monetario Internacional
Dickens, Charles, 315 n.
y el pago de una deuda, 254
Dieselgate, escándalo, 188
Disney, protección de la marca Mickey Mouse, 157
Doha, negociaciones de la Ronda del Desarrollo en (2001), 263

ÍNDICE ALFABÉTICO

Dominion Voting Systems, 201
Donne, John, sobre la interdependencia, 24
Duke, James Buchanan, 143
Durkheim, Émile, 354 n.

economía
    clásica, 125
        competitiva, riqueza en la, 124
        conductual moderna, 36, 165, 166, 175, 179, 188, 241, 313 n.
        financiarización de la, 71
economía de mercado
    defensa de la, 288
    funcionamiento de la, 43
    importancia de la confianza y la honestidad en la, 180-181, 295
    libertad como virtud esencial de una, 60-61
economía del efecto derrame, 54
economía descentralizada, 277-278, 282
economía digital, auge de la, 148
economía mixta, después de la Segunda Guerra Mundial, 46
economía neoclásica, 51, 124, 125
    teoría del merecimiento en la, 59
economía neoliberal, 36
    véase neoliberalismo
economía positivista, agenda de la, 226, 227, 228
economistas conductuales, 180, 197
economistas conservadores, sobre el poder de mercado, 153

economistas neoliberales, 174
educación
    como mecanismo de coerción social, 38
    mejorar las oportunidades en, 119-120
    sistema basado en los valores de la Ilustración, 302
educación liberal, papel liberador de una, 301-302
educación pública, 167
Egipto, pago de deuda en, 255
Eisenhower, Dwight D., crecimiento económico y, 46
empleo, teorías neoliberales sobre el, 232
Engels, Friedrich: *La situación de la clase obrera en Inglaterra*, 44-45
equilibrio de poder, 280-281
esclavitud, 27, 123, 312 n.
    abolición en el Reino Unido, 27, 342 n.
    comercio de la, 143, 179
    compensación a los esclavizadores, 128
    creación de la economía estadounidense basada en la, 279
    crecimiento y explotación de, 45
    derechos de propiedad de los esclavistas, 17-18
    libertad para los, 13
    negación del fruto de su trabajo, 125
especulación que reduce el binestar, 97-98
esperanza de vida

en Estados Unidos, 52, 62, 93, 298, 303, 322 n.
en Japón, 117
en los países de la OCDE, 93
Estado nación, como unidad política básica, 104
Estados Unidos
- Agencia de Proyectos de Investigación Avanzada de Defensa (DARPA), 93
- asesinatos colectivos en, 67
- atentados del 11 de septiembre de 2001, 69
- Carta de Derechos Económicos de, 10, 26
- Comisión Federal de Comunicaciones, 199
- como tierra de oportunidades, 289
- complejidades de la libertad en, 26-28
- concepto de libertad de la derecha en, 9
- crac financiero de 1929, 45
- crecimiento económico en, 46
- Departamento del Tesoro, 257, 258
- desindustrialización de, 12, 244, 261
- eliminación de los acuerdos de inversión, 267
- esperanza de vida en, 52, 62, 93, 298, 303, 322 n.
- Gobierno populista en, 41
- Gran Depresión en, 16, 45
- grandes universidades de investigación, 278
- importancia de la verdad en, 215
- infringe las leyes de comercio internacionales, 273
- insurrección del 6 de enero de 2021, 27
- ley Buy America, 273
- leyes de competencia en, 16
- leyes para limitar las grandes corporaciones, 159-160
- libertad de expresión en, 185
- libertad en el contexto histórico de, 13-14
- Medicare, aprobación de (1965), 117
- mito del sueño americano, 54
- muertes por armas de fuego en, 67
- neoliberalismo en, 231, 244
- New Deal, 46, 244, 246
- Padres Fundadores de, 140, 185
- paridad de poder adquisitivo (PPA), 316
- plan de jubilación público de, 118
- poder del monopolio en, 130, 145, 146
- privatizaciones en, 47
- propiedad de los recursos bajo tierra, 128
- pueblos indígenas de, 128
- rescate del sistema bancario, 71
- Reserva Federal, 46, 72, 251, 275-276
- sistema de contabilidad nacional de, 20-21
- sistema penitenciario privado, 278

sistema político de, 293
véase también Constitución de Estados Unidos; Tribunal Supremo de Estados Unidos

Europa
  neoliberalismo en, 231
  poder del monopolio en, 130, 145
  privatizaciones en, 47

explotación
  derecho de, 32, 33
  encubierta de los acuerdos de inversión, 264-266
  libertad de, 141-165

expropiación
  derecho de, 25
  sin indemnización, 264

externalidades
  centrarse en las equivocadas, 80
  de los países grandes y ricos, 250-251
  de los pequeños países en desarrollo, 250
  económicas, 213
  gestión de las, como base de la civilización, 74
  intergeneracionales, 82
  internalizar las, 168-169, 209
  medioambientales, 85-86, 87
  múltiples dimensiones de las, 73-74
  negativas, 68, 71, 94, 104, 173, 233
  perspectiva conservadora y las, 79-86
  positivas, 71, 94, 173, 233
  sociales, 164, 173
  ubicuidad de las, 68-73, 284

Facebook (Meta), 148, 192-193
  acusaciones de comportamiento anticompetitivo, 142, 150

farmacéuticas
  beneficios elevados de las, 348 n.
  crisis de los opioides, 176
  en la epidemia de COVID-19, 157, 159
  en la epidemia de sida, 155-156
  y el poder de monopolio, 130, 156

feudalismo, 225
Financial Times, 191, 202, 299
Finlandia, pago de impuestos en, 103
fiscalidad progresiva, 31
fiscalidad redistributiva, 143
Fitoussi, Jean-Paul, 21
Fondo Monetario Internacional (FMI), 48, 60, 248, 251, 258, 268, 327 n., 373 n.
  crecimiento previsto por el, 256-257
  en la crisis argentina de 2020, 257
  y las deudas en países en desarrollo, 258-259, 272

Fox News, 184, 200-201, 291-292, 362 n., 363 n.

Francia
  coordinación de las vacaciones en, 96

movimiento de los chalecos amarillos, 89
Franco, Francisco, 239
Freedom House, evaluación sobre los niveles de libertad, 23
Friedman, Milton, 36, 48, 49, 52, 56, 57, 88, 151, 269, 296, 300
    capitalismo de los accionistas según, 280
    sobre el capitalismo desatado, 16, 42, 43, 58, 230
    sobre la naturaleza humana, 41
    sobre la responsabilidad social de las empresas, 172
    sobre las externalidades, 79, 80, 83
    sobre las libertades económica y política, 14, 294
    sobre los impuestos medioambientales, 85
    sobre los mercados libres y desatados, 40
    Capitalismo y libertad, 17
    Libertad para elegir, 29, 141
Friedman, Rose: *Libertad para elegir*, 29, 141
Fukuyama, Francis, 50
fundamentalismo de mercado, 99, 318 n.

Galbraith, John Kenneth: *El capitalismo americano*, 150, 151
Galileo, validez científica de, 211
gases de efecto invernadero, 68-69, 168, 214, 221
Gates, Bill, 92, 138, 142
geopolítica, reajuste de la, 289

globalización de las empresas, 17, 144
Gneezy, Uri, economista, 172
gobernanza
    corporativa, 279-280
    leyes que limitan la, 280
    mundial, 252-253
Goldman Sachs, 153, 179, 351 n.
Google, 110, 148, 194
    acusaciones de abuso de poder de mercado, 142, 150, 232
    impuestos digitales a, 253
gorrón, problema del, 14, 85, 284, 359 n.
    bienes públicos y el, 94-95, 311 n., 329 n., 356 n., 359 n.
Gramsci, Antonio, sobre la ideología social, 18
Gran Depresión, 16, 51, 100, 232, 233, 244, 275, 276
    reformas del New Deal y, 244
    y la doctrina del *laissez-faire*, 50
    y la economía mixta, 45-47
Gran Recesión, 100, 232, 233, 275, 276
Grecia
    austeridad punitiva impuesta a, 39
    golpe militar en, 27
    sin recuperar el PIB anterior a la crisis, 238
Greenspan, Alan, 275-276
Greenwald, Bruce, 72
Grossman, Sandy, economista, 280
Guerra de la Independencia de Estados Unidos, 27, 134

Guerra Fría
détente posterior a la, 50-53, 62
libertades políticas y económicas durante la, 13
Guerra Mundial, Segunda
economía mixta después de la, 46
salarios después de la, 118

Haldane, Andy, 326 n.
Hardin, Garrett, ecologista, 34
Hawksmoor, Nicholas, 219
Hayek, Friedrich, 36, 48, 56, 57, 296, 300
sobre el capitalismo desatado, 16, 40, 42, 43, 58
sobre la naturaleza humana, 41
sobre las externalidades, 79, 80, 83
sobre las libertades económica y política, 14, 294
Camino de servidumbre, 79
Heisenberg, Werner, 367 n.
Henry, Patrick, sobre la libertad, 26
Hitler, Adolf, 51
ascenso al poder, 16, 244, 300, 384 n.
Hobbes, Thomas, 315 n.
sobre los contratos sociales, 35
Leviatán, 44
Hoff, Karla, 171
Holmes, Oliver Wendell, juez, 103
Houston, falta de zonificación de, 70
Hume, David, sobre preferencias y creencias, 352 n.

Hungría
democracia «iliberal» en, 23
Gobierno populista en, 41

Iglesia y Estado, separación entre, 210
ignorancia
tolerancia tras el velo de la, 217-218
velo de la, según Rawls, 218, 227
Ilustración, 134, 217
ataque a la tolerancia y los valores de la, 38
diferencia entre pensamiento y acción, 213, 221
falta de tolerancia religiosa, 210
origen de la tolerancia en la, 220
sistema educativo basado en los valores de la, 302
impuestos
a las multinacionales, 253
a los beneficios monopolísticos, 138
con y sin representación como una tiranía, 10
correctivos, 233
de capitación en Ceilán, 347 n.
en Puerto Rico, 13
medioambientales, dependencia de los, 85-86
obligatorios, 123
pago de, 103
posibilidad de evasión de, 251
progresivos, 120, 140
recortes a los ricos por Trump, 242

sobre los beneficios corporativos, 138
sobre los beneficios imprevistos, 147
India, propiedad intelectual en, 156
inflación
aumento de la tasa de, 237
después de la crisis del petróleo, 47
información
contaminación del ecosistema de la, 188-189
vulnerabilidades y limitaciones de la, 152-153
información errónea, éxito de la, 197, 205
Informe Intergubernamental sobre el Cambio Climático de 1995, 20
Inglaterra, leyes de pobreza de 1934, 44
ingresos
como merecido premio a la gente, 124
justificación moral de los, 124-125
obtenidos en mercados competitivos, 123-124
innovación, ritmo y dirección de la, 238
Instagram, persuasión sobre los adolescentes, 176
inteligencia artificial, desarrollo de la, 183, 194, 289
interdependcià, libertad en un mundo de, 24-28
interés propio, búsqueda del, 100
intolerancia hacia los ciudadanos, 38

inversión, acuerdos de, 264-268, 272
inversiones públicas, 92-93
Irlanda, evasión de impuestos en, 251
Islandia, 41
Israel, caso de la guardería de, 172, 180

Japón
crecimiento económico del, 47
esperanza de vida en, 117
posible reestructuración de la deuda, 81-82
Jefferson, Thomas, sobre los esclavos, 312 n.
Johnson, Lyndon B., Medicare y, 117
Journal of Finance, 280
jubilación, programas públicos de, 117
juegos, teoría de, 355 n.
justicia como equidad, según Rawls, 108
justicia social
atención sanitaria básica y, 283
debates sobre, 226
programa de, 282-283

Kahneman, Daniel, 165
Pensar rápido, pensar despacio, 165, 240-241
Keynes, John Maynard, 220, 315 n.
alternativa a la economía clásica, 63
sobre la Gran Depresión, 46

laissez-faire, teorías del, 45, 50, 109, 213

Lehman, hermanos, 143
Lehman Brothers, colpaso de, 72
ley Clayton, 207
Ley de Decencia en las Comunicaciones (1996), 204
ley de derechos de autor, 157
    ley de protección de Mickey Mouse, 157, 158
Ley de Mercados Digitales (2022), 150
Ley de Prevención del Abuso de Bancarrota y Protección al Consumidor, 338 n.
Ley de Producción de Defensa (DPA), 348
ley de propiedad intelectual, 240
Ley de Reducción de la Inflación (2022), 88
Ley del Cuidado de la Salud a Bajo Precio (2010), 117, 283
ley Robinson-Patman (1936), 207
ley Sherman, 207
leyes antimonopolio, 207
leyes de competencia, 16, 42, 150, 159, 202, 232, 296
leyes de transparencia y de divulgación, 187-188, 192
liberalismo, surgimiento del, 45
liberalización
    de la economía, 47
    de los servicios, 263
    del comercio, 48
    del mercado de capitales, 258, 259, 269, 271, 273, 284, 376 n.
    financiera de los bancos, 12, 13, 62
libertad
    como virtud esencial de una economía de mercado, 60-61
    concepto de, 9
    corporativa de las empresas, 266
    de contratación, 152
    de una persona es la falta de libertad de otra, 31-32, 67-90, 284
    desde la perspectiva del siglo XXI, 14-15
    económica y libre mercado, 9, 10
    en un mundo de interdependencia, 24-26
    lenguaje de la, 18-19
    política y libertad económica, 9, 13
    relación con el sistema económico, 43
    responsabilidad y, 171-172
    sistemas económicos y la, 15-18
libertad de acción, 29-30
    coerción y el aumento de, 33
libertad de contratación, 25, 189, 191
libertad de explotación, prohibición de la, 191
libertad de expresión, 176-177, 205, 216
    límites de la, 25
    en la Constitución estadounidense, 185
libertad económica
    como libertad de acción, 30
    conexión con las libertades políticas, 9, 13, 24, 40-41

cuatro tipos de, 10
libre mercado y, 9, 10
noción de, 29
libertades negativas, 31
libertades políticas
conexión con las libertades económicas, 9, 13, 24, 40-41
en el mundo comunista, 13
libertades positivas, 31
libertarios, 30, 144
de derechas, 311 n.
y el Estado minimalista, 26
y el pago de impuestos obligatorios, 123, 124, 137
libre comercio
derecho al, 143
tratados de, 17
libre mercado, 43, 45, 270
defensa de la economía de, 288
libertad económica y, 9
propiedad privada y, 49
supuesta eficiencia según los conservadores del, 52
lobby, como un gran negocio, 243
Locke, John, sobre los contratos sociales, 35
Lucas, Robert, 327 n.
sobre la desigualdad, 60, 226, 322 n.
Lula da Silva, Luiz Inácio, prosperida económica en Brasil, 259
Luxemburgo, evasión de impuestos en, 251

Macri, Mauricio, presidente argentino, 203, 256, 363 n.
macroeconomía

fallos de la, 100-101, 285
papel del Gobierno en la gestión de la, 46
Macron, Emmanuel, intentos de impuestos medioambientales de, 89
Mankiw, Gregory, 321
marco normativo financiero internacional, 271-272
Marlboro, campaña publicitaria de, 198, 361 n.
Marx, Karl, 45, 341 n.
Más allá del PIB, movimiento, 21
materialismo desatado, 181-182
Medicare, 117, 119
medios de comunicación
papel divisivo de los, 291-292
poder de mercado en los, 37, 185-186, 195-197, 206-207, 220, 367 n.
mercado, fundamentalismo de, 99, 100
mercado de capitales, liberalización del, 258, 259, 269, 271, 273, 384 n.
mercado de ideas libre, 186, 192
mercados
competitivos, 123-124, 133, 135
de riesgo perfectos, 116
legitimidad moral de los, 61-62
mercados financieros, liberación de los, 17, 284
Meta
impuestos digitales a, 253
intento de sustituir Twitter, 192
pago de multas millonarias, 204

metanarrativas sociales, creación de, 199-200, 201, 202, 203
México, prohibición de la esclavitud en, 27
Microsoft, 142, 148, 149
Mill, John Stuart, 14, 36, 316 n.
    sobre la idea de la tolerancia, 209
    Sobre la libertad, 15, 68
Mismeasuring Our Lives: Why GDP Doesn't Add Up, informe, 21
Moderna, vacunas de, 159, 352 n., 377 n.
Modi, Narendra, primer ministro indio, 244-245, 299
moldear a las personas, 286-287
monopolio, poder del, en Estados Unidos, 130, 145
monopolios distorsionadores, 145
monopolista
    limitar el poder, 153-158
    poder coercitivo de un, 144-145
monopsonio, poder de, 144
Mont Pelerin, Sociedad, 48, 50, 62
    «Declaración de objetivos de 1947», 48-49
Montreal, Protocolo de (1987), 104, 105
Moyer, Michael, 331 n.-332 n.
mujeres
    perspectiva conservadora sobre el trabajo de las, 115
    sin igualdad de derechos, 13
multinacionales
    compensaciónes por los acuerdos de inversión, 264-265
    impuestos a las, 253
Muro de Berlín, caída del, 132, 270

Musk, Elon, 138, 276, 297
    compra de Twitter, 192
    y el poder de mercado, 196
Mussolini, Benito, 300
Myriad Genetics, 155

neoliberalismo, 41, 50-51, 134, 203, 245-246
    argumentos morales del, 59-62
    aumenta las externalidades entre las empresas, 80
    como sistema económico no sostenible, 295, 296
    consecuencias económicas del, 16-17
    consecuencias sobre la libertad de las personas, 21
    cultiva un egoísmo materialista y extremo, 41
    efecto derrames según, 202
    Estado muy restringido y, 26
    fracaso del sistema económico del, 225, 230-247
    fracasos del, 39, 41-42, 52, 53-55
    políticas del, 233, 234, 236
    populismo y, 300, 303
    provoca la ola de autoritarismo, 62
    sobre el empleo, 232
New York Times, The, 280
Newton, Isaac, 352 n.
Noruega, 41

Obama, Barack, presidente, 263
oferta y la demanda, ley de la, 135, 147

ONG, como grupos de acción colectiva, 284
opio, comercio de, 45, 123, 143, 179, 250
opiodes, crisis de los, 176, 178
oportunidades, conjunto de, 29, 33
Orbán, Viktor, presidente húngaro, 23, 245
Organización de las Naciones Unidas (ONU), 254
Organización Mundial del Comercio (OMC), 248
   creación (1995) de la, 48, 263
   en la pandemia de la COVID-19, 156-157, 252
   Tribunal de Apelación de, 263, 273
Organización para la Cooperación y el Desarrollo Económico (OCDE), 60, 253, 254
   esperanza de vida en países de la, 93
organizaciones conservacionistas, 284
Oriente Próximo, guerra en, 254
Orwell, George: *1984*, 176
Ostrom, Elinor, sobre la regulación de los bienes comunales, 86-87

países en desarrollo, endeudamiento en, 257-259
Panamá, evasión de impuestos en, 251
Pareto, criterio de, 226, 227, 228
Partido Libertario de Estados Unidos, 11
Partido Republicano, 49, 62, 190, 300
   Caucus de la Libertad del, 80
   cuestionamiento de la democracia, 241
   en la insurrección del 6 de enero de 2021, 27
   extremistas del, 302
patentes
   como poder monopolístico, 153-154
   de los genes en su forma natural, 155
Paul, Ron, sobre los impuestos, 10-11
penitenciario privado, sistema, 278
pensamiento económico, breve historia del, 43-47
pensamiento y acción, diferencia entre, 212-213
petróleo, crisis del, en la década de 1970, 47
Pfizer, vacuna de, 93, 159, 352 n., 377 n.
Philip Morris, campaña publicitaria de Marlboro, 198
PIGS, recortes del gasto a los países, 39
Pinochet, Augusto, general, 49, 239
plataformas digitales, 148, 184
   aumento de beneficios de las, 193-194
   competencia imperfecta en las, 194-195
   estrategia de la polarización, 198-199
   peligro de crear metanarrativas sociales, 199-200
   regulación del poder de mercado en, 206, 214

poder, equilibrio de 280-281
poder de mercado, 144-145
    abusos extremos del, 145-148
    de empresas de reservas aéreas, 149
    de las redes sociales, 192-194
    de los medios de comunicación, 37, 185-186, 195-197, 220, 367 n.
    existencia y persistencia del, 148-151
    regulación en los medios de comunicación y las plataformas, 206-207
poderes compensatorios, sistema de, 150-151
polarización social, 203, 219
    causada por los medios de comunicación, 291
    entre países, 270
    estrategia rentable de la, 198-199
    neoliberalismo y el aumento de, 225
populismo
    auge en Escandinavia, 315 n.
    camino hacia el, 299-300
    y los fracasos del neoliberalimso, 300, 303
populistas, gobiernos, 41, 243
positivista, economía, 226, 227, 228, 367 n., 368 n.
precios
    como mecanismo de coordinación, 99
    competitivos, cuestionar la primacía de los, 134-135
    inflamiento de, y los abusos del poder de mercado, 145-148
predicción meteorológica, 97
preferencias y creencias endógenas, 164, 172
presión de grupo, 168-169, 170, 173, 175
    autonomía individual y, 177-178
    sanciones sociales y, 174
presión social
    en la conformación de la conducta, 168, 169
    para desincentivar la intolerancia, 218
prestamistas, regulación de los, 188
prisionero, problema del dilema del, 96-97, 333 n.
privatización
    de las empresas públicas, 47
    de los bienes comunales, 87, 127
    de los servicios públicos, 289
procesos evolutivos, 56-57
propiedad, como una construcción social, 154
propiedad intelectual, 25, 34, 154-155, 156, 251-252
    durante la epidemia de sida, 155-156
    injusticia del sistema de, 271-272
propiedad privada, 25
protección social pública, 117-118
    oposición a la, 118-119
psicología social, 175
puertas giratorias, práctica de las, 243

Puerto Rico
   impuestos sin representación en, 13
   pago de la deuda en, 255
Putin, Vladímir, 55, 92, 148, 237, 299

Quarterly Journal of Economics, 280

Rawls, John, 293
   sobre las desigualdades, 344 n.
   velo de la ignorancia de, 218, 227, 271, 337 n.
   y los impuestos progresivos, 120
   Teoría de la justicia, 108
razonamiento, 292
Reagan, Ronald, 40, 48, 54, 244, 280, 289
   sobre las libertades políticas y económicas, 10, 12, 13, 27
reaganismo, 283
redes sociales, 184
   como fuente de división, 291, 292
   daños sociales de las, 195-196
   enormes beneficios de las empresas de, 193
   necesidad de regular las, 203-204
   papel entre los adolescentes de las, 176
   poder de mercado de las, 192-194
   viralidad en las, 185, 196-197
regulaciones
   medioambientales, 292
   necesidad de, 290
Reich, Robert, 318 n.

Reino Unido
   abolición de la esclavitud en, 27, 342 n.
   auge del neoliberalismol, 244
   durante la pandemia de la COVID-19, 252
   estado del bienestar en, 246
   importación de productos agrícolas, 45
   liberalización comercial y financiera, 48
   privatización de las tierras de pastoreo comunales, 84, 87
   Servicio Nacional de Salud, 381 n.
relaciones de poder, reequilibrar las, 280-281
religión
   falta de tolerancia, 210
   frente a ciencia, 211-212
rentas, búsqueda de, 32-33
rentas vitalicias privadas, 119
Reserva Federal de Estados Unidos, 46, 72, 251, 275-276
responsabilidad, libertad y, 171-172
Revolución francesa, 218-219
Revolución Industrial, 44
   surgimiento de dos escuelas económicas durante la, 45
Ricardo, David, 316 n.
riqueza
   en una economía competitiva, 124
   legitimidad moral de la, 201-202
   robada o ilegítima, 133
   supuesta legitimidad moral de la, 125, 126

transmisión intergeneracional de la, 131-133
Rockefeller, John D., 143, 178
Roosevelt, Franklin Delano
   alternativa a la economía clásica, 63
   cuatro libertades según, 11
   New Deal de, 46, 317 n.
   sobre el «liberarse del miedo», 116, 119
Rubin, Robert, 318 n.
Rusia, 237
   Gobierno populista en, 41
   invasión de Ucrania, 72, 146, 252, 257
   poder de los oligarcas en, 55
Rustichini, Aldo, exonomista, 172

Sabre, caso contra, 350 n.
Sackler, familia
   caída en desgracia de, 178-179
   farmacéuticas de, 176
salarios, 30, 45, 54, 102, 109, 110, 118, 124, 141, 144
   en la liberalización del comercio, 261
   en un mercado competitivo, 135
Salazar, António de Oliveira, 239
Samuelson, Paul, 332 n.
   síntesis neoclásica de, 51
sanciones sociales, y presión de grupo, 174
Santorum Rick, senador, sobre los impuestos, 11
Sarkozy, Nicolas, presidente, 21
Schäuble, Wolfgang, ministro de Finanzas alemán, 39

Schiffrin, Anya: «Facebook no entiende el mercado de las ideas», 191-192
Schröder, Gerhard, canciller, 48, 53
   tercera vía de, 283
segregación económica, aumento de la, 291
Seguridad Social, 117
   como una renta vitalicia, 118
   privatización de la, 119
seguros sociales, creación de, 117
Sen, Amartya, 21
Senior, Nassau William, sobre la riqueza de los capitalistas, 124, 125, 341 n.
servicios, liberalización de los, 263
sesgo de confirmación, 197, 240, 353 n.
sida, epidemia de
   fabricación de productos contra, 263
   y la propiedad intelectual, 155-156
sindicatos, 284
   impulso de los, 279
Singapur, guerra contra el chicle en, 355 n.
Smith, Adam, 45, 80, 170, 278
   doctrina de la mano invisible, 56, 73, 74, 98, 239-240, 355 n.
   espectador imparcial de, 108, 177, 217-218
   sobre el diseño de las regulaciones, 109
   sobre el exagerado enfoque estatista de la economía, 43
   sobre la confianza, 295

La riqueza de las naciones, 43-44, 74, 109-110
La teoría de los sentimientos morales, 74, 75
socialdemocracia
   europea, 26
   revitalizada, *véase* capitalismo progresista
socialista, medios de producción en el régimen, 46
sociedad, buena
   concepto de, 227-228
   en armonía con la naturaleza, 292
sociedad, formas de organizar la, 281-282
sociedad de aprendizaje, creación de una, 275-277
Sociedad de la Tierra Plana, 211
solidaridad social, 219
Sri Lanka, impago de la deuda en, 258
Stalin, Josef V. D., 300
Stanley Jevons, William, 316 n.
Stern, Nicholas, 324 n.
Stigler, George, 317 n., 358 n.
Stiglitz, Joseph E.
   Cómo hacer que funcione la globalización, 237
   El malestar en la globalización, 317 n.
   El precio de la desigualdad, 139
   «Facebook no entiende el mercado de las ideas», 191-192
Sudáfrica
   condiciones de los mineros de, 144
   contrato laboral explotador en, 106
   propiedad intelectual en, 156
Suecia, 41
Suiza, 252
Summers, Larry, 318 n.

tabacaleras, persuasión de las, 176
Taylor, Charlotte, 324 n.
Taylor, John, 317 n.
Telón de Acero, caída del, 50, 132
Terranova, «suspensión de pagos» de, 255
Tesla, 276
Thatcher, Margaret, primera ministra, 48, 54, 280
thatcherismo, 283
think tanks, 301
TikTok, 148
tipos de interés, aumento de los, 251, 373 n.
tolerancia
   acción colectiva y, 214-217
   adopción del valor ilustrado de la, 220
   como algo instrumental para la sociedad, 218
   como noción central de la Ilustración, 38
   idea de la, 209
   límites de la, 213, 218
   religiosa, falta de, 210
trade-off
   aceptación de, 26
   concepto de, 14
   derechos de propiedad y, 34
   diferencia entre el real y la carga financiera de la deuda, 81

económicos, evaluación de los, 137-138
entre las libertades, 31, 33, 68, 69, 137, 155, 337 n.
evaluar los, 76-78
política implica afrontar, 227
sociales, 107, 109
transparencia
falta de, en las redes sociales, 196-197
leyes de, 187-188, 192
Tratado de Libre Comercio de América del Norte (1994), 48, 267
Tratado entre Estados Unidos, México y Canadá (T-MEC) de 2020, 267
tratados de libre comercio, 261-262, 284
Tribunal Supremo de Estados Unidos, 67, 150, 152, 232, 281
como instrumento de polarización partidista, 219-220
interpretación de la Constitución, 241
sobre las patentes de los genes, 155
Trump, Administración, 339 n., 348 n.
Trump, Donald, presidente, 23, 54, 62, 139, 142, 244-245, 263, 285, 295, 297, 299
acusaciones de fraude en las elecciones de 2020, 200-201
insurrección del 6 de enero de 2021, 27
recorte de impuestos a los ricos, 242
y la definición de los límites presidenciales, 170
Tversky, Amos, 165
Twitter, comprada por Elon Musk, 192

Ucrania, invasión rusa de, 72, 114, 146, 237, 252, 254, 257
Unión Africana, 254
Unión Europea
Ley de Mercados Digitales (LMD), 206
Ley de Servicios Digitales, 205
libertades en la, 23
Unión Soviética, 175
colapso de la, 239
desindustrialización en, 55
fracaso de la planificación central en la, 95
universidades, 278, 301
Uruguay, Ronda de (1986-1994), 262-263
utilitaristas, 367 n.

vacaciones familiares, coordinación de las, 96
vacunas
información errónea sobre las, 205-206
segregación durante la pandemia del COVID-19, 156
Venezuela, pago de la deuda en, 255
Vietnam, guerra de, 12

viralidad en las redes sociales, 185, 196-197, 206
Vírgenes Británicas, Islas, evasión de impuestos en, 251
Volcker, Paul, presidente de la Reserva Federal, 251
Volkswagen, escándalo Dieselgate y, 188

Wagner, grupo de mercenarios, en Rusia, 230
Wall Street
    crisis de la deuda argentina y, 257
    reglas establecidas por, 49, 121, 259
    y la liberalización del mercado de capitales, 273
Wall Street, película, 280
Walmart, explotación laboral de, 142-143
Walras, Léon, 98
Weinstein, Harvey, caso de, 113
Weitzman, Martin, 330 n.
Wells Fargo, 179
White, Byron, juez, 362 n.
Witgenstein, Ludwig, 367 n.
Wolf, Martin, 299

Zuckerberg, Mark, 297
    y el poder de mercado, 196